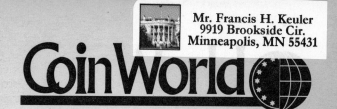

CoinWorld

Guide to U.S. Coins, Prices & Value Trends

By William T. Gibbs
and
Contributing Trends Editor
Stuart Segan

Fifteenth Edition
2003

A SIGNET BOOK

SIGNET
Published by New American Library, a division of
Penguin Putnam Inc., 375 Hudson Street,
New York, New York 10014, U.S.A.
Penguin Books Ltd, 80 Strand,
London WC2R 0RL, England
Penguin Books Australia Ltd, Ringwood,
Victoria, Australia
Penguin Books Canada Ltd, 10 Alcorn Avenue,
Toronto, Ontario, Canada M4V 3B2
Penguin Books (N.Z.) Ltd, 182–190 Wairau Road,
Auckland 10, New Zealand

Penguin Books Ltd, Registered Offices:
Harmondsworth, Middlesex, England

Published by Signet, an imprint of New American Library,
a division of Penguin Putnam Inc.

First Signet Printing, November 2002
10 9 8 7 6 5 4 3 2 1

Copyright © Amos Press, Inc., 2002
All rights reserved

Photographs from Coin World files and courtesy of
Stack's and Bowers & Merena Inc.

Analysis, pricing information, and Coin World Index charts are based on historical
information published in Coin World Trends. No information in this book should
be construed as predictive. Past performance is not a guarantee of future
performance.

 REGISTERED TRADEMARK—MARCA REGISTRADA

Printed in the United States of America

Foreword

The information included in *The 2003 Coin World Guide to U.S. Coins, Prices & Value Trends* has been compiled by William T. Gibbs, *Coin World* news editor, and Beth Deisher, *Coin World* editor, with assistance from Paul Gilkes, senior staff writer, Fern Loomis, editorial assistant, and Julie Morgan, intern. Price guide values have been researched by Stuart Segan, *Coin World* Trends editor, who also wrote Chapter 4. Johanna L. Peters designed the book and the cover.

For more than 42 years, since 1960, *Coin World* has reported on people, laws, new issues, auctions, pricing trends and other elements that affect the hobby and business of collecting coins and related items.

In the *Coin World Price Guide,* the *Coin World* editors present in an easy-to-use format a wealth of information and insights. The Trends retail value guide included in the *Coin World Price Guide* is a regular feature in *Coin World.* The value of the information included in Trends has been proven over time.

To contact the editors of *Coin World* or request subscription information, write to *Coin World,* P.O. Box 150, Dept. 02, Sidney, Ohio 45365-0150. Visit Coin World Online at **www.CoinWorld.com**. Get the latest information on the State quarters program at **www.StateQuarters.com**. Check out the latest coin values at **www.CoinWorldTrends.com**.

Contents

Introducing the guide

Welcome to the world of coins. *Coin World's 2003 Guide to U.S. Coins, Prices and Value Trends* is designed for the collector, whether neophyte or advanced. However, it should also be useful to the noncollector who has inherited some old coins or who has just become interested in coins, and to the history buff interested in facets of American history virtually ignored in most history textbooks.

This year's annual feature, "The American Flag on Coins," focuses on U.S. coins depicting the Stars and Stripes.

This year's edition also contains the new chapter introduced in the 2002 edition devoted to the wildly popular State quarter dollars. More people are collecting quarters than any other denomination ever: more than 139 million Americans, according to the United States Mint. The new chapter offers insight into the program and how one can collect the coins.

Our comprehensive analysis of the rare coin market follows the annual feature and State quarters chapter, and then we get right into what you buy this book for — the value trends of U.S. coins. Within the pricing section, we also present the technical specifications for each series, such as size, weight, composition, etc.

Following the pricing section are chapters devoted to mintages, Proof and Uncirculated Mint sets and commemorative coins. Then you'll find a chapter about the art and science of grading (determining a coin's level of preservation and ultimately its value), a background history of U.S. coins, and a look at Mint marks and why they are important.

We then discuss the history and latest techniques of coin manufacturing, followed by an illustrated guide to error coins. You'll also find a glossary of often-encountered terms and a full index for quick and easy reference.

Why do people collect coins?

There are many different reasons for collecting coins. You may want to collect coins because of their historical significance. Coins reveal much about a nation. For example, the word LIBERTY, appearing on every United States coin, says volumes about Americans' love of freedom. The motto E PLURIBUS UNUM, Latin for "out of many, one," defines the nation's character, forged from 50 states and the many peoples who make up such a diverse country.

You may collect coins for their artistic beauty. The country's greatest sculptor at the beginning of the 20th century, Augustus Saint-Gaudens, sculptured classical designs for gold $10 and $20 coins. Many other U.S. coins are amazing examples of the coiner's art.

You may, like some people, collect for financial reward. This book is not an investment advisory; *Coin World* has always promoted coin *collecting*, not coin *investing*. Many authors are willing to give you their personal recommendations. However, we would be remiss if we did not point out that many individuals have profited from collecting U.S. coins. As is true for any investment, investing in rare coins is a calculated risk. It is essential that the investor knows exactly what he is buying and understands the risks. The risks may be great, but so may be the rewards.

You may collect simply for the love of collecting. A true collector can't explain to the uninitiated the inner joy that comes from owning a 160-year-old half cent that cost less than $25, or a unique misstruck coin pulled from circulation at face value, or an 1861 half dollar that may have been struck by the Confederate States of America after it took control of the three U.S. Mints located south of the Mason-Dixon Line.

Regardless of your vantage, we hope you will find this book useful, educational and entertaining.

Tips for new collectors

Beginning collectors soon learn that there are right ways and wrong ways for just about everything. However, there are no "wrong" ways or "right" ways to collect coins and related numismatic items. No one way or method of collecting is objectively better than another.

However, there are right and wrong ways to do many things collectors routinely do. Some of the things to never do are:

• Never hold a coin by placing your fingers on the coin's surfaces. Instead, hold the coin by its edge. The human skin contains oil and contaminants that can damage a coin's surfaces.

• Never speak or sneeze while bending over a coin. While this advice may sound silly, it's practical. Saliva and mucus can also damage a coin's surfaces if contact is made.

• Avoid the natural impulse to clean your coins. There are chemicals that can be used safely to remove dirt and other substances from a coin; however, these are best left to the expert. Cleaning coins with abrasive cleaners like scouring powder or pencil erasers will also damage them. Coins that have been naturally toned

Wrong way to hold a coin.

should be left alone. A patina — the film that builds up on the surfaces of the coin — forms on copper and silver coins as a natural result of the chemical reaction of the coinage metal to the environment. It actually helps protect the metal from further reactions. Many collectors and dealers find natural toning attractive, and will even pay a premium for pleasingly toned coins.

• Store your coins properly. Hobbyists have found that certain types of plastic used in coin holders and flips (plastic holders creased in the middle, with the coin housed on one side) actually damage the coins

Right way to hold a coin.

placed in them. Avoid storage materials made of polyvinyl chloride (PVC); ask your dealer what is safe. In addition, some forms of paper envelopes and albums contain high amounts of sulfur, a substance particularly damaging to copper and silver coins. Do not leave your coins exposed to sunlight, high heat or high humidity for very long; all can damage a coin.

• Learn about grading. Chapter 7 discusses grading in more detail. Even a basic knowledge of what grading represents is important if you begin to buy coins from others. The higher the grade or condition a coin is in, the more it is worth. However, if a collector does not know whether a coin's grade is represented accurately, he can end up paying more than the coin is worth if the coin grades lower than indicated by the seller.

Getting started

Collecting can be fun for the individual and for the entire family. It can be as easy as getting a couple of rolls of coins from a bank and placing the coins into folder-style albums (one of *Coin World* magazine's most popular columns is "Found in Rolls," written by husband and wife collectors who search through dozens of rolls every week), or a family trip to a local coin show (there are coin shows every weekend in some part of the United States; there's probably one in your area within the next few months).

The State quarter dollars are a good place to start. It takes little effort to go to the bank, buy several rolls of quarters and put individual dates and Mint marks into the holes of an inexpensive album or holder. Most stores carry some sort of album or holder for the State quarters. After going through the rolls and saving the coins needed, take the unwanted coins back to the bank and get some more, or just spend them. If you have duplicates of some coins, trade them with other collectors for the dates you need.

Sorting pocket change and searching new rolls from the bank brings enjoyment to many beginners. It's inexpensive and doesn't take a lot of time or effort. You may want to substitute Roosevelt dimes for the quarters, or maybe the Lincoln cent, but the goal is still the same — collecting an example of each date and Mint mark for any given series.

Coin collecting opens many doors: economics, history, art and technology, both old and new. Welcome to the world of numismatics and U.S. coins!

The American Flag on U.S. Coins

Old Glory.

The Stars and Stripes.

The Star Spangled Banner.

Whatever you want to call it, the American flag stirs strong passions in U.S. citizens and its allies and enemies abroad.

It can be a symbol of hope and resolve for millions, as shown by two indelible scenes from American history captured photographically that feature the flag as the centerpiece.

One of those moments in history is a group of Marine and Navy personnel raising the flag on Mount Suribachi on the Japanese island of Iwo Jima during the waning months of World War II. In reality the *second* flag raising on the summit (the first flag raised was much smaller than the second), it remains etched in the minds of the World War II generation and the Baby Boomers. The Marine Corps has adopted the flag-raising scene as its most visible symbol, converting the image into its official war memorial in Washington, D.C.

The other moment of history etched into the collective American psyche is the image of three firefighters raising an American flag over the rubble of the World Trade Center shortly after terrorists brought the towers down on Sept. 11, 2001. Millions of Americans emulated the firefighters, displaying American flags at home, in the office and on their motor vehicles. Merchants reported flag shortages as citizens emptied store shelves. The flag became omnipresent, draped around shoulders, carried with great solemnity onto athletic fields and Olympic arenas, and added to advertisements as businesses strived to show their patriotism.

As the most visible symbol of the American government and way of life, the flag is one of the ultimate targets of political expression, by both Americans and others. The flag has been a target of political ire ever since May 10, 1861, when, according to Robert Justin Goldstein in *Flag Burning and Free Speech: The Case of* Texas v. Johnson, what was probably the first protest flag burning was carried out in Mississippi. The burning of an American flag as a form of protest triggers strong emotions in most watching the act. Many deem flag burning so offensive that Congress has attempted, and failed, to pass a constitutional amendment banning flag desecration. However, flag burning, which most Americans consider deeply offensive, remains protected political expression under the First Amendment. Ironically. burning is the preferred means of getting rid of old, tattered flags, when done with great ceremony by veterans' organizations.

Considering the high regard afforded the American flag today, it should come as no surprise that the flag appears on more than a dozen U.S. coins. However, it may surprise most Americans that flags are completely absent from the nation's 18th and 19th century coinage, and that few of the coins on which it appears actually circulated.

The flag's absence from U.S. coinage is understood when one learns that until the Civil War, few Americans held the U.S. flag in high regard. Before the war, the flag rarely flew over private residences, or state or local government buildings, according to Goldstein.

U.S. federal coinage and the American flag are approximately the same age, with the flag just a decade older than the first U.S. coin. The Continental Congress authorized an American flag on June 14, 1777, a date Americans now celebrate as Flag Day. The first federal coinage came in 1787, in the form of the 1787 Fugio cent, struck under contract by authority of the Articles of Confederation.

Goldstein notes that until 1818, there was no standardized flag design. The number of stars and their placement and number of points differed from flag to flag, and stripes varied in number (some had nine stripes, others had 13, or 15, or 18) and color (some flags had blue stripes). Congress in 1818 fixed the number of stripes at 13 and required a new star be added each time a new state joined the Union.

Although the flag itself had made no appearance on U.S. coinage by 1818, many elements present on the flag are found on 18th and 19th century coinage designs: stars representing the states in the Union, and striped shields resting upon an eagle's breast. As with the first American flag, U.S. coins started with 13 stars (representing the 13 Original Colonies). As new states joined the Union, coin designers attempted to keep pace by adding stars, reaching 15 and 16 on several 18th and 19th century coins. However, the rapid growth of the nation outstripped available space. Not too many years into the 19th century, the number of stars was stabilized on coinage for the most part at 13.

Another American icon, the eagle, was mandated on all silver and gold coinage in 1792. In fact, Goldstein writes, the eagle was a more popular patriotic symbol than the Stars and Stripes until well into the mid-19th century, even with the military and politicians. The American Army did not fight under a flag bearing the Stars and Stripes until the Mexican War, 1846 to 1848, Goldstein writes. He notes that politicians did not use flag motifs in their campaign materials until the 1840 presidential election, when flags bearing slogans supporting William Henry Harrison appeared.

The indifference to the flag changed in early 1861, as one after one, the slave states of the South seceded from the Union. In the North, the ignored flag suddenly became a revered symbol of the dissolving Union. In January 1861, Treasury Secretary John Dix telegraphed a clerk in New Orleans, "If anyone attempts to haul down the American flag, shoot him on the spot."

In an act eerily reminiscent of events following the Sept. 11 terrorist attacks, the tattered flag removed from Fort Sumter in April after the Confederate bombardment (which began the Civil War) was used in a fund-raising effort a few days later. Northerners began flying U.S. flags, something not previously done, according to Goldstein. He reports, as in the days following Sept. 11, the demand for flags outstripped the supply.

In the South, the U.S. flag became a sign of federal oppression. A flag was burned in protest on May 10, 1861, in Liberty, Miss., probably the first protest flag burning, according to Goldstein.

Union reaction to flag desecration reached new heights, or new lows, in 1862. When Southern sympathizer William Mumford pulled down the American flag from atop the New Orleans Mint, dragged it through the mud and tore it to shreds, he was arrested, charged with treason, tried before a military court, convicted and on June 7, 1862, hung for flag desecration! Mumford became a martyr in the South, viewed as a victim of an oppressive Northern government.

With the newfound love of the American flag everywhere, it began to be depicted on U.S. money, though still not on federal coinage. Flags appeared on early federal paper money, the first of which was issued during the Civil War. Compound-interest Treasury notes issued in 1863 and 1864 bear various patriotic symbols, including the American flag. A 10-cent note first issued in 1869 depicts a bust of Liberty with what appears to be a flag draped over her left shoulder (the field of stars is visible). Many other notes were issued in the 1870s and 1880s bearing highly visible images of flags, often carried by an eagle, that other prominent American icon.

Closer to U.S. coins are Civil War tokens, cent-sized tokens that were privately issued during the Civil War as advertising pieces and as substitutes for federal coinage, most of which was hoarded by citizens following the suspension of specie payments in December 1861. About 40 different token designs issued in the early 1860s depict flag images, including a dozen or so that feature the flag as the principal design element. Other Civil War tokens show flags as secondary design elements: crossed flags or flags fluttering from the deck of the *USS Monitor,* the revolutionary ironclad warship.

Numerous Civil War tokens bear Treasury Secretary Dix's by then famous slogan, "If anyone attempts to haul down the American flag, shoot him on the spot," on one side and an American flag on the other.

Although no issued U.S. coins struck during and immediately after the Civil War bear flag images, Mint officials after the war began considering the flag as a design element. Several pattern pieces — experimental pieces testing new designs, alloys and coining techniques — bear flags, including patterns for quarter dollars, half dollars and dollars produced beginning in 1870 and 1871. James Barton Longacre, chief engraver of the United States Mint, had produced an obverse design of a seated Liberty in Indian headdress, her left hand resting on a globe, her right hand holding a Liberty pole; a pair of crossed flags appear in the background. The design was never adopted for use on a circulating coinage, and today can be found only on pattern pieces struck for test purposes from dies based on Longacre's design. The same design would be used for patterns of various denominations throughout the 1870s, matched with a number of different reverse designs.

A series of patterns first issued in 1872 returned to two common themes — the eagle and a shield — but not the flag. The design, which shows a figure of Liberty with a sword, is called the Amazonian design because of the resemblance the semi-nude figure of Liberty bears to the legendary Amazonian warrior women.

In 1875, another Seated Liberty pattern design with flags in the background was introduced. However, the flags lack the field of stars and cannot be conclusively considered American flags. The design was used on several denominations of coins in the mid-1870s.

The Centennial celebration of 1876 — conducted a century after the signing of the Declaration of Independence — might have seemed to give the Mint the perfect opportunity to issue a coin depicting the American flag. The flag and other patriotic symbols were omnipresent at the 1876 Centennial Exposition site in Philadelphia and throughout the United States.

In the views of some Americans, however, others were using the flag or images of the flag in inappropriate ways, including in advertising. Official condemnation came that same Centennial year, when legislation was introduced in the House of Representatives seeking to prohibit the printing of advertising messages on flags or attaching advertising to the flag.

However, in spite of the patriotic fervor sweeping the nation, no new coinage designs were introduced, and the American flag's appearances on numismatic items were limited to medals (including at least one issued for the 1876 Centennial Exposition), tokens and paper money for the remainder of the century and well into the 20th century.

Patriotic organizations such as the Grand Army of the Republic (the veterans' organization for those serving in the Union forces) made banning flag desecration a cause, and in 1890, Congress again considered legislation that would have banned the flag's use in advertising had it passed. "The Pledge of Allegiance" was first published in 1892 and its recitation would become a staple in classrooms and elsewhere, though without the words "under God," which in June 2002 became the focus of a controversial court ruling that the words made the Pledge an unconstitutional violation of the concept of the separation of church and state.

The flag protection movement, Goldstein writes, was always vigilant for flag desecration at the close of the 19th century. The growing use of the flag as a prop in political campaigns in the 1890s drew the wrath of the movement, he writes. The flag protection movement protested, for example, the use of a 40-foot flag as a carpet at the 1893 World's Columbian Exposition in Chicago. (Similar protests would be heard late in the 20th century when an artist used the flag in a similar way, inviting viewers to walk on the flag.) It also targeted merchants who used images of the flags in their advertisements or sold products that bore representations of the flag that were intended for inappropriate purposes (such as flag handkerchiefs). The movement also protested the wearing of the flag as a garment of any kind. Members of the movement would likely be appalled by the ubiquitous use today of the flag in apparel.

This strong cultural aversion to wearing the American flag is ironic, considering that when a U.S. coin finally depicted the American flag, it was as a garment worn by a representation of Liberty: the 1916 Walking Liberty half dollar.

The 1916 Walking Liberty half dollar was the first circulating U.S. coin to depict the American flag. It is one of three new coinage designs released that year, each of which is considered a classic U.S. coinage design. The other two are the Winged Liberty Head dime and the Standing Liberty quarter dollar.

In 1916, the designs on the dime, quarter dollar and half dollar were 25 years old. While that milestone may seem unimportant, it was actually quite significant. Congress in 1890 had granted the Treasury secretary — the administration official in charge of coinage and paper money — authority to change coinage designs without congressional approval when the designs were 25 years old. The act was intended to prevent designs from changing every few years, which was commonplace in the 18th and 19th centuries (some designs were changed after being in production for only a few months, even weeks).

At the end of 1915, the dime, quarter dollar and half dollar bore designs introduced in 1892, thus making them 25 years old in 1916. Five of the six designs used on the three coins had been created by Charles Barber, the chief engraver of the U.S. Mint in 1892 and still serving in that post in 1915. The dime's reverse was the work of one of Barber's predecessors in the job, James B. Longacre, and had been introduced in 1860. As chief engraver, Barber was in charge of the engraving department and staff, where the coinage designs were created, and thus held great influence over which designs would be used on U.S. coinage designs.

Mint officials in 1915 interpreted the 1890 congressional act regulating the longevity of coinage designs as *requiring* new designs in 1916. Their interpretation was wrong; there was nothing in the act that required new designs in 1916. However, the act did grant the Mint, through the authority of the Treasury secretary, the authority to change the designs.

Mint officials enthusiastically pursued new designs, with one exception: Charles Barber. Since 1907, when new designs were introduced for the gold $10 eagle and $20 double eagle, Mint officials had turned to non-Mint staff artists to create what today are considered the best U.S. coin designs ever to circulate. Augustus Saint-Gaudens designed the new eagle and double eagle designs introduced in 1907. Bela Lyon Pratt produced new designs for the gold $2.50 quarter eagle and $5 half eagle introduced in 1908. Victor D. Brenner designed the new Lincoln cent of 1909. James Earle Fraser created the Indian Head and Bison designs used on the new 5-cent coin introduced in 1913. Each of these men was an independent artist, not serving on the Mint's engraving staff. Barber resented them for this fact and because the designs for the Liberty Head 5-cent coin that had been replaced by Fraser's designs were Barber's own creations. Now, in 1916, Barber faced designs created by nonstaff artists replacing the last of his coinage designs in circulation.

Mint officials invited three individuals to submit designs for the three silver coins: Adolph A. Weinman, Hermon A. MacNeil and Albin Polasek. The three submitted their designs, which were reviewed by Mint officials and the Commission of Fine Arts, a new panel empowered to pass judgment on artistic endeavors of the federal government.

MacNeil's designs were chosen for the quarter dollar, with Weinman's designs accepted for the dime and half dollar. Polasek's designs, which appear to be lost, were rejected.

Weinman's half dollar depicts an eagle on the reverse (required by law) and an image of Liberty (also required by law) on the obverse. Weinman's Liberty is shown striding from the right to the left across the obverse of the coin. She holds vegetation in the crook of her left arm and her right arm is outstretched in front of her.

Most significantly, Liberty is draped in an American flag. The stripes form the skirt of her dress, while the corner holding the stars is blowing in the wind, flapping in front of her body.

The design is stunning, especially when compared to the designs on U.S. coins in circulation today. It embodies America and remains maybe the strongest depiction of the Stars and Stripes on a U.S. coin. It would remain in production until 1947, when it was replaced by a coin honoring Benjamin Franklin. Another icon of America and American freedom appears on the reverse of that coin: the Liberty Bell.

Although high-grade specimens of Weinman's half dollar can be quite expensive, bringing hundreds or even thousands of dollars, many of the coins remain quite affordable, even in the coveted Mint State (see Pages 126 to 129 of this volume for current values for the Walking Liberty half dollar).

The same year the Walking Liberty half dollar was introduced, another coin, a noncirculating commemorative, was produced depicting a flag. Commemorative coins are special coins produced to honor a specific person, event, site or memorial, or concept. The 1916 McKinley Memorial gold dollar — honoring assassinated President William McKinley — depicts the new memorial in Niles, Ohio, on the reverse. Flying from a flagpole rising from the top of the memorial is a small flag. The diminutive size of the coin — slightly more than a half inch in diameter — makes the flag very small and devoid of any details. Collectors seeking an example of each coin depicting an American flag could easily skip it because of this lack of any stars and stripes.

Nearly two decades would pass before the next depiction of an American flag on a U.S. coin. Again, like the McKinley gold dollar, it would be on a noncirculating commemorative coin. The coin, the Texas Independence Centennial half dollar, was issued from 1934 to 1938. It depicts all six flags that have flown over Texas: those of Spain, France, Mexico, the Texas Republic, the Confederate States of America and the United States. As on the McKinley gold dollar, the representation of the American flag on the Texas half dollar is very small and devoid of most detail.

Once production of the Walking Liberty half dollar ceased at the end of 1947, no new U.S. coins were produced depicting an American flag for nearly four decades. And, when the next "flag" coin was introduced in 1986, it depicted an enlarged version of Weinman's Walking Liberty design. This new coin, the American Eagle silver dollar, is a silver bullion coin containing an ounce of pure silver. Congress authorized the coin as a convenient means for Americans to purchase and hold silver, without buying the product of a foreign country, such as the Canadian Maple Leaf silver 1-ounce bullion coin. American Eagle gold bullion coins were introduced at the same time as the silver bullion coin.

Treasury officials, rather than create new obverse and reverse designs for the silver and gold American Eagles, opted to order new designs for the reverses only and to resurrect old designs for the obverses. Saint-Gaudens' design from the 1907 to 1933 double eagle was used for the gold bullion coins (although in a slimmed down version in a controversial attempt to reflect changing American tastes). Weinman's design was selected for the silver dollar and used with no appreciable differences.

The American Eagle silver dollar, while it does not circulate, offers Weinman's stirring design in a format larger than that used for the half dollar of 1916 to 1947. The design, although it is nearly 90 years old, still speaks volumes to Americans, especially in the wake of the attacks on the World Trade Center. A number of the American Eagle silver dollars stored in vaults at the World Trade Center complex during the attacks were later recovered from the rubble and purchased by coin dealers, who began promoting the WTC tie and selling the coins at prices well above those charged for "normal" American Eagles. As in the 1890s, when some criticized merchants for using the American flag in their advertisements, some in 2002 criticized the sale of the coins recovered from Ground Zero as morbid and the prices charged as too high. Still, the coins, with their patriotic design and WTC connection, have been popular with some collectors.

As in the early 20th century, when commemorative coins gave designers opportunities to include flags in their designs, the growth of annual commemorative coin programs in the late 20th century and early 21st century have given us new opportunities for flag coinage designs. Production of commemorative coins was halted in 1954 and not restarted until 1982. Commemorative coins became an annual offering of the U.S. Mint in 1986. The resurrected commemorative coin program has given coin designers multiple canvases on which to depict American flags.

In 1992, two commemorative coins were introduced depicting American flags, and unlike the early commemoratives, the flag serves as a prominent design element on both pieces.

The 1992 Olympic Games copper-nickel half dollar depicts a female gymnast leaping in front of a large American flag. The flag serves as a backdrop to the entire obverse and is not depicted in its entirety. Eight stars and portions of five stripes appear. The date and legends are positioned over the stripes. This was the most prominent display of a flag on a U.S. coin to that time. All previous designs, with the exception of the Weinman design, use the flag almost as an afterthought. In this design, the flag serves as a canvas on which the other design elements and legends rest.

Likewise, the other 1992 coin to depict an American flag — the 1992 Olympic Games gold $5 half eagle — uses the flag as a major design element. It depicts a male sprinter in front of a hanging flag. The flag hangs from a horizontal pole of the type used to suspend the national flags of the victors in Olympic events. This is the most complete depiction of the flag on any U.S. coin, and is essential to any collection with a flag theme.

A third coin issued in 1992 depicts a flag, although the rendition is so small that no details can be seen on the flag. It flies from a flagpole rising from the roof of the Executive Mansion on the 1992 White House Bicentennial silver dollar. Still, there can be no doubt that the flag represents the U.S. flag, so it can easily be included in any thematic collection.

Two coins issued in 1993 commemorating James Madison and the Bill of Rights depict his home Montpelier. Small flags fly from the home. Since the flags lack detail, they cannot be identified as American flags. They could be any flag, so collectors may include these in their collection at their discretion.

One year after the Madison-Bill of Rights coins, three new commemorative programs resulted in designs depicting American flags. The 1994 World Cup USA coins — half dollar, dollar and half eagle — share a common reverse that depicts the highly stylized World Cup logo, consisting of a soccer ball superimposed over an American flag, with the ball taking the place of the stars. This design is the first to depict the U.S. flag in a nontraditional, highly representational form. Collectors can include one or all three coins in their collection, depending on their budget.

The reverse of the 1994 Prisoners of War Memorial silver dollar depicts a flag flying from a flagpole in front of the memorial. Unlike on some other coins depicting flags atop flagpoles, this rendition has some details and is recognizably the Stars and Stripes. While the image of the flag is small in comparison to the entire design, the artist took care to provide enough detail that anyone would recognize it as the American flag.

The reverse of the 1994 U.S. Capitol Bicentennial silver dollar depicts four American flags, behind an eagle and shield. The image duplicates a section of a stained glass window in the Capitol. As with the other 1994 design, the images of the flag are small in comparison to the overall design but are recognizably American flags. The design ranks with the 1992 half eagle in its depiction of nearly complete flag images.

In 1996, a design was introduced that features the flag as a central theme. In fact, the design takes its name after the flag. One of two gold half eagles issued in 1996 to commemorate the Atlanta Olympic Games is called the Flagbearer design. It depicts a flagbearer holding a flag and leading a parade of athletes and coaches in the familiar scene that opens each Olympic Game. The bearer holds the flag proudly aloft in the center portion of the design. Anyone who has ever seen the opening Olympic Games ceremonies knows that flags of all participating nations play a prominent role. The Flagbearer design is essential for a collection based on the American flag.

The obverse of the 1996 Smithsonian Institution 150th Anniversary silver dollar depicts a small flag flying from the Smithsonian Castle, the name given to the original museum structure constructed in the mid-19th century. Unlike some of the other designs showing the flag flying over a building, the flag bears enough detail to see the stars and stripes. Collectors will probably want to include an example in their collection.

Despite all of the flag depictions on U.S. coins since 1916, only the Walking Liberty half dollar had been struck for circulation, until 1999. That year, the second circulating U.S. coin to depict an American flag was released: the 1999 New Jersey quarter dollar. The reverse depicts George Washington and his men crossing the Delaware River during the Revolutionary War to attack the Hessian encampment at Trenton, N.J.

The design, based on Emmanuel Leutze's 1851 painting, depicts Washington standing up in a boat being propelled by his men, with a flag held aloft amidships. While few details can be seen in the flag because of its small size, it deserves to be included in a thematic collection, particularly since the flag it depicts would represent one of the first flags, produced soon after Congress authorized an American flag.

The most recent U.S. coin to depict an American flag, at this writing, is the 2002 U.S. Military Academy Bicentennial silver dollar, another noncirculating commemorative coin. It depicts a cadet color guard in parade exercise on the grounds of West Point. The five cadets carry three flags, one of which is the American flag. As with the Flagbearer design in the 1996 Olympic coinage program, this coin depicts a ceremony in which the American flag plays a major part. It, too, deserves to be included in any flag-themed collection.

All of the coins mentioned in this chapter are available on the coin market. Many are inexpensive. The New Jersey quarter dollar can be found in circulation at face value. Other coins are priced from less than $10 for the American Eagle silver dollar to less than $100 for many of the commemorative coins struck since 1982. Several of the older commemoratives are a bit more expensive, particularly in higher grades. However, almost all of the coins are priced within the means of the average collector, as long as the buyer is willing to buy lesser quality examples of several of the coins. To get an idea of their cost, turn to the appropriate sections within the values section of this price guide.

What does the future bring? Interest is growing among Mint officials to redesign circulating U.S. coinage, although some in Congress remain opposed to the idea. Whether new designs enter circulation remains uncertain as this chapter is being written. One thing is likely, though.

The 2002 U.S. Military Academy Bicentennial silver dollar likely will not be the last U.S. coin to depict an American flag. With renewed patriotism sweeping the land, the mood seems ripe for additional coins depicting the Stars and Stripes.

State quarter dollars

More than 139 million Americans can't be wrong—collecting State quarter dollars is fun.

As 2003 dawns, the United States will be entering the fifth year of a 10-year program of circulating commemorative quarter dollars honoring each of the 50 states. The first State quarter dollars entered circulation in January 1999. The last will enter circulation near the end of 2008. Between those two dates, more new coinage designs will enter circulation than in any previous 10-year period in U.S. coinage history.

The United States Mint is producing five different quarters each year for 10 years, until each state is represented by a quarter dollar with a commemorative reverse design. Congress, spurred by spirited lobbying by the coin collecting community, authorized the 10-year program in 1997. Most collectors are joyous over the opportunity to collect something new from circulation after so many decades of coins of numbing sameness.

While the portrait on the obverse remains that of George Washington, another change should be immediately obvious on the State quarters other than the new reverse designs. The date and denomination have changed sides, with the date now located on the reverse and the denomination QUARTER DOLLAR now on the obverse where the date used to be.

Why the fuss?

Noncollectors might wonder what the fuss is all about. Coinage designs, after all, are a static, unchanging force in our daily lives. For many Americans, the quarter dollar they were familiar with previously has always depicted George Washington and an eagle; the cent, Abraham Lincoln; the dime, Franklin D. Roosevelt; the half dollar, John F. Kennedy; and the 5-cent coin, Thomas Jefferson.

To collectors, that is the problem.

Coinage designs used to change with regularity, sometimes to the point of absurdity from a modern viewpoint. For example, three distinctly different design types were used in 1793 for the nation's first cents: a Flowing Hair Liberty, Chain cent obverse-reverse combination;

a Flowing Hair Liberty, Wreath cent; and a Liberty Cap, Wreath cent. Public and official dissatisfaction over these coinage designs resulted in rapid changes in less than 12 months, the first change being made after just 36,103 cents were struck over the period of a few weeks!

While the pace of design change during the next century wasn't always that hectic, Mint officials changed designs for most denominations on a routine basis. Congress finally put the brakes on unrestricted design changes in 1890. It passed a new law requiring the Treasury Department to seek congressional approval to change coinage designs unless the designs had been in use for at least 25 years.

Happily for collectors, Mint officials during the early decades of the 20th century interpreted the 1890 regulation as *requiring* design changes every 25 years (a concept now largely foreign to Mint officials, although the Mint may be warming to the idea of new designs for other coinage denominations). For example, new designs for the dime, quarter dollar and half dollar had been introduced in 1891; 25 years later, in 1916, Mint officials felt compelled to introduce new designs for each of those three denominations. By the middle of the 20th century, however, Mint officials' bureaucratic thought processes, and those of Congress as well, began to alter: Change was bad. Keeping things the same was good.

Which leads us to why coin collectors are so excited about the ongoing changes to the Washington quarter dollar. Collectors are tired of seeing the same old designs in circulation day after day, year after year, decade after decade. After all, the Washington quarter dollar has been around for a long time.

Washington's birth

The Washington quarter dollar was introduced in 1932 as a circulating commemorative coin to celebrate Washington's 200th birthday, just 16 years after the then current design had been introduced. Under the 1890 law, congressional approval was required, sought and given for the change since the existing Standing Liberty-Flying Eagle designs had been in use for less than the required 25 years. And there the Washington designs remained, fixed in time for 66 years.

The decision to depict Washington on a legal tender coin likely would have horrified the man being honored. Back before Congress devised the U.S. coinage system in 1792, our Founding Fathers began debating a national coinage. Some suggested that the nation's coins should depict the current president, then George Washington. The scion of Mount Vernon rejected this suggestion, indicating that to place his image on U.S. coinage would be to follow Europe's lead, where many nations at the time placed the portrait of their reigning sovereign on their coinage and paper money. Congress in its wisdom acceded to Washington's view and instead required each coin to depict an allegorical representation of Liberty on each coin's obverse.

For all of the 18th and 19th centuries, and the first decades of the 20th century, various images of Liberty dominated most U.S. coinage designs. (A few coins produced during the 19th century depict such subjects as a shield, flying eagle or large star rather than Liberty.) Then, in 1892, government policy changed. That year represented the 400th anniversary of Christopher Columbus' first voyage to what became known as the Western Hemisphere. Many nations celebrated, including the United States, which staged the World's Columbian Exposition in 1893.

Many numismatic collectibles resulted from the U.S. celebration, including the attractive admission tickets, many privately and government-issued medals, and two commemorative coins, the first such coins issued by the United States. The government issued an 1893 commemorative quarter dollar and 1892 and 1893 commemorative half dollars. Not only were these the first U.S. commemorative coins, they were the first U.S. coins to depict actual individuals instead of allegorical figures of Liberty (other than a few pattern pieces, or experimental coins, issued just after the Civil War but never issued for circulation or general production).

The legislation authorizing the coins required that Columbus' portrait be placed on the half dollar and Queen Isabella's portrait on the quarter. (Isabella was Columbus' chief promoter, although it is a myth that she sold her jewels to finance his first voyage.) One other commemorative coin was issued during the 19th century, the 1900 Lafayette silver dollar, which depicts George Washington and the Frenchman who rallied to America's cause during the Revolutionary War. Congress authorized other commemorative coins depicting actual persons during the first decade of the 20th century.

It was not until 1909, the centennial celebration of Lincoln's birth, that the first circulating coin to depict an actual person was produced. A portrait of Lincoln was placed on the cent to replace the aging Liberty portrait on the Indian Head cent, with only minor objections to the change in policy. Editors at *The Numismatist*, considered by many the leading coin collector magazine of the day, said, "Let us have a Lincoln portrait coin for circulation and not be hampered by the time-worn objection to placing a citizen's portrait upon our coins." One wonders what they might have said had they known that more than 93 years later, the same portrait would still be in use (a record for any U.S. coinage design).

Portraits became the rule rather than the exception once the Lincoln cent opened the floodgates for circulating coinage. Washington followed in 1932 on the quarter dollar, Thomas Jefferson in 1938 on the 5-cent coin (replacing an American Indian), Franklin Roosevelt in 1946 (replacing the Winged Liberty Head), Benjamin Franklin (replacing the Walking Liberty) and John F. Kennedy on the half dollar, in 1948 and 1964, respectively. New dollar coins have depicted Dwight D. Eisenhower, Susan B. Anthony and Sacagawea.

While many collectors lament the passing of Liberty as a design concept—many of the portraits and images of Liberty appearing on U.S. coins are works of art—they've also criticized the government's decades-long reluctance for any change to circulating coinage designs. Official policy used to state that there was no public support for changes in coinage designs. While collectors have argued that point, lobbying efforts at the Treasury Department and on Capitol Hill had been largely fruitless. Collectors had gotten close several times, with one legislative effort derailed when conservative elements claimed, incorrectly, that the effort to change coinage designs was directed at removing from the coins the motto IN GOD WE TRUST. Furthermore, many in Washington, D.C., would find it difficult to remove from our circulating coinage such icons as George Washington, Thomas Jefferson and Abraham Lincoln (and might find it daunting to select a racially diverse five Americans for portrayal, if the policy of depicting actual persons were continued).

However, coin collectors finally gained a sympathetic ear when Rep. Michael Castle, R-Del., was named chairman of the House subcommittee in charge of coinage legislation in the mid-1990s. Rep. Castle listened and acted when collectors told Congress that too many expensive commemorative coins were being struck merely to raise funds for various special-interest groups. For example, consider two coins issued while his predecessor, Rep. Joseph P. Kennedy II, D-Mass., served as chairman of the subcommittee. Two commemorative coins were authorized (with little or no opportunity for public comment) that depict Kennedy's relatives: a silver dollar depicting his father, Robert F.

Kennedy, and a second silver dollar depicting an aunt, Eunice Kennedy Shriver (who is still living), as a founder of the Special Olympics.

To answer coin collectors' cries that too many programs were being approved, many with inappropriate subjects, Castle got Congress to approve legislation limiting commemorative programs to no more than two a year (although Congress has violated that law already). He also forced changes that call for greater accountability from those organizations and foundations receiving funds from commemorative coin sales. And he indicated he was open to the idea of requiring the Treasury Department to change some of the circulating coins' designs.

Coins for states

During Castle's commemorative coin hearing July 12, 1995, he asked New York City coin dealer Harvey Stack, representing the Professional Numismatists Guild, for any other recommendations after Stack read his prepared statement on commemorative programs. Stack is an opponent of multiple noncirculating commemorative coin programs, which can be very expensive (especially if collectors buy one of everything being offered) and very often drop in value after collectors buy the coins from the Mint. Stack suggested a circulating commemorative quarter dollar program honoring each of the 50 states as a means of introducing a broader audience to coin collecting, and at low cost (at face value from circulation!). While Stack may not have been the first to suggest the idea publicly, he was the first to do so publicly to someone in government who could act on the proposal. The Citizens Commemorative Coin Advisory Committee, then chaired by the director of the U.S. Mint, unanimously endorsed the idea, as did other hobby leaders testifying at the hearing. Castle warmed to the idea and introduced legislation that passed both houses and was signed into law. Even Treasury officials backed the program, but not until completing a congressionally mandated study and asking Congress to order the program to be implemented. At Castle's instigation, Congress did.

Over the 10 years of the program, five quarter dollars will be issued each year at roughly 10-week intervals in the order the states entered the Union. Each coin will have a design reflective of the state being commemorated. Each state's governor may recommend up to five design concepts, with each state determining the process by which its design concepts are selected. The secretary of the Treasury approves the proposed designs after consultation with two government-appointed committees empowered to comment on coinage designs. The state's governor selects the final design from those approved by the secretary of the Treasury.

Congress avoided any controversy over removing Washington from the design by mandating changes to the reverse only. The 1932 Washington portrait will remain in place on the obverse of each quarter dollar, although some surprising changes have taken place that involve the obverse and reverse. Mint officials studied the placement of existing inscriptions on both sides, the space available on the reverse for the individual state designs, and the need for additional space for new reverse legends. Officials concluded that in order to incorporate the new designs and inscriptions, they needed authority to reposition existing legends. Since the positioning of such elements as the date and QUARTER DOLLAR are mandated by law, Treasury officials had to get congressional authority to move them. Congress again moved remarkably quickly; President Clinton signed the legislation into law in May 1998. Mint officials also had to make the Washington portrait smaller to make space for the additional inscriptions.

The most jarring changes involve the date and the denomination. Mint officials moved the date from the obverse to the bottom of the reverse. (These coins are not the first U.S. coins with dates on the reverse; gold dollars and $3 coins have reverse dates.) The denomination QUARTER DOLLAR was moved from the reverse to the obverse, beneath Washington's portrait (where the date is located on pre-1999 quarter dollars). Officials moved UNITED STATES OF AMERICA from the reverse to the obverse, and some of the obverse legends were moved into different positions on that side.

The Mint has struck State quarter dollars at both the Philadelphia and Denver Mints for circulation, and collector-only versions at those two facilities and the San Francisco Mint. Collectors wanting to collect an example of each coin from circulation will need a specimen from the Philadelphia and Denver Mints, or 100 coins over 10 years. According to Mint officials, no special effort is being made to place a particular state's coins into circulation in that state. As with all coins, distribution is under the control of the Federal Reserve Bank, which buys coins from the Mint at face value and sells them to commercial banks when requested. It's anyone's guess at how widely the State coins will circulate, and for how long. (The Mint has struck millions of each quarter dollar, and for some issues, more than 1 billion pieces. Mintage figures are found in a separate chapter later in this book.)

Consider, for example, the 1776-1976 Bicentennial quarter dollars, half dollars and dollars—the only other circulating commemorative coins produced by the U.S. government in recent decades. The Mint struck and circulated more than 1.67 billion 1976 Washington quarter dollars, each—like the State coins—bearing a commemorative reverse design (a Colonial drummer and Liberty torch). Despite the large quantity produced, few are seen in circulation today, probably because individuals pull the coins from circulation when they encounter them, just because their designs are a little different. Even today, more than a quarter century after the coins entered circulation (in 1975), circulated specimens are worth face value only. Still, they're fun to collect.

Collectors already have some insight into the circulation patterns of the State quarters. *Coin World* has been tracking distribution since the program began, through its First Reports and Circulation Reports page at its State quarters Web site (**www.statequarters.com**). *Coin World* tracks when a newly issued State quarter is reported for each of the 50 states. So far, each coin has shown up in each state within a few months of release. However, that does not mean the State quarters are circulating everywhere.

For example, Philadelphia Mint and Denver Mint strikes are not distributed evenly throughout the country. Denver Mint coins tend to circulate more in the West, with Philadelphia Mint coins found in larger quantities in the East. There is some broader distribution, but for the most part, collectors tend to find coins from one Mint more often than those of the other Mint. Informal tracking by *Coin World* readers who record what they find over short periods tends to confirm the regional distribution by Mint mark through the Federal Reserve Banks.

Some collectors tell *Coin World* that they have difficulty finding any State quarters locally. That might be because the banks and other commercial businesses in their locale have little need to order new coins from the Federal Reserve and thus are not getting quantities of the State quarters. The few pieces that show up probably do so through normal commercial channels as they are spent in circulation. While it has been fun for those finding the coins, those who cannot find the coins in circulation are forced to pay dealers premiums, which they find frustrating.

To help collectors, *Coin World* established a trading forum at its State quarters Web site (**www.statequarters.com**). Once registered, a collector is permitted to offer to trade State quarters in his possession for State quarters he needs.

How to collect

Why are most collectors happy about the State quarter dollar program? It gives them something to collect from circulation that's different from all of the other coins. And that's fun.

In fact, the ranks of coin collectors have grown immensely since the introduction of the State quarters. United States Mint officials report as many as 139 million Americans are saving the State quarter dollars from circulation. *Coin World* staff members encounter many people collecting the quarters who never collected coins before. Many of these new collectors are constantly asking, "When's the next quarter due?"

So how should collectors collect the new State quarter dollars?

A basic approach would be to collect one coin for each state, regardless of issuing Mint, for 50 coins, from Delaware (the first state) to Hawaii (the 50th state). Collectors can pull the coins from circulation, which is the most fun. Most of these coins will exhibit circulation wear and damage, unless collectors acquire fresh rolls of coins directly from their local banks.

A second approach would double the number of coins to 100 pieces, by seeking examples of each coin struck at the Denver and Philadelphia Mints. This approach will be even more fun for collectors, although collectors again are finding most coins in their area are predominately from one Mint or the other. Since most collectors collect by date and Mint mark, this approach will probably be the most common.

A third approach is to buy the coins directly from the Mint. The Mint offers the copper-nickel clad circulating coins and special silver versions in a variety of packaging. Benefits to this approach include getting all of the coins being produced in a higher level of condition than likely to be encountered in circulation. The drawbacks will be cost (collectors will pay much more than face value for the coins) and a lower "fun" threshold (collectors who buy directly from the Mint will miss the thrill of the hunt from circulation).

Another approach would be to add a single example to one's collection of quarter dollars by type. A type collection would include one of each major design within a specific denomination or century. For example, a 20th century type set of quarter dollars would include a Barber quarter dollar, a Standing Liberty coin, silver composition

Washington quarter dollars from 1932 to 1964 and 1992 to 1998, a copper-nickel clad specimen from 1965 to date, a Bicentennial reverse specimen, and one or more specimens of the new State coins (a true type coin collection would require one coin from each state, since each has its own reverse design and thus is a separate type).

You can design your state's coin!

When will your state's coin be released? And who will design it?

The U.S. Mint has been working on a tight schedule, releasing a new coin every 10 weeks or so. Once production of a particular state's coin is halted, no more will be produced with that theme.

As noted, coins will be introduced in the order the states entered the Union. The accompanying schedule should let you know when to start looking for your state's coin if it hasn't been released yet.

There's another reason to know your state's schedule. Since officials in each state will be selecting design concepts to recommend to federal officials, they'll need to come up with no more than five design concepts. Many states have sought public participation or input into the design process, and have even held design contests. As this chapter was being written, the states whose coins are due out in 2004 were in the process of selecting their designs.

If you're interested in participating in your state's quarter design process, contact your state's governor's office. All governors have been informed of the program, the schedule and the guidelines. Many will probably welcome advice from knowledgeable coin collectors (*Coin World's* editor served on Ohio's State quarters design selection committee, for example; the committee chairman was an Ohio coin dealer; and a third member was president of a coin club in Ohio).

Even more important, if you have a suggested design for your state, send it to your governor.

There are a few design guidelines.

The Treasury Department will accept no portraits (they don't want to depict a portrait of Washington on one side and a second portrait of someone else on the other side). Smaller depictions of an individual or individuals are permitted, although no one living should be shown. Designs should be noncontroversial and in good taste. State seals and coats of arms are not considered acceptable designs. Nor are images restricted to individuals.

When Canada produced a similar series for its 125th anniversary in

1992, 12 different Canadian 25-cent coins were introduced, based on designs selected in national contests, many by average Canadians. All of the designs—one for each province or territory—depict scenes that reflect the province's character, including scenes of natural wonder. Most states have scenes or natural wonders that might make beautiful coinage designs.

A template is available at *Coin World*'s State quarters Web site. Mint officials developed this design template to help artists and designers know how much of the coin's reverse is reserved for the State design.

The 50 States Commemorative Quarter Program will be one of the most exciting events for coin collectors over the next 6 years. Don't miss the boat. You'll be missing lots of fun.

The following list records the year each 50 state's quarter dollar has been or will have been issued into circulation. Following each state is the date it ratified the Constitution (for the first 13 states) or entered the Union.

1999

Delaware	Dec. 7, 1787
Pennsylvania	Dec. 12, 1787
New Jersey	Dec. 12, 1787
Georgia	Jan. 2, 1788
Connecticut	Jan. 9, 1788

2000

Massachusetts	Feb. 6, 1788
Maryland	April 28, 1788
South Carolina	May 23, 1788
New Hampshire	June 21, 1788
Virginia	June 25, 1788

2001

New York	July 26, 1788
North Carolina	Nov. 21, 1789
Rhode Island	May 29, 1790
Vermont	March 4, 1791
Kentucky	June 1, 1792

2002

Tennessee	June 1, 1796
Ohio	March 1, 1803
Louisiana	April 30, 1812
Indiana	Dec. 11, 1816
Mississippi	Dec. 10, 1817

2003

Illinois	Dec. 3, 1818
Alabama	Dec. 14, 1819
Maine	March 15, 1820
Missouri	Aug. 10, 1821
Arkansas	June 15, 1836

2004

Michigan	Jan. 26, 1837
Florida	March 3, 1845
Texas	Dec. 29, 1845
Iowa	July 3, 1846
Wisconsin	May 29, 1848

2005

California	Sept. 9, 1850
Minnesota	May 11, 1858
Oregon	Feb. 14, 1859
Kansas	Jan. 29, 1861
West Virginia	June 20, 1863

2006

Nevada	Oct. 31, 1864
Nebraska	March 1, 1867
Colorado	Aug. 1, 1876
South Dakota	Nov. 2, 1889
North Dakota	Nov. 2, 1889

2007

Montana	Nov. 8, 1889
Washington	Nov. 11, 1889
Idaho	July 3, 1890
Wyoming	July 10, 1890
Utah	Jan. 4, 1896

2008

Oklahoma	Nov. 16, 1907
New Mexico	Jan. 6, 1912
Arizona	Feb. 14, 1912
Alaska	Jan. 3, 1959
Hawaii	Aug. 21, 1959

Coin market analysis

Reflect back for a moment to January 2002. The hobby, more significantly the entire United States, was taking its first few tentative steps toward normalcy following terrorist attacks carried out on American landmarks on Sept 11, 2001.

It wasn't until the February 2002 Long Beach Coin & Collectibles Expo convened in California that the tragic terrorist attacks and their consequences weren't first and foremost in everyone's minds in the coin collecting community: dealers, collectors, researchers and enthusiasts.

Before 9-11, the various rare coin markets were as volatile as ever. Some of the volatility was quite exciting. The growing interest in high-grade examples of 20th century coins, for example, was leading directly to world-record prices like the $89,125 realized in August 2001 for a 1932-D Washington quarter dollar graded Mint State 66 by Professional Coin Grading Service. Other aspects of the market, however, were cause for concern. Following the collapse of the NASDAQ portion of the stock market in March 2000, it became difficult for dealers to place very expensive coins ($10,000 and up) with their clients. As of September 2001, some dealers were carrying millions of dollars in inventory that was the better part of 12 months to 18 months old.

In August 2002, the markets for rare U.S. coins were undoubtedly very different from what they might have been had 9-11 not occurred. Nevertheless, as of that date, the market was healthy and eagerly incorporating new collectors in larger numbers than ever.

For those inclined toward proof of the market's health, on July 30, 2002, a 1933 Saint-Gaudens double eagle realized $7.59 million. This particular specimen, which formerly resided in the collection of King Farouk of Egypt, was legally sanctioned for private ownership earlier in 2002 after a long and storied legal battle.

The $7.59 million selling price establishes this coin as the world's most valuable coin, demolishing the former record holder, the Childs specimen of the 1804 Draped Bust silver dollar, which sold for $4.14 million in April 1999 by Bowers and Merena Galleries.

Annual tradition holds that we select a particular segment of the rare coin markets and informally designate it "coin of the year." In 1999 and 2000, the designation was bestowed upon the State quarter dollars. In 2001 the "award" went to traditional collector coins.

Noting that previous selections represent segments of the markets, this year this ad hoc award is renamed "market sector of the year." This year's recipient is the Professional Coin Grading Service Registry Set. In its essence, a registry set is nothing more than bringing together in one place the contents of one's collection of a particular series, like the Lincoln cent or the Kennedy half dollar.

The PCGS Registry Set expands this notion by requiring that the contents of the set be listed electronically at the registry set Web site. Those who view their set's ranking as part of a serious competition sometimes address the building of a registry very seriously. Perhaps more significantly, thousands of serious coin collectors have been energized and re-energized by virtue of their participation in the registry set activity. The sometimes frantic rush to acquire registry set quality coins — that is, very high-grade examples, graded by PCGS, of a particular date within a particular series — as already mentioned, led directly to world-record prices for 20th century U.S. coins.

Auctions

Apart from the sale of the 1933 Saint-Gaudens $20 double eagle for a world-record price, the auction calendar from August 2001 to August 2002 was rather spotty.

Immediately following the attacks of 9-11, two major auctions scheduled for New York City that same day and later in the week were rescheduled. A roughly six-week period followed where a number of auctions were conducted as scheduled. While none of these sales proved financially catastrophic, the market lacked focus and energy.

A major test for the hobby resulted when the joint Sotheby's-Stack's auction of Oct. 29 and 30, 2001, in New York City, went on as planned. Dubbed the Dallas Bank Collection sale, it offered the collection of Texas oilman H. Jeff Browning, who had assembled it during the 1970s. The contents of the collection had remained a mystery for some 25 years. The release of the Sotheby's-Stack's sale catalog revealed numerous condition census pieces with some coins believed the finest known. Condition census coins represent the highest graded pieces for a particular date, Mint mark and in some cases, die variety; in some ways, the registry set concept is a descendant of the idea of a condition census.

The auction realized more than $7.5 million and concluded

without incident. There were a few stunning realizations. The 1854-O and 1856-O Coronet double eagles each brought in excess of $100,000.

On Nov. 30, 2001, an example of the world-famous 1804 Draped Bust silver dollar was offered at auction by Bowers and Merena Galleries in Baltimore. This specimen, a Class III restrike struck in the mid-19th century, realized $874,000, setting a record for a Class III 1804 dollar. This proved to be the highest price realized for a single coin during the year. Purchasers Don Kagin and Martin Paul suggested that the coin sold for a bargain price.

An April 25, 2001, auction conducted by Heritage Numismatic Auctions Inc. included the sale of an 1918/7 Indian Head 5-cent coin for $155,250 and a 1919-D Walking Liberty half dollar for $120,750. Other astonishing prices realized were achieved for 20th century coins. Lincoln cents dated from the 1950s, valued at $1 to $5 in choice Uncirculated condition, realized hundreds of dollars when graded MS-67 red and higher by PCGS.

In August 2002, a 1976-S Eisenhower dollar graded MS-68 by PCGS sold for $1,208. Jefferson 5-cent coins graded MS-65 and higher and denoted as "full steps" (the designation that signifies Monticello on the reverse of the coin was fully struck by the die) were routinely bringing hundreds of dollars. For example, a 1954-S Jefferson 5-cent coin, never considered particularly scarce, emerged as a rarity with "full steps" when a PCGS MS-66 example sold for $2,400.

Discoveries

By comparison with the years preceding 2002, the year emerged as rather sedate with respect to numismatic discoveries. A discovery coin can be one that is recognized or understood for the first time as fundamentally different from a group of coins of which it was formerly believed to have been an identical member, or it can represent a completely new find.

Discoveries also include unusual numismatic items that enter the collector market. In 2001, a mule — a 1959-D Lincoln cent with a Wheat Stalks reverse of the type last used in 1958 — was declared genuine by the Secret Service after Treasury experts examined and tested the coin. However, several experts in the coin collecting community expressed doubts about the authenticity of the coin, which had been discovered in 1986. That coin was scheduled for auction in September 2002, just after the deadline for this edition's completion.

Internet

Further advances in applied technologies made it possible for Internet bidders to participate simultaneously with bidders on the floor of a live auction. A number of major auction houses including Superior Galleries, Bowers and Merena Galleries, and Ira and Larry Goldberg Coins and Collectibles were involved in at least one such auction during the year under review. The portion of these sales that were won by Internet bidders was quite small. More important is the news that major auction houses are embracing the new technology.

The availability of rare coins online had mixed results. The 1933 Saint-Gaudens double eagle sold at auction July 30 for $7.59 million was made available for bidding on eBay. In the end, 42 bids, all in equal $100,000 increments, were recorded for the record-setting sale, not one of them placed by an eBay bidder. However, for the auctioneers, Sotheby's and Stack's, indeed for the hobby itself, the good will generated by the technology that allowed many thousands of onlookers to observe the sale "real time" via eBay is immeasurable.

Increasing numbers of coins were sold over the Internet, through such venues as eBay and dealer Web sites. Information developed from online sales proved an important source for formulating *Coin World* Trends values over the past year, including for this *Price Guide.*

The United States Mint continued to sell its products online, including some products (such as subscriptions to annual sets) that are exclusive to online customers.

Overall, continued growth is perhaps the best way to characterize the ongoing relationship between the World Wide Web and the hobby.

Conventions

The haunting events of September 2001 must be mentioned again.

The December 2001 New York International Coin Convention was canceled as a direct result of the attacks. This annual event had long been held at the World Trade Center, and the destruction of the WTC towers and complex forced the show's sponsors to find a new location. The show was held in January 2002, attracting dealers from all over the world.

The October 2001 Long Beach Coin & Collectibles Expo, the January 2002 Florida United Numismatists convention and the February 2002 Long Beach Expo were severely impacted for the worse as a direct result of 9-11. The number of "paid tables" — that is the number of merchants who rented space at these conventions — was from below average to poor at each event. The moods of dealers and collectors in attendance reflected that all of us were wrestling with situations that were bigger than the hobby.

By the time of the American Numismatic Association's (ANA) first 2002 convention, held in April in Jacksonville, Fla., the full pretense that all was back to normal prevailed.

Numerous large regional shows like those in Baltimore and Columbus, Ohio, conducted beginning in April 2002, and concluding with the June 2002 Long Beach Expo revealed a rare coin market that for that isolated period, was, in fact "normal."

The summer months are often considered a "doldrums" for rare coin markets. This year, however, all markets were quite active. With little pause, thousands of hobbyists gathered for the July 30 sale of the $1933 $20 double eagle in New York City. The following day the ANA convention opened — and though we dare not forget where we all were in September 2001 — the "World's Fair of Money" was by most accounts a great event for the hobby. Some $30 million in rare coins traded hands at major auctions alone. The untold number of transactions at the show itself undoubtedly involved millions of dollars more in rare coins. Twenty-four Mints from around the world were on hand to visit with customers, to show off their latest accomplishments. Collectors had numerous seminars and numismatic theaters to attend.

Conventions remain an important aspect of the hobby.

Precious metals

Gold showed more volatility during portions of 2002 than it had shown in the previous five years. Interestingly, the events of 9-11 — perhaps a catalyst in hindsight — did not lead directly to an increase in the value of gold. In fact, gold barely reacted to 9-11, moving up in value a few dollars during its first active day of trading when markets re-opened.

Oddly, almost imperceptibly, gold started to move up in value in mid February 2002. From $270 to $280 to $290 and then without ceremony at the end of March 2002, gold broke the $300 an ounce barrier for the first time in five years.

Prices for silver more or less mimicked the price movements experienced by gold, though the silver market was not quite as volatile as that for gold.

Gold climbed as high as $335 before the rally ended. A weak

consensus emerged that demand by private individuals in Japan, individuals looking for a tangible form of wealth as that country continued to stare down the collapse in parts of its banking system, was responsible for the upward price movement.

In early August 2002, many months after the $335 peak, gold was holding in the $310 range. The most volatile gold market in five years translated into a two-month or so period where enthusiasm was greatly increased and prices moved up substantially on the wholesale level for common date gold coins.

On the retail front, coin collectors stayed to their collecting interests and unlike the frenzy of 1979 and 1980, the rally in gold was not enough to force itself into the consciousness of the average collector.

As continuity developed from one week to the next, one show to the next and one auction to the next following the troubling events of 9-11, a picture of the rare coin markets did emerge from late 2001 to August 2002. High-grade 20th century coins, in particular those coins sought for inclusion in a PCGS Registry Set, led the charge. The huge influx of collectors, many probably brought in because of their interest in the State quarter dollars, asserted interest in other areas of the market. Conventions turned into a frenzy of activity as dealers tried to locate traditional items as many of the newer collectors "converted" to more serious hobbyists.

Heading into 2003, one might characterize the state of the hobby as rife with "good problems." The base of collectors is expanding; some might even say expanding at an alarming rate. Certainly, no one would want it any other way.

A serious question, though, is whether the hobby infrastructure supports the growth. As more and more collectors struggle to attain mainstream hobby status, it is along routes that some might consider unusual: television shopping networks, the Internet and non-numismatic publications. Sustained hobby growth might depend upon the ability of the current elite within the hobby to truly embrace the newer generation of collectors regardless of their path.

As you study the valuations given in this book, remember that it is a price *guide* only. *Coin World* neither buys nor sells coins. The values listed are based upon all available information. The sections in this chapter titled Auctions, Precious Metals, Discoveries, Internet and Conventions all represent sources of information used to determine the values presented.

Values of U.S. coins

Rare coin prices rise and fall based upon the interest of collectors, investors and dealers, the overall economy, changes in precious metals prices and a host of other factors.

We make no predictions in these pages about what the future may bring for rare coins. We provide the reader with information. The Trends listings that follow give a guide as to retail value. However, users of this book should note that the price information included here was compiled in August 2002, and while many of the values given will not change substantially, some may. Users seeking up-to-date pricing information should consult the information published in the weekly print edition of *Coin World* magazine or Coin World Trends Online (**www.CoinWorldTrends.com**).

We will note that historically, the rare coin market appears to move in cycles. Q. David Bowers, a longtime and well-respected dealer, was one of the first in the hobby to write about price cycles. The overall market moves in cycles, with peaks in 1973 to 1974, 1979 to 1980 and 1989, and slumps in 1975 and 1976 and 1981 to late 1987. He writes about this in much more detail in the seventh edition of the *Coin World Almanac,* now available.

Individual series also experience cyclical movements, with gold coins popular in some years, Proof sets and rolls in other years, and silver dollars at other times.

How coins become rare

The first factor that makes a coin rare is its mintage. The term mintage is the number of specimens struck for any given date at a specific Mint. However, mintage figures are often deceptive. For example, the United States Mint struck 312,500 1933 Indian Head eagles, a $10 gold coin. However, price records indicate that the coin is much rarer than the mintage would indicate; perhaps as few as 30 to 40 pieces exist.

What happened? The coins were struck shortly before President Franklin D. Roosevelt signed an executive order forbidding Americans to own certain gold coins. The only gold coins not banned from private ownership were those with numismatic value held by collectors and dealers. Only a few of the 1933 Indian Head eagles struck were released into circulation; the rest were melted before they ever left the Mint.

Another case of how mintage figures can be misleading is raised by the two 1883 Liberty Head 5-cent subtypes. Two distinct subtypes were struck that year. The first bears the denomination on the reverse in the form of the Roman numeral V; the word CENTS does not appear. After larcenous individuals began gold-plating the Liberty Head, No CENTS 5-cent coin and passing it off as the similarly sized $5 gold half eagle, a new subtype was struck. The second variety bears the word CENTS in addition to the Roman numeral V.

Approximately three times as many of the second, With CENTS variety were struck (mintage: 16 million) as the first, No CENTS variety (mintage: 5.5 million). However, prices for the more "common" variety are much higher than for the lower mintage piece. Why is that so? a new collector might ask.

The sudden replacement of the 1883 Liberty, No CENTS 5-cent variety led to the quick withdrawal of the coin by the public, certain they had a rarity. The much more common subtype entered circulation and stayed there, with many more pieces eventually consigned to the melting pot as they became too worn and were withdrawn by banks. Thus, collectors saved many more specimens of the first version than the second version.

Most coins end up in the melting pot. As coins circulate, they become worn, scratched and damaged. Eventually, they are returned to the Mint for melting. Gold and silver coins have been melted in large quantities by the government and by private individuals. When gold surpassed $800 an ounce and silver reached $50 an ounce in January 1980, millions of common-date gold and silver coins were melted for their precious metal content. A worn 1964 quarter dollar, for example, worth a dollar or less to a collector in 1978 had a bullion value of $9.04 when silver hit $50 an ounce! Recent coins considered common are probably much scarcer than thought because of the widespread melting.

Many coins are otherwise removed from circulation, through loss or deliberate destruction or disposal. Think of all the coins you have seen on the ground in parking lots or on the street. Some people throw low-denomination coins like cents away as worthless. Damaged coins may be tossed into the garbage without being redeemed.

Researchers study survival rates by degree of preservation. One author traced the appearances of all U.S. gold coins sold at auction by grade. Several grading services now publish population reports of the coins they grade, another indicator of the survival rate for a particular coin in a particular condition. These population reports can be misleading, however, in that a single coin may be submitted to a grading service many times by an owner hoping to get a higher grade for the piece at some point. A coin submitted a half dozen times may be listed in the firm's population report a half dozen times, thus artificially inflating the number of coins with that grade.

Unexpected supplies of coins turning up on the market can also have an impact on the rare coin market. A 1903-O Morgan silver dollar in Uncirculated was listed in a popular price guide published in 1962 as being valued at $1,500, and a 1904-O Morgan dollar, also in Uncirculated condition, was priced at $350. A year later, in the next edition of the same price guide, the 1903-O dollar was priced at $30 in the same grade, a loss of more than $1,400, and the 1904-O dollar was worth just $3.50, 1 percent of its value a year earlier!

What had happened was that the Treasury Department emptied some of its vaults as citizens turned in ever-increasing numbers of silver certificates in exchange for silver dollars. Numerous bags of the 1903-O and 1904-O dollars, in storage for nearly 60 years, were suddenly dumped onto the market at face value. Prices plummeted.

It is unlikely that such extreme examples will occur again. The Treasury Department sold the last of its silver dollar holdings beginning in 1972 in a series of seven sales, through the General Services Administration. However, some private hoards of certain coins still exist.

Demand and dealer promotion can also affect the price of a coin. For example, certain types of error coins are promoted as part of the regular series although in actuality, they are not. For example, the 1955 Lincoln, Doubled Die cent is heavily promoted, as is the 1972 Lincoln, Doubled Die cent. Activity is high for both coins, collector albums often have a space reserved for them, and dealers heavily promote them. However, other doubled die cents, much rarer than the 1955 and 1972 coins, are promoted only by a few dealers specializing in error and die variety coins. Their prices are often much lower than the heavily promoted pieces because their existence is known only to a few specialists and the supply is greater than the demand.

About the Trends values

The values in this price guide were compiled by *Coin World* Trends Editor Stuart Segan through August 2002. *Coin World's* Trends is a comprehensive retail value guide of U.S. coins, published consecutively in a multi-week cycle in *Coin World* and weekly online at **www.CoinWorldTrends.com**. Many different sources are used in determining the Trends, including dealer price lists (both buy and sell), prices quoted on several dealer trading networks, Internet transactions, public auction prices, realistic private transactions and any additional information acquired by the staff. In addition, demand and rarity are key considerations in compiling Trends. Values are for properly graded, problem-free, original and uncleaned coins with attractive color. Values given here are generally for sight-seen coins (coins that dealers demand to see before bidding on them), as opposed to sight-unseen coins (which dealers offer to buy without looking at them first, although at considerably lower bids than sight-seen coins). A sight-seen coin is generally acknowledged to be of higher quality than a sight-unseen coin, even if the two coins bear the same grade.

Coin World neither buys nor sells coins. Trends values are published as a reader service and may or may not be the same as an individual's or a firm's buy or sell prices.

Unless otherwise noted, condition (grade) designations are for the lowest possible level of each grade range. See **Chapter 7** for additional information concerning grading.

Reading a Trends listing

It is not possible to configure each line of Trends to the market peculiarities of each date and variety of every series of U.S. coin. Therefore, gaps may appear in the listing.

A dash listed among the values usually indicates a coin for which accurate market information is not available due to rarity or lack of activity in the marketplace. An asterisk indicates no coins issued.

Liberty Cap, Left half cent

Date of authorization: April 2, 1792
Dates of issue: 1793
Designer/Engraver: Adam Eckfeldt
Diameter: 23.50 mm/0.93 inch
Weight: 6.74 grams/0.22 ounce
Metallic content: 100% copper
Edge: Lettered (TWO HUNDRED FOR A DOLLAR)
Mint mark: None

	AG-3	G-4	VG-8	F-12	VF-20	VF-30	EF-40	EF-45
1793	875.	1550.	2500.	3850.	5500.	7350.	12500.	16500.

Liberty Cap, Right half cent

Date of authorization: April 2, 1792
Dates of issue: 1794-1797
Designers: (Large Head): Robert Scot
(Small Head): Scot-John Gardner
Engraver: Robert Scot
Diameter: 23.50 mm/0.93 inch
Weight: 1794-1795: 6.74 grams/0.22 ounce
1795-1797: 5.44 grams/0.18 ounce
Metallic content: 100% copper
Edge: 1794-1797: None
1797: Lettered (TWO HUNDRED FOR
A DOLLAR)
1797: Gripped
Mint mark: None

	AG-3	G-4	VG-8	F-12	VF-20	VF-30	EF-40	EF-45
1794 Br-6b	160.	325.	625.	950.	1450.	2500.	3500.	4500.
1795 Lettered Edge, Pole Breen 1	140.	300.	550.	875.	1300.	2250.	3250.	4000.
1795 Plain Edge, Pole, Punctuated Date Br-4	175.	350.	625.	950.	1500.	2500.	3750.	5000.
1795 Plain Edge, No Pole Br-6c	125.	260.	425.	650.	1050.	2050.	2750.	3750.
1795 Lettered Edge, Pole, Punctuated Date Br-2a	175.	350.	675.	1000.	1600.	3000.	4500.	5500.
1796 With Pole Br-2	5500.	9000.	13500.	16500.	20500.	24500.	30000.	37500.
1796 No Pole Br-1	8500.	19000.	27500.	38500.	65000.	——	——	——
1797 Plain Edge Br-2a	150.	275.	400.	900.	1500.	2500.	4500.	5500.

—— = Insufficient pricing data

Draped Bust half cent

Date of authorization: April 2, 1792
Dates of issue: 1800-1808
Designers: Obverse: GIlbert Stuart-Robert Scot
Reverse: Scot-John Gardner
Engraver: Robert Scot
Diameter: 23.50 mm/0.93 inch
Weight: 5.44 grams/0.18 ounce
Metallic content: 100% copper
Edge: Plain
Mint mark: None

	G-4	VG-8	F-12	VF-20	VF-30	EF-40	AU-50	MS-60 B
1800 Br-1b	45.00	65.00	120.	200.	325.	415.	650.	1400.
1802/0 1802 Reverse	475.	1200.	2400.	8000.	——	——	——	——
1802/0 1800 Reverse	13500.	25000.	35000.	——	——	——	——	——
1803	42.50	65.00	130.	240.	375.	675.	1500.	3000.
1804 Plain 4, Stemless	40.00	50.00	60.00	105.	170.	265.	500.	1175.
1804 Plain 4, Stems	55.00	95.00	175.	300.	800.	1250.	——	——
1804 Crosslet 4, Stemless	40.00	50.00	70.00	135.	300.	450.	625.	1300.
1804 Crosslet 4, Stems	40.00	50.00	65.00	125.	225.	300.	575.	1500.
1804 Spiked Chin	40.00	55.00	80.00	150.	235.	375.	550.	1450.
1805 Med. 5, Stemless	40.00	55.00	65.00	125.	175.	340.	585.	1250.
1805 Large 5, Stems	40.00	55.00	80.00	135.	275.	390.	675.	——
1805 Small 5, Stems	750.	1500.	3500.	——	——	——	——	——
1806 Small 6, Stemless	40.00	50.00	60.00	80.00	105.	180.	385.	975.
1806 Large 6, Stems	40.00	50.00	60.00	105.	150.	230.	450.	1000.
1806 Small 6, Stems	200.	375.	675.	1250.	1450.	2650.	——	——
1807	40.00	50.00	80.00	130.	225.	350.	650.	2100.
1808	40.00	55.00	80.00	160.	375.	475.	1200.	2400.
1808/7	175.	350.	575.	975.	2250.	3750.	9500.	——

—— = Insufficient pricing data

Classic Head half cent

Date of authorization:	April 2, 1792
Dates of issue:	1809-1835
Designer/Engraver:	John Reich
Diameter:	23.50 mm/0.93 inch
Weight:	5.44 grams/0.18 ounce
Metallic content:	100% copper
Edge:	Plain
Mint mark:	None

	G-4	VG-8	F-12	VF-20	VF-30	EF-40	AU-50	MS-60 B
1809 Breen 4, Br-6	30.00	37.00	47.50	65.00	90.00	150.	325.	850.
1809 Circle in O	35.00	48.00	72.50	100.	200.	375.	700.	——
1809/6	30.00	37.00	45.00	85.00	110.	175.	500.	1050.
1810	35.00	40.00	80.00	190.	285.	550.	1000.	2050.
1811 Close Date Br-2	115.	325.	600.	1050.	2100.	4350.	7500.	——
1825	35.00	40.00	55.00	77.50	100.	140.	350.	750.
1826	30.00	37.00	45.00	62.50	75.00	115.	215.	450.
1828 13 Stars	30.00	37.00	45.00	60.00	67.50	80.00	125.	250.
1828 12 Stars	30.00	38.00	45.00	85.00	105.	205.	390.	1050.
1829	30.00	35.00	45.00	60.00	67.50	100.	160.	275.
1831 Originals and Restrikes: Original VF-25 $8600; VF-30 $10250; Prf-65 Br $22500; Restrike Prf-64 R&B $12500; Prf-66 red $24500.								
1832	30.00	35.00	44.00	55.00	60.00	70.00	135.	240.
1833	30.00	35.00	44.00	55.00	60.00	70.00	130.	225.
1834	30.00	35.00	44.00	55.00	60.00	70.00	130.	225.
1835	30.00	35.00	44.00	55.00	60.00	70.00	130.	225.
1836 Originals and Restrikes Original Prf-15 $1500; Prf-60 $3500; Prf-63 $5500; Prf-64 $12000; 2nd Restrike Prf-64 $12500; Prf-65 red $45000.								

—— = Insufficient pricing data

Coronet half cent

Date of authorization: April 2, 1792
Dates of issue: 1849-1857
Designers: Obverse: Robert Scot-Christian Gobrecht
Reverse: John Reich-Gobrecht
Engraver: Christian Gobrecht
Diameter: 23.50 mm/0.93 inch
Weight: 5.44 grams/0.18 ounce
Metallic content: 100% copper
Edge: Plain
Mint mark: None

Note: For copper-alloy coins, the letter B following a numerical grade (as in MS-63B) is shorthand for brown, RB represents red and brown, and R stands for red. It is common practice for grading services to qualify copper coins. In addition to a Mint State grade, a copper coin is assigned as brown, red and brown, or red. Generally, full red coins are valued higher than red and brown coins, which in turn are valued higher than brown coins, all else being equal.

	G-4	VG-8	F-12	VF-20	VF-30	EF-40	AU-50	MS-60B	MS-63RB
1840-49 Originals and Restrikes VF-20 $1500; AU-50 $2750; Prf-60 $3800; Prf-63 $5500; Prf-64 $8250; Prf-65 red $15000.									
1849 Large Date	40.00	45.00	50.00	65.00	80.00	105.	185.	325.	875.
1850	34.00	42.00	50.00	67.00	85.00	125.	225.	500.	1600.
1851	29.00	35.00	45.00	55.00	60.00	75.00	135.	210.	425.
1852 Restrikes: 1st Restrike Small Berries Prf-60 $2600; Prf-62 $4000; Prf-63 $4500; Prf-64 Br $4750; Prf-65 R&B $11500; Large Berries Prf-63 Br $90000.									
1853	29.00	35.00	45.00	55.00	60.00	75.00	125.	180.	400.
1854	30.00	36.00	45.00	55.00	60.00	75.00	125.	180.	400.
1855	30.00	35.00	45.00	55.00	60.00	75.00	130.	180.	375.
1856	32.00	40.00	47.50	60.00	70.00	85.00	145.	225.	450.
1857	45.00	50.00	70.00	85.00	100.	125.	200.	300.	600.

Flowing Hair, Chain cent

Date of authorization: April 2, 1792
Dates of issue: 1793
Designer/Engraver: Henry Voigt
Diameter: 28.50 mm/1.13 inches
Weight: 13.48 grams/0.43 ounce
Metallic content: 100% Copper
Edge: Vine and bars, or lettered
(ONE HUNDRED FOR A DOLLAR)
Mint mark: None

	AG-3	G-4	VG-8	F-12	VF-20	VF-30	EF-40	AU-50
1793 AMERICA S-3	1500.	2750.	4000.	6250.	9500.	12750.	17500.	35000.
1793 AMERICA, Periods S-4	1550.	2850.	4400.	6500.	10500.	13500.	20000.	40000.
1793 AMERI. Sheldon 1	1850.	3250.	4750.	7000.	12500.	16000.	23500.	45000.

Flowing Hair, Wreath cent

Date of authorization: April 2, 1792
Dates of issue: 1793
Designers: Obverse: Henry Voigt-Adam Eckfeldt
Reverse: Eckfeldt
Engraver: Adam Eckfeldt
Diameter: 28.50 mm/1.13 inches
Weight: 13.48 grams/0.43 ounce
Metallic content: 100% copper
Edge: Vine and bars, lettered
(ONE HUNDRED FOR A DOLLAR)
Mint mark: None

	AG-3	G-4	VG-8	F-12	VF-20	VF-30	EF-40	AU-50
1793 Vine and Bars	450.	900.	1325.	2600.	3750.	5250.	7250.	12250.
1793 Lettered Edge	625.	1050.	1400.	2800.	4150.	6250.	9250.	18500.
1793 Strawberry Leaf	75000.	125000.	250000.	——	——	——	——	——

—— = Insufficient pricing data

Liberty Cap cent

Date of authorization: April 2, 1792
Dates of issue: 1793-1796
Designers: (1793-1794): Joseph Wright
(1794-1796): Wright-John Gardner
Engravers: (1793-1794): Joseph Wright
(1794-1796): Robert Scot
Diameter: 28.50 mm/1.13 inches
Weight: 1793-1795: 13.48 grams/0.43 ounce
1795-1796: 10.89 grams/0.35 ounce
Metallic content: 100% copper
Edge: Plain, or lettered (ONE HUNDRED FOR A DOLLAR)
Mint mark: None

	AG-3	G-4	VG-8	F-12	VF-20	VF-30	EF-40	AU-50
1793	1100.	2100.	3750.	6750.	15000.	21000.	30000.	——
1794 Head of 1793	475.	1050.	2150.	3250.	6750.	9750.	15000.	——
1794 Head of 1794	85.00	165.	325.	475.	935.	1375.	2250.	4250.
1794 Exact Head of 1795 S-72								
	100.	180.	400.	550.	1100.	1800.	3000.	4950.
1794 Starred Reverse	4500.	8750.	17000.	35000.	57500.	70000.	95000.	——
1795 Plain Edge	85.00	150.	235.	450.	700.	1350.	1850.	3150.
1795 Lettered Edge	110.	225.	465.	900.	1750.	2250.	4500.	6500.
1795 Jefferson Head, Plain Edge								
	3750.	7250.	12500.	20500.	40000.	75000.	——	——
1796	105.	175.	335.	675.	1400.	2050.	3450.	6350.

—— = Insufficient pricing data

Draped Bust cent

Date of authorization: April 2, 1792
Dates of issue: 1796-1807
Designers: Obverse: Gilbert Stuart-Robert Scot
Reverse: Joseph Wright-Scot
Engraver: Robert Scot
Diameter: 28.50 mm/1.13 inches
Weight: 10.89 grams/0.35 ounce
Metallic content: 100% copper
Edge: Plain, lettered (ONE HUNDRED FOR A DOLLAR), gripped
Mint mark: None

	AG-3	G-4	VG-8	F-12	VF-20	VF-30	EF-40	AU-50
1796 Reverse of 1794	95.00	195.	575.	1150	2000.	2350.	3400.	7250.
1796 Reverse of 1796	70.00	130.	230.	550.	1000.	1325.	2150.	4750.
1796 Reverse of 1797	65.00	120.	225.	460.	850.	1125.	2000.	3750.
1796 LIHERTY	135.	250.	550.	1150.	2250.	3750.	7000.	——
1797 Reverse of 1797, Stems	30.00	60.00	140.	275.	525.	825.	1400.	2600.
1797 Reverse of 1796, Gripped Edge	42.50	80.00	180.	350.	800.	1150.	2250.	4000.
1797 Reverse of 1796, Plain Edge	50.00	85.00	235.	425.	850.	1350.	2500.	——
1797 Reverse of 1797, Stemless	80.00	150.	310.	575.	1300.	2250.	3750.	8500.
1798 1st Hair Style	27.50	65.00	150.	335.	775.	1075.	2050.	3750.
1798 2nd Hair Style	25.00	50.00	90.00	225.	475.	1150.	1550.	3300.
1798 Reverse of 1796	52.50	100.	290.	550.	1450.	3300.	6600.	9000.
1798/7 1st Hair Style	77.50	145.	315.	525.	1050.	2500.	3500.	9250.
1799	875.	1750.	3500.	8000.	13750.	22500.	57500.	——
1799/8	1000.	2050.	4250.	9250.	17000.	——	——	——
1800 Normal Date	25.00	50.00	92.50	240.	550.	725.	1250.	4750.
1800/798 1st Hair Style	30.00	80.00	175.	550.	1250.	2650.	4000.	8000.
1800/79 2nd Hair Style	25.00	60.00	120.	310.	600.	1500.	2000.	5750.
1801	20.00	50.00	75.00	160.	400.	525.	750.	1900.

—— = Insufficient pricing data

DRAPED BUST CENT (CONTINUED)

	AG-3	G-4	VG-8	F-12	VF-20	VF-30	EF-40	AU-50
1801 3 Errors	60.00	140.	385.	750.	1550.	4250.	6000.	11500.
1801 1/000	25.00	55.00	90.00	200.	450.	900.	2000.	5000.
1801 100/000	30.00	85.00	165.	235.	560.	1000.	1900.	4000.
1802	18.00	45.00	72.50	185.	275.	425.	700.	1400.
1802 Stemless	18.00	45.00	90.00	165.	325.	475.	725.	1350.
1802 1/000	18.00	55.00	115.	250.	415.	725.	975.	2500.
1803	18.00	45.00	60.00	115.	255.	375.	675.	1300.
1803 Large Date, Small Fraction S-264								
	2450.	5500.	10250.	17500.	37500.	75000.	——	——
1803 Large Date, Large Fraction S-265								
	32.50	92.50	225.	400.	875.	1950.	2850.	5500.
1803 Stemless S-243	22.50	45.00	80.00	225.	540.	635.	1200.	2300.
1803 100/000 S-249	22.50	50.00	105.	215.	635.	850.	1500.	3000.
1804	300.	600.	1350.	2350.	3100.	5500.	7950.	19000.
1804 restrike (c. 1860)	——	——	——	350.	375.	400.	455.	500.
1805 Pointed 1	18.00	42.50	70.00	175.	375.	500.	925.	2300.
1805 Blunt 1 S-267	18.00	42.50	70.00	165.	295.	400.	725.	1500.
1806	25.00	45.00	110.	245.	425.	625.	1250.	3500.
1807 Large Fraction	20.00	42.50	60.00	160.	345.	450.	865.	1600.
1807 Small Fraction	20.00	45.00	90.00	250.	525.	1200.	2750.	——
1807 Small Fraction, Comet								
	25.00	45.00	80.00	225.	500.	1200.	2850.	——
1807/6 Large 7	22.50	42.50	75.00	195.	400.	500.	925.	2250.
1807/6 Small 7	1600.	2750.	4400.	9000.	17500.	——	——	——

—— = Insufficient pricing data

Classic Head cent

Date of authorization:	April 2, 1792
Dates of issue:	1808-1814
Designer/Engraver:	John Reich
Diameter:	28.50 mm/1.13 inches
Weight:	10.89 grams/0.36 ounce
Metallic content:	100% copper
Edge:	Plain
Mint mark:	None

Note: For copper-alloy coins, the letter B following a numerical grade (as in MS-63B) is shorthand for brown, RB represents red and brown, and R stands for red. It is common practice for grading services to qualify copper coins. In addition to a Mint State grade, a copper coin is assigned as brown, red and brown, or red. Generally, full red coins are valued higher than red and brown coins, which in turn are valued higher than brown coins, all else being equal.

	AG-3	G-4	VG-8	F-12	VF-20	VF-30	EF-40	AU-50	AU-55	MS-62RB
1808	20.00	45.00	120.	325.	525.	950.	1750.	3500.	4650.	10500.
1809	45.00	110.	225.	440.	825.	1750.	2400.	4500.	5250.	10500.
1810	20.00	40.00	80.00	200.	425.	540.	900.	1800.	2350.	——
1810 10/09	22.50	50.00	110.	250.	540.	850.	1200.	3250.	3500.	7500.
1811	45.00	100.	160.	400.	775.	1350.	2250.	3400.	4950.	——
1811/0	45.00	100.	210.	465.	1075.	2100.	3850.	9750.	——	——
1812	18.00	45.00	72.50	200.	435.	540.	950.	2000.	2500.	5750.
1813	25.00	55.00	115.	240.	525.	675.	1250.	2400.	3250.	7500.
1814 Plain 4	20.00	50.00	80.00	225.	500.	575.	925.	2275.	2750.	——
1814 Crosslet 4	20.00	45.00	75.00	210.	500.	575.	1000.	1750.	2450.	5750.

—— = Insufficient pricing data

Coronet cent

Date of authorization: April 2, 1792
Dates of issue: 1816-1857
Designers: (1816-1835) Obverse: Robert Scot
Reverse: John Reich
(1835-1839)
Obverse: Scot-Christian Gobrecht
Reverse: Reich
(1839-1857) Obverse: Scot-Gobrecht
Reverse: Reich-Gobrecht
Engravers: (1816-1835) Obverse: Scot
Reverse: Reich
(1835-1839) Obverse: Gobrecht
Reverse: Reich
(1839-1857) Obverse: Gobrecht
Reverse: Gobrecht
Diameter: 28.50 mm/1.13 inches
Weight: 10.89 grams/0.35 ounce
Metallic content: 100% copper
Edge: Plain
Mint mark: None

	G-4	VG-8	F-12	VF-20	EF-40	AU-50	AU-55	MS-62RB	MS-63RB
1816	14.00	23.00	37.50	90.00	185.	295.	350.	650.	1200.
1817 13 Stars	14.00	22.00	30.00	67.50	175.	240.	290.	575.	700.
1817 15 Stars	15.00	27.00	45.00	145.	425.	825.	1450.	——	——
1818	14.00	21.50	29.00	55.00	145.	185.	210.	425.	475.
1819	14.00	22.00	30.00	55.00	150.	215.	250.	550.	800.
1819/8	19.00	29.00	45.00	100.	220.	350.	500.	1150.	2250.
1820	14.00	22.50	30.00	55.00	175.	230.	275.	500.	725.
1820/19	14.00	24.50	45.00	120.	400.	800.	1250.	2000.	2500.
1820 Small Date, Curled 2									
	14.00	23.00	30.00	55.00	425.	700.	1100.		
1820 Large Date, Curled 2									
	15.00	27.00	60.00	110.	750.	1950.	——	——	——
1820 Large Date, Plain 2									
	12.50	23.00	30.00	55.00	190.	225.	275.	450.	475.
1821	30.00	55.00	150.	525.	1325.	2750.	3750.	10500.	17500.

—— = Insufficient pricing data

	G-4	VG-8	F-12	VF-20	EF-40	AU-50	AU-55	MS-62RB	MS-63RB
1822	14.00	23.00	50.00	105.	300.	600.	800.	1500.	3500.
1823	65.00	175.	350.	875.	2400.	5500.	7500.	——	——
1823/2	57.00	115.	290.	775.	2100.	4250.	6250.	——	——
1823 restrike	——	——	——	——	450.	600.	750.	975.	1100.
1824	12.50	27.00	57.50	150.	475.	1250.	1750.	——	3750.
1824/2	15.00	32.00	80.00	280.	1100.	2500.	3000.	10500.	22500.
1825	14.00	22.00	50.00	140.	375.	850.	1400.	3000.	4250.
1826	12.50	20.00	45.00	105.	285.	400.	575.	1400.	2750.
1826/5	30.00	75.00	190.	400.	850.	1600.	2100.	4250.	8850.
1827	12.50	20.00	40.00	100.	265.	425.	550.	975.	1350.
1828 Large Date	12.50	16.00	29.00	75.00	225.	325.	400.	800.	1275.
1828 Small Date	14.50	25.00	65.00	135.	300.	575.	700.	1300.	2050.
1829 Lg. Letters	12.50	18.00	37.00	80.00	230.	575.	675.	1050.	1650.
1829 Sm. Letts.	27.50	65.00	145.	475.	1250.	3000.	——	——	——
1830 Lg. Letts.	12.50	17.50	28.00	60.00	185.	250.	375.	775.	1250.
1830 Sm. Letts.	18.00	32.50	125.	385.	950.	2400.	3850.	17500.	——
1831	12.00	16.00	28.00	55.00	165.	250.	385.	800.	1050.
1832	12.50	16.00	27.00	55.00	155.	245.	360.	600.	925.
1833	12.00	16.00	26.00	54.00	140.	235.	300.	550.	800.
1834 Small 8, Large Stars, Medium Letters									
	12.50	16.00	27.00	55.00	205.	325.	450.	1050.	1400.
1834 Large 8, Small Stars, Medium Letters									
	12.50	16.00	27.00	55.00	205.	300.	400.	——	1400.
1834 Large 8, Large Stars, Medium Letters N-5									
	95.00	195.	315.	575.	2050.	4350.	——	——	——
1835	12.00	16.00	27.50	55.00	135.	225.	250.	460.	575.
1835 Small 8, Small Stars									
	12.00	16.00	27.50	55.00	250.	400.	500.	——	——
1835 Large 8, Large Stars									
	12.00	17.50	34.00	70.00	365.	675.	800.	——	——
1835 Type of 1836	12.00	15.00	24.50	57.50	150.	220.	325.	550.	750.
1836	12.00	15.00	24.00	52.00	95.00	200.	250.	525.	625.
1837 Plain Cord, Large Letters									
	12.00	15.00	20.00	51.00	90.00	160.	230.	600.	800.
1837 Plain Cord, Small Letters									
	12.00	15.00	25.00	57.00	130.	225.	350.	1100.	——
1837 Beaded Cord	12.00	15.00	20.00	50.00	87.00	160.	225.	575.	——
1838	12.00	15.00	20.00	50.00	85.00	150.	210.	415.	635.
1839 Head of 1838	12.00	15.50	23.00	58.00	130.	275.	325.	1075.	1450.
1839/6	215.	415.	1250.	2500.	6000.	13000.	——	——	——
1839 Silly Head	12.50	16.00	26.00	67.50	210.	400.	480.	1600.	2750.
1839 Booby Hd.	12.50	17.50	28.00	70.00	185.	460.	675.	1300.	2250.

CORONET, MODIFIED PORTRAIT; NO HAIR CURL ON LIBERTY'S CHEEK

	G-4	VG-8	F-12	VF-20	EF-40	AU-50	AU-55	MS-62RB	MS-63RB
1839 Type of 1840, Newcomb 8									
	12.00	14.00	20.00	40.00	90.00	185.	240.	600.	800.
1840 Large Date	11.50	13.00	18.00	32.00	70.00	175.	235.	450.	625.
1840 Small Date	11.50	13.00	18.00	32.00	70.00	170.	225.	300.	600.
1840 Small Date, Large 18, N-2									
	12.00	16.00	25.00	52.50	150.	275.	325.	500.	750.

—— = Insufficient pricing data

	G-4	VG-8	F-12	VF-20	EF-40	AU-50	AU-55	MS-62RB	MS-63RB
1841	11.50	14.00	24.00	50.00	100.	265.	315.	425.	550.
1842	11.50	13.00	16.00	30.00	75.00	170.	225.	285.	400.
1843 Petite Head, Small Letters	11.50	14.00	22.50	35.00	75.00	180.	240.	350.	650.
1843 Mature Head , Large Letters	11.50	14.00	20.00	35.00	105.	200.	255.	365.	455.
1843 Petite Head, Large Letters, N-4	16.00	21.00	42.50	120.	295.	525.	775.	1250.	1850.
1844	11.00	13.00	15.00	30.00	85.00	150.	230.	325.	400.
1844/81 N-2	18.00	25.00	45.00	130.	400.	725.	900.	—	—
1845	11.00	13.00	15.00	30.00	62.50	125.	175.	250.	335.
1846 Medium Date, N-11	11.00	13.00	15.00	30.00	60.00	130.	190.	285.	775.
1846 Small Date	11.00	13.00	16.00	35.00	92.00	215.	275.	500.	825.
1846 Tall Date	11.00	13.00	17.50	45.00	100.	210.	285.	—	—
1847	11.50	13.00	16.00	30.00	67.50	125.	190.	325.	575.
1847 7/Small 7	15.00	22.00	35.00	55.00	175.	300.	—	—	—
1848	11.00	13.00	15.00	21.00	42.00	110.	155.	245.	350.
1849	11.00	13.00	15.00	25.00	55.00	120.	165.	240.	340.
1850	11.00	13.00	15.00	21.00	42.00	100.	145.	225.	285.
1851	11.00	13.00	15.00	21.00	42.00	100.	145.	225.	285.
1851/81 N-3	15.00	18.00	26.00	55.00	125.	250.	325.	585.	1100.
1852	11.00	13.00	15.00	21.00	42.00	100.	145.	225.	285.
1853	11.00	13.00	15.00	21.00	42.00	100.	145.	225.	285.
1854	11.50	13.00	15.00	21.00	42.00	100.	145.	225.	285.
1855	11.50	13.00	15.00	21.00	43.00	110.	155.	265.	400.
1855 Knob Ear N-9	12.00	14.00	17.00	35.00	75.00	210.	290.	600.	1150.
1856	11.50	13.00	15.00	20.00	42.00	100.	145.	230.	350.
1857	32.00	41.00	50.00	60.00	95.00	175.	200.	315.	525.
1857 Large Date N-1	27.50	32.00	40.00	60.00	95.00	180.	225.	375.	575.

—— = Insufficient pricing data

Flying Eagle cent

Date of authorization: Feb. 21, 1857
Dates of issue: 1856-1858
Designers: Obverse: Christian Gobrecht-James B. Longacre
Reverse: Longacre
Engraver: James B. Longacre
Diameter: 19.30 mm/0.76 inches
Weight: 4.67 grams/0.15 ounce
Metallic content: 88% copper, 12% nickel
Edge: Plain
Mint mark: None

Note: Mint State 65 and Proof 65 copper values are for coins with full red original color; lower Mint State and Proof grades reflect specimens that are red and brown.

	G-4	VG-8	F-12	VF-20	EF-40	AU-50	MS-60	MS-63	MS-64	MS-65
1856	3850.	4400.	4850.	5250.	5750.	6250.	7500.	12500.	20000.	35000.
1857	18.00	20.00	25.00	37.50	95.00	150.	250.	600.	1200.	3350.
1858 Large Letters										
	18.00	20.00	30.00	50.00	125.	180.	275.	650.	1200.	3500.
1858 Small Letters										
	18.00	20.00	30.00	50.00	125.	170.	260.	675.	1250.	4000.
1858/7 early die state										
	65.00	100.	175.	350.	600.	950.	1750.	5750.	12000.	——

—— = Insufficient pricing data

Indian Head cent

Date of authorization:	Feb. 21, 1857
Dates of issue:	1859-1909
Designer/Engraver:	James B. Longacre
Diameter:	1859-1864: 19.30 mm/0.76 inch
	1864-1909: 19.05 mm/0.75 inch
Weight:	1859-1864: 4.67 grams/0.15 ounce
	1864-1909: 3.11 grams/0.10 ounce
Metallic content:	1859-1864: 88% copper, 12% nickel
	1864-1909: 95% copper, 5% tin and zinc
Edge:	Plain
Mint mark:	1908-1909, reverse under wreath

Note: For copper-alloy coins, the letter B following a numerical grade (as in MS-63B) is shorthand for brown, RB represents red and brown, and R stands for red. It is common practice for grading services to qualify copper coins. In addition to a Mint State grade, a copper coin is assigned as brown, red and brown, or red. Generally, full red coins are valued higher than red and brown coins, which in turn are valued higher than brown coins, all else being equal.

	G-4	VG-8	F-12	VF-20	EF-40	AU-50	MS-60	MS-63	MS-64	MS-65
1859	10.00	12.00	16.00	40.00	90.00	160.	200.	425.	950.	2600.
SHIELD ADDED										
1860 Broad Bust T	27.50	9.00	10.50	13.50	42.00	75.00	130.	225.	375.	800.
1860 Narrow Bust	10.00	12.50	15.00	40.00	75.00	130.	235.	400.	1050.	5250.
1861	16.00	20.00	26.00	36.00	72.00	145.	180.	235.	325.	900.
1862	6.50	8.00	9.50	11.00	25.00	60.00	95.00	150.	275.	800.
1863	6.50	8.00	9.00	10.00	24.00	50.00	65.00	150.	270.	825.
1864	15.00	19.00	21.00	26.00	44.00	72.00	135.	210.	335.	1100.

INDIAN HEAD CENT (CONTINUED)

	G-4	VG-8	F-12	VF-20	EF-40	AU-50	MS-60 B	MS-63 RB	MS-64 RB	MS 64 R	MS-65 RB	MS-65 R
BRONZE												
1864 Initial L	36.00	55.00	85.00	110.	175.	225.	300.	450.	700.	1750.	1325.	2750.
1864	6.00	8.00	11.00	25.00	40.00	50.00	80.00	135.	180.	425.	325.	850.
1865	6.00	7.00	12.00	17.00	30.00	47.50	77.50	125.	170.	450.	390.	750.
1866	35.00	40.00	52.50	82.50	165.	200.	245.	385.	600.	1500.	1150.	5000.
1867	35.00	45.00	60.00	100.	150.	180.	225.	400.	625.	2500.	1150.	7500.
1867/7	45.00	55.00	75.00	150.	250.	350.	450.	750.	1350.	—	—	—
1868	27.00	29.00	45.00	67.00	125.	175.	255.	340.	575.	1750.	875.	2600.
1869	43.00	65.00	170.	215.	275.	350.	450.	515.	700.	2200.	1400.	4750.
1870	36.00	55.00	150.	210.	260.	340.	435.	525.	650.	2000.	1325.	4400.
1871	50.00	60.00	195.	250.	310.	390.	450.	625.	825.	4000.	2350.	12500.
1872	58.00	90.00	210.	275.	350.	425.	550.	800.	1500.	12500.	4000.	25000.
1873 Closed 3	16.00	25.00	37.50	60.00	125.	260.	325.	600.	875.	3750.	3250.	12000.
1873 Doubled LIBERTY Die 1 bold	100.	250.	600.	1100.	2250.	3250.	6000.	15000.	35000.	—	—	—
1873 Open 3	14.00	20.00	26.00	42.00	100.	125.	175.	275.	450.	2500.	1400.	5000.
1874	14.00	17.00	25.00	35.00	80.00	110.	135.	210.	275.	675.	700.	2250.
1875	14.00	20.00	33.00	40.00	75.00	110.	140.	225.	325.	650.	850.	2750.
1876	24.00	29.00	40.00	48.00	105.	130.	205.	280.	365.	850.	1000.	3600.
1877	475.	575.	750.	900.	1375.	1700.	2150.	3375.	5250.	8000.	7750.	14000.
1878	24.00	30.00	44.00	63.00	110.	160.	190.	300.	490.	975.	800.	1750.
1879	5.00	7.00	9.00	23.00	50.00	60.00	65.00	125.	200.	350.	300.	1000.
1880	3.00	3.75	4.50	7.50	22.00	35.00	57.50	105.	200.	350.	300.	725.
1881	3.00	3.75	4.00	6.50	15.00	25.00	37.50	75.00	135.	325.	275.	550.
1882	3.00	3.75	4.00	6.00	14.25	24.00	35.00	75.00	135.	300.	275.	450.
1883	2.75	3.15	3.75	6.00	14.00	24.00	35.00	75.00	140.	325.	275.	465.
1884	3.00	3.50	5.00	9.00	20.00	30.00	52.50	125.	175.	500.	500.	700.
1885	5.00	5.00	9.75	19.00	45.00	60.00	90.00	190.	300.	750.	600.	2000.

—— = Insufficient pricing data

INDIAN HEAD CENT (CONTINUED)

	G-4	VG-8	F-12	VF-20	EF-40	AU-50	MS-60 B	MS-63 RB	MS-64 RB	MS 64 R	MS-65 RB	MS-65 R
1886 feather between I and C	3.50	4.25	12.00	35.00	85.00	100.	135.	225.	375.	1300.	1250.	3100.
1886 feather between C and A	6.00	12.00	25.00	60.00	125.	140.	250.	525.	1150.	4250.	—	15000.
1887	1.75	1.80	3.00	5.50	14.00	22.50	37.50	75.00	150.	350.	375.	750.
1888/7	1200.	2000.	4500.	8000.	12000.	17500.	—	40000.				
1888	1.75	1.80	2.90	5.50	16.00	27.50	42.50	150.	325.	950.	875.	3250.
1889	1.50	1.80	2.90	4.75	9.75	20.00	30.50	65.00	165.	550.	350.	2250.
1890	1.50	1.65	2.45	3.75	9.50	20.00	29.50	62.00	150.	450.	350.	1650.
1891	1.50	1.65	2.40	3.75	9.50	20.00	30.00	65.00	150.	450.	275.	950.
1892	1.50	1.65	2.40	3.75	10.00	20.00	29.50	60.00	150.	425.	275.	1200.
1893	1.50	1.65	2.40	3.75	9.50	20.00	28.75	62.00	135.	350.	275.	675.
1894	2.00	2.50	6.25	10.00	30.00	45.00	60.00	90.00	150.	400.	300.	650.
1895	1.50	1.65	2.40	3.50	10.00	17.50	28.00	50.00	110.	200.	175.	425.
1896	1.50	1.65	2.40	3.50	8.75	17.50	27.50	50.00	120.	225.	225.	900.
1897	1.50	1.65	2.15	3.25	8.50	17.50	27.50	50.00	100.	200.	175.	425.
1898	1.50	1.65	2.15	3.25	8.00	16.00	26.00	45.00	85.00	185.	175.	385.
1899	1.50	1.65	2.15	3.25	8.00	16.00	26.00	45.00	75.00	125.	125.	385.
1900	1.30	1.45	1.90	2.25	10.00	18.00	24.00	40.00	70.00	160.	150.	350.
1901	1.30	1.45	1.90	2.25	7.50	15.00	22.50	40.00	70.00	125.	125.	330.
1902	1.30	1.45	1.90	2.25	7.50	15.00	22.50	40.00	70.00	125.	125.	330.
1903	1.30	1.45	1.90	2.25	7.50	15.00	22.50	40.00	70.00	125.	125.	345.
1904	1.30	1.45	1.90	2.25	8.00	15.00	22.50	40.00	65.00	125.	125.	330.
1905	1.30	1.45	1.90	2.25	7.50	15.00	22.50	40.00	65.00	125.	125.	330.
1906	1.30	1.45	1.90	2.25	7.50	15.00	22.50	40.00	70.00	125.	135.	330.
1907	1.30	1.45	1.90	2.25	7.50	15.00	22.50	40.00	65.00	125.	135.	330.
1908	1.30	1.45	1.90	2.25	7.50	15.00	24.00	40.00	65.00	125.	125.	330.
1908-S	40.00	45.00	50.00	57.50	85.00	125.	180.	335.	450.	700.	625.	1525.
1909	2.50	2.75	3.00	3.50	12.00	20.00	27.50	55.00	82.50	150.	150.	325.
1909-S	225.	265.	325.	375.	410.	435.	500.	725.	900.	1500.	1250.	2750.

—— = Insufficient pricing data

Lincoln, Wheat Ears cent

Date of authorization: Feb. 21, 1857
Dates of issue: 1909-1958
Designer: Victor D. Brenner
Engraver: Charles Barber
Diameter: 19.05 mm/0.75 inch
Weight: 1909-1942, 1944-1958:
 3.11 grams/0.10 ounce
 1943: 2.69 grams/0.09 ounce;
 2.75 grams/0.09 ounce
Metallic content: 1909-1942: 95% copper, 5% zinc and tin
 1942: 95% copper, 5% zinc
 1943: zinc-coated steel
 1944-1946: 95% copper, 5% zinc
 1947-1958: 95% copper, 5% zinc and tin
Edge: Plain
Mint mark: Obverse under date

Note: For copper-alloy coins, the letter B following a numerical grade (as in MS-63B) is shorthand for brown, RB represents red and brown, and R stands for red. It is common practice for grading services to qualify copper coins. In addition to a Mint State grade, a copper coin is assigned as brown, red and brown, or red. Generally, full red coins are valued higher than red and brown coins, which in turn are valued higher than brown coins, all else being equal.

LINCOLN, WHEAT EARS CENT (CONTINUED)

	G-4	VG-8	F-12	VF-20	EF-40	AU-50	MS-60B	MS-63RB	MS-64RB	MS-64R	MS-65RB	MS-65R
1909 VDB	3.50	4.00	4.25	4.50	5.00	6.00	9.50	13.50	23.00	27.50	30.00	55.00
1909-S VDB	390.	435.	500.	525.	575.	650.	750.	850.	1200.	2250.	1750.	3750.
1909	0.75	0.85	1.30	1.75	2.75	6.50	12.50	17.50	22.50	25.00	31.50	75.00
1909-S	35.00	42.00	50.00	65.00	90.00	110.	125.	150.	190.	260.	225.	550.
1909-S over Horizontal S	42.00	50.00	60.00	75.00	95.00	135.	190.	265.	325.	500.	450.	800.
1910	0.20	0.25	0.30	0.75	2.00	4.50	14.00	22.00	30.00	35.00	50.00	100.
1910-S	5.75	7.00	8.00	9.50	19.00	50.00	55.00	60.00	70.00	135.	90.00	350.
1911	0.20	0.35	0.75	1.50	4.00	8.00	19.00	32.50	55.00	75.00	100.	200.
1911-D	4.00	4.75	7.00	11.50	30.00	55.00	70.00	95.00	175.	525.	225.	900.
1911-S	12.75	14.50	16.00	20.00	40.00	65.00	125.	175.	275.	450.	400.	1350.
1912	0.95	1.25	1.75	3.50	8.00	13.00	25.00	35.00	60.00	95.00	80.00	250.
1912-D	4.00	4.75	7.00	14.00	37.50	58.00	115.	175.	275.	450.	300.	1000.
1912-S	9.00	10.00	11.50	17.00	35.00	55.00	95.00	125.	300.	575.	500.	2000.
1913	0.40	0.60	1.00	3.00	12.00	15.00	22.00	40.00	65.00	75.00	100.	250.
1913-D	1.75	2.50	4.00	6.50	20.00	45.00	65.00	95.00	300.	450.	375.	1250.
1913-S	4.25	5.00	7.00	10.50	24.00	50.00	110.	160.	300.	625.	450.	2550.
1914	0.35	0.60	1.50	3.00	8.50	20.00	35.00	50.00	65.00	75.00	100.	275.
1914-D	80.00	110.	150.	275.	450.	875.	1150.	1750.	2850.	5000.	4400.	10500.
1914-S	7.00	9.00	11.00	17.00	40.00	90.00	190.	385.	650.	1650.	1750.	7500.
1915	1.00	2.00	4.50	9.00	31.00	55.00	80.00	105.	130.	190.	255.	525.
1915-D	0.70	1.25	2.00	3.75	10.00	22.00	50.00	77.50	145.	200.	215.	750.
1915-S	5.25	6.00	7.50	11.75	27.00	50.00	100.	185.	400.	725.	635.	3000.
1916	0.20	0.25	0.40	1.10	2.50	6.00	12.00	22.50	45.00	50.00	52.50	125.
1916-D	0.25	0.40	1.25	3.00	7.75	19.50	48.00	85.00	140.	200.	630.	1575.
1916-S	0.75	1.10	1.60	2.75	8.00	20.00	62.50	95.00	350.	550.	1250.	4250.
1917	0.20	0.25	0.30	1.00	2.25	5.50	12.00	24.00	30.00	35.00	55.00	125.
1917 Doubled Die	70.00	100.	240.	400.	900.	1100.	1500.	2250.	3500.	——	——	15000.

—— = Insufficient pricing data

LINCOLN, WHEAT EARS CENT (CONTINUED)

	G-4	VG-8	F-12	VF-20	EF-40	AU-50	MS-60B	MS-63RB	MS-64RB	MS-64R	MS-65RB	MS-65R
1917-D	0.25	0.50	1.75	4.00	9.00	19.00	60.00	130.	200.	250.	370.	1000.
1917-S	0.40	0.50	0.75	1.75	6.75	16.00	62.50	140.	260.	800.	750.	5000.
1918	0.20	0.25	0.30	0.90	2.00	4.75	10.00	27.50	65.00	60.00	97.50	225.
1918-D	0.25	0.40	1.50	3.00	8.00	19.50	47.50	115.	160.	500.	410.	2000.
1918-S	0.35	0.50	1.00	2.00	6.00	21.00	57.50	145.	475.	1000.	1100.	5250.
1919	0.20	0.25	0.30	0.75	2.00	4.50	9.00	22.50	27.00	35.00	50.00	100.
1919-D	0.20	0.40	0.60	1.50	4.50	18.00	45.00	87.50	175.	235.	335.	975.
1919-S	0.20	0.25	0.40	1.15	2.00	12.50	35.00	80.00	350.	650.	750.	3250.
1920	0.20	0.25	0.35	0.70	2.00	4.50	10.50	20.00	26.00	35.00	30.00	100.
1920-D	0.20	0.35	0.65	2.00	5.75	16.00	55.00	85.00	140.	225.	325.	925.
1920-S	0.20	0.35	0.60	1.15	3.75	20.00	90.00	190.	350.	800.	1075.	5500.
1921	0.20	0.30	0.50	1.55	4.50	14.00	35.00	50.00	65.00	75.00	75.00	150.
1921-S	0.65	0.80	1.50	3.50	11.50	50.00	85.00	150.	375.	1200.	700.	3350.
1922 Missing D, Die Pair 2	275.	325.	400.	550.	1350.	2600.	5500.	15000.	27500.	42500.	40000.	65000.
1922-D	5.50	6.50	7.50	10.00	17.50	42.50	60.00	77.50	160.	225.	350.	925.
1923	0.20	0.25	0.30	0.85	2.75	6.00	14.50	25.00	70.00	90.00	160.	225.
1923-S	1.50	1.85	2.75	5.25	17.00	60.00	175.	400.	675.	1500.	925.	4000.
1924	0.20	0.25	0.30	0.80	3.00	8.50	21.00	42.50	60.00	75.00	75.00	175.
1924-D	8.00	9.25	11.50	20.00	50.00	110.	230.	325.	515.	900.	1250.	3750.
1924-S	0.75	1.00	1.30	2.25	9.50	40.00	95.00	210.	625.	1500.	1500.	7000.
1925	0.15	0.20	0.25	0.60	1.75	5.00	9.25	19.50	28.50	32.50	35.00	70.00
1925-D	0.25	0.40	0.60	2.00	7.00	16.50	45.00	77.50	175.	325.	300.	2000.
1925-S	0.20	0.30	0.50	1.00	4.50	18.00	55.00	140.	650.	850.	2050.	6000.
1926	0.15	0.20	0.25	0.60	1.75	3.75	8.00	12.50	19.00	25.00	22.50	60.00
1926-D	0.25	0.30	0.60	1.50	5.50	16.00	35.00	85.00	300.	425.	575.	1650.
1926-S	2.00	2.25	2.75	4.00	10.00	45.00	110.	275.	925.	3150.	2500.	50000.
1927	0.15	0.20	0.25	0.75	1.75	3.85	9.00	14.00	27.00	32.50	35.00	80.00

—— = Insufficient pricing data

LINCOLN, WHEAT EARS CENT (CONTINUED)

	G-4	VG-8	F-12	VF-20	EF-40	AU-50	MS-60B	MS-63RB	MS-64RB	MS-64R	MS-65RB	MS-65R
1927-D	0.20	0.30	0.50	1.00	3.50	11.00	35.00	67.50	140.	250.	325.	1000.
1927-S	0.50	0.75	1.10	1.75	7.00	21.50	60.00	125.	275.	300.	1375.	3750.
1928	0.15	0.20	0.25	0.45	1.45	3.00	8.50	14.00	26.50	35.00	32.50	80.00
1928-D	0.20	0.30	0.40	1.00	2.50	9.50	24.00	55.00	75.00	135.	130.	575.
1928-S	0.45	0.50	0.60	1.50	3.50	14.50	44.00	80.00	165.	225.	460.	1825.
1929	0.15	0.20	0.25	0.45	1.25	3.50	6.50	12.50	25.00	32.50	31.25	80.00
1929-D	0.20	0.25	0.35	0.60	1.75	6.00	17.00	28.50	45.00	60.00	75.00	200.
1929-S	0.20	0.25	0.35	0.50	1.40	3.00	9.00	19.00	28.00	35.00	45.00	115.
1930	0.15	0.20	0.25	0.35	1.00	2.25	4.75	6.50	10.00	15.00	15.00	40.00
1930-D	0.20	0.25	0.35	0.80	1.75	4.50	13.00	23.50	28.00	32.50	35.00	85.00
1930-S	0.20	0.25	0.35	0.65	1.15	3.00	6.50	12.50	25.00	30.00	30.00	45.00
1931	0.45	0.55	0.65	1.15	1.85	6.75	15.00	28.00	37.50	42.50	40.00	90.00
1931-D	2.25	2.75	3.25	3.85	8.00	30.00	45.00	78.00	110.	135.	225.	550.
1931-S	32.00	35.00	38.00	42.00	45.00	55.00	60.00	75.00	80.00	125.	100.	425.
1932	1.20	1.50	1.75	2.00	3.50	9.00	16.50	19.50	25.00	32.50	30.00	70.00
1932-D	0.90	1.05	1.25	1.50	2.00	7.00	14.00	26.50	33.50	35.00	35.00	70.00
1933	1.00	1.15	1.35	1.75	2.50	8.50	15.00	22.00	26.50	30.00	32.50	65.00
1933-D	1.75	2.00	2.50	2.75	3.75	10.50	16.00	21.50	24.00	27.50	30.00	60.00

	F-12	VF-20	EF-40	AU-50	MS-60B	MS-63RB	MS-64RB	MS-65R	MS-66 R	MS-67R
1934	0.25	0.40	0.75	1.50	3.00	4.75	6.75	25.00	50.00	125.
1934-D	0.35	0.55	5.00	8.75	11.50	13.50	15.00	50.00	100.	850.
1935	0.22	0.40	0.65	0.90	1.25	4.50	5.00	20.00	40.00	90.00
1935-D	0.40	0.45	0.85	1.65	3.25	5.00	7.25	15.00 ·	40.00	135.
1935-S	0.65	1.50	2.50	4.25	6.50	9.00	17.00	45.00	125.	5000.
1936	0.22	0.40	0.70	0.90	1.25	2.25	3.00	6.00	40.00	100.
1936-D	0.30	0.40	0.85	1.00	1.85	3.75	4.50	15.00	40.00	150.
1936-S	0.32	0.50	1.00	1.60	2.65	4.00	4.75	20.00	50.00	250.
1937	0.20	0.30	0.50	0.60	0.80	1.50	2.00	6.00	20.00	75.00
1937-D	0.25	0.40	0.65	1.00	2.25	2.85	4.00	7.00	40.00	100.
1937-S	0.25	0.40	0.65	1.00	2.00	2.75	3.50	8.00	40.00	125.
1938	0.20	0.30	0.60	1.00	1.25	1.75	2.50	6.00	27.50	100.
1938-D	0.40	0.75	0.85	1.00	1.85	3.75	4.25	6.50	32.50	90.00
1938-S	0.35	0.55	0.80	1.00	2.50	3.00	4.00	9.50	40.00	100.
1939	0.15	0.25	0.30	0.40	0.50	1.00	2.00	6.00	30.00	90.00
1939-D	0.40	0.75	1.00	1.30	1.75	4.00	5.50	10.00	27.50	100.
1939-S	0.25	0.40	0.75	1.00	1.30	2.00	4.50	12.50	40.00	100.
1940	0.20	0.30	0.40	0.45	0.60	1.00	2.00	3.00	32.50	175.
1940-D	0.30	0.50	0.60	0.70	0.90	1.00	2.25	3.75	30.00	125.
1940-S	0.30	0.50	0.60	0.90	1.25	1.85	2.75	5.75	35.00	160.
1941	0.23	0.40	0.50	0.55	0.70	1.00	2.50	5.00	30.00	150.
1941-D	0.40	0.60	0.90	1.45	1.65	2.50	3.75	6.00	30.00	150.
1941-S	0.50	0.70	0.80	1.00	1.75	2.50	4.75	9.50	30.00	125.
1942	0.20	0.30	0.40	0.45	0.65	0.75	1.75	2.75	30.00	—
1942-D	0.25	0.35	0.40	0.45	0.60	0.70	2.00	3.75	30.00	100.
1942-S	0.55	0.75	1.00	1.50	2.50	5.00	8.50	20.00	40.00	100.
ZINC-COATED STEEL										
1943	0.20	0.30	0.40	0.65	0.80	1.40	1.75	8.00	25.00	80.00
1943-D	0.25	0.45	0.60	0.75	1.00	1.65	2.75	10.00	30.00	80.00
1943-S	0.35	0.55	0.75	1.00	2.00	4.00	6.00	15.00	40.00	100.·
SHELL-CASE BRASS										
1944	0.10	0.15	0.20	0.35	0.42	0.65	1.25	2.50	20.00	100.
1944-D	0.20	0.25	0.30	0.35	0.40	0.50	1.50	5.00	30.00	100.
1944-D/S Variety 1	75.00	115.	175.	245.	325.	425.	675.	2000.	4000.	——
1944-D/S Variety 2	32.50	47.50	90.00	100.	145.	275.	350.	750.	——	——
1944-S	0.15	0.20	0.25	0.35	0.40	0.55	1.00	2.50	20.00	80.00
1945	0.10	0.15	0.24	0.40	0.55	0.75	1.25	5.00	35.00	125.
1945-D	0.15	0.20	0.25	0.40	0.45	0.50	1.00	2.50	25.00	100.
1945-S	0.15	0.20	0.25	0.30	0.40	0.45	1.00	2.00	20.00	60.00
1946	0.10	0.15	0.20	0.25	0.30	0.50	0.75	4.00	20.00	—
1946-D	0.15	0.18	0.20	0.25	0.30	0.50	0.85	1.50	20.00	100.
1946-S	0.20	0.25	0.30	0.35	0.40	0.50	1.25	3.00	30.00	150.
1946-S/D	—	—	—	—	175.	300.	400.	600.	—	—

—— = Insufficient pricing data

	MS-63RB	MS-65R		MS-63RB	MS-65R
BRONZE ALLOY RESUMED			1952-S	1.75	4.00
1947	1.50	4.00	1953	0.20	4.00
1947-D	0.40	3.00	1953-D	0.20	2.50
1947-S	0.75	4.00	1953-S	0.50	2.50
1948	0.50	7.50	1954	0.40	2.25
1948-D	0.50	4.00	1954-D	0.35	2.25
1948-S	1.35	3.00	1954-S	0.20	2.00
1949	0.65	15.00	1955	0.15	4.00
1949-D	0.65	3.50	1955 Doubled Die	1575.	27500.
1949-S	1.25	5.00	1955-D	0.15	1.10
1950	0.75	2.00	1955-S	0.50	2.00
1950-D	0.65	3.00	1956	0.15	10.00
1950-S	0.85	2.65	1956-D	0.15	2.00
1951	0.65	2.00	1957	0.15	2.50
1951-D	0.35	1.65	1957-D	0.15	2.00
1951-S	0.55	3.00	1958	0.15	2.00
1952	0.55	2.75	1958-D	0.15	2.00
1952-D	0.25	1.60			

Lincoln, Memorial cent

Date of authorization:	Feb. 21, 1857
Dates of issue:	1959-present
Designers:	Obverse: Victor D. Brenner
	Reverse: Frank Gasparro
Engravers:	Obverse: Charles Barber
	Reverse: Gilroy Roberts
Diameter:	19.05 mm/0.75 inch
Weight:	1959-1982: 3.11 grams/0.10 ounce
	1982-present: 2.50 grams/0.08 ounce
Metallic content:	1959-1962: 95% copper, 5% zinc and tin
	1962-1982: 95% copper, 5% zinc
	1982-present: 97.5% zinc, 2.5% copper
	(99.2% zinc, 0.8% copper planchet
	plated with pure copper)
Edge:	Plain
Mint mark:	Obverse under date

Note: For copper-alloy coins, the letter B following a numerical grade (as in MS-63B) is shorthand for brown, RB represents red and brown, and R stands for red. It is common practice for grading services to qualify copper coins. In addition to a Mint State grade, a copper coin is assigned as brown, red and brown, or red. Generally, full red coins are valued higher than red and brown coins, which in turn are valued higher than brown coins, all else being equal.

	MS-63RB	MS-65R		MS-63RB	MS-65R
1959	0.15	1.00	1976-D	0.15	0.50
1959-D	0.15	1.00	1977	0.15	0.50
1960 Large Date	0.15	1.00	1977-D	0.15	0.50
1960 Small Date	2.00	6.00	1978	0.15	0.50
1960-D Large Date	0.15	1.00	1978-D	0.15	0.50
1960-D Small Date	0.20	2.00	1979	0.15	0.50
1961	0.15	0.75	1979-D	0.15	0.50
1961-D	0.15	0.75	1980	0.15	0.50
BRASS ALLOY			1980-D	0.15	0.50
1962	0.15	0.50	1981	0.15	0.50
1962-D	0.15	0.50	1981-D	0.15	0.50
1963	0.15	0.50	1982 Large Date	0.20	0.50
1963-D	0.15	0.50	1982 Small Date	0.30	1.00
1964	0.15	0.50	1982-D Large Date	0.20	0.70
1964-D	0.15	0.50	**COPPER-PLATED ZINC**		
1965	0.15	0.55	1982 Large Date	0.25	0.95
1966	0.25	0.60	1982 Small Date	0.75	1.75
1967	0.15	0.55	1982-D Large Date	0.30	1.20
1968	0.15	0.50	1982-D Small Date	0.24	0.85
1968-D	0.15	0.50	1983	0.15	0.50
1968-S	0.15	0.85	1983-D	0.15	0.50
1969	0.25	1.35	1983 Doubled Die	170.	300.
1969-D	0.15	0.50	1984	0.15	0.50
1969-S	0.15	0.50	1984-D	0.30	0.75
1969-S Doubled Die	——	20000.	1984 Doubled Die	155.	190.
1970	0.25	1.00	1985	0.50	0.50
1970-D	0.15	0.50	1985-D	0.15	0.50
1970-S Low 7	0.15	0.50	1986	0.75	0.90
1970-S Level 7	24.00	62.50	1986-D	0.20	0.50
1970-S Doubled Die	5000.	20000.	1987	0.50	0.50
1971	0.25	1.35	1987-D	0.15	0.50
1971-D	0.25	1.10	1988	0.15	0.50
1971-S	0.15	1.00	1988-D	0.15	0.50
1972	0.15	0.50	1989	0.15	0.50
1972-D	0.15	0.50	1989-D	0.15	0.50
1972-S	0.20	0.50	1990	0.15	0.50
1972 Doubled Die	205.	405.	1990-D	0.15	0.50
1973	0.15	0.50	1991	0.15	0.50
1973-D	0.15	0.50	1991-D	0.15	0.50
1973-S	0.25	0.50	1992	0.15	0.50
1974	0.15	0.50	1992-D	0.15	0.50
1974-D	0.15	0.50	1993	0.15	0.50
1974-S	0.25	0.85	1993-D	0.15	0.50
1975	0.15	0.50	1994	0.15	0.50
1975-D	0.15	0.50	1994-D	0.15	0.50
1976	0.15	0.50			

—— = Insufficient pricing data

	MS-63RB	MS-65R		MS-63RB	MS-65R
1995	0.15	0.50	1998	0.15	0.50
1995 Doubled Die, early die state			1998-D	0.15	0.50
	18.00	25.00	1999	0.15	0.50
1995-D	0.15	0.50	1999-D	0.15	0.50
1996	0.15	0.50	2000	0.15	0.50
1996-D	0.15	0.50	2000-D	0.15	0.50
1997	0.15	0.50	2001	0.15	0.50
1997-D	0.15	0.50	2001-D	0.15	0.50

——— = Insufficient pricing data

2 cents

Date of authorization: April 22, 1864
Dates of issue: 1864-1872
Designer/Engraver: James B. Longacre
Diameter: 23.00 mm/0.91 inch
Weight: 6.22 grams/0.20 ounce
Metallic content: 95% copper, 5% zinc and tin
Edge: Plain
Mint mark: None

Note: For copper-alloy coins, the letter B following a numerical grade (as in MS-63B) is shorthand for brown, RB represents red and brown, and R stands for red. It is common practice for grading services to qualify copper coins. In addition to a Mint State grade, a copper coin is assigned as brown, red and brown, or red. Generally, full red coins are valued higher than red and brown coins, which in turn are valued higher than brown coins, all else being equal.

	F-12	VF-20	EF-40	AU-50	MS-60B	MS-63RB	MS-64RB	MS-65R	PF-63RB	PF-65R
1864 Small Motto	110.	200.	330.	415.	515.	725.	1150.	3000.	13500.	65000.
1864 Large Motto	20.00	24.00	30.00	65.00	82.50	145.	225.	975.	635.	3900.
1865	22.00	24.00	30.00	70.00	100.	165.	250.	1075.	475.	3050.
1866	22.00	25.00	30.00	72.50	110.	165.	250.	1575.	450.	1775.
1867	22.00	24.00	30.00	75.00	115.	170.	285.	1500.	450.	1950.
1868	22.00	24.00	31.50	80.00	120.	180.	290.	1600.	450.	1825.
1869	22.00	26.00	40.00	90.00	120.	190.	390.	1425.	450.	1775.
1870	22.50	35.00	60.00	100.	160.	300.	600.	1700.	475.	1775.
1871	25.00	40.00	77.50	135.	215.	425.	800.	2200.	480.	1775.
1872	165.	285.	400.	585.	750.	1100.	1650.	2850.	505.	1900.
1873 Closed 3 Proofs Only	—	—	—	1000.	1150.	1390.	1750.	2900.	1390.	2900.
1873 Open 3 Restrike Proofs Only	—	—	—	—	1450.	1975.	2450.	6000.	1975.	6000.

Copper-nickel 3 cents

Date of authorization: April 22, 1864
Dates of issue: 1865-1889
Designer/Engraver: James B. Longacre
Diameter: 17.90 mm/0.71 inch
Weight: 1.94 grams/0.06 ounce
Metallic content: 75% copper, 25% nickel
Edge: Plain
Mint mark: None

	F-12	VF-20	EF-40	AU-50	MS-60	MS-63	MS-64	MS-65
1865	14.00	15.00	18.00	40.00	80.00	120.	230.	675.
1866	14.00	15.00	18.00	40.00	80.00	125.	235.	685.
1867	14.00	15.00	18.00	40.00	82.00	130.	240.	750.
1868	14.00	15.00	18.00	40.00	83.00	130.	235.	685.
1869	14.00	15.00	18.00	45.00	90.00	135.	250.	775.
1870	14.00	15.00	18.00	45.00	95.00	145.	275.	750.
1871	14.00	15.00	20.00	50.00	105.	160.	280.	750.
1872	14.00	15.00	19.00	50.00	100.	180.	350.	1200.
1873 Closed 3	14.00	22.00	35.00	65.00	140.	265.	425.	1950.
1873 Open 3	14.00	18.00	22.00	50.00	95.00	165.	450.	2250.
1874	14.00	15.00	22.00	50.00	105.	170.	315.	1375.
1875	15.00	21.00	30.00	70.00	125.	175.	280.	690.
1876	16.00	23.00	38.00	80.00	165.	275.	400.	1750.
1877 (Proofs only)	1025.	1050.	1075.	1100.	1125.	1175.	1500.	*
1878 (Proofs only)	385.	400.	425.	450.	475.	500.	550.	*
1879	60.00	65.00	85.00	135.	220.	300.	425.	825.
1880	80.00	90.00	135.	180.	230.	325.	350.	700.
1881	14.00	15.00	18.00	40.00	80.00	145.	230.	750.
1882	68.00	90.00	120.	165.	245.	350.	575.	950.
1883	175.	200.	245.	280.	375.	925.	1350.	3000.
1884	335.	365.	390.	430.	485.	1100.	1450.	4000.
1885	440.	475.	500.	600.	700.	1050.	1175.	2000.
1886 (Proofs only)	250.	275.	300.	325.	375.	425.	450.	*
1887/6 (Proofs only)	300.	325.	350.	375.	400.	450.	500.	*
1887	250.	285.	305.	325.	365.	550.	675.	1000.
1888	41.00	47.00	60.00	95.00	180.	300.	385.	675.
1889	77.00	89.00	100.	115.	220.	350.	425.	665.

* = None issued

Silver 3 cents

Date of authorization: March 3, 1851
Dates of issue: 1851-1873
Designer/Engraver: James B. Longacre
Diameter: 14.00 mm/0.55 inch
Weight: (1851-1853): 0.80 grams/0.03 ounce
(1854-1873): 0.75 grams/0.02 ounce
Metallic content: (1851-1853): 75% silver, 25% copper
(1854-1873): 90% silver, 10% copper
Weight of pure silver: (1851-1853): 0.60 grams/0.02 ounce
(1854-1873): 0.67 grams/0.02 ounce
Edge: Plain
Mint mark: 1851-O only, reverse right field

	VG-8	F-12	VF-20	EF-40	AU-50	MS-60	MS-63	MS-64	MS-65	PF-65
1 OUTLINE OF STAR										
1851	22.00	25.00	30.00	58.00	125.	145.	250.	380.	875.	6600.
1851-O	25.00	35.00	60.00	110.	210.	300.	450.	825.	1975.	——
1852	22.00	25.00	30.00	58.00	125.	145.	250.	380.	875.	*
1853	22.00	25.00	30.00	58.00	125.	145.	260.	425.	1000.	*
3 OUTLINES OF STAR										
1854	22.00	25.00	40.00	90.00	215.	325.	700.	1500.	3500.	34000.
1855	35.00	45.00	85.00	150.	250.	550.	1100.	2750.	10500.	15000.
1856	22.00	25.00	43.00	85.00	165.	310.	600.	1750.	3700.	12500.
1857	22.00	25.00	42.00	85.00	220.	290.	600.	1525.	3425.	10250.
1858	22.00	25.00	40.00	85.00	165.	260.	550.	1425.	3375.	7500.
2 OUTLINES OF STAR										
1859	20.00	24.00	36.00	60.00	125.	160.	275.	435.	925.	2350.
1860	20.00	24.00	36.00	65.00	125.	160.	370.	435.	1000.	3500.
1861	20.00	24.00	35.00	60.00	125.	160.	275.	435.	950.	2100.
1862	20.00	25.00	40.00	62.00	125.	160.	305.	435.	875.	1600.
1862/1	23.50	30.00	40.00	75.00	140.	210.	350.	550.	950.	——
1863				——	400.	525.	775.	1125.	1600.	1425.
1863/2 (Proofs only)				——	475.	*	*	*	*	4500.
1864				365.	425.	525.	965.	1150.	1500.	1350.
1865				——	425.	535.	825.	1100.	1700.	1375.
1866				——	400.	535.	825.	1075.	1550.	1350.
1867				375.	425.	550.	1150.	1600.	2900.	1325.
1868				——	425.	560.	1200.	2350.	5750.	1400.
1869				——	425.	575.	890.	1400.	2750.	1250.
1869/8 (Proofs only)				——	625.	*	*	*	*	4900.
1870				375.	425.	585.	935.	1250.	3250.	1400.
1871				——	425.	565.	835.	1100.	1500.	1300.

—— = Insufficient pricing data   * = None issued

	VG-8	F-12	VF-20	EF-40	AU-50	MS-60	MS-63	MS-64	MS-65	PF-65
1872				425.	575.	700.	1350.	2450.	6000.	1325.
1873 Closed 3 (Proofs only)			——	575.	*	*	*	*		1600.

Enlarged to show detail

One outline of star

Three outlines

Two outlines

—— = Insufficient pricing data   * = None issued

Shield 5 cents

Rays removed

Date of authorization: May 16, 1866
Dates of issue: 1866-1883
Designer/Engraver: James B. Longacre
Diameter: 20.50 mm/0.81 inch
Weight: 5.00 grams/0.16 ounce
Metallic content: 75% copper, 25% nickel
Edge: Plain
Mint mark: None

	G-4	VG-8	F-12	VF-20	EF-40	AU-50	MS-60	MS-63	MS-64	MS-65
1866	17.50	19.00	24.00	40.00	105.	150.	210.	390.	650.	2350.
1867	19.00	22.50	27.00	44.00	130.	190.	265.	500.	1075.	3800.
RAYS REMOVED FROM REVERSE										
1867	12.50	14.00	15.00	16.00	32.00	57.00	90.00	175.	295.	650.
1868	12.50	14.00	15.00	16.00	32.00	59.00	90.00	175.	275.	650.
1869	12.50	14.00	15.00	16.00	35.00	62.00	95.00	200.	275.	650.
1870	12.50	14.00	17.00	21.00	37.00	70.00	115.	285.	375.	900.
1871	32.50	42.00	55.00	75.00	125.	175.	275.	500.	800.	1250.
1872	12.50	14.00	15.00	19.00	37.00	70.00	125.	325.	675.	1000.
1873 Closed 3	22.50	30.00	37.50	72.50	115.	155.	225.	400.	750.	1100.
1873 Open 3	12.50	14.00	16.00	30.00	40.00	72.50	115.	285.	400.	850.
1874	12.50	14.00	24.00	30.00	55.00	80.00	130.	300.	475.	1000.
1875	14.00	18.00	30.00	42.00	60.00	95.00	145.	345.	525.	1750.
1876	12.50	17.00	26.00	35.00	60.00	82.50	130.	275.	400.	975.
1877 (Proofs only)										
	950.	1000.	1050.	1100.	1150.	1200.	1250.	1350.	1650.	2200.
1878 (Proofs only)										
	425.	450.	475.	500.	525.	550.	600.	650.	700.	800.
1879	235.	290.	350.	400.	450.	500.	585.	825.	1125.	1500.
1880	290.	350.	390.	450.	525.	640.	1050.	1650.	2300.	3950.
1881	140.	185.	225.	275.	360.	400.	560.	725.	900.	1150.
1882	12.50	14.00	15.00	16.00	35.00	57.00	92.50	180.	265.	650.
1883	12.50	14.00	15.00	17.50	38.00	57.00	92.50	170.	260.	625.
1883/2	65.00	90.00	120.	165.	210.	260.	350.	650.	925.	2850.

Liberty Head 5 cents

No CENTS   With CENTS

Date of authorization: May 16, 1886
Dates of issue: 1883-1912
Designer/Engraver: Charles Barber
Diameter: 21.21 mm/0.84 inch
Weight: 5.00 grams/0.16 ounce
Metallic content: 75% copper, 25% nickel
Edge: Plain
Mint mark: 1912 only, reverse left of CENTS

	VG-8	F-12	VF-20	EF-40	AU-50	MS-60	MS-63	MS-64	MS-65
1883	4.50	5.00	6.00	7.50	11.00	22.50	45.00	70.00	235.
CENTS ADDED BELOW WREATH ON REVERSE									
1883	10.00	13.50	20.00	38.00	60.00	85.00	100.	235.	500.
1884	15.00	17.50	20.00	42.50	77.50	125.	225.	375.	800.
1885	290.	360.	425.	590.	685.	800.	1150.	1500.	2750.
1886	110.	160.	210.	285.	365.	500.	700.	1075.	2850.
1887	9.50	17.00	21.00	42.50	62.50	85.00	150.	300.	600.
1888	13.50	19.50	40.00	55.00	100.	150.	190.	325.	775.
1889	7.50	15.00	17.50	36.00	60.00	85.00	145.	300.	600.
1890	10.00	15.00	19.00	38.00	65.00	90.00	155.	300.	850.
1891	6.00	11.00	15.50	37.00	60.00	85.00	140.	275.	800.
1892	6.00	11.50	17.00	36.00	65.00	100.	155.	275.	775.
1893	5.50	11.00	15.50	35.00	60.00	85.00	145.	275.	750.
1894	12.00	45.00	72.50	140.	160.	190.	240.	405.	775.
1895	4.50	14.00	18.00	38.00	60.00	105.	160.	325.	925.
1896	7.25	16.00	22.00	41.00	70.00	105.	175.	375.	1025.
1897	3.50	7.00	10.00	24.00	45.00	75.00	145.	375.	800.
1898	3.00	7.00	10.00	27.50	55.00	85.00	150.	225.	775.
1899	1.75	4.50	9.00	24.00	45.00	75.00	95.00	180.	475.
1900	1.75	4.35	8.00	27.50	48.00	65.00	95.00	180.	500.
1901	1.75	4.50	8.00	24.00	42.50	55.00	90.00	180.	475.
1902	1.75	4.25	7.00	24.00	42.50	55.00	90.00	180.	475.
1903	1.75	4.50	8.00	24.00	42.50	55.00	90.00	180.	475.
1904	1.75	4.75	8.00	26.00	42.50	55.00	90.00	180.	475.
1905	1.75	3.75	7.00	24.00	42.50	55.00	90.00	180.	475.
1906	1.75	3.75	7.00	24.00	42.50	55.00	90.00	180.	475.
1907	1.75	3.75	7.00	24.00	42.50	55.00	90.00	190.	575.
1908	1.75	3.75	7.50	24.00	42.50	55.00	90.00	200.	600.
1909	2.00	3.75	8.00	26.00	42.50	65.00	95.00	210.	575.

	VG-8	F-12	VF-20	EF-40	AU-50	MS-60	MS-63	MS-64	MS-65
1910	1.75	3.75	7.00	20.00	42.50	55.00	90.00	180.	525.
1911	1.75	3.75	7.00	20.00	42.50	55.00	90.00	180.	475.
1912	1.75	3.75	7.00	20.00	42.50	55.00	90.00	185.	475.
1912-D	2.00	5.00	20.00	47.50	105.	200.	265.	375.	975.
1912-S	55.00	95.00	250.	475.	650.	750.	1000.	1500.	2350.
1913 Eliasberg specimen now Proof 66 sold for $1.84 million in March 2001									

Indian Head 5 cents

Bison on Mound   Bison on Plain

"Buffalo nickel"

Date of authorization: May 16, 1886
Dates of issue: 1913-1938
Designer: James Earle Fraser
Engraver: Charles Barber
Diameter: 21.21 mm/0.84 inch
Weight: 5.00 grams/0.16 ounce
Metallic content: 75% copper, 25% nickel
Edge: Plain
Mint mark: Reverse below FIVE CENTS

	G-4	VG-8	F-12	VF-20	EF-40	AU-50	MS-60	MS-63	MS-64	MS-65
BISON STANDING ON MOUND										
1913	6.50	6.75	7.50	10.00	15.00	20.00	30.00	45.00	65.00	125.
1913-D	9.00	11.50	12.00	15.00	20.00	36.00	55.00	75.00	100.	225.
1913-S	16.50	18.00	25.00	30.00	45.00	60.00	85.00	125.	210.	625.
BISON STANDING ON PLAIN										
1913	7.00	8.00	9.00	12.00	17.50	25.00	32.00	55.00	100.	315.
1913-D	45.00	52.50	70.00	80.00	90.00	115.	165.	260.	425.	1000.
1913-S	120.	160.	190.	225.	260.	300.	375.	625.	1175.	2850.
1914	13.25	14.00	15.00	16.75	22.50	30.00	41.00	70.00	140.	375.
1914/3	150.	300.	400.	500.	850.	1750.	2750.	5000.	——	——
1914-D	45.00	50.00	70.00	90.00	125.	150.	205.	315.	600.	1450.
1914-S	13.25	14.00	20.00	25.00	50.00	80.00	180.	350.	575.	1800.
1915	4.50	5.00	6.00	10.00	18.00	30.00	42.00	75.00	125.	275.
1915-D	12.00	14.00	21.00	40.00	70.00	90.00	150.	290.	525.	1950.
1915-S	16.50	25.00	50.00	80.00	160.	325.	475.	675.	1025.	2350.

—— = Insufficient pricing data

	G-4	VG-8	F-12	VF-20	EF-40	AU-50	MS-60	MS-63	MS-64	MS-65
1916	3.50	3.85	4.25	4.75	7.50	15.00	40.00	65.00	100.	285.
1916 Doubled Die										
	1800.	3000.	4900.	7250.	12000.	18500.	27500.	75000.	——	225000.
1916-D	8.50	12.00	15.00	21.00	60.00	80.00	135.	275.	425.	1950.
1916-S	4.50	6.00	11.00	20.00	45.00	75.00	145.	300.	475.	2150.
1917	3.25	3.85	4.75	6.00	12.50	27.50	43.00	115.	185.	525.
1917-D	8.50	12.00	26.50	50.00	100.	160.	315.	650.	875.	3000.
1917-S	12.50	15.00	35.00	50.00	135.	215.	375.	1100.	1600.	3000.
1918	2.75	3.00	5.00	10.00	22.50	40.00	60.00	250.	475.	1400.
1918/7-D	375.	650.	1075.	2050.	4750.	7500.	16000.	42500.	75000.	160000.
1918-D	6.75	14.00	25.00	75.00	165.	225.	385.	1125.	1750.	4000.
1918-S	6.75	16.00	25.00	65.00	135.	240.	650.	2600.	6250.	22500.
1919	1.50	1.75	2.00	4.00	10.00	25.00	42.50	100.	175.	475.
1919-D	9.00	14.00	35.00	75.00	175.	285.	475.	1250.	2300.	4400.
1919-S	5.00	14.00	25.00	70.00	180.	300.	535.	1350.	3575.	10500.
1920	1.25	1.75	2.00	4.00	9.00	23.00	40.00	120.	175.	575.
1920-D	5.25	10.00	21.00	75.00	225.	310.	490.	1500.	2250.	4750.
1920-S	3.00	5.50	14.00	65.00	165.	260.	365.	1450.	3750.	17500.
1921	2.00	2.75	3.00	12.00	35.00	50.00	80.00	225.	375.	650.
1921-S	32.50	40.00	85.00	360.	675.	925.	1350.	1950.	2675.	4500.
1923	1.50	1.75	2.00	3.75	9.00	25.00	40.00	100.	175.	500.
1923-S	3.50	4.00	10.00	85.00	210.	275.	435.	775.	1250.	8500.
1924	1.25	1.75	2.00	4.00	9.50	27.00	52.50	110.	275.	625.
1924-D	3.50	4.50	15.00	55.00	150.	200.	375.	750.	1175.	3250.
1924-S	7.50	15.00	55.00	350.	1100.	1375.	1750.	3250.	4750.	8900.
1925	2.25	2.50	2.75	3.50	9.00	22.50	35.00	80.00	150.	500.
1925-D	5.50	12.00	25.00	62.50	145.	215.	425.	675.	1200.	3450.
1925-S	3.50	7.00	14.00	55.00	155.	220.	435.	1725.	4350.	32500.
1926	1.00	1.25	1.50	2.50	6.00	16.00	28.00	55.00	75.00	165.
1926-D	4.50	9.00	17.00	60.00	120.	225.	200.	475.	1250.	3800.
1926-S	12.00	20.00	45.00	325.	725.	1500.	2750.	6250.	10500.	35000.
1927	0.90	1.00	1.25	2.25	6.00	16.00	28.00	55.00	80.00	205.
1927-D	2.00	4.00	6.00	17.50	57.50	92.50	130.	285.	550.	4500.
1927-S	1.50	2.25	5.00	25.00	65.00	140.	425.	2000.	3450.	14500.
1928	0.95	1.10	1.25	2.00	6.00	17.50	25.00	45.00	95.00	275.
1928-D	1.50	2.25	3.50	10.00	25.00	37.50	50.00	90.00	130.	625.
1928-S	1.35	2.00	3.00	8.00	20.00	80.00	175.	550.	1075.	3750.
1929	0.75	0.90	1.50	1.75	5.00	15.00	25.00	60.00	90.00	275.
1929-D	1.05	1.40	2.00	5.00	25.00	35.00	50.00	105.	275.	1400.
1929-S	0.90	1.20	1.50	2.25	10.00	20.00	40.00	70.00	125.	375.
1930	0.80	0.90	1.25	2.00	4.50	15.00	25.00	55.00	85.00	125.
1930-S	0.90	1.00	1.25	2.25	9.25	22.50	40.00	85.00	200.	425.
1931-S	6.00	9.00	12.00	13.75	16.00	32.50	40.00	70.00	95.00	200.
1934	0.75	0.85	1.00	2.25	4.50	12.00	23.00	45.00	90.00	300.
1934-D	0.90	1.10	1.50	3.75	12.50	32.50	50.00	80.00	210.	875.
1935	0.75	0.85	0.95	1.50	2.10	7.75	16.00	27.50	45.00	85.00
1935 Doubled Die										
	30.00	40.00	75.00	150.	400.	1200.	2500.	5000.	——	——

—— = Insufficient pricing data

	G-4	VG-8	F-12	VF-20	EF-40	AU-50	MS-60	MS-63	MS-64	MS-65
1935-D	0.80	0.90	1.55	4.00	10.00	30.00	42.50	60.00	120.	425.
1935-S	0.80	0.90	1.00	1.50	3.00	14.00	32.50	65.00	80.00	145.
1936	0.75	0.85	0.95	1.50	2.35	6.75	13.00	32.50	37.50	75.00
1936-D	0.75	0.85	0.95	1.50	3.50	11.00	25.00	32.50	37.50	90.00
1936-D 3 and one half legs	200.	300.	400.	8000.	1000.	——	——	——	——	——
1936-S	0.75	0.85	0.95	1.50	3.00	11.00	25.00	35.00	47.50	100.
1937	0.75	0.85	0.95	1.50	2.25	6.50	14.00	20.00	25.00	50.00
1937-D	0.75	0.85	0.95	1.50	2.75	7.75	14.50	25.00	30.00	55.00
1937-D 3 Legs	165.	240.	275.	385.	435.	635.	1350.	3500.	5250.	15500.
1937-S	0.75	0.85	0.95	1.50	3.00	8.50	13.00	25.00	30.00	50.00
1938-D	1.25	1.50	2.00	3.00	4.00	7.50	10.00	20.00	27.50	45.00
1938-D/D	1.75	2.75	4.00	5.25	7.00	11.00	19.00	25.00	30.00	50.00
1938-D/S	5.00	6.75	7.50	10.00	15.00	26.00	35.00	60.00	100.	165.

—— = Insufficient pricing data

Jefferson 5 cents

Date of authorization:	May 16, 1866; March 27, 1942
Dates of issue:	1938-present
Designer:	Felix Schlag
Engraver:	John R. Sinnock
Diameter:	21.21 mm/0.84 inch
Weight:	5.00 grams/0.16 ounce
Metallic content:	(1938-1942): 75% copper, 25% nickel
	(1942-1945): 56% copper, 35% silver, 9% manganese
	(1946-present): 75% copper, 25% nickel
Weight of pure silver:	(1942-1945): 1/75 grams/0.06 ounce
Edge:	Plain
Mint mark:	(1938-1964): Reverse right of building
	(1942-1945, silver): Reverse above dome
	(1968-present): Obverse below Jefferson's ponytail

	G-4	VG-8	F-12	VF-20	EF-40	AU-50	MS-60	MS-63	MS-64	MS-65
1938	0.15	0.35	0.45	0.65	0.90	2.25	2.75	5.00	10.00	200.
1938-D	0.65	0.70	1.00	1.75	2.25	3.50	5.00	7.00	15.00	——

	G-4	VG-8	F-12	VF-20	EF-40	AU-50	MS-60	MS-63	MS-64	MS-65
1938-S	1.35	1.75	2.05	2.75	3.50	4.00	5.00	8.00	16.00	——
1939	0.08	0.18	0.25	0.45	0.75	1.35	2.50	2.90	4.00	40.00
1939 Doubled Monticello										
	24.00	40.00	60.00	70.00	125.	165.	300.	400.	575.	——
1939-D	3.50	4.00	5.00	9.00	20.00	35.00	45.00	55.00	75.00	——
1939-S	0.75	1.00	1.75	3.25	8.50	15.00	22.00	25.00	35.00	——
1940	0.08	0.10	0.20	0.25	0.60	0.75	1.35	1.50	2.85	30.00
1940-D	0.13	0.20	0.30	0.50	1.45	2.25	2.75	3.00	5.50	25.00
1940-S	0.14	0.20	0.35	0.55	1.00	1.90	3.35	3.75	5.00	60.00
1941	0.08	0.10	0.20	0.30	0.40	0.65	1.25	1.50	2.10	60.00
1941-D	0.10	0.15	0.30	0.55	1.40	2.15	3.00	3.25	4.85	40.00
1941-S	0.10	0.15	0.30	0.60	1.75	2.75	4.00	4.50	6.00	60.00
1942	0.10	0.15	0.20	0.45	0.70	1.25	4.25	4.75	6.25	——
1942-D	0.35	0.45	1.25	2.75	6.00	10.00	12.00	15.00	25.00	60.00
1942-D/Horizontal D										
	——	30.00	45.00	——	——	475.	750.	1550.	2850.	——
1942-P Wartime Silver Alloy										
	0.35	0.65	0.75	1.10	3.00	5.25	8.00	9.00	11.50	50.00
1942-S	0.45	1.00	1.45	2.00	2.75	5.00	9.00	12.00	25.00	150.
1943/2-P	35.00	42.50	65.00	90.00	160.	225.	250.	375.	625.	1150.
1943-P	0.35	0.60	0.75	1.10	1.75	2.75	4.00	4.75	15.00	30.00
1943-P Doubled Eye										
	17.00	24.00	30.00	49.00	87.50	115.	150.	250.	400.	——
1943-D	0.55	0.75	1.00	1.50	2.10	2.50	4.00	5.50	10.00	20.00
1943-S	0.35	0.60	0.75	1.10	1.75	2.90	5.00	6.50	13.25	30.00
1944-P	0.40	0.65	0.80	1.15	2.00	2.75	4.00	5.00	17.00	60.00
1944-D	0.50	0.85	1.00	1.80	3.00	6.50	9.00	10.00	13.50	25.00
1944-S	0.60	0.90	1.25	1.90	3.00	3.75	4.75	7.00	13.00	75.00
1945-P	0.40	0.65	0.80	1.50	2.00	2.65	4.75	7.00	12.00	125.
1945-P Doubled Die										
	——	15.00	20.00	30.00	47.50	75.00	120.	200.	450.	——
1945-D	0.60	1.00	1.35	1.75	2.35	2.65	4.00	4.75	7.50	40.00
1945-S	0.35	0.55	0.70	1.25	1.50	2.15	3.75	4.50	7.25	150.
1946	0.08	0.07	0.15	0.20	0.30	0.50	0.70	0.90	1.85	——
1946-D	0.07	0.10	0.15	0.30	0.45	0.55	0.80	2.00	5.50	25.00
1946-D/Horizontal D										
	42.50	65.00	80.00	140.	225.	275.	400.	650.	1350.	——
1946-S	0.10	0.20	0.25	0.35	0.40	0.50	0.55	2.00	5.00	40.00
1947	0.08	0.07	0.15	0.20	0.30	0.55	0.95	1.15	2.00	——
1947-D	0.06	0.08	0.15	0.40	0.60	0.70	1.20	1.35	2.25	——
1947-S	0.06	0.08	0.15	0.25	0.30	0.35	0.45	0.75	2.00	——
1948	0.07	0.07	0.10	0.20	0.32	0.40	0.55	0.85	1.80	20.00
1948-D	0.07	0.10	0.30	0.45	0.60	0.85	1.35	1.50	2.65	25.00
1948-S	0.10	0.20	0.35	0.40	0.45	0.50	0.60	1.00	2.25	——
1949	0.08	0.15	0.20	0.30	0.45	0.65	0.75	1.40	3.25	——
1949-D	0.07	0.10	0.25	0.45	0.55	0.75	1.50	2.00	4.00	——
1949-D/S	——	——	35.00	70.00	105.	150.	185.	225.	425.	——
1949-S	0.35	0.45	0.60	0.75	0.90	1.15	1.45	2.75	5.00	——
1950	0.15	0.20	0.30	0.45	0.70	0.80	0.90	1.75	3.65	——
1950-D	4.75	5.00	5.15	5.25	5.35	6.75	7.50	9.00	14.00	50.00

—— = Insufficient pricing data

	G-4	VG-8	F-12	VF-20	EF-40	AU-50	MS-60	MS-63	MS-64	MS-65
1951	0.07	0.07	0.15	0.30	0.35	0.75	1.40	1.75	2.75	——
1951-D	0.07	0.07	0.25	0.45	0.55	0.65	1.00	1.45	2.65	——
1951-S	0.25	0.30	0.45	0.70	1.00	1.50	2.25	2.75	5.00	——
1952	0.07	0.07	0.08	0.10	0.50	0.70	0.95	1.15	2.25	——
1952-D	0.08	0.10	0.15	0.25	0.75	1.00	1.25	1.50	3.35	——
1952-S	0.07	0.10	0.15	0.25	0.35	0.60	1.00	1.45	2.50	200.
1953	0.07	0.07	0.08	0.10	0.20	0.22	0.35	0.50	1.10	——
1953-D	0.07	0.07	0.10	0.15	0.18	0.21	0.35	0.50	1.25	250.
1953-S	0.08	0.15	0.20	0.25	0.30	0.38	0.75	1.65	3.50	——
1954	0.07	0.07	0.08	0.10	0.15	0.19	0.35	0.50	1.25	——
1954-D	0.07	0.07	0.08	0.10	0.15	0.19	0.35	0.50	1.35	——
1954-S	0.07	0.07	0.08	0.10	0.20	0.23	0.40	0.60	1.75	——
1954 S/D	——	——	9.00	16.00	22.00	30.00	45.00	60.00	110.	——
1955	0.15	0.22	0.25	0.30	0.35	0.40	0.75	2.00	6.00	200.
1955-D	0.07	0.07	0.08	0.10	0.15	0.19	0.30	0.50	2.00	——
1955 D/S Variety 1	——	——	10.00	17.00	26.00	30.00	50.00	75.00	110.	——

	MS-60	MS-63	MS-64	MS-65		MS-60	MS-63	MS-64	MS-65
1956	0.16	0.25	0.35	0.75	1972-D	0.13	0.25	0.30	0.35
1956-D	0.16	0.25	0.35	0.75	1973	0.13	0.25	0.30	0.35
1957	0.17	0.25	0.40	0.85	1973-D	0.13	0.25	0.30	0.35
1957-D	0.16	0.25	0.35	0.75	1974	0.13	0.25	0.30	0.35
1958	0.25	0.35	0.65	1.65	1974-D	0.15	0.27	0.35	0.45
1958-D	0.16	0.25	0.35	0.75	1975	0.25	0.40	0.55	0.75
1959	0.16	0.25	0.35	0.75	1975-D	0.20	0.35	0.40	0.60
1959-D	0.16	0.25	0.35	0.75	1976	0.25	0.45	0.55	0.85
1960	0.16	0.25	0.35	0.75	1976-D	0.30	0.45	0.85	1.50
1960-D	0.16	0.25	0.35	0.75	1977	0.13	0.25	0.30	0.35
1961	0.16	0.25	0.35	0.75	1977-D	0.28	0.40	0.65	1.25
1961-D	0.16	0.25	0.35	0.75	1978	0.13	0.25	0.30	0.35
1962	0.16	0.25	0.35	0.75	1978-D	0.15	0.35	0.45	1.00
1962-D	0.16	0.25	0.35	0.75	1979	0.13	0.25	0.30	0.35
1963	0.16	0.25	0.35	0.75	1979-D	0.13	0.27	0.30	0.35
1963-D	0.16	0.25	0.35	0.75	1980-P	0.13	0.25	0.30	0.35
1964	0.16	0.25	0.35	0.75	1980-D	0.13	0.25	0.30	0.35
1964-D	0.16	0.25	0.35	0.75	1981-P	0.13	0.25	0.30	0.35
1965	0.13	0.25	0.35	0.85	1981-D	0.13	0.25	0.30	0.35
1966	0.13	0.25	0.35	0.85	1982-P	0.14	0.75	1.00	2.00
1967	0.13	0.25	0.35	0.85	1982-D	0.25	1.25	1.50	3.00
1968-D	0.13	0.25	0.30	0.35	1983-P	0.87	0.90	1.10	1.50
1968-S	0.13	0.25	0.30	0.35	1983-D	0.80	0.90	1.25	1.75
1969-D	0.13	0.25	0.30	0.35	1984-P	0.10	0.45	0.55	0.85
1969-S	0.13	0.25	0.30	0.35	1984-D	0.15	0.45	0.65	1.25
1970-D	0.13	0.25	0.30	0.35	1985-P	0.13	0.45	0.55	0.85
1970-S	0.13	0.25	0.30	0.35	1985-D	0.15	0.45	0.65	1.25
1971	0.45	0.75	1.00	2.00	1986-P	0.10	0.45	0.55	0.85
1971-D	0.20	0.50	0.60	1.50	1986-D	0.15	0.85	1.25	1.65
1972	0.13	0.25	0.30	0.35					

—— = Insufficient pricing data

	MS-63	MS-64	MS-65
1987-P	0.25	0.30	0.35
1987-D	0.25	0.30	0.35
1988-P	0.25	0.30	0.35
1988-D	0.25	0.30	0.35
1989-P	0.25	0.30	0.35
1989-D	0.25	0.30	0.35
1990-P	0.25	0.30	0.35
1990-D	0.25	0.30	0.35
1991-P	0.30	0.40	0.50
1991-D	0.30	0.40	0.50
1992-P	0.35	0.50	0.75
1992-D	0.25	0.30	0.35
1993-P	0.25	0.30	0.35
1993-D	0.25	0.30	0.35
1994-P	0.25	0.30	0.35
1994-P Matte Finish from Jefferson Coin &Currency set	65.00	80.00	100.

	MS-63	MS-64	MS-65
1994-D	0.25	0.30	0.35
1995-P	0.25	0.30	0.35
1995-D	0.30	0.40	0.50
1996-P	0.25	0.30	0.35
1996-D	0.25	0.30	0.35
1997-P	0.25	0.30	0.35
1997-P Matte Finish from Botanic Garden Coin &Currency set	175.	225.	275.
1997-D	0.25	0.30	0.35
1998-P	0.25	0.30	0.35
1998-D	0.25	0.30	0.35
1999-P	0.20	0.25	0.30
1999-D	0.20	0.25	0.30
2000-P	0.20	0.25	0.30
2000-D	0.20	0.25	0.30
2001-P	0.20	0.25	0.30
2001-D	0.20	0.25	0.30

Flowing Hair half dime

Half disme pattern   Flowing Hair

Date of authorization: April 2, 1792
Dates of issue: 1792 (half disme); 1794-1795
Designer/Engraver: Robert Scot
Diameter: 16.50 mm/0.65 inch
Weight: 1.348 grams/0.04 ounce
Metallic content: 89.25% silver, 10.75% copper
Weight of pure silver: 1.20 grams/0.04 ounce
Edge: Reeded
Mint mark: None

	AG-3	G-4	VG-8	F-12	VF-20	EF-40	AU-50	MS-60
HALF DISME PATTERN								
1792	4000.	6000.	9250.	15000.	27500.	40000.	52500.	75000.
FLOWING HAIR								
1794	350.	775.	875.	1250.	2100.	3575.	5000.	8500.
1795	315.	565.	700.	1000.	1525.	2750.	3850.	4750.

Draped Bust half dime

Small Eagle   Heraldic Eagle

Date of authorization: April 2, 1792
Dates of issue: 1796-1805
Designer: Obverse: Gilbert Stuart-Robert Scot
Reverse:
(1796-1797): Robert Scot-John
Eckstein
(1800-1805): Robert Scot
Engraver: Robert Scot
Diameter: 16.50 mm/0.65 inch
Weight: 1.35 grams/0.04 ounce
Metallic content: 89.25% silver, 10.75% copper
Weight of pure silver: 1.20 grams/0.04 ounce
Edge: Reeded
Mint mark: None

	AG-3	G-4	VG-8	F-12	VF-20	EF-40	AU-50	MS-60
SMALL EAGLE								
1796/5	405.	800.	1000.	1400.	2750.	4350.	10500.	——
1796 LIBERTY	375.	750.	900.	1200.	2100.	3500.	5500.	7250.
1796 LIKERTY	375.	750.	925.	1300.	2150.	3600.	7250.	——
1797 15 Stars	350.	700.	900.	1200.	2050.	3400.	4650.	7500.
1797 16 Stars	365.	725.	900.	1250.	2250.	3600.	5250.	10500.
1797 13 Stars	425.	800.	1000.	1400.	2750.	4500.	8250.	——
HERALDIC EAGLE								
1800	200.	425.	575.	850.	1225.	2450.	3750.	5250.
1800 LIBEKTY	205.	435.	580.	850.	1325.	2500.	3900.	5500.
1801	245.	500.	600.	900.	1400.	3000.	5250.	——
1802	4750.	7750.	11500.	18500.	32500.	55000.	75000.	——
1803	225.	475.	600.	900.	1275.	2500.	3925.	——
1805	300.	625.	725.	1000.	1600.	3000.	5500.	21500.

—— = Insufficient pricing data

Capped Bust half dime

Date of authorization: April 2, 1792
Dates of issue: 1829-1837
Designers: John Reich-William Kneass
Engraver: William Kneass
Diameter: 15.50 mm/0.61 inch
Weight: 1.35 grams/0.04 ounce
Metallic content: 89.25% silver, 10.75% copper
Weight of pure silver: 1.20 grams/0.04 ounce
Edge: Reeded
Mint mark: None

	EF-45	AU-50	AU-55	MS-60	MS-62	MS-63	MS-64
1829	150.	185.	250.	290.	400.	650.	1150.
1830	140.	180.	235.	285.	400.	625.	1175.
1831	140.	180.	235.	280.	395.	625.	1100.
1832	140.	185.	240.	285.	400.	650.	1125.
1833	140.	180.	235.	280.	395.	625.	1175.
1834	140.	185.	240.	280.	395.	625.	1150.
1835 all varieties	140.	180.	235.	280.	395.	625.	1100.
1836 all varieties	140.	190.	245.	285.	400.	650.	1200.
1837 Small 5c	250.	350.	500.	750.	975.	1650.	3000.
1837 Large 5c	140.	185.	240.	280.	450.	725.	1275.

Seated Liberty, half dime

Date of authorization: April 2, 1792
Dates of issue: 1837-1873
Designers: (1837-1840): Christian Gobrecht
(1840-1859):
Obverse: Gobrecht-Robert B. Hughes
Reverse: Christian Gobrecht
(1860-1873):
Obverse: Christian Gobrecht-Robert B. Hughes-James B. Longacre
Reverse: James B. Longacre
Engraver: (1837-1840): Christian Gobrecht
(1840-1859): Christian Gobrecht
(1860-1873): James B. Longacre
Diameter: 15.50 mm/0.61 inch
Weight: (1837-1853): 1.34 grams/0.04 ounce
(1853-1873): 1.24 grams/0.04 ounce
Metallic content: 90% silver, 10% copper
Weight of pure silver: (1837-1853): 1.20 grams/0.04 ounce
(1853-1873): 1.12 grams/0.04 ounce
Edge: Reeded
Mint mark: Reverse within or below wreath

	G-4	VG-8	F-12	VF-20	EF-40	AU-50	MS-60	MS-62	MS-63	MS-64
NO STARS										
1837 Large or Small Date										
	24.00	33.00	48.00	90.00	180.	340.	575.	650.	825.	1350.
1838-O	67.50	100.	200.	390.	650.	1375.	4000.	——	8800.	17500.
NO DRAPERY										
1838	10.00	12.00	14.00	22.50	60.00	125.	240.	300.	400.	650.
1838 Small Stars										
	13.00	27.50	45.00	85.00	145.	265.	575.	675.	950.	1900.
1839	10.00	12.00	14.00	22.50	60.00	125.	240.	300.	400.	675.
1839-O	12.50	15.00	20.00	32.00	75.00	180.	475.	750.	1275.	3300.
1839-O Large O	325.	625.	1100.	1750.	3000.	4500.	——	——	——	——
1840	10.50	12.50	15.00	25.00	65.00	125.	275.	375.	425.	825.
1840-O	12.50	16.00	22.50	35.00	80.00	210.	525.	750.	1600.	3250.

—— = Insufficient pricing data

	G-4	VG-8	F-12	VF-20	EF-40	AU-50	MS-60	MS-62	MS-63	MS-64
DRAPERY										
1840	18.00	30.00	45.00	85.00	160.	275.	525.	615.	900.	1350.
1840-O	28.00	45.00	80.00	165.	265.	800.	——	4750.	——	——
1841	10.00	11.00	12.00	20.00	45.00	100.	155.	190.	325.	700.
1841-O	12.00	16.00	22.50	37.50	120.	300.	600.	800.	1300.	——
1842	10.00	11.00	12.00	20.00	45.00	100.	165.	210.	300.	575.
1842-O	24.00	35.00	62.00	175.	375.	1500.	2600.	3300.	4750.	5500.
1843	10.00	12.00	14.00	20.00	44.00	100.	145.	190.	300.	625.
1844	10.00	11.00	12.50	22.00	50.00	110.	170.	210.	375.	675.
1844-O Small O										
	60.00	130.	250.	515.	850.	1700.	4900.	9000.	——	——
1844-O Large O										
	65.00	110.	175.	350.	700.	——	4000.	——	——	——
1845	10.00	11.00	12.00	21.00	45.00	92.00	145.	190.	300.	675.
1846	190.	280.	475.	650.	1500.	3100.	——	——	——	——
1847	10.00	11.00	12.00	20.00	43.00	92.00	145.	190.	300.	850.
1848 Medium Date										
	10.00	11.00	12.00	20.00	43.00	92.00	145.	190.	425.	1100.
1848 Large Date										
	12.50	17.50	28.00	40.00	75.00	190.	475.	725.	1350.	2750.
1848-O	11.00	15.00	27.50	42.50	100.	225.	425.	525.	725.	1250.
1849/6	10.00	14.00	26.00	45.00	77.00	145.	375.	425.	750.	1350.
1849/8	13.50	16.50	30.00	48.00	100.	185.	400.	475.	800.	1400.
1849	10.00	11.00	12.00	19.50	45.00	95.00	145.	225.	390.	1050.
1849-O	19.00	35.00	80.00	185.	450.	950.	2200.	3250.	5500.	——
1850	10.00	11.00	12.00	19.50	42.00	95.00	150.	195.	385.	800.
1850-O	12.00	16.00	25.00	50.00	110.	245.	650.	850.	1550.	——
1851	10.00	11.00	12.00	19.50	42.00	95.00	155.	200.	390.	725.
1851-O	10.00	15.00	24.00	35.00	72.00	175.	335.	450.	675.	1100.
1852	10.00	11.00	12.00	19.50	42.00	95.00	155.	195.	300.	525.
1852-O	22.00	33.00	65.00	100.	235.	450.	1150.	1500.	2500.	——
1853	25.00	34.00	55.00	90.00	195.	350.	500.	685.	985.	1175.
1853-O	145.	215.	300.	585.	1275.	2950.	6800.	——	——	22500.
ARROWS										
1853	9.00	10.00	12.00	15.00	45.00	95.00	160.	225.	290.	575.
1853-O	12.00	14.00	13.00	20.00	52.00	135.	275.	550.	1050.	1900.
1854	9.00	10.00	12.00	15.00	45.00	97.50	175.	240.	285.	625.
1854-O	10.00	12.00	13.00	20.00	55.00	145.	325.	475.	950.	1750.
1855	9.00	10.00	12.00	17.00	45.00	100.	175.	225.	350.	725.
1855-O	16.00	21.00	27.50	55.00	120.	235.	425.	700.	1400.	2450.
NO ARROWS										
1856	10.00	11.00	12.00	18.00	40.00	80.00	130.	180.	225.	535.
1856-O	10.00	12.00	19.00	35.00	70.00	185.	385.	550.	1075.	1750.
1857	10.00	11.00	12.00	18.00	40.00	77.00	120.	175.	225.	475.
1857-O	10.00	12.50	16.00	29.00	55.00	130.	250.	325.	425.	725.
1858	10.00	11.50	12.50	18.00	40.00	77.00	120.	175.	225.	475.
1858/Inverted Date										
	28.00	45.00	55.00	115.	200.	300.	475.	525.	750.	2000.

—— = Insufficient pricing data

SEATED LIBERTY, HALF DIME (CONTINUED)

	G-4	VG-8	F-12	VF-20	EF-40	AU-50	MS-60	MS-62	MS-63	MS-64
1858/1858	35.00	50.00	75.00	155.	245.	325.	675.	775.	1300.	1975.
1858-O	10.00	12.00	16.00	32.00	57.50	150.	240.	310.	390.	650.
1859	10.00	12.00	18.00	31.00	53.00	105.	155.	205.	290.	475.
1859-O	15.00	18.00	23.00	45.00	95.00	175.	255.	320.	425.	825.
1860 Transitional	——	——	——	——	——	——	1800.	2250.	3250.	4750.

LEGEND OBVERSE

	G-4	VG-8	F-12	VF-20	EF-40	AU-50	MS-60	MS-62	MS-63	MS-64
1860	9.00	10.00	12.00	17.50	31.00	67.00	115.	165.	185.	395.
1860-O	10.00	12.00	18.00	23.00	45.00	87.00	135.	175.	275.	465.
1861	9.00	10.00	12.00	18.00	31.00	67.00	115.	160.	180.	330.
1861/0	20.50	30.00	45.00	75.00	150.	275.	450.	565.	675.	1175.
1862	9.00	10.00	12.00	18.00	31.00	67.00	110.	150.	175.	315.
1863	115.	160.	225.	290.	340.	450.	500.	650.	725.	800.
1863-S	20.00	25.00	35.00	60.00	105.	285.	450.	600.	975.	1250.
1864	250.	325.	405.	525.	700.	800.	925.	975.	1175.	1500.
1864-S	35.00	45.00	70.00	100.	200.	375.	660.	825.	1300.	2250.
1865	245.	285.	345.	390.	475.	550.	750.	825.	950.	1175.
1865-S	18.00	24.00	30.00	50.00	105.	370.	700.	875.	1650.	2750.
1866	235.	270.	335.	425.	540.	600.	725.	800.	925.	1050.
1866-S	18.00	25.00	30.00	55.00	105.	290.	550.	685.	925.	1725.
1867	325.	365.	435.	525.	600.	725.	790.	875.	1050.	1400.
1867-S	16.00	20.00	34.00	57.00	90.00	225.	350.	675.	750.	1500.
1868	37.50	55.00	90.00	160.	235.	310.	425.	500.	675.	1000.
1868-S	10.00	12.50	19.00	27.00	50.00	145.	275.	350.	515.	1300.
1869	10.00	10.00	18.50	26.50	48.00	95.00	225.	310.	375.	950.
1869-S	9.00	11.00	17.50	25.00	50.00	130.	255.	375.	725.	1850.
1870	9.00	10.00	12.25	13.50	32.50	65.00	115.	160.	200.	405.
1870-S Unique - Graded (PCGS) MS-63										
1871	9.00	10.00	12.00	14.50	29.00	62.50	110.	155.	175.	315.
1871-S	10.00	18.00	32.00	45.00	65.00	135.	245.	325.	425.	750.
1872	9.00	10.00	12.00	13.50	29.00	60.00	105.	135.	160.	305.
1872-S S in Wreath	9.00	10.00	12.25	14.50	30.00	60.00	105.	135.	150.	325.
1872-S S Below Wreath	9.00	10.00	12.25	14.50	30.00	60.00	105.	150.	170.	300.
1873	9.00	10.00	12.50	13.50	29.00	60.00	105.	150.	170.	350.
1873-S	9.75	11.50	15.00	20.00	42.00	80.00	115.	165.	180.	350.

—— = Insufficient pricing data

Draped Bust dime

Small Eagle   Heraldic Eagle

Date of authorization: April 2, 1792
Dates of issue: 1796-1805
Designer: Obverse: Gilbert Stuart-Robert Scot
Reverse:
(1796-1797): Robert Scot-John Eckstein
(1800-1805): Robert Scot
Engraver: Robert Scot
Diameter: 18.80 mm/0.74 inch
Weight: 2.70 grams/0.09 ounce
Metallic content: 89.25% silver, 10.75% copper
Weight of pure silver: 1.20 grams/0.04 ounce
Edge: Reeded
Mint mark: None

	G-4	VG-8	F-12	VF-20	EF-40	AU-50	AU-55	MS-60	MS-62
1796	950.	1550.	1875.	2850.	4400.	5650.	6750.	7750.	10500.
1797 16 Stars	1000.	1650.	1950.	3000.	4750.	6900.	8000.	12500.	14000.
1797 13 Stars	1000.	1650.	1950.	3000.	5250.	7500.	9000.	15000.	20000.
1798/97 16 Stars	525.	625.	850.	1250.	2500.	3500.	4750.	6250.	9500.
1798/97 13 Stars	1650.	2750.	4150.	6500.	—	—	—	—	—
1798	425.	500.	650.	1000.	1750.	2200.	3350.	4000.	5750.
1798 Small 8	525.	750.	1000.	1750.	2750.	4750.	5750.	9500.	—
1800	425.	500.	675.	1050.	2100.	2500.	3500.	4800.	6250.
1801	425.	500.	825.	1550.	3250.	5250.	6500.	9000.	14000.
1802	650.	900.	1475.	2700.	4950.	8750.	17500.	27500.	—
1803	450.	500.	800.	1500.	2500.	4000.	5250.	8250.	—
1804 13 Star	975.	1500.	2750.	4500.	10000.	20000.	—	—	—
1804 14 Star	1100.	1650.	2875.	5000.	12500.	27500.	—	—	—
1805 4 Berries	375.	450.	600.	775.	1450.	2200.	3150.	3800.	4850.
1805 5 Berries	450.	525.	750.	1250.	2150.	4250.	—	—	—
1807	375.	450.	600.	800.	1450.	1925.	3000.	3750.	4750.

—— = Insufficient pricing data

Capped Bust dime

Date of authorization: April 2, 1792
Dates of issue: 1809-1837
Designer/Engraver: John Reich
Diameter: (1809-1828): 18.80 mm/0.74 inch
(1828-1837): 17.90 mm/0.71 inch
Weight: 2.70 grams/0.09 ounce
Metallic content: 89.25% silver, 10.75% copper
Weight of pure silver: 2.41 grams/0.08 ounce
Edge: Reeded
Mint mark: None

	G-4	VG-8	F-12	VF-20	EF-40	AU-50	AU-55	MS-60	MS-63	MS-64
Open Collar Strikes										
1809	95.00	175.	325.	500.	1000.	1650.	2250.	4250.	——	——
1811/09	120.	190.	285.	450.	950.	1500.	1850.	2400.	5250.	9000.
1814 Sm. Date	35.00	60.00	105.	225.	400.	675.	1025.	1850.	3300.	6500.
1814 Lg. Date	27.50	37.50	55.00	140.	345.	535.	625.	975.	1950.	5500.
1814 STATESOFAMERICA										
	30.00	40.00	72.00	175.	375.	640.	725.	1150.	——	——
1820 Large O, JR-13										
	22.50	32.00	45.00	110.	325.	575.	685.	925.	1800.	3350.
1820 Small O, Office Boy Reverse, JR-2										
	25.00	37.50	55.00	150.	400.	650.	750.	1050.	2250.	4500.
1820 STATESOFAMERICA JR-1										
	27.50	40.00	60.00	185.	425.	825.	1050.	1650.	3250.	5250.
1821 Sm. Date	22.50	35.00	55.00	115.	335.	650.	725.	1200.	2650.	3600.
1821 Lg. Date	22.50	25.00	40.00	90.00	270.	500.	600.	900.	1800.	3450.
1822	325.	485.	775.	1375.	2250.	4250.	5250.	9150.	15750.	——
1823/2 Large E reverse										
	22.50	30.00	40.00	85.00	275.	505.	650.	900.	2000.	3350.
1823/2 Small E reverse										
	22.50	30.00	40.00	85.00	275.	505.	650.	925.	3150.	7250.
1824/2	30.00	50.00	100.	300.	475.	1050.	1250.	1800.	5000.	——
1825	20.00	25.00	35.00	85.00	260.	490.	590.	850.	1850.	3350.
1827	20.00	25.00	35.00	85.00	260.	490.	590.	850.	1750.	3350.
Closed Collar Strikes										
1828 Lg. Date	65.00	90.00	165.	275.	575.	925.	1150.	2400.	3750.	——
1828 Sm. Date	25.00	40.00	65.00	150.	335.	600.	650.	1000.	2450.	3850.
1829 Curl Base 2										
	3850.	5750.	8000.	16000.	——	——	——	——	——	——
1829 Small 10c	20.00	25.00	40.00	75.00	200.	350.	475.	775.	1325.	2550.

—— = Insufficient pricing data

	G-4	VG-8	F-12	VF-20	EF-40	AU-50	AU-55	MS-60	MS-63	MS-64
1829 Med. 10c	20.00	25.00	40.00	75.00	200.	350.	550.	900.	1400.	2750.
1829 Large 10c	32.50	48.00	95.00	175.	400.	585.	750.	1000.	1750.	3500.
1830	18.00	20.00	25.00	60.00	175.	325.	380.	615.	1200.	2200.
1830/29	35.00	57.50	85.00	145.	350.	575.	675.	1200.	3500.	5250.
1831	18.00	20.00	25.00	52.50	175.	300.	410.	600.	1200.	2075.
1832	18.00	20.00	25.00	52.50	175.	300.	410.	615.	1200.	2100.
1833	18.00	20.00	25.00	52.50	175.	300.	410.	610.	1200.	2100.
1834	18.00	20.00	25.00	52.50	175.	300.	410.	610.	1200.	2100.
1835	18.00	20.00	25.00	52.50	175.	300.	410.	600.	1200.	2100.
1836	18.00	20.00	25.00	52.50	175.	300.	410.	625.	1250.	2250.
1837	18.00	20.00	25.00	52.50	175.	300.	410.	625.	1250.	2350.

Seated Liberty dime

Date of authorization:	April 2, 1792
Dates of issue:	1837-1891
Designer:	(1837-1840)
	Obverse: Thomas Sully-Christian Gobrecht
	Reverse: Christian Gobrecht
	(1840-1860)
	Obverse: John Hughes-Gobrecht-Sully
	Reverse: Christian Gobrecht
	(1860-1891)
	Obverse: James B. Longacre-Hughes-Gobrecht-Sully
	Reverse: James B. Longacre
Engraver:	(1837-1840): Christian Gobrecht
	(1840-1860): Christian Gobrecht
	(1860-1891): James B. Longacre
Diameter:	17.90 mm/0.71 inch
Weight:	(1837-1853): 2.67 grams/0.09 ounce
	(1853-1873): 2.49 grams/0.08 ounce
Metallic content::	90% silver, 10% copper
Weight of pure silver:	(1837-1853): 2.41 grams/0.08 ounce
	(1853-1873): 2.24 grams/0.07 ounce
Edge:	Reeded
Mint mark:	Reverse within or below wreath

	G-4	VG-8	F-12	VF-20	EF-40	AU-50	AU-55	MS-60	MS-63
NO STARS									
1837	27.50	35.00	70.00	250.	475.	675.	800.	1000.	1850.
1838-O	40.00	60.00	125.	350.	625.	1075.	1250.	2150.	6750.
NO DRAPERY									
1838 Sm Stars	18.00	27.50	47.50	72.50	155.	310.	350.	600.	1125.
1838 Lg Stars	12.00	15.00	20.00	30.00	60.00	150.	185.	285.	675.
1838 Partial Drapery	20.00	30.00	50.00	90.00	175.	275.	340.	425.	1325.
1839	12.00	15.00	18.00	27.50	55.00	145.	180.	270.	675.
1839-O Reverse of 1838	115.	200.	350.	475.	750.	——	——	——	——
1839-O	12.00	15.00	25.00	50.00	90.00	225.	375.	600.	1350.
1840	12.00	15.00	20.00	30.00	52.50	135.	180.	270.	675.
1840-O	15.00	20.00	30.00	60.00	100.	260.	400.	950.	2500.
DRAPERY									
1840	24.00	40.00	75.00	135.	265.	575.	800.	1750.	——
1841	10.50	12.50	16.50	25.00	55.00	130.	175.	270.	635.
1841-O Open Bud Reverse	10.00	12.50	20.00	37.50	85.00	215.	375.	900.	1950.
1842	10.50	12.50	15.00	21.00	37.00	120.	155.	265.	625.
1842-O	12.00	15.00	25.00	45.00	200.	1200.	1450.	2250.	4750.
1843	10.50	11.50	15.00	21.00	37.00	125.	170.	275.	750.
1843/1843	11.25	17.50	27.00	60.00	115.	185.	250.	375.	——
1843-O	32.50	50.00	130.	215.	500.	1200.	1800.	2700.	——
1844	150.	250.	375.	600.	975.	1900.	——	——	15000.
1845	10.50	11.50	14.50	22.00	37.00	110.	145.	225.	675.
1845/1845	11.50	20.00	37.00	50.00	150.	415.	——	——	——
1845-O	17.00	25.00	62.50	190.	600.	1500.	——	——	——
1846	60.00	95.00	165.	285.	775.	1750.	——	——	——
1847	11.50	17.00	35.00	60.00	120.	325.	385.	575.	1675.
1848	11.00	13.50	16.00	37.00	75.00	175.	285.	600.	1275.
1849	11.00	13.00	15.00	25.00	52.00	140.	190.	300.	1050.
1849-O	10.75	16.00	45.00	90.00	300.	775.	1500.	2500.	5500.
1850	10.50	11.50	14.00	21.00	37.00	115.	150.	225.	675.
1850-O	12.00	15.00	37.00	75.00	175.	325.	475.	1350.	2750.
1851	11.00	11.50	14.00	20.00	37.00	110.	180.	290.	900.
1851-O	12.00	15.00	27.00	75.00	200.	500.	800.	1750.	3150.
1852	10.50	11.50	14.00	21.00	37.00	105.	140.	230.	625.
1852-O	12.50	19.00	40.00	77.00	210.	475.	850.	1550.	2900.
1853	55.00	80.00	110.	160.	290.	450.	550.	775.	1425.
ARROWS AT DATE									
1853	10.00	11.50	12.50	16.00	38.00	120.	185.	275.	650.
1853-O	12.50	16.00	24.00	35.00	90.00	345.	500.	850.	2900.
1854	10.00	11.50	12.50	16.00	38.00	120.	195.	300.	750.
1854-O	11.00	12.50	15.00	25.00	65.00	175.	260.	450.	975.
1855	11.00	12.00	14.00	20.00	50.00	135.	215.	400.	850.
ARROWS REMOVED									
1856 Small Date	10.00	11.00	13.50	16.00	35.00	115.	150.	225.	675.
1856 Large Date	10.50	13.00	15.00	19.00	50.00	160.	195.	275.	700.
1856-O	10.50	11.50	16.00	25.00	75.00	210.	285.	600.	1600.

—— = Insufficient pricing data

	G-4	VG-8	F-12	VF-20	EF-40	AU-50	AU-55	MS-60	MS-63
1856-S	85.00	145.	225.	425.	750.	1750.	2350.	3500.	9250.
1857	10.00	11.50	13.50	15.00	35.00	100.	130.	230.	600.
1857-O	10.50	12.50	16.00	24.00	65.00	175.	225.	315.	975.
1858	10.00	11.00	13.50	15.00	35.00	100.	130.	225.	630.
1858-O	12.75	21.00	35.00	70.00	125.	350.	425.	675.	1500.
1858-S	75.00	140.	225.	375.	675.	1300.	1750.	2750.	10000.
1859	10.50	11.50	13.50	21.00	55.00	145.	180.	300.	600.
1859-O	11.00	15.00	25.00	37.00	80.00	185.	245.	315.	650.
1859-S	85.00	145.		425.	900.	1750.	2400.	——	——
1860-S	25.00	31.00	47.00	115.	275.	700.	1000.	2250.	5750.
LEGEND OBVERSE									
1860	10.00	11.50	14.00	20.00	37.00	70.00	85.00	150.	340.
1860-O	300.	475.	625.	1000.	2650.	5250.	6500.	10250.	26500.
1861	10.00	11.00	14.00	18.00	36.00	65.00	75.00	140.	325.
1861-S	55.00	90.00	145.	275.	475.	850.	1075.	2150.	——
1862	10.00	11.00	14.00	18.00	36.00	65.00	75.00	165.	335.
1862-S	31.00	47.50	77.50	165.	365.	685.	785.	1600.	3250.
1863	250.	360.	415.	565.	700.	775.	875.	1175.	1550.
1863-S	25.00	30.00	45.00	85.00	165.	550.	725.	1550.	2600.
1864	185.	300.	375.	475.	675.	750.	825.	925.	1250.
1864-S	23.00	28.00	40.00	80.00	160.	375.	590.	875.	1600.
1865	250.	370.	460.	560.	685.	800.	875.	925.	1150.
1865-S	23.00	30.00	50.00	95.00	260.	675.	1125.	2300.	6250.
1866	260.	385.	535.	685.	800.	950.	1050.	1175.	1450.
1866-S	23.00	28.50	47.50	100.	250.	475.	775.	1900.	——
1867	300.	475.	575.	675.	750.	1050.	1150.	1350.	1850.
1867-S	32.50	40.00	60.00	125.	225.	490.	900.	2200.	4500.
1868	10.25	13.00	20.00	32.50	60.00	135.	185.	350.	725.
1868-S	14.00	21.00	32.00	65.00	115.	210.	270.	665.	——
1869	13.00	20.00	28.00	50.00	105.	205.	265.	585.	1200.
1869-S	11.50	20.00	30.00	45.00	75.00	145.	210.	450.	1000.
1870	10.00	10.50	13.50	23.00	50.00	125.	150.	225.	525.
1870-S	190.	275.	340.	435.	585.	950.	1150.	1900.	2750.
1871	10.00	10.50	13.00	20.00	37.00	130.	180.	310.	675.
1871-CC	900.	1250.	1750.	3500.	7250.	12500.	20000.	——	——
1871-S	14.00	20.00	32.00	67.50	155.	350.	425.	685.	1500.
1872	10.00	10.50	13.00	18.00	34.00	90.00	115.	150.	305.
1872-CC	350.	575.	900.	1950.	3400.	7000.	13500.	26000.	——
1872-S	21.00	35.00	72.50	125.	225.	425.	600.	1050.	2500.
1873 Closed 3	10.25	14.00	20.00	30.00	40.00	85.00	110.	170.	340.
1873 Open 3	14.50	19.00	40.00	60.00	105.	210.	270.	550.	——
1873-CC No Arrows is unique;pedigreed as the Eliasberg/Bolen specimen it sold for $632,500 in April, 1999.									
ARROWS AT DATE									
1873	10.50	14.00	20.00	40.00	135.	235.	315.	425.	925.
1873 Doubled Die (Shield)	——	350.	500.	775.	1000.	——	——	——	——
1873-CC	750.	1100.	2200.	3500.	4850.	8250.	10500.	22500.	50000.
1873-S	15.00	22.50	30.00	60.00	175.	300.	450.	700.	2100.

—— = Insufficient pricing data

Legend obverse

	G-4	VG-8	F-12	VF-20	EF-40	AU-50	AU-55	MS-60	MS-63
1874	11.00	15.00	20.00	40.00	135.	260.	325.	440.	950.
1874-CC	2150.	4850.	6500.	10750.	18500.	24500.	27500.	37500.	——
1874-S	20.00	35.00	50.00	115.	275.	500.	600.	925.	2100.
ARROWS REMOVED									
1875	10.00	10.50	13.00	14.00	25.00	65.00	75.00	120.	195.
1875-CC	11.00	12.00	24.00	35.00	60.00	125.	170.	265.	575.
1875-CC in Wreath	10.50	11.50	14.00	24.00	39.00	70.00	105.	200.	360.
1875-S	10.00	10.50	13.00	14.50	20.00	65.00	75.00	130.	200.
1875-S S in Wreath	10.00	10.50	13.00	14.00	20.25	65.00	75.00	130.	200.
1876	10.00	10.50	13.00	14.00	20.00	65.00	75.00	130.	195.
1876-CC	10.50	11.50	14.00	16.00	32.50	67.50	97.50	200.	390.
1876-CC Doubled Die	15.00	30.00	50.00	85.00	225.	315.	390.	475.	1250.
1876-S	10.50	10.50	13.00	16.00	34.00	65.00	75.00	130.	215.
1877	10.00	10.50	13.00	14.00	20.00	65.00	75.00	120.	215.
1877-CC	10.50	11.00	13.50	17.50	30.00	65.00	75.00	155.	275.
1877-S	11.50	13.00	14.00	19.00	28.00	65.00	75.00	120.	300.
1878	10.50	11.00	14.50	16.00	24.50	65.00	75.00	185.	350.
1878-CC	45.00	62.50	100.	160.	240.	480.	515.	725.	1575.
1879	160.	200.	235.	280.	330.	435.	440.	500.	675.
1880	135.	175.	210.	240.	275.	350.	400.	455.	610.
1881	135.	175.	215.	275.	340.	375.	415.	460.	665.
1882	10.00	10.50	13.00	14.00	20.00	65.00	75.00	120.	195.
1883	10.00	10.50	13.00	14.00	20.00	65.00	75.00	120.	195.
1884	10.00	10.50	13.00	14.00	20.00	65.00	75.00	120.	195.
1884-S	14.00	18.00	24.00	35.00	85.00	225.	325.	635.	1350.
1885	10.00	10.50	13.00	14.00	20.00	65.00	75.00	120.	205.
1885-S	375.	475.	750.	1400.	2250.	3400.	4000.	5750.	9000.
1886	10.00	10.50	13.00	14.00	20.00	65.00	75.00	120.	195.
1886-S	35.00	42.50	55.00	85.00	115.	225.	270.	525.	1100.
1887	10.00	10.50	13.00	14.00	20.00	65.00	75.00	120.	195.
1887-S	10.00	10.50	13.00	16.00	24.00	65.00	75.00	135.	280.
1888	10.00	10.50	13.00	14.00	20.00	65.00	75.00	120.	205.
1888-S	10.00	10.50	13.00	15.00	32.00	85.00	115.	235.	460.
1889	10.00	10.50	13.00	14.00	20.00	65.00	75.00	120.	195.
1889-S	11.00	12.00	22.00	35.00	70.00	210.	265.	375.	1075.
1890	10.00	10.50	13.00	14.00	20.00	65.00	75.00	120.	195.
1890-S	12.00	17.00	25.00	39.00	60.00	150.	185.	325.	700.
1891	10.00	10.50	13.00	14.00	20.00	65.00	75.00	120.	195.
1891-O	10.50	11.00	13.50	15.00	25.00	65.00	80.00	135.	325.

—— = Insufficient pricing data

	G-4	VG-8	F-12	VF-20	EF-40	AU-50	AU-55	MS-60	MS-63
1891-O/Horizontal O	50.00	80.00	115.	165.	225.	425.	——	——	——
1891-S	10.00	10.50	13.00	16.50	30.00	70.00	85.00	155.	350.

Barber dime

Date of authorization: April 2, 1792
Dates of issue: 1892-1916
Designer: Obverse: Charles Barber
Reverse: James B. Longacre
Engraver: Charles Barber
Diameter: 17.91 mm/0.71 inch
Weight: 2.50 grams/0.08 ounce
Metallic content: 90% silver, 10% copper
Weight of pure silver: 2.25 grams/0.07 ounce
Edge: Reeded
Mint mark: Reverse within or below wreath

	G-4	VG-8	F-12	VF-20	EF-40	AU-50	MS-60	MS-63	MS-64	MS-65
1892	3.50	5.10	14.00	19.00	25.00	60.00	95.00	145.	235.	635.
1892-O	6.75	12.00	27.00	38.00	50.00	75.00	140.	290.	515.	1250.
1892-S	38.00	70.00	150.	180.	220.	250.	375.	750.	1550.	2300.
1893	6.00	11.00	18.00	25.00	37.00	60.00	105.	170.	275.	950.
1893/2	——	——	——	130.	275.	400.	550.	1350.	2200.	3550.
1893-O	17.00	33.00	100.	110.	140.	170.	265.	485.	1000.	2525.
1893-S	8.00	19.00	25.00	39.00	55.00	125.	250.	525.	1500.	3875.
1894	10.00	22.50	90.00	105.	125.	175.	275.	475.	750.	1300.
1894-O	38.00	77.50	165.	225.	325.	625.	1500.	2600.	4575.	10550.
1894-S (Proof only)	Prf-4 $40000,		Prf-60 $ 65000,		Prf-63 $125000,		Prf-65 $450000			
1895	65.00	115.	290.	400.	475.	525.	650.	1150.	1650.	2900.
1895-O	225.	315.	700.	975.	1850.	2600.	3250.	4750.	8750.	12500.
1895-S	26.00	42.50	95.00	140.	200.	285.	475.	1000.	3050.	7250.
1896	8.50	20.00	40.00	62.50	75.00	110.	175.	375.	750.	1450.
1896-O	50.00	100.	235.	300.	390.	575.	1050.	2250.	4800.	8500.
1896-S	58.00	90.00	200.	275.	350.	450.	675.	1650.	3250.	3750.
1897	2.50	3.50	6.50	10.00	25.00	55.00	100.	155.	275.	750.
1897-O	42.00	70.00	245.	315.	390.	505.	775.	1400.	2650.	4550.
1897-S	9.50	22.00	65.00	87.00	125.	225.	400.	1000.	2500.	4500.

—— = Insufficient pricing data

	G-4	VG-8	F-12	VF-20	EF-40	AU-50	MS-60	MS-63	MS-64	MS-65
1898	2.00	3.00	6.50	10.00	23.00	55.00	90.00	140.	275.	675.
1898-O	6.00	15.00	75.00	95.00	145.	230.	450.	1150.	2250.	3500.
1898-S	4.75	12.00	25.00	35.00	58.00	115.	285.	950.	2625.	4550.
1899	2.25	3.50	6.50	9.00	22.50	55.00	85.00	140.	300.	775.
1899-O	5.00	11.00	63.00	80.00	140.	235.	465.	1150.	2900.	5550.
1899-S	5.00	10.75	17.00	25.00	39.00	105.	290.	600.	1900.	3350.
1900	2.25	3.50	6.50	9.00	21.00	55.00	85.00	140.	275.	825.
1900-O	7.00	18.00	80.00	100.	225.	425.	750.	1400.	2750.	5750.
1900-S	2.75	4.00	9.75	13.00	24.00	75.00	190.	450.	760.	1700.
1901	1.75	2.25	5.00	8.50	20.50	50.00	85.00	140.	275.	750.
1901-O	3.00	5.25	12.00	19.00	45.00	125.	370.	1050.	1850.	3300.
1901-S	40.00	65.00	275.	345.	435.	650.	1025.	2050.	2850.	4250.
1902	1.75	2.25	5.00	7.50	20.50	50.00	85.00	140.	275.	675.
1902-O	2.90	7.00	14.00	25.00	46.00	140.	425.	825.	1800.	3450.
1902-S	7.00	12.00	45.00	70.00	110.	160.	350.	690.	1950.	3200.
1903	1.75	2.25	5.00	7.50	20.50	50.00	85.00	150.	300.	950.
1903-O	2.25	5.50	9.50	17.00	30.00	100.	250.	575.	1250.	4850.
1903-S	38.00	70.00	290.	450.	750.	850.	1250.	1750.	2175.	4000.
1904	1.75	2.50	5.50	10.00	20.50	55.00	85.00	200.	525.	1700.
1904-S	25.00	42.50	150.	185.	275.	440.	785.	1350.	2650.	4550.
1905	1.75	2.50	5.00	7.50	20.00	50.00	85.00	140.	275.	675.
1905-O	3.00	6.00	32.00	45.00	65.00	120.	225.	500.	900.	2125.
1905-O Micro O	18.00	35.00	65.00	92.00	150.	300.	850.	1650.	2850.	5300.
1905-S	2.25	5.00	8.00	13.00	32.00	80.00	165.	315.	600.	1250.
1906	1.75	2.50	4.50	7.50	20.00	50.00	85.00	140.	275.	650.
1906-D	3.00	4.75	10.00	15.50	31.00	75.00	160.	285.	925.	2150.
1906-O	5.00	10.50	45.00	60.00	90.00	125.	210.	325.	500.	1200.
1906-S	2.75	6.00	11.00	19.00	40.00	90.00	240.	365.	800.	1400.
1907	1.75	2.50	4.25	7.50	20.00	50.00	85.00	155.	275.	650.
1907-D	3.00	5.00	9.00	16.00	40.00	95.00	235.	775.	1700.	3800.
1907-O	2.00	3.50	32.00	45.00	55.00	80.00	190.	330.	675.	1325.
1907-S	2.75	6.00	9.50	19.00	43.00	100.	300.	800.	1575.	2200.
1908	1.75	2.50	4.00	7.50	20.00	50.00	85.00	140.	275.	650.
1908-D	1.85	3.00	7.50	12.00	32.00	60.00	120.	200.	425.	1125.
1908-O	4.00	12.50	45.00	60.00	80.00	160.	290.	475.	700.	1950.
1908-S	2.75	5.00	9.00	16.00	35.00	140.	265.	535.	1425.	2700.
1909	1.75	2.25	4.00	7.50	20.00	50.00	85.00	150.	275.	650.
1909-D	5.00	15.00	60.00	90.00	120.	235.	475.	1075.	1450.	3150.
1909-O	2.75	5.00	9.00	18.00	30.00	85.00	170.	460.	700.	1300.
1909-S	4.00	14.00	80.00	110.	155.	285.	575.	1350.	1900.	2700.
1910	1.75	2.50	7.00	10.00	20.00	55.00	85.00	140.	275.	650.
1910-D	2.50	5.00	8.00	17.00	42.00	95.00	185.	490.	675.	1725.
1910-S	3.25	10.00	52.00	70.00	105.	175.	275.	700.	1250.	2100.
1911	1.75	2.25	4.00	7.50	20.00	50.00	85.00	140.	275.	625.
1911-D	1.75	2.25	4.50	8.00	21.00	55.00	95.00	170.	275.	675.
1911-S	2.00	3.25	9.00	16.00	35.00	83.00	135.	240.	600.	1050.
1912	1.75	2.25	4.00	7.75	21.00	50.00	85.00	140.	275.	675.

	G-4	VG-8	F-12	VF-20	EF-40	AU-50	MS-60	MS-63	MS-64	MS-65
1912-D	1.75	2.25	4.25	8.00	20.50	50.00	90.00	150.	275.	700.
1912-S	1.75	3.00	8.00	13.00	33.00	85.00	175.	315.	525.	1300.
1913	1.75	2.25	4.00	7.50	20.00	50.00	85.00	140.	275.	650.
1913-S	8.00	17.50	80.00	115.	190.	275.	400.	650.	850.	1200.
1914	1.75	2.25	4.00	7.50	20.00	50.00	85.00	140.	275.	650.
1914-D	1.75	2.25	4.00	7.75	21.00	55.00	90.00	155.	280.	650.
1914-S	2.00	3.00	9.00	15.00	34.00	70.00	125.	350.	600.	1350.
1915	1.75	2.25	4.00	8.25	20.00	50.00	85.00	140.	275.	675.
1915-S	2.30	6.00	28.00	40.00	60.00	130.	250.	475.	640.	1600.
1916	1.75	2.25	4.00	7.75	20.00	50.00	85.00	140.	250.	625.
1916-S	2.00	2.75	5.75	8.00	21.00	55.00	90.00	165.	300.	825.

Winged Liberty Head dime

"Mercury dime"

Date of authorization: April 2, 1792
Dates of issue: 1916-1945
Designer: Adolph Weinman
Engraver: Charles Barber
Diameter: 17.91 mm/0.71 inch
Weight: 2.50 grams/0..08 ounce
Metallic content: 90% silver, 10% copper
Weight of pure silver: 2.25 grams/0.07 ounce
Edge: Reeded
Mint mark: Reverse left of base of fasces (bundle of rods)

NOTE: B refers to Full Split Bands on the fasces on the reverse.

WINGED LIBERTY HEAD DIME (CONTINUED)

	VG-8	F-12	VF-20	EF-40	AU-50	MS-60	MS-62	MS-63	MS-64	MS-64B	MS-65	MS-65B
1916	4.00	5.25	6.00	9.00	20.00	26.00	30.00	40.00	46.00	55.00	85.00	115.
1916-D	750.	1250.	1500.	2500.	3950.	4750.	5000.	5500.	6250.	15000.	15500.	38500.
1916-S	4.00	6.75	8.00	16.00	20.00	35.00	40.00	60.00	80.00	150.	225.	575.
1917	1.70	2.60	4.50	7.50	13.00	23.00	29.00	55.00	77.50	95.00	140.	390.
1917-D	5.00	9.00	18.00	37.00	80.00	135.	245.	350.	475.	1150.	1350.	6000.
1917-S	2.25	3.25	5.00	9.00	26.00	55.00	75.00	150.	210.	365.	465.	1050.
1918	2.50	5.25	9.50	26.00	38.00	67.50	80.00	95.00	130.	225.	350.	1050.
1918-D	2.75	4.25	9.50	20.00	39.00	95.00	130.	215.	365.	2800.	725.	42500.
1918-S	2.35	4.00	7.25	14.00	30.00	80.00	140.	250.	375.	2300.	600.	7000.
1919	1.95	3.00	5.00	10.00	21.00	30.00	37.50	95.00	125.	185.	300.	675.
1919-D	5.00	9.25	18.00	32.50	68.00	190.	250.	400.	625.	2650.	1600.	—
1919-S	3.25	7.00	12.00	30.00	65.00	175.	225.	400.	700.	3500.	850.	11500.
1920	1.80	2.50	4.00	7.00	14.00	24.00	30.00	70.00	95.00	120.	225.	500.
1920-D	2.40	3.50	6.75	15.00	40.00	100.	165.	350.	390.	775.	750.	4500.
1920-S	2.25	4.00	7.00	14.75	34.00	100.	135.	315.	515.	2000.	1350.	9250.
1921	45.00	75.00	200.	440.	685.	900.	1100.	1300.	1525.	2200.	2900.	3850.
1921-D	70.00	110.	230.	460.	750.	1000.	1250.	1475.	1850.	2300.	2900.	4850.
1923	1.75	2.50	3.75	6.00	13.00	27.00	30.00	38.00	45.00	65.00	100.	275.
1923-S	2.35	2.50	10.00	50.00	85.00	160.	225.	375.	775.	1550.	1500.	6500.
1924	1.60	2.50	5.00	12.00	23.00	35.00	45.00	80.00	105.	150.	185.	545.
1924-D	3.50	5.00	11.00	42.00	90.00	140.	185.	325.	565.	750.	1050.	1400.
1924-S	2.25	3.25	9.00	40.00	88.00	140.	225.	450.	625.	2750.	1025.	12500.
1925	1.60	2.50	5.00	7.00	18.00	29.00	34.00	75.00	110.	200.	200.	850.
1925-D	3.75	10.00	30.00	95.00	180.	375.	450.	650.	900.	1350.	1600.	2950.
1925-S	2.25	4.50	10.50	55.00	85.00	165.	240.	525.	800.	1200.	1700.	4500.
1926	1.50	2.00	3.50	4.75	12.50	24.00	30.00	58.00	105.	130.	265.	575.
1926-D	2.00	3.75	7.00	20.00	39.00	95.00	125.	225.	300.	475.	550.	2750.
1926-S	7.00	17.50	40.00	180.	400.	775.	950.	1300.	1500.	2350.	2950.	6250.

—— = Insufficient pricing data

WINGED LIBERTY HEAD DIME (CONTINUED)

	VG-8	F-12	VF-20	EF-40	AU-50	MS-60	MS-62	MS-63	MS-64	MS-64B	MS-65	MS-65B
1927	1.55	2.25	3.50	5.00	11.00	22.00	30.00	45.00	77.00	105.	165.	400.
1927-D	4.00	5.50	18.00	55.00	95.00	185.	250.	335.	475.	1500.	1375.	8000.
1927-S	2.75	4.00	7.00	21.00	48.00	235.	300.	485.	725.	1650.	1750.	7000.
1928	1.45	2.10	3.50	5.00	15.00	25.00	30.00	45.00	55.00	90.00	140.	350.
1928-D	3.65	7.00	18.00	40.00	80.00	135.	160.	295.	400.	700.	800.	2800.
1928-S	2.00	2.75	5.25	15.00	35.00	90.00	135.	225.	290.	600.	475.	1825.
1929	1.45	2.25	3.30	4.25	10.00	19.00	22.00	30.00	36.00	50.00	60.00	250.
1929-D	2.75	3.75	7.00	13.50	21.00	25.00	30.00	37.50	42.50	60.00	80.00	240.
1929-S	1.75	2.50	3.75	6.50	20.00	37.50	40.00	50.00	65.00	125.	130.	525.
1930	1.70	2.25	3.50	6.00	13.00	25.00	30.00	45.00	50.00	100.	145.	550.
1930-S	3.00	4.25	5.75	12.00	38.00	65.00	72.50	90.00	95.00	160.	155.	550.
1931	2.25	3.00	4.00	9.00	20.00	35.00	40.00	55.00	75.00	150.	140.	800.
1931-D	5.50	8.75	16.00	30.00	45.00	80.00	85.00	95.00	110.	160.	210.	325.
1931-S	2.35	3.50	6.00	12.00	33.00	70.00	80.00	100.	130.	—	210.	1775.
1934	0.80	1.25	2.25	4.00	7.00	14.00	15.50	17.50	21.00	35.00	41.00	145.
1934-D	1.30	2.75	6.00	11.00	21.00	33.00	36.00	40.00	50.00	90.00	75.00	350.
1935	0.80	1.00	1.35	2.50	5.00	8.00	10.00	15.00	24.00	35.00	40.00	70.00
1935-D	1.25	2.25	5.00	10.00	19.50	29.00	32.00	40.00	42.50	150.	65.00	550.
1935-S	1.00	1.25	1.85	3.25	9.00	20.00	22.50	25.00	27.50	100.	37.50	500.
1936	0.75	1.00	1.35	2.00	3.25	8.00	9.00	15.00	20.00	40.00	27.50	85.00
1936-D	1.05	1.45	3.00	6.00	12.00	20.00	23.00	25.00	32.00	75.00	42.00	325.
1936-S	0.95	1.10	1.80	3.50	9.00	15.00	16.00	18.00	23.00	35.00	30.00	75.00
1937	0.75	1.00	1.35	1.95	4.00	8.00	9.00	12.00	15.00	25.00	25.00	38.50
1937-D	0.95	1.25	2.00	4.00	8.00	18.00	19.00	22.50	27.00	35.00	45.00	110.
1937-S	0.95	1.25	2.25	3.00	7.00	16.00	17.00	25.00	29.00	60.00	35.00	180.
1938	0.75	0.95	1.30	2.50	6.00	10.00	11.00	12.50	16.50	25.00	23.50	75.00
1938-D	1.50	1.75	2.25	4.50	9.00	12.50	13.00	16.00	18.00	25.00	30.00	60.00
1938-S	1.00	1.20	1.75	3.00	6.00	13.50	14.50	18.00	27.00	35.00	33.00	135.
1939	0.75	1.00	1.30	1.95	3.00	8.00	9.75	12.00	17.00	40.00	27.50	170.

WINGED LIBERTY HEAD DIME (CONTINUED)

	VG-8	F-12	VF-20	EF-40	AU-50	MS-60	MS-62	MS-63	MS-64	MS-64B	MS-65	MS-65B
1939-D	0.95	1.10	1.50	2.00	4.00	7.00	8.50	10.00	17.00	25.00	25.00	40.00
1939-S	1.25	1.50	2.00	4.00	9.00	19.00	22.00	27.00	35.00	140.	40.00	575.
1940	0.75	0.85	1.00	1.95	2.75	5.50	8.75	10.00	17.00	25.00	27.50	50.00
1940-D	0.75	0.95	1.25	2.50	5.00	6.75	8.75	11.00	20.00	19.00	27.50	50.00
1940-S	0.75	0.95	1.25	1.75	3.00	7.00	8.75	12.00	16.00	25.00	26.00	100.
1941	0.75	0.85	1.00	1.50	2.00	5.50	7.00	9.00	13.50	20.00	21.00	40.00
1941-D	0.75	0.95	1.25	1.85	4.00	7.00	8.50	11.00	15.00	20.00	25.00	42.00
1941-S	0.75	0.95	1.25	1.85	2.50	9.00	10.50	12.50	16.00	20.00	25.00	45.00
1942/1	275.	320.	360.	450.	600.	1450.	1900.	3300.	4850.	6000.	6850.	25000.
1942/1-D	275.	350.	400.	550.	975.	1750.	2050.	2850.	4000.	5000.	5750.	17500.
1942	0.75	0.85	1.00	1.50	2.00	5.50	6.75	9.00	12.50	20.00	20.00	45.00
1942-D	0.75	0.95	1.25	1.85	2.75	7.00	8.50	12.00	16.00	20.00	25.00	35.00
1942-S	0.75	0.95	1.35	2.00	2.50	9.00	10.50	13.00	20.00	40.00	27.50	125.
1943	0.75	0.85	1.00	1.50	2.25	5.50	6.75	9.00	12.50	20.00	20.00	50.00
1943-D	0.75	0.95	1.25	1.85	2.50	7.00	8.25	10.50	13.00	20.00	25.00	37.50
1943-S	0.75	0.95	1.25	1.85	2.75	9.00	10.25	12.00	17.00	20.00	24.00	75.00
1944	0.75	0.85	1.00	1.25	2.00	5.00	6.75	11.00	13.00	20.00	20.00	85.00
1944-D	0.75	0.95	1.25	1.85	2.50	7.00	8.75	12.00	13.50	20.00	24.00	40.00
1944-S	0.75	0.95	1.25	1.75	2.25	7.50	9.25	11.50	20.00	30.00	25.00	50.00
1945	0.75	0.85	1.00	1.25	2.25	5.50	7.00	10.00	15.00	1400.	24.00	7150.
1945-D	0.75	0.95	1.25	2.00	3.50	7.00	8.75	10.00	17.00	20.00	24.00	40.00
1945-S	0.75	0.95	1.25	1.90	2.50	7.00	9.00	13.00	18.00	27.50	27.50	125.
1945-S Micro S	1.25	1.50	2.50	5.00	15.00	19.50	21.00	26.50	30.00	140.	57.00	625.

Roosevelt dime

Date of authorization: April 2, 1792; July 23, 1965
Dates of issue: 1946-present
Designer/Engraver: John R. Sinnock
Diameter: 17.91 mm/0.71 inch
Weight: (1946-1964, 1992-present silver Proofs only): 2.50 grams/0.08 ounce
(1965-present): 2.27 grams/0.07 ounce
Metallic content: (1946-1964, 1992-present silver Proofs only): 90% silver, 10% copper
(1965-present): 75% copper, 25% nickel clad to pure copper core
Weight of pure silver: (1946-1964, 1992-present silver Proofs only) 2.25 grams/0.07 ounce
Edge: Reeded
Mint mark: (1946-1964): Reverse left of base of torch
(1968-present): Obverse above date

	AU-50	MS-60	MS-63	MS-65		AU-50	MS-60	MS-63	MS-65
1946	0.70	1.00	1.75	4.75	1953	0.95	1.10	2.00	5.00
1946-D	0.70	1.10	1.75	7.00	1953-D	0.70	0.90	2.00	5.00
1946-S	1.25	1.50	3.00	12.50	1953-S	0.60	0.75	1.50	4.00
1947	0.90	1.40	1.75	4.50	1954	0.58	0.60	1.00	3.35
1947-D	1.75	2.20	4.00	12.00	1954-D	0.58	0.60	1.00	3.20
1947-S	1.25	1.75	3.00	15.00	1954-S	0.65	0.70	1.50	3.20
1948	1.55	4.00	5.50	14.00	1955	0.75	0.80	1.00	5.00
1948-D	2.00	2.50	4.00	10.00	1955-D	0.68	0.70	1.00	3.40
1948-S	1.25	1.90	5.00	10.00	1955-S	0.68	0.70	1.00	4.75
1949	4.00	9.00	15.00	30.00	1956	0.60	0.63	1.00	2.90
1949-D	3.25	3.75	7.00	15.00	1956-D	0.62	0.65	1.00	2.80
1949-S	6.25	15.00	25.00	40.00	1957	0.60	0.63	1.00	2.90
1950	1.40	1.90	6.00	12.00	1957-D	0.65	0.70	1.50	3.85
1950-D	1.00	3.00	5.00	10.00	1958	0.62	0.65	1.00	4.00
1950-S	6.00	9.50	17.50	30.00	1958-D	0.58	0.60	1.00	3.75
1951	0.75	1.30	2.50	5.00	1959	0.58	0.60	1.00	2.60
1951-D	0.85	1.40	2.50	5.00	1959-D	0.62	0.65	1.00	3.00
1951-S	3.50	5.25	10.00	20.00	1960	0.55	0.60	1.00	2.55
1952	0.85	1.75	2.25	4.00	1960-D	0.55	0.60	1.00	2.55
1952-D	0.80	1.00	2.00	4.25	1961	0.55	0.60	1.00	2.30
1952-S	1.50	3.75	6.00	12.00	1961-D	0.55	0.60	1.00	2.30

	AU-50	MS-60	MS-63	MS-65		AU-50	MS-60	MS-63	MS-65
1962	0.55	0.60	1.00	2.30	1963-D	0.55	0.60	1.00	2.25
1962-D	0.55	0.60	1.00	2.75	1964	0.55	0.60	0.90	2.25
1963	0.55	0.60	1.00	2.25	1964-D	0.55	0.60	0.90	2.25

	MS-63	MS-65		MS-63	MS-65
COPPER-NICKEL CLAD			1985-P	0.60	0.65
1965	0.40	0.70	1985-D	0.50	0.65
1966	0.40	0.70	1986-P	0.75	1.00
1967	0.40	0.70	1986-D	0.75	1.00
1968	0.40	0.70	1987-P	0.35	0.50
1968-D	0.40	0.70	1987-D	0.35	0.50
1969	0.75	1.50	1988-P	0.40	0.50
1969-D	0.40	0.65	1988-D	0.35	0.50
1970	0.40	0.65	1989-P	0.35	0.55
1970-D	0.40	0.65	1989-D	0.35	0.50
1971	0.45	0.75	1990-P	0.35	0.60
1971-D	0.40	0.65	1990-D	0.35	0.50
1972	0.40	0.70	1991-P	0.35	0.60
1972-D	0.40	0.65	1991-D	0.35	0.65
1973	0.40	0.65	1992-P	0.35	0.50
1973-D	0.40	0.65	1992-D	0.35	0.55
1974	0.40	0.65	1993-P	0.35	0.55
1974-D	0.40	0.65	1993-D	0.35	0.55
1975	0.45	0.70	1994-P	0.35	0.50
1975-D	0.40	0.65	1994-D	0.35	0.50
1976	0.55	1.00	1995-P	0.35	0.50
1976-D	0.55	1.00	1995-D	0.35	0.50
1977	0.35	0.65	1996-P	0.35	0.50
1977-D	0.35	0.70	1996-W	10.00	20.00
1978	0.35	0.65	1996-D	0.35	0.50
1978-D	0.35	0.70	1997-P	0.35	0.50
1979	0.35	0.65	1997-D	0.35	0.50
1979-D	0.35	0.65	1998-P	0.35	0.50
1980-P	0.35	0.50	1998-D	0.35	0.50
1980-D	0.35	0.50	1999-P	0.35	0.50
1981-P	0.35	0.50	1999-D	0.35	0.50
1981-D	0.35	0.50	2000-P	0.35	0.50
1982 No Mintmark, Strong Strike	125.	200.	2000-D	0.35	0.50
1982-P	2.00	4.00	2001-P	0.35	0.50
1982-D	0.55	1.25	2001-D	0.35	0.50
1983-P	1.25	2.50			
1983-D	0.95	1.25			
1984-P	0.50	0.60			
1984-D	0.55	1.00			

Seated Liberty 20 cents

Date of authorization: March 3, 1875
Dates of issue: 1875-1876
Designers: Obverse: Thomas Sully-Christian Gobrecht-John Hughes-William Barber
Reverse: William Barber
Engraver: William Barber
Diameter: 22.50 mm/0.89 inch
Weight: 5.00 grams/0.16 ounce
Metallic content: 90% silver, 10% copper
Weight of pure silver: 4.50 grams/0.14 ounce
Edge: Plain
Mint mark: Reverse below eagle

	F-12	VF-20	EF-40	AU-50	MS-60	MS-62	MS-63	MS-64	MS-65
1875	75.00	100.	185.	325.	540.	800.	1175.	1950.	5000.
1875-CC	90.00	155.	210.	450.	725.	900.	1500.	3350.	8500.
1875-S	70.00	100.	160.	275.	460.	750.	1050.	1625.	4500.
1876	140.	200.	330.	450.	640.	925.	1250.	2000.	4750.
1876-CC Eliasberg sale - April 1997, Cataloged as MS-65 $148,500									
1877 Proofs only	1450.	1600.	1750.	1900.	2000.	2200.	2600.	3450.	8750.
1878 Proofs only	1200.	1300.	1400.	1550.	1625.	1750.	2100.	3450.	8750.

Draped Bust quarter dollar

Small Eagle

Heraldic Eagle

Date of authorization: April 2, 1792
Dates of issue: 1796, 1804-1807
Designers: Obverse: Gilbert Stuart-Robert Scot
Reverse:
(1796): Robert Scot-John Eckstein
(1804-1807): Robert Scot
Engraver: Robert Scot
Diameter: 27 mm/1.07 inches
Weight: 6.74 grams/0.22 ounce
Metallic content: 89.25% silver, 10.75% copper
Weight of pure silver: 6.02 grams/0.19 ounce
Edge: Reeded
Mint Mark: None

	G-4	VG-8	F-12	VF-20	EF-40	AU-50	AU-55	MS-60	MS-62	MS-63
SMALL EAGLE										
1796	4250.	6250.	8250.	9750.	14000.	16750.	19500.	24500.	28750.	40000.
HERALDIC EAGLE										
1804 Browning 1	1200.	1500.	2250.	3750.	7750.	16000.	20000.	32500.	47500.	75000.
1804 Br-2	—	—	—	—	—	—	—	—	—	—
1805	180.	265.	400.	700.	1550.	2350.	3250.	5850.	8500.	12000.
1806/5 Br-1	180.	255.	410.	825.	1850.	3250.	4750.	7000.	10500.	18750.
1806	175.	245.	365.	675.	1500.	2150.	2600.	3900.	4500.	7500.
1807 Br-2	175.	245.	360.	690.	1475.	2100.	2550.	3850.	4750.	7500.

Capped Bust quarter dollar

Date of authorization: April 2, 1792
Dates of issue: 1815-1838
Designer/Engraver: John Reich
Diameter: 1815-1828: 27.00mm/1.07 inches
1831-1838: 24.26mm/0.96 inch
Weight: 6.74 grams/0.22 ounce
Metallic content: 89.25% silver, 10.75% copper
Weight of pure silver: 6.02 grams/0.19 ounce
Edge: Reeded
Mint mark: None

	G-4	VG-8	F-12	VF-20	EF-40	AU-50	AU-55	MS-60	MS-62	MS-63
MOTTO, Open Collar Strike										
1815	57.50	75.00	110.	280.	685.	1050.	1450.	2100.	2350.	3825.
1818/5 Br-1	50.00	93.00	125.	315.	700.	1125.	1600.	2250.	2500.	4250.
1818	48.00	65.00	100.	280.	660.	1000.	1350.	1950.	2250.	3825.
1819 Br-3	48.00	60.00	100.	265.	660.	1000.	1400.	1950.	2450.	4700.
1820 Small O Br-4	48.00	65.00	100.	280.	675.	1050.	1500.	2200.	2750.	5000.
1820 Large O	48.00	60.00	100.	275.	650.	975.	1400.	1950.	2550.	4650.
1821 Br-3	48.00	60.00	100.	265.	650.	975.	1325.	1950.	2300.	3825.
1822	60.00	100.	140.	325.	815.	1600.	2300.	2550.	2900.	4900.
1822 25/50c	1650.	3250.	4100.	5250.	8500.	15000.	—	25000.	—	—
1823/2	9250.	13500.	18000.	22500.	32500.	50000.	75000.	—	—	—
1824/2	75.00	115.	225.	525.	1325.	2150.	2800.	6000.	—	—
1825/2	145.	185.	300.	550.	1100.	1900.	2500.	3750.	—	6500.
1825 Various Overdates 5/?	48.00	60.00	90.00	250.	640.	950.	1350.	2100.	2400.	3775.
1827/3 Originals and Restrikes: Original VF-20/30 $40000; Prf-60 $58500; Prf-64 $120000; Restrike Prf-62 $46000; Prf-63 $47500; Prf-65 $100000.										
1828 Br-1	48.00	60.00	90.00	250.	640.	1100.	1375.	2150.	2450.	4000.
1828 25/50c Br-3	140.	280.	400.	850.	1550.	3600.	—	8500.	13000.	—
NO MOTTO, Closed Collar Strike										
1831	45.00	52.50	60.00	90.00	225.	525.	625.	800.	1100.	2150.
1832	45.00	52.50	60.00	90.00	225.	525.	650.	925.	1450.	2500.
1833	48.00	57.50	72.50	115.	280.	725.	900.	1350.	1800.	3350.
1834	45.00	52.50	60.00	90.00	225.	525.	625.	800.	1150.	2150.

—— = Insufficient pricing data

	G-4	VG-8	F-12	VF-20	EF-40	AU-50	AU-55	MS-60	MS-62	MS-63
1835	45.00	52.50	60.00	90.00	225.	525.	625.	775.	1150.	2150.
1836	45.00	52.50	60.00	90.00	225.	550.	725.	1200.	1800.	3250.
1837	45.00	52.50	60.00	90.00	225.	550.	650.	825.	1175.	2150.
1838	45.00	52.50	60.00	90.00	225.	525.	625.	850.	1250.	2200.

Seated Liberty quarter dollar

Date of authorization:	April 2, 1792
Dates of issue:	1838-1891
Designers:	(1838-1840):
	Obverse: Thomas Sully-Christian Gobrecht
	Reverse: John Reich-William Kneass-Gobrecht-Sully
	(1840-1891):
	Obverse: Robert B. Hughes-Gobrecht-Sully
	Reverse: Hughes-Gobrecht-Sully
Engravers:	Obverse: Christian Gobrecht
	Reverse:
	(1838-1853): Christian Gobrecht
	(1853-1891): James B. Longacre
	Diameter: 24.26 mm/0.96 inch
Weight:	(1838-1873): 6.22 grams/0.20 ounce
	(1873-1891): 6.25 grams/0.20 ounce
Metallic content:	90% silver, 10% copper
Weight of pure silver:	(1838-1873): 5.60 grams/0.18 ounce
	(1873-1891): 5.63 grams/0.18 ounce
Edge:	Reeded
Mint mark:	Reverse below eagle

	G-4	VG-8	F-12	VF-20	EF-40	AU-50	AU-55	MS-60	MS-62	MS-63
NO DRAPERY AT ELBOW										
1838	18.00	25.00	30.00	75.00	265.	485.	635.	975.	1950.	3400.
1839	18.00	25.00	30.00	67.50	250.	460.	625.	1000.	2000.	3650.

—— = Insufficient pricing data

	G-4	VG-8	F-12	VF-20	EF-40	AU-50	AU-55	MS-60	MS-62	MS-63
1840-O	22.50	30.00	40.00	100.	325.	550.	750.	1200.	2150.	4100.
DRAPERY AT ELBOW										
1840	19.00	29.00	45.00	80.00	180.	340.	500.	900.	1400.	3050.
1840-O Sm. O	23.00	37.00	57.50	125.	250.	525.	625.	1050.	2150.	3250.
1840-O Lg. O	300.	360.	600.	1100.	——	——	——	——	——	——
1841	44.50	57.50	87.50	140.	255.	435.	525.	1050.	1375.	2200.
1841-O	18.00	23.00	40.00	70.00	150.	285.	375.	600.	825.	1650.
1842 Small Date Proofs only										
	——	——	——	——	——	——	25000.	——	50000.
1842 Lg. Date	70.00	97.50	175.	250.	375.	875.	1250.	2800.	3250.	4500.
1842-O Sm. Date	400.	600.	1150.	2000.	4750.	7500.	——	16500.	——	——
1842-O Lg. Date	18.00	25.00	42.50	70.00	175.	585.	775.	1950.	3750.	4500.
1843	14.00	18.00	25.00	35.00	62.50	175.	230.	425.	575.	1075.
1843-O Sm. O	20.00	26.50	50.00	100.	235.	800.	1550.	2250.	4000.	——
1843-O Lg. O	75.00	110.	200.	400.	800.	——	——	——	——	——
1844	14.00	18.00	25.00	35.00	65.00	185.	220.	475.	540.	1200.
1844-O	15.75	20.00	35.00	60.00	145.	325.	550.	1600.	2500.	4000.
1845	14.00	18.00	25.00	35.00	75.00	200.	240.	490.	675.	1200.
1845/5	17.25	22.50	30.00	55.00	115.	265.	325.	725.	——	——
1846	14.50	18.00	27.00	35.00	67.50	190.	235.	480.	775.	1275.
1846/1846	15.75	20.00	35.00	57.50	155.	325.	500.	——	——	——
1847	14.00	18.00	25.00	32.50	65.00	185.	220.	450.	540.	1050.
1847/7	16.00	25.00	50.00	62.50	125.	285.	475.	——	——	——
1847-O	22.50	40.00	57.50	97.50	315.	625.	1450.	2850.	4500.	6250.
1848 (triple date)										
	25.00	37.50	82.50	140.	210.	400.	550.	1050.	1550.	2850.
1848/1848	40.00	55.00	87.50	170.	235.	590.	1150.	——	——	——
1849	18.00	25.00	37.50	67.50	135.	300.	485.	775.	1150.	——
1849-O	350.	525.	875.	1500.	2800.	5250.	6250.	7500.	11500.	——
1850	22.50	35.00	60.00	82.50	165.	330.	550.	875.	1500.	2400.
1850-O	17.75	27.00	55.00	85.00	200.	450.	825.	1250.	1975.	3150.
1851	32.50	45.00	80.00	125.	190.	315.	415.	800.	1375.	1825.
1851-O	150.	250.	390.	625.	1400.	2650.	3800.	5050.	5850.	——
1852	31.50	42.50	80.00	135.	200.	360.	435.	875.	1000.	1400.
1852-O	175.	245.	400.	725.	1400.	3250.	4500.	7000.	10000.	19000.
1853/53 Recut Date										
	195.	285.	425.	600.	950.	1875.	2250.	2750.	4000.	5500.
ARROWS AND RAYS										
1853	14.00	18.00	25.00	37.00	125.	275.	375.	750.	1125.	2025.
1853/4	35.00	52.50	145.	200.	450.	800.	1250.	2150.	3250.	5500.
1853-O	18.00	25.00	47.50	90.00	300.	1050.	1800.	2400.	3500.	7250.
1853-O/Horizontal O										
	27.50	40.00	75.00	150.	400.	1800.	——	——	——	——
ARROWS, NO RAYS										
1854	14.00	16.00	25.00	32.50	75.00	200.	285.	450.	680.	1150.
1854-O Lg. O	15.00	20.00	30.00	50.00	115.	305.	550.	975.	1400.	1800.
1854-O Huge O	90.00	125.	190.	350.	750.	——	6000.	——	——	——

—— = Insufficient pricing data

SEATED LIBERTY QUARTER DOLLAR (CONTINUED)

	G-4	VG-8	F-12	VF-20	EF-40	AU-50	AU-55	MS-60	MS-62	MS-63
1855	14.00	18.00	25.00	30.00	75.00	215.	285.	550.	750.	1175.
1855-O	32.50	50.00	100.	250.	500.	1200.	2050.	2950.	4100.	8000.
1855-S	30.00	34.00	65.00	140.	425.	1000.	1450.	1950.	3250.	5500.
NO ARROWS										
1856	14.00	18.00	25.00	30.00	50.00	110.	175.	290.	410.	625.
1856-O	15.00	20.00	25.00	45.00	100.	375.	550.	1200.	——	2250.
1856-S	35.00	52.50	85.00	185.	435.	1025.	2500.	3250.	——	7500.
1856-S/ Sm. S	42.50	65.00	135.	275.	775.	1600.	——	——	——	——
1857	14.00	18.00	25.00	30.00	55.00	120.	165.	280.	410.	550.
1857-O	15.00	20.00	30.00	45.00	75.00	250.	525.	1100.	1600.	2850.
1857-S	60.00	115.	205.	325.	505.	1150.	1900.	2900.	4250.	6500.
1858	14.00	18.00	25.00	30.00	55.00	140.	185.	285.	430.	525.
1858-O	16.75	22.00	32.00	52.50	115.	445.	625.	1425.	2500.	4200.
1858-S	50.00	100.	165.	250.	550.	1500.	2650.	5500.	——	——
1859	14.00	18.00	25.00	35.00	65.00	145.	200.	375.	750.	1200.
1859-O	17.50	24.50	35.00	52.50	110.	375.	650.	1450.	2600.	——
1859-S	85.00	125.	210.	375.	1250.	3100.	7000.	——	——	——
1860	14.00	18.00	25.00	35.00	62.50	150.	210.	385.	525.	825.
1860-O	16.25	21.00	36.00	47.50	100.	350.	500.	1050.	1250.	2200.
1860-S	170.	315.	425.	900.	4250.	10000.	——	——	——	——
1861	14.00	18.00	25.00	32.50	55.00	120.	165.	290.	400.	550.
1861-S	55.00	80.00	225.	350.	800.	3250.	——	——	——	——
1862	14.00	18.00	27.50	35.00	57.50	140.	200.	375.	455.	575.
1862-S	50.00	77.50	175.	250.	490.	975.	1650.	2750.	3250.	6000.
1863	28.50	40.00	52.50	72.50	170.	285.	375.	750.	850.	1250.
1864	47.50	60.00	105.	160.	235.	430.	525.	850.	900.	1700.
1864-S	290.	475.	650.	1050.	1850.	3000.	4500.	——	——	23000.
1865	55.00	70.00	145.	200.	290.	365.	485.	775.	875.	1350.
1865-S	70.00	115.	200.	300.	475.	1200.	1500.	2000.	2350.	3500.
1866 Fantasy piece; DuPont specimen recovered, believed unique.										
WITH MOTTO										
1866	300.	450.	55.00	650.	900.	1250.	1500.	1800.	2100.	3000.
1866-S	195.	300.	500.	800.	1350.	1900.	2600.	3850.	4650.	——
1867	155.	200.	275.	325.	450.	600.	710.	975.	1275.	1800.
1867-S	155.	240.	350.	490.	725.	1750.	2500.	4500.	5500.	——
1868	87.50	105.	200.	260.	330.	415.	575.	675.	800.	1600.
1868-S	55.00	70.00	130.	215.	590.	1300.	1700.	2800.	5250.	7500.

Arrows at date, Rays on reverse

—— = Insufficient pricing data

	G-4	VG-8	F-12	VF-20	EF-40	AU-50	AU-55	MS-60	MS-62	MS-63
1869	240.	325.	430.	485.	675.	950.	1200.	1750.	2150.	3000.
1869-S	70.00	100.	175.	265.	525.	1350.	1750.	2550.	2900.	4150.
1870	47.50	65.00	95.00	145.	235.	350.	435.	800.	925.	1750.
1870-CC	3000.	4000.	7500.	12500.	20500.	37500.	——	——	——	——
1871	32.50	40.00	52.50	87.50	155.	300.	400.	750.	775.	1100.
1871-CC	1250.	2750.	4200.	10000.	17500.	30000.	——	——	——	——
1871-S	285.	365.	465.	625.	1000.	1500.	2000.	3000.	3500.	3750.
1872	30.00	37.50	52.50	82.50	145.	260.	315.	875.	1350.	1975.
1872-CC	450.	775.	1500.	2250.	4150.	9500.	15000.	25000.	50000.	——
1872-S	450.	750.	1325.	2000.	3850.	5500.	6250.	8000.	10000.	14000.
1873 Closed 3	160.	225.	350.	460.	610.	1125.	1450.	2900.	——	——
1873 Open 3	30.00	35.00	52.50	95.00	175.	275.	325.	550.	800.	1200.
1873-CC R. Henry Norweb Specimen MS-64 (PCGS) sold for $209000 on 2/9/98.										
ARROWS ADDED										
1873	16.00	18.50	27.50	55.00	185.	375.	425.	675.	850.	1475.
1873-CC	1300.	2550.	4750.	8500.	14000.	——	32500.	——	——	100000.
1873-S	25.00	40.00	80.00	160.	300.	575.	750.	1200.	1600.	3000.
1874	16.75	22.50	32.50	60.00	185.	390.	435.	750.	875.	1550.
1874-S	20.00	35.00	60.00	130.	275.	500.	600.	825.	1000.	1450.
ARROWS REMOVED										
1875	14.00	16.00	24.00	30.00	50.00	110.	145.	230.	335.	405.
1875-CC	50.00	85.00	140.	250.	410.	660.	825.	1400.	1350.	2250.
1875-S	39.00	52.50	72.50	110.	150.	285.	325.	550.	1050.	1400.
1876	14.00	16.00	24.00	30.00	50.00	110.	145.	225.	315.	405.
1876-CC	15.00	18.00	25.00	32.50	55.00	145.	200.	315.	400.	700.
1876-S	14.00	16.00	22.00	28.50	52.50	130.	165.	230.	290.	415.
1877	14.00	16.00	24.00	30.00	50.00	110.	145.	225.	330.	405.
1877-CC	14.00	18.00	24.00	35.00	60.00	140.	175.	275.	350.	600.
1877-S	14.00	16.00	22.00	28.50	50.00	110.	140.	235.	325.	410.
1877-S/Horizontal S	25.00	37.50	75.00	175.	225.	275.	375.	750.	1275.	2250.
1878	14.00	16.00	22.50	30.00	50.00	110.	145.	240.	365.	450.
1878-CC	18.00	27.50	40.00	60.00	105.	210.	255.	340.	435.	750.
1878-S	75.00	140.	190.	265.	435.	750.	800.	1275.	1775.	2900.
1879	140.	180.	205.	250.	320.	350.	395.	420.	475.	725.
1880	140.	185.	210.	250.	330.	355.	405.	415.	475.	700.
1881	145.	190.	215.	265.	315.	350.	400.	445.	500.	750.
1882	150.	195.	215.	265.	330.	365.	420.	500.	575.	765.
1883	145.	190.	215.	265.	325.	360.	415.	495.	525.	775.
1884	175.	225.	260.	320.	350.	370.	455.	575.	650.	800.
1885	145.	190.	215.	260.	330.	355.	395.	415.	500.	725.
1886	190.	235.	275.	325.	450.	700.	750.	850.	900.	1000.
1887	160.	205.	245.	285.	345.	375.	465.	500.	550.	765.
1888	160.	205.	245.	285.	345.	375.	465.	500.	575.	675.
1888-S	15.00	18.00	27.50	32.50	55.00	140.	210.	390.	440.	725.
1889	145.	205.	245.	280.	350.	385.	450.	525.	550.	700.
1890	50.00	57.50	85.00	110.	155.	200.	330.	425.	450.	650.

—— = Insufficient pricing data

	G-4	VG-8	F-12	VF-20	EF-40	AU-50	AU-55	MS-60	MS-62	MS-63
1891	15.00	18.00	22.50	30.00	50.00	110.	145.	235.	285.	405.
1891-O	135.	165.	300.	475.	775.	1550.	1950.	2950.	3600.	7500.
1891-S	15.00	18.00	25.00	35.00	55.00	145.	185.	250.	365.	475.

Barber quarter dollar

Date of authorization: April 2, 1792
Dates of issue: 1892-1916
Designer/Engraver: Charles Barber
Diameter: 24.26 mm/0.96 inch
Weight: 6.25 grams/0.20 ounce
Metallic content: 90% silver, 10% copper
Weight of pure silver: 5.63 grams/0.18 ounce
Edge: Reeded
Mint mark: Reverse below

	G-4	VG-8	F-12	VF-20	EF-40	AU-50	MS-60	MS-62	MS-63	MS-64
1892	5.00	8.00	20.00	30.00	72.50	125.	160.	210.	260.	450.
1892-O	7.00	12.00	24.00	37.00	80.00	150.	260.	310.	400.	700.
1892-S	14.00	27.00	55.00	75.00	125.	275.	400.	550.	750.	1550.
1892-S/S	21.00	40.00	65.00	87.50	195.	375.	500.	725.	1100.	2500.
1893	5.00	8.00	23.00	30.00	72.50	125.	220.	260.	310.	600.
1893-O	6.00	10.00	25.00	44.50	90.00	155.	265.	380.	550.	825.
1893-S	10.00	20.00	40.00	65.00	130.	275.	420.	650.	950.	2350.
1894	6.00	10.00	24.00	37.00	75.00	135.	220.	270.	365.	575.
1894-O	7.00	12.00	30.00	45.00	85.00	195.	345.	525.	700.	1250.
1894-S	7.00	12.00	28.00	47.50	80.00	175.	325.	500.	750.	1400.
1895	6.00	10.00	24.00	30.00	72.50	135.	225.	360.	475.	650.
1895-O	8.00	12.50	35.00	50.00	95.00	220.	420.	650.	950.	1400.
1895-S	8.00	15.00	38.00	65.00	100.	220.	375.	575.	1000.	2000.
1895-S/S	12.00	25.00	50.00	85.00	150.	300.	450.	750.	1500.	3750.
1896	6.00	10.00	24.00	30.00	72.50	135.	250.	325.	435.	600.
1896-O	10.00	20.00	65.00	190.	335.	625.	875.	1275.	1850.	3950.
1896-S	325.	525.	700.	1100.	1800.	3450.	5000.	6500.	8750.	12750.
1897	6.00	10.00	20.00	30.00	72.50	125.	175.	225.	300.	475.
1897-O	10.00	25.00	75.00	170.	350.	625.	850.	1250.	1700.	2650.
1897-S	15.00	50.00	140.	185.	325.	650.	950.	1325.	1750.	3000.
1898	6.00	10.00	20.00	30.00	70.00	125.	175.	225.	300.	475.
1898-O	10.00	20.00	55.00	105.	205.	415.	650.	950.	1500.	3300.

	G-4	VG-8	F-12	VF-20	EF-40	AU-50	MS-60	MS-62	MS-63	MS-64
1898-S	8.00	12.00	32.00	50.00	75.00	180.	425.	800.	1200.	3500.
1899	6.00	10.00	20.00	32.00	65.00	125.	175.	215.	300.	475.
1899-O	6.00	12.00	28.00	45.00	92.50	260.	400.	600.	800.	1400.
1899-S	10.00	20.00	40.00	65.00	105.	230.	440.	650.	1200.	1850.
1900	6.00	10.00	18.50	30.00	65.00	125.	175.	215.	300.	475.
1900-O	8.00	17.50	48.00	75.00	125.	325.	600.	750.	950.	1650.
1900-S	8.00	12.50	35.00	48.00	65.00	125.	400.	650.	975.	1800.
1901	8.00	12.00	20.00	30.00	65.00	125.	170.	215.	325.	475.
1901-O	25.00	45.00	85.00	175.	350.	615.	825.	1350.	2000.	3750.
1901-S	1750.	2800.	4500.	6000.	8000.	10000.	14500.	17500.	21500.	28000.
1902	5.00	8.00	19.00	30.00	65.00	125.	175.	215.	285.	475.
1902-O	6.00	12.00	35.00	55.00	100.	200.	425.	675.	1250.	2400.
1902-S	10.00	15.00	35.00	55.00	85.00	200.	425.	575.	825.	1575.
1903	5.00	8.00	19.00	30.00	65.00	125.	175.	300.	475.	725.
1903-O	8.00	12.00	33.00	48.00	85.00	225.	400.	775.	1200.	2650.
1903-S	10.00	20.00	38.00	60.00	110.	250.	430.	575.	850.	1385.
1904	5.00	8.00	19.00	30.00	65.00	125.	175.	215.	300.	575.
1904-O	7.00	10.00	45.00	70.00	175.	375.	765.	1025.	1350.	2200.
1905	5.00	8.00	23.00	35.00	65.00	125.	175.	250.	375.	575.
1905-O	12.00	20.00	60.00	100.	200.	345.	475.	750.	1100.	2100.
1905-S	10.00	17.50	35.00	48.00	90.00	210.	350.	650.	1000.	1400.
1906	5.00	8.00	19.50	30.00	65.00	125.	165.	210.	275.	465.
1906-D	5.00	8.00	23.00	38.00	65.00	145.	240.	315.	475.	775.
1906-O	5.00	8.00	29.00	43.00	85.00	200.	300.	375.	500.	725.
1907	5.00	8.00	19.00	30.00	65.00	125.	165.	210.	275.	465.
1907-D	5.00	8.00	25.00	45.00	80.00	175.	250.	375.	775.	1275.
1907-O	5.00	8.00	19.00	30.00	65.00	135.	185.	300.	400.	1000.
1907-S	5.00	12.00	38.00	55.00	110.	250.	475.	700.	975.	2000.
1908	5.00	8.00	19.00	30.00	65.00	125.	200.	235.	300.	465.
1908-D	5.00	8.00	19.00	30.00	65.00	125.	225.	285.	390.	625.
1908-O	5.00	8.00	19.00	30.00	65.00	125.	200.	250.	310.	500.
1908-S	9.00	21.00	63.00	105.	250.	425.	700.	950.	1400.	2250.
1909	5.00	8.00	19.00	30.00	65.00	110.	165.	210.	275.	465.
1909-D	5.00	8.00	19.00	30.00	65.00	150.	195.	250.	335.	525.
1909-O	15.00	25.00	72.00	150.	285.	465.	750.	1025.	1475.	2600.
1909-S	5.00	8.00	28.00	40.00	65.00	180.	325.	525.	800.	1400.
1910	5.00	8.00	22.00	32.00	65.00	140.	190.	240.	300.	635.
1910-D	5.00	10.00	36.00	55.00	100.	225.	335.	550.	1025.	1500.
1911	5.00	8.00	19.00	30.00	72.00	130.	165.	210.	275.	465.
1911-D	10.00	20.00	65.00	175.	285.	450.	650.	850.	1250.	2450.
1911-S	8.00	15.00	45.00	55.00	135.	285.	400.	525.	725.	900.
1912	5.00	8.00	19.00	30.00	60.00	125.	165.	210.	275.	465.
1912-S	8.00	12.50	38.00	55.00	100.	220.	400.	675.	1050.	1500.
1913	10.00	20.00	58.00	140.	375.	525.	950.	1025.	1200.	1700.
1913-D	7.50	12.50	30.00	43.00	80.00	160.	275.	325.	425.	675.
1913-S	500.	700.	1750.	2750.	3500.	4250.	5150.	6100.	7300.	7750.
1914	5.00	8.00	16.00	29.00	60.00	110.	165.	195.	275.	465.
1914-D	5.00	8.00	16.00	29.00	65.00	110.	165.	215.	275.	475.
1914-S	55.00	75.00	145.	185.	385.	575.	925.	1150.	1375.	2400.

	G-4	VG-8	F-12	VF-20	EF-40	AU-50	MS-60	MS-62	MS-63	MS-64
1915	5.00	8.00	16.00	29.00	65.00	110.	165.	225.	285.	475.
1915-D	5.00	8.00	16.00	29.00	65.00	110.	165.	210.	285.	475.
1915-S	5.00	10.00	27.00	38.00	75.00	185.	240.	325.	450.	850.
1916	5.00	8.00	17.00	29.00	60.00	110.	165.	210.	275.	465.
1916-D	5.00	8.00	16.00	29.00	60.00	110.	165.	210.	275.	465.
1916-D Large D/Small D	——	21.00	40.00	60.00	110.	185.	300.	450.	700.	——

—— = Insufficient pricing data

Standing Liberty quarter dollar

Bare breast, No stars below eagle

Date of authorization: April 2, 1792
Dates of issue: 1916-1930
Designer: Hermon MacNeil
Engravers: Obverse: Hermon MacNeil
Reverse: MacNeil, Charles Barber
Diameter: 24.26 mm/0.96 inch
Weight: 6.25 grams/0.20 ounce
Metallic content: 90% silver, 10% copper
Weight of pure silver: 5.63 grams/0.18 ounce
Edge: Reeded
Mint mark: Obverse left of date

NOTE: The H following the numerical grade, such as MS-65H, refers to head. Liberty's head should be well struck and fully defined.

Mailed breast, Stars below eagle

STANDING LIBERTY QUARTER DOLLAR (CONTINUED)

	G-4	F-12	VF-20	EF-40	AU-50	MS-60	MS-63	MS-63H	MS-64	MS-64H	MS-65	MS-65H
BARE BREAST												
1916	1400.	2500.	3250.	4000.	5000.	5750.	7500.	8750.	9000.	12000.	14000.	23500.
1917	15.00	27.00	43.00	60.00	115.	150.	250.	375.	375.	600.	700.	1475.
1917-D	20.00	30.00	53.00	85.00	135.	225.	365.	450.	500.	775.	950.	1800.
1917-S	17.00	30.00	65.00	130.	180.	280.	375.	550.	675.	975.	1650.	2650.
MAILED BREAST, STARS BELOW EAGLE												
1917	14.00	20.00	25.00	47.50	72.00	120.	200.	275.	375.	435.	625.	850.
1917-D	30.00	50.00	63.00	90.00	125.	150.	300.	750.	450.	1400.	1400.	3350.
1917-S	25.00	37.00	55.00	75.00	105.	160.	310.	775.	500.	2000.	975.	3250.
1918	15.00	22.00	32.50	45.00	80.00	135.	205.	350.	325.	575.	625.	1500.
1918-D	27.00	43.00	61.00	82.50	140.	215.	325.	1150.	775.	2400.	1350.	5500.
1918-S	17.00	27.00	33.00	45.00	80.00	170.	300.	1550.	650.	8000.	1275.	17500.
1918/7-S	1400.	1925.	2500.	4650.	8000.	14500.	30500.	125000.	47500.	175000.	85000.	—
1919	30.00	42.00	48.00	67.50	92.50	140.	215.	350.	265.	625.	600.	1325.
1919-D	65.00	115.	175.	280.	485.	625.	1100.	3750.	1500.	14500.	2250.	24000.
1919-S	60.00	115.	225.	375.	525.	875.	1650.	3850.	2400.	10750.	3250.	30000.
1920	15.00	21.00	25.00	35.00	65.00	125.	185.	325.	250.	550.	500.	1875.
1920-D	33.00	60.00	82.00	105.	165.	210.	610.	1650.	1250.	3150.	1875.	5900.
1920-S	20.00	27.00	35.00	55.00	94.00	225.	775.	8500.	1325.	15000.	2250.	25000.
1921	75.00	145.	190.	275.	335.	440.	700.	1250.	1050.	2050.	1550.	3975.
1923	14.50	25.00	30.00	37.00	65.00	120.	185.	725.	250.	1400.	500.	3600.
1923-S	150.	260.	330.	435.	500.	600.	900.	1500.	1300.	2350.	1750.	3450.
1924	14.00	20.00	24.00	32.00	63.00	115.	175.	315.	260.	515.	480.	1400.
1924-D	45.00	60.00	75.00	90.00	120.	145.	215.	1275.	300.	2200.	550.	4500.
1924-S	22.00	27.50	35.00	85.00	175.	350.	850.	1600.	1000.	2500.	1950.	5250.
1925	3.00	5.00	14.50	26.50	57.00	105.	165.	315.	250.	515.	525.	900.
1926	3.00	5.00	12.50	25.00	55.00	105.	165.	315.	250.	515.	465.	1975.

—— = Insufficient pricing data

STANDING LIBERTY QUARTER DOLLAR (CONTINUED)

	G-4	F-12	VF-20	EF-40	AU-50	MS-60	MS-63	MS-63H	MS-64	MS-64H	MS-65	MS-65H
1926-D	6.50	14.00	27.00	45.00	80.00	110.	175.	6500.	275.	15750.	525.	25000.
1926-S	3.50	10.00	24.00	95.00	215.	345.	850.	6250.	1275.	15500.	2050.	26500.
1927	3.00	5.00	12.50	26.00	50.00	100.	165.	300.	250.	515.	465.	950.
1927-D	7.00	14.00	39.00	80.00	132.	155.	215.	675.	325.	1900.	465.	2900.
1927-S	9.00	52.50	155.	1000.	2800.	3800.	5500.	—	6900.	52500.	9750.	125000.
1928	3.00	5.00	12.50	26.00	52.00	100.	165.	375.	250.	550.	465.	1400.
1928-D	4.50	7.00	19.50	37.50	77.50	135.	185.	1975.	300.	3950.	480.	5950.
1928-S	3.00	6.00	12.50	30.00	67.00	130.	180.	350.	250.	385.	460.	825.
1929	3.00	5.00	12.50	25.00	52.00	100.	165.	300.	250.	375.	460.	700.
1929-D	4.50	8.00	14.00	31.50	65.00	135.	175.	1050.	290.	2300.	500.	6250.
1929-S	3.00	5.50	15.00	29.00	60.00	115.	165.	295.	250.	450.	435.	700.
1930	3.00	4.50	12.50	25.00	52.00	95.00	165.	290.	250.	325.	435.	725.
1930-S	3.00	4.50	12.50	25.00	58.00	115.	175.	400.	260.	500.	480.	850.

—— = Insufficient pricing data

Washington quarter dollar

Date of authorization: April 2, 1792; July 23, 1965;
Oct. 18, 1973; Dec. 1, 1997

Dates of issue: 1932-present

Designers: John Flanagan
(Bicentennial Reverse): Jack L. Ahr

Engravers: John R. Sinnock
(Bicentennial Reverse): Frank
Gasparro

Diameter: 24.26mm/0.96 inch

Weight: (1932-1964, 1992-present silver Proofs
only): 6.25 grams/0.20 ounce
(1965-present): 5.67 grams/0.18 ounce
1976 Bicentennial Proof and
Uncirculated: 5.75 grams/0.18
ounce

Metallic content: (1932-1964, 1992-present silver Proofs
only): 90% silver, 10% copper
(1976 Bicentennial Proof and
Uncirculated sets only): 80% silver,
20% copper bonded to a core of
21.5% silver, 78.5% copper
(1965-present): 75% copper, 25% nickel
clad to pure copper core

Weight of pure silver: (1932-1964, 1992-present silver
Proofs only): 5.63 grams/0.18
ounce
(1976 Bicentennial Proof and
Uncirculated sets only): 2.30
grams/0.07 ounce

Edge: Reeded

Mint mark: (1932-1964): Reverse below eagle
(1968-present): Obverse right of
Washington's ponytail

	AU-50	MS-60	MS-63	MS-64	MS-65
1932	15.00	20.00	40.00	75.00	425.
1932-D	400.	725.	2000.	4500.	17500.
1932-S	200.	400.	925.	1400.	6250.

	AU-50	MS-60	MS-63	MS-64	MS-65
1934	10.00	20.00	30.00	40.00	80.00
1934 Doubled Die	300.	750.	1200.	3000.	6000.
1934-D	75.00	175.	300.	600.	1475.
1935	9.00	20.00	30.00	40.00	110.
1935-D	120.	200.	285.	500.	775.
1935-S	35.00	55.00	85.00	140.	275.
1936	9.00	18.00	30.00	35.00	70.00
1936-D	200.	350.	425.	750.	1275.
1936-S	50.00	75.00	95.00	135.	275.
1937	15.00	20.00	30.00	50.00	90.00
1937-D	25.00	40.00	50.00	75.00	125.
1937-S	75.00	90.00	110.	150.	275.
1938	35.00	55.00	65.00	90.00	175.
1938-S	35.00	55.00	60.00	90.00	160.
1939	7.00	12.50	24.00	30.00	60.00
1939-D	15.00	30.00	35.00	50.00	90.00
1939-S	45.00	60.00	65.00	90.00	185.
1940	6.00	10.00	27.50	40.00	75.00
1940-D	50.00	60.00	75.00	110.	200.
1940-S	12.50	14.00	25.00	35.00	55.00
1941	3.50	5.00	15.00	25.00	50.00
1941-D	7.50	14.00	45.00	60.00	80.00
1941-S	6.00	15.00	30.00	45.00	80.00
1942	3.50	4.00	10.00	20.00	45.00
1942-D	6.50	8.00	15.00	25.00	50.00
1942-S	15.00	45.00	60.00	80.00	100.
1943	3.00	3.75	7.00	15.00	45.00
1943-D	10.00	20.00	35.00	45.00	70.00
1943-S	12.00	25.00	40.00	50.00	70.00
1943-S Doubled Die	225.	375.	650.	900.	1850.
1944	3.00	3.50	7.50	15.00	45.00
1944-D	8.00	12.00	15.00	25.00	50.00
1944-S	9.00	12.00	17.50	27.50	55.00
1945	3.00	3.50	5.00	15.00	50.00
1945-D	10.00	15.00	22.50	35.00	55.00
1945-S	5.00	7.00	10.00	17.50	45.00
1946	2.75	3.75	6.00	15.00	60.00
1946-D	2.90	4.00	7.00	15.00	45.00
1946-S	2.85	4.00	6.50	15.00	40.00
1947	3.75	5.25	12.50	20.00	45.00
1947-D	3.00	4.00	12.50	20.00	40.00
1947-S	3.00	4.00	10.00	17.50	40.00
1948	3.00	3.50	4.00	10.00	40.00
1948-D	3.15	4.00	10.00	17.50	45.00
1948-S	3.15	4.00	8.00	15.00	45.00
1949	7.00	15.00	27.50	42.50	60.00
1949-D	5.00	9.00	20.00	30.00	45.00
1950	2.85	3.00	5.00	10.00	25.00
1950-D	2.90	3.25	5.00	10.00	27.50
1950-D/S	200.	250.	350.	550.	1000.
1950-S	4.00	5.00	6.50	12.50	30.00
1950-S/D	200.	235.	300.	375.	600.
1951	2.75	3.00	6.00	10.00	25.00
1951-D	2.75	2.90	5.50	10.00	30.00
1951-S	6.50	8.50	22.50	35.00	50.00
1952	2.55	2.75	5.00	8.00	25.00
1952-D	2.65	2.75	5.00	8.00	30.00
1952-S	4.50	6.75	15.00	30.00	40.00
1953	2.55	2.75	5.00	8.00	30.00

Bicentennial date reverse

	AU-50	MS-60	MS-63	MS-64	MS-65
1953-D	2.00	2.25	5.00	7.50	40.00
1953-S	2.50	2.75	5.00	7.50	30.00
1954	1.65	1.75	6.00	10.00	30.00
1954-D	1.50	1.55	5.00	10.00	32.50
1954-S	1.95	2.00	4.00	6.00	20.00
1955	1.85	1.90	4.00	6.00	20.00
1955-D	2.05	2.15	2.75	6.00	50.00
1956	1.65	1.70	4.00	6.00	20.00
1956-D	1.95	2.15	3.00	6.00	20.00
1957	1.65	1.70	4.00	6.00	20.00
1957-D	1.65	1.70	2.50	5.00	20.00
1958	1.70	1.75	2.50	5.00	20.00
1958-D	1.50	1.65	2.25	4.50	20.00
1959	1.60	1.55	2.25	4.50	20.00
1959-D	1.50	1.55	2.50	5.00	20.00
1960	1.50	1.60	2.25	4.50	18.00
1960-D	1.50	1.60	2.25	4.50	16.00
1961	1.50	1.60	3.00	5.00	17.00
1961-D	1.50	1.55	2.25	4.50	16.00
1962	1.50	1.55	2.25	4.50	16.00
1962-D	1.50	1.60	2.00	4.00	16.00
1963	1.50	1.55	2.00	4.00	15.00
1963-D	1.50	1.55	2.50	4.00	15.00
1964	1.50	1.55	2.00	4.00	15.00
1964-D	1.50	1.55	2.00	4.00	15.00

	MS-63			MS-63
COPPER-NICKEL CLAD		1974		0.65
1965	0.70	1974-D		0.65
1966	0.70	**DUAL DATE, BICENTENNIAL REVERSE**		
1967	0.95	1776-1976		0.75
1968	0.95	1776-1976-D		0.75
1968-D	0.95	1776-1976-S 40% silver		2.50
1969	1.25	**EAGLE REVERSE**		
1969-D	1.25	1977		0.55
1970	0.55	1977-D		0.55
1970-D	0.55	1978		0.55
1971	0.95	1978-D		0.55
1971-D	0.95	1979		0.65
1972	0.65	1979-D		0.75
1972-D	0.65	1980-P		0.55
1973	0.65	1980-D		0.55
1973-D	0.65	1981-P		0.55

MS-63

1981-D	0.55
1982-P	4.00
1982-D	1.50
1983-P	8.00
1983-D	4.00
1984-P	1.00
1984-D	1.50
1985-P	1.50
1985-D	1.50
1986-P	4.00
1986-D	4.00
1987-P	0.65
1987-D	0.65
1988-P	1.65
1988-D	0.75
1989-P	0.85
1989-D	0.85
1990-P	0.75
1990-D	0.75
1991-P	0.75
1991-D	0.75
1992-P	0.75
1992-D	0.75
1993-P	0.75
1993-D	0.75
1994-P	0.65
1994-D	0.65
1995-P	0.75
1995-D	0.75
1996-P	0.55
1996-D	0.55
1997-P	0.55
1997-D	0.55
1998-P	0.40
1998-D	0.40

STATES REVERSES

1999-P Delaware	1.25
1999-D Delaware	1.25
1999-P Pennsylvania	1.40
1999-D Pennsylvania	1.40
1999-P New Jersey	0.75
1999-D New Jersey	1.25
1999-P Georgia	0.75
1999-D Georgia	0.80
1999-P Connecticut	0.60
1999-D Connecticut	0.60
2000-P Massachusetts	0.55
2000-D Massachusetts	0.55

Common Obverse

2000-P Maryland	0.55
2000-D Maryland	0.55
2000-P South Carolina	0.55
2000-D South Carolina	0.55
2000-P New Hampshire	0.55
2000-D New Hampshire	0.55
2000-P Virginia	0.55
2000-D Virginia	0.55
2001-P New York	0.50
2001-D New York	0.50
2001-P North Carolina	0.50
2001-D North Carolina	0.50
2001-P Rhode Island	0.50
2001-D Rhode Island	0.50
2001-P Vermont	0.50
2001-D Vermont	0.50
2001-P Kentucky	0.50
2001-D Kentucky	0.50
2002-P Tennessee	0.45
2002-D Tennessee	0.45
2002-P Ohio	0.60
2002-D Ohio	0.50
2002-P Louisiana	0.45
2002-D Louisiana	0.45
2002-P Indiana	0.45
2002-D Indiana	0.45
2002-P Mississippi	0.45
2002-D Mississippi	0.45

1999	2000	2001	2002
Delaware	Massachusetts	New York	Tennessee
Pennsylvania	Maryland	North Carolina	Ohio
New Jersey	South Carolina	Rhode Island	Louisiana
Georgia	New Hampshire	Vermont	Indiana
Connecticut	Virginia	Kentucky	Mississippi

114 — Values of U.S. coins

Flowing Hair half dollar

Date of authorization: April 2, 1792
Dates of issue: 1794-1795
Designer: Robert Scot
Engravers: Robert Scot, John S. Gardner
Diameter: 32.50 mm/1.28 inches
Weight: 13.48 grams/0.43 ounce
Metallic content: 90% silver, 10% copper
Weight of pure silver: 12.13 grams/0.39 ounce
Edge: Lettered (FIFTY CENTS OR HALF A DOLLAR)
Mint mark: None

	AG-3	G-4	VG-8	F-12	VF-20	EF-40	EF-45	AU-50	MS-60
1794	725.	1200.	2100.	3000.	7250.	13000.	18500.	28500.	40000.
1795 2 Leaves	290.	450.	700.	1000.	1750.	4750.	5800.	8750.	23000.
1795 3 Leaves	550.	975.	1750.	3250.	5250.	12000.	16500.	25000.	——

—— = Insufficient pricing data

Draped Bust half dollar

Small Eagle reverse

Heraldic Eagle reverse

Date of authorization:	April 2, 1792
Dates of issue:	1796-1797, 1801-1807
Designers:	Obverse: Gilbert Stuart-Robert Scot
	Reverse:
	(1796-1797): Scot-John Eckstein
	(1801-1807): Robert Scot
Engraver:	Robert Scot
Diameter:	32.50 mm/1.28 inches
Weight:	13.48 grams/0.43 ounce
Metallic content:	89.25% silver, 10.75% copper
Weight of pure silver:	12.03 grams/0.39 ounce
Edge:	Lettered (FIFTY CENTS OR HALF A DOLLAR)
Mint mark:	None

	AG-3	G-4	VG-8	F-12	VF-20	EF-40	EF-45	AU-50	MS-60
SMALL EAGLE									
1796 15 Stars	7750.	10000.	14000.	18750.	22500.	43000.	46000.	65000.	——
1796 16 Stars	8000.	12000.	15000.	20000.	27500.	47500.	52500.	70000.	105000.
1797 15 Stars	7500.	10500.	14500.	19250.	24000.	43000.	50000.	63500.	97500.
DRAPED BUST, HERALDIC EAGLE									
1801	120.	225.	300.	500.	825.	2950.	4250.	8250.	27500.
1802	110.	225.	275.	450.	775.	3250.	5500.	12500.	35000.
1803 Small 3	72.00	150.	210.	315.	525.	1175.	1700.	3250.	7150.
1803 Large 3	60.00	135.	170.	230.	400.	825.	1200.	2350.	5850.
1805/4	105.	205.	300.	480.	635.	1725.	3750.	6500.	25000.
1805	57.00	135.	170.	235.	345.	850.	1250.	2450.	6250.
1806/5	62.50	135.	170.	225.	340.	800.	1050.	2050.	5750.
1806/Inverted 6	90.00	190.	285.	450.	825.	1800.	2400.	3850.	8750.
1806 Knobbed 6, No Stem	——	——	——	——	40000.	65000.	——	——	——
1806 Knobbed 6, Stems	62.50	135.	165.	215.	345.	685.	925.	1825.	4850.
1806 Pointed 6, Stems	60.00	125.	160.	210.	330.	650.	875.	1750.	4750.
1806 Pointed 6, No Stem	60.00	125.	160.	210.	330.	650.	875.	1750.	4750.
1807	60.00	125.	160.	210.	330.	650.	875.	1750.	4750.

—— = Insufficient pricing data

Capped Bust half dollar

Date of authorization: April 2, 1792
Dates of issue: 1807–1839
Designers: Obverse: John Reich
Reverse:
(1807–1836): John Reich
(1836–1839): Reich-Christian Gobrecht
Engraver: John Reich
Diameter: (1807–1836): 32.50 mm/1.28 inches
(1836–1839): 30.61 mm/1.21 inches
Weight: (1807–1836): 13.48 grams/0.43 ounce
(1836–1839): 13.37 grams/0.43 ounce
Metallic Content: (1807–1836): 89.25% silver, 10.75% copper
(1836–1839): 90% silver, 10% silver
Weight of pure silver: (1807–1836): 12.03 grams/0.39 ounce
(1836–1839): 12.03 grams/0.39 ounce
Edge: (1807–1836): Lettered (FIFTY CENTS OR HALF A DOLLAR)
(1836–1839): Reeded
Mint mark: 1838–1839 only, obverse above date

	G-4	VG-8	F-12	VF-20	EF-40	AU-50	AU-58	MS-60	MS-62	MS-63
1807 Sm. Stars	62.00	95.00	190.	345.	800.	2200.	2600.	3800.	5500.	10000.
1807 Lg. Stars	45.00	67.00	180.	290.	825.	2350.	2800.	4500.	7250.	12500.
1807 50/20C	41.00	85.00	155.	250.	475.	1750.	2150.	3500.	5000.	8500.
1807 Bearded Goddess	300.	465.	775.	1250.	2500.	7250.	——	——	——	——
1808/7	40.00	53.00	80.00	160.	435.	825.	1400.	2250.	3750.	6250.
1808	38.00	45.00	60.00	100.	210.	545.	825.	1450.	2600.	3900.
1809 Plain Edge	37.00	45.00	60.00	95.00	200.	525.	900.	1500.	2500.	3850.
1809 X Edge	40.00	45.00	60.00	110.	230.	650.	1000.	1800.	2900.	——
1809 IIII Edge	42.00	50.00	65.00	115.	245.	650.	1050.	2000.	3350.	6000.

—— = Insufficient pricing data

	G-4	VG-8	F-12	VF-20	EF-40	AU-50	AU-58	MS-60	MS-62	MS-63
1810	35.00	40.00	50.00	75.00	165.	400.	575.	1300.	2100.	3500.
1811 Small 8	35.00	40.00	57.00	80.00	160.	385.	460.	900.	1250.	1850.
1811 Large 8	35.00	40.00	57.00	80.00	170.	500.	585.	1000.	1350.	2450.
1811/0	36.00	45.00	80.00	145.	300.	585.	675.	1250.	3500.	7000.
1812/1 Sm. 8	37.00	60.00	80.00	165.	365.	675.	975.	1700.	3550.	5850.
1812/1 Lg. 8	1550.	2500.	3750.	6750.	11000.	——	——	——	——	——
1812	35.00	40.00	50.00	65.00	135.	375.	440.	685.	1025.	2150.
1813	35.00	40.00	52.00	73.00	160.	380.	550.	925.	1600.	2850.
1813 50C/UNI	36.00	45.00	70.00	135.	270.	550.	950.	1900.	3500.	6750.
1814	35.00	40.00	52.00	75.00	185.	410.	575.	1050.	1750.	3250.
1814 Single Leaf O-105	38.00	55.00	80.00	120.	325.	750.	1250.	2000.	——	——
1814/3 O-101	50.00	57.00	92.00	150.	375.	675.	1100.	2050.	3050.	5300.
1815/2	610.	800.	1275.	1550.	2650.	4000.	6500.	9500.	14000.	24500.
1817/3	80.00	105.	175.	350.	675.	1600.	2500.	4750.	8000.	18500.
1817/4	——	——	52500.	110000.	——	——	——	——	——	——
1817	35.00	40.00	45.00	63.00	170.	340.	450.	950.	2050.	2900.
1817 Single Leaf	35.00	55.00	80.00	120.	240.	750.	1250.	2150.	——	——
1818/7	35.00	42.00	50.00	75.00	180.	625.	750.	1250.	3100.	6500.
1818	35.00	38.00	45.00	55.00	130.	280.	385.	675.	1100.	2100.
1819/8 Sm. 9	35.00	42.00	50.00	72.00	150.	425.	575.	1000.	1400.	2050.
1819/8 Lg. 9	35.00	42.00	50.00	72.00	150.	425.	575.	1000.	1525.	2500.
1819	35.00	38.00	45.00	55.00	135.	275.	450.	775.	1500.	2750.
1820/19 Curl 2	35.00	41.00	65.00	140.	275.	625.	975.	1400.	2500.	4000.
1820/19 Square 2	37.00	43.00	70.00	150.	350.	800.	1050.	1600.	2500.	4350.
1820 Lg. Date	35.00	42.00	60.00	115.	250.	525.	600.	1100.	1650.	3250.
1820 Sm. Date	38.00	45.00	65.00	125.	275.	585.	700.	1250.	2250.	4100.
1821	35.00	38.00	45.00	62.00	145.	450.	650.	800.	1250.	2250.
1822	35.00	38.00	45.00	60.00	135.	265.	335.	675.	1200.	2000.
1822/1	45.00	55.00	70.00	135.	275.	635.	800.	1200.	1750.	2900.
1823	35.00	38.00	45.00	58.00	125.	275.	350.	600.	1000.	1850.
1823 Broken 3	40.00	52.00	72.00	125.	415.	725.	1250.	1650.	2250.	3500.
1823 Patched 3	35.00	40.00	60.00	80.00	150.	500.	800.	1400.	1900.	3000.
1823 Ugly 3	35.00	45.00	65.00	90.00	200.	575.	900.	1450.	1950.	3100.
1824/1	35.00	40.00	45.00	95.00	210.	350.	500.	885.	1400.	2850.
1824/2/0	35.00	40.00	45.00	55.00	150.	550.	900.	1100.	2250.	5000.
1824/4	35.00	40.00	45.00	55.00	145.	325.	550.	825.	1200.	1950.
1824	35.00	38.00	45.00	50.00	105.	275.	345.	575.	950.	1500.
1825	35.00	38.00	45.00	50.00	100.	240.	325.	525.	850.	1325.
1826	35.00	38.00	45.00	50.00	90.00	215.	295.	505.	850.	1250.
1827/6	35.00	38.00	45.00	85.00	200.	375.	490.	950.	1300.	2325.
1827 Square 2	35.00	38.00	45.00	55.00	87.00	215.	275.	600.	900.	1400.
1827 Curl 2	35.00	40.00	50.00	70.00	110.	225.	280.	525.	850.	1275.
1828	35.00	38.00	45.00	50.00	75.00	200.	265.	500.	800.	1250.
1828 Small Letters	40.00	50.00	75.00	100.	195.	625.	850.	1300.	1600.	2600.

—— = Insufficient pricing data

CAPPED BUST HALF DOLLAR (CONTINUED)

	G-4	VG-8	F-12	VF-20	EF-40	AU-50	AU-58	MS-60	MS-62	MS-63
1828 Lg. 8s	35.00	38.00	45.00	55.00	85.00	235.	290.	500.	800.	1250.
1828 Sm. 8s	35.00	38.00	45.00	50.00	77.00	230.	270.	500.	800.	1250.
1829/7	35.00	40.00	48.00	60.00	125.	350.	450.	950.	1625.	2750.
1829	35.00	38.00	45.00	50.00	75.00	200.	255.	500.	800.	1250.
1830 Lg. O	35.00	38.00	45.00	50.00	75.00	200.	255.	475.	800.	1250.
1830 Sm. O	35.00	38.00	45.00	50.00	75.00	200.	250.	450.	800.	1250.
1830 Large Letters										
	1500.	2100.	3000.	3850.	4500.	7750.	8500.	15000.	——	——
1831	35.00	38.00	45.00	50.00	75.00	200.	245.	425.	800.	1250.
1832 Normal	35.00	38.00	45.00	50.00	75.00	200.	245.	425.	800.	1250.
1832 Lg. Letters	35.00	38.00	45.00	85.00	135.	225.	280.	525.	950.	1750.
1833	35.00	38.00	45.00	50.00	75.00	200.	250.	450.	800.	1275.
1834 All varieties										
	35.00	38.00	45.00	50.00	75.00	200.	250.	450.	800.	1250.
1835	35.00	38.00	45.00	50.00	75.00	200.	245.	425.	800.	1325.
1836	35.00	38.00	45.00	50.00	75.00	200.	245.	425.	800.	1250.
1836/1336	35.00	38.00	45.00	50.00	75.00	210.	280.	500.	825.	1300.
1836 50/00	37.00	55.00	75.00	165.	250.	685.	825.	1600.	2250.	3950.

CAPPED BUST, REEDED EDGE HALF DOLLAR

50 CENTS reverse   HALF DOL. reverse

	G-4	VG-8	F-12	VF-20	EF-40	AU-50	AU-58	MS-60	MS-62	MS-63
50 CENTS REVERSE										
1836	625.	775.	900.	1250.	1800.	3400.	4750.	9000.	11500.	17500.
1837	32.00	36.00	45.00	75.00	120.	275.	350.	600.	975.	1650.
HALF DOL. REVERSE										
1838	32.00	36.00	45.00	75.00	120.	290.	340.	625.	1075.	1500.
1838-O Proofs only										
	——	——	——	——	42500.	80000.	——	115000.	165000.	300000.
1839	32.00	36.00	45.00	85.00	150.	350.	450.	950.	1550.	2500.
1839-O	135.	175.	250.	310.	585.	1125.	1550.	2800.	4000.	5600.

—— = Insufficient pricing data

Seated Liberty half dollar

Date of authorization: April 2, 1792
Dates of issue: 1839-1891
Designers: Obverse: Christian Gobrecht
Reverse: John Reich-Gobrecht
Engraver: Christian Gobrecht
Diameter: 30.61 mm/1.21 inches
Weight: (1839-1853): 13.37 grams/0.43 ounce
(1853-1873): 12.4 grams/0.40 ounce
(1873-1891): 12.50 grams/0.40 ounce
Metallic Content: 90% silver, 10% copper
Weight of pure silver: (1839-1853): 12.03 grams/0.39 ounce
(1853-1873): 11.20 grams/0.36 ounce
(1873-1891): 11.25 grams/0.36 ounce
Edge: Reeded
Mint mark: Reverse below eagle

	G-4	VG-8	F-12	VF-20	EF-40	AU-50	AU-58	MS-60	MS-62	MS-63
1839	40.00	60.00	125.	300.	675.	1500.	2750.	4000.	8000.	12500.
DRAPERY AT ELBOW										
1839	21.00	30.00	48.00	85.00	135.	275.	385.	550.	1075.	2250.
1840 Small Letters										
	24.00	35.00	53.00	75.00	110.	250.	380.	585.	775.	1475.
1840 Medium Letters										
	105.	165.	225.	295.	525.	1100.	1400.	2750.	——	6000.
1840-O	21.00	30.00	50.00	70.00	105.	230.	360.	600.	1100.	2250.
1841	32.00	43.00	85.00	150.	250.	425.	575.	1200.	1500.	2750.
1841-O	17.00	27.00	48.00	88.00	125.	235.	375.	800.	1150.	2400.
1842 Sm. Date	25.00	39.00	55.00	70.00	175.	400.	575.	875.	1300.	2350.
1842 Med. Date	20.00	31.00	49.00	62.00	90.00	185.	260.	400.	——	1450.
1842-O Medium Date										
	17.00	28.00	40.00	57.00	120.	300.	450.	725.	1750.	4500.
1842-O Small Date										
	575.	800.	1350.	2000.	4150.	8500.	13000.	——	42500.	——
1843	17.00	26.00	43.00	53.00	73.00	180.	235.	395.	650.	1150.
1843-O	17.25	28.00	47.00	60.00	90.00	195.	360.	700.	950.	1900.
1844	17.00	26.00	40.00	48.00	70.00	175.	240.	390.	650.	1200.

—— = Insufficient pricing data

	G-4	VG-8	F-12	VF-20	EF-40	AU-50	AU-58	MS-60	MS-62	MS-63
1844-O	17.00	26.00	40.00	48.00	82.00	225.	350.	735.	1000.	2150.
1844-O Doubled Date										
	300.	650.	1100.	1550.	2100.	5750.	7500.	12000.	——	——
1845	23.00	31.00	55.00	87.50	180.	340.	525.	900.	1500.	3750.
1845-O	17.00	26.00	40.00	58.00	125.	255.	375.	725.	1075.	2050.
1845-O No Drapery										
	24.00	35.00	75.00	100.	185.	325.	475.	975.	1500.	4000.
1846 Med. Date	17.00	27.00	40.00	52.00	88.00	200.	275.	400.	860.	1450.
1846 Tall Date	19.00	30.00	43.00	60.00	120.	250.	315.	535.	900.	1700.
1846/Horizontal 6										
	125.	225.	275.	375.	550.	1200.	1950.	3500.	9300.	——
1846-O Medium Date										
	18.50	25.00	40.00	53.00	95.00	250.	340.	750.	1450.	2200.
1846-O Tall Date	130.	290.	360.	475.	1100.	2000.	2600.	3950.	5350.	10000.
1847	17.00	24.00	40.00	48.00	80.00	160.	220.	400.	675.	1150.
1847-O	19.00	26.00	40.00	55.00	125.	290.	450.	800.	1375.	2250.
1847/6	——	2000.	2850.	3600.	6750.	——	17500.	——	——	24000.
1848	34.00	55.00	75.00	125.	215.	475.	575.	775.	1025.	1600.
1848-O	17.00	29.00	40.00	48.00	130.	325.	475.	810.	1100.	1850.
1849	28.00	35.00	48.00	68.00	140.	350.	485.	805.	1050.	1400.
1849 Doubled Date, bold										
	1400.	1800.	2750.	3750.	5150.	8500.	——	——	——	——
1849-O	19.00	29.00	43.00	59.00	115.	245.	350.	650.	——	1950.
1850	180.	255.	335.	415.	550.	825.	1025.	1650.	2700.	4650.
1850-O	18.50	28.00	42.00	57.00	110.	235.	310.	550.	900.	1600.
1851	250.	350.	500.	600.	725.	975.	1250.	1600.	2000.	3000.
1851-O	20.00	30.00	53.00	85.00	185.	385.	460.	675.	950.	1400.
1852	300.	450.	525.	700.	900.	1100.	1200.	1325.	1450.	1900.
1852-O	45.00	90.00	175.	350.	515.	1150.	1850.	3750.	5250.	7500.
1853-O (Beware Alterations)										
	125000.	190000.								

Arrows at date, Rays on reverse

ARROWS AND RAYS

	G-4	VG-8	F-12	VF-20	EF-40	AU-50	AU-58	MS-60	MS-62	MS-63
1853	18.00	29.00	44.00	80.00	225.	450.	625.	1275.	1800.	3550.
1853-O	20.00	33.00	55.00	150.	250.	850.	1500.	2750.	3450.	5750.

—— = Insufficient pricing data

	G-4	VG-8	F-12	VF-20	EF-40	AU-50	AU-58	MS-60	MS-62	MS-63
RAYS REMOVED										
1854	16.00	26.00	40.00	45.00	100.	255.	375.	585.	750.	1450.
1854-O	16.00	25.00	40.00	45.00	90.00	250.	325.	475.	775.	1450.
1855/1854	55.00	75.00	140.	250.	375.	700.	1100.	1800.	2250.	——
1855	18.00	29.00	41.00	60.00	110.	280.	325.	750.	1100.	1900.
1855-O	16.00	26.00	40.00	45.00	100.	270.	330.	675.	950.	1475.
1855-S	325.	485.	850.	1350.	3100.	6700.	8500.	14500.	——	——
ARROWS REMOVED										
1856	16.00	24.00	40.00	48.00	75.00	160.	200.	375.	500.	800.
1856-O	16.00	26.00	40.00	48.00	75.00	165.	250.	405.	535.	775.
1856-S	42.50	55.00	100.	205.	375.	1300.	1950.	3500.	——	——
1857	16.00	24.00	40.00	48.00	75.00	160.	210.	380.	550.	800.
1857-O	17.00	28.00	43.00	58.00	125.	225.	400.	725.	1200.	2600.
1857-S	60.00	80.00	140.	250.	525.	900.	1750.	3350.	——	6250.
1858	16.00	24.00	40.00	48.00	75.00	160.	200.	375.	515.	750.
1858-O	16.00	25.00	40.00	48.00	75.00	180.	260.	400.	600.	900.
1858-S	18.00	29.00	55.00	90.00	140.	340.	600.	1050.	1750.	3250.
1859	23.00	31.00	49.00	68.00	100.	210.	275.	395.	650.	925.
1859-O	16.00	25.00	40.00	48.00	75.00	200.	265.	390.	525.	750.
1859-S	18.00	29.00	50.00	85.00	165.	290.	550.	925.	1900.	2900.
1860	18.00	28.00	45.00	60.00	110.	235.	350.	600.	950.	1200.
1860-O	15.50	28.00	43.00	56.00	75.00	180.	225.	380.	500.	740.
1860-S	18.00	27.00	44.00	58.00	110.	240.	400.	650.	1450.	2600.
1861	16.00	24.00	40.00	48.00	75.00	160.	210.	375.	475.	750.
1861-O	16.00	27.00	42.00	55.00	80.00	215.	285.	400.	650.	800.
1861-O struck by CSA, obverse die crack										
	50.00	75.00	125.	175.	250.	385.	525.	925.	1600.	3000.
1861-S	17.00	26.00	40.00	58.00	130.	265.	450.	900.	1800.	3250.
1862	26.00	40.00	58.00	90.00	185.	310.	410.	525.	750.	1050.
1862-S	16.00	24.00	40.00	49.00	85.00	250.	340.	475.	1150.	2550.
1863	18.00	30.00	47.00	63.00	135.	265.	315.	460.	660.	950.
1863-S	16.00	28.00	43.00	50.00	85.00	245.	350.	510.	740.	2150.
1864	21.00	32.00	51.00	75.00	150.	275.	350.	500.	700.	1025.
1864-S	16.50	28.00	42.00	53.00	85.00	255.	375.	550.	1250.	2350.
1865	22.00	33.00	48.00	70.00	140.	285.	350.	515.	725.	1300.
1865 Doubled Date										
	40.00	60.00	90.00	165.	235.	375.	450.	——	——	——
1865-S	16.00	27.00	42.00	58.00	105.	275.	545.	835.	1575.	2750.
1866-S	70.00	115.	215.	335.	825.	1850.	2650.	4650.	5750.	10000.
1866 Fantasy Piece Du Pont specimen recovered										
MOTTO ABOVE EAGLE										
1866	17.00	29.00	43.00	65.00	95.00	175.	235.	385.	600.	1000.
1866-S	16.00	25.00	40.00	63.00	100.	265.	320.	475.	1050.	2350.
1867	24.00	40.00	57.00	95.00	145.	255.	300.	435.	615.	1050.
1867-S	16.00	25.00	40.00	48.00	80.00	170.	245.	500.	1000.	2400.
1868	40.00	55.00	80.00	145.	265.	375.	450.	525.	650.	950.
1868-S	17.00	28.00	40.00	52.00	110.	235.	410.	700.	1500.	2750.

—— = Insufficient pricing data

	G-4	VG-8	F-12	VF-20	EF-40	AU-50	AU-58	MS-60	MS-62	MS-63
1869	20.00	31.00	40.00	51.00	90.00	175.	230.	365.	525.	950.
1869-S	17.00	26.00	42.00	54.00	115.	400.	585.	975.	1700.	3450.
1870	21.00	29.00	40.00	58.00	105.	190.	230.	345.	550.	1000.
1870-CC	450.	725.	1500.	3500.	12500.	20000.	—	—	—	—
1870-S	17.00	30.00	43.00	63.00	120.	265.	375.	650.	1500.	2750.
1871	17.00	26.00	40.00	58.00	73.00	165.	215.	340.	550.	900.
1871-CC	150.	235.	400.	675.	1500.	3000.	6000.	10000.	25000.	42500.
1871-S	16.00	24.00	40.00	45.00	80.00	225.	365.	575.	975.	1750.
1872	16.00	26.00	40.00	48.00	70.00	180.	220.	335.	500.	900.
1872-CC	55.00	100.	225.	350.	675.	1500.	2750.	5000.	—	—
1872-S	24.00	35.00	60.00	90.00	190.	350.	575.	1275.	—	3150.
1873 Closed 3	26.00	43.00	66.00	88.00	140.	300.	340.	410.	600.	1000.
1873 Open 3	2400.	3000.	4200.	5900.	7750.	11500.	16000.	25000.	32500.	57500.
1873-CC	150.	225.	325.	650.	1400.	4250.	6500.	9500.	20000.	40000.
ARROWS AT DATE										
1873	18.00	27.00	40.00	73.00	190.	350.	490.	875.	1150.	2250.
1873-CC	110.	200.	350.	700.	1500.	2800.	4050.	6000.	—	15000.
1873-S	40.00	65.00	115.	190.	390.	850.	1250.	2000.	3500.	6250.
1874	18.00	27.00	40.00	70.00	190.	350.	525.	875.	1050.	2000.
1874-CC	240.	365.	565.	1000.	1700.	3500.	4400.	7000.	13500.	24500.
1874-S	32.00	40.00	73.00	145.	290.	650.	900.	1600.	—	3400.
ARROWS REMOVED										
1875	16.00	24.00	40.00	45.00	68.00	160.	200.	335.	410.	540.
1875-CC	19.00	38.00	60.00	80.00	170.	300.	400.	600.	675.	1200.
1875-S	16.00	26.00	47.00	60.00	90.00	165.	205.	345.	465.	650.
1876	16.00	24.00	40.00	45.00	65.00	160.	200.	335.	410.	550.
1876-CC	17.00	30.00	60.00	75.00	135.	285.	375.	650.	975.	1450.
1876-S	16.00	24.00	40.00	45.00	65.00	175.	230.	400.	575.	900.
1877	16.00	24.00	40.00	45.00	65.00	160.	200.	335.	410.	550.
1877-CC	18.00	31.00	52.00	65.00	130.	260.	350.	600.	700.	1225.
1877-S	16.00	24.00	40.00	45.00	65.00	170.	210.	350.	415.	565.
1878	20.00	36.00	50.00	60.00	90.00	235.	285.	435.	575.	800.
1878-CC	265.	385.	550.	1250.	2500.	3500.	4500.	5750.	8500.	17500.
1878-S	6000.	7750.	10500.	13500.	18500.	23000.	26000.	35000.	47500.	70000.
1879	210.	225.	260.	290.	380.	465.	500.	535.	645.	800.
1880	195.	215.	250.	285.	360.	460.	510.	550.	660.	750.
1881	195.	215.	245.	280.	355.	455.	505.	515.	675.	850.
1882	215.	245.	285.	330.	405.	490.	535.	565.	685.	875.
1883	200.	220.	250.	310.	395.	475.	520.	565.	685.	900.
1884	255.	265.	290.	330.	425.	515.	540.	570.	760.	925.
1885	245.	255.	280.	325.	420.	505.	550.	725.	850.	975.
1886	285.	350.	415.	440.	475.	575.	625.	765.	875.	925.
1887	360.	410.	475.	525.	600.	700.	750.	850.	900.	1025.
1888	195.	220.	245.	270.	390.	455.	490.	540.	660.	850.
1889	195.	220.	245.	280.	400.	460.	495.	545.	665.	825.
1890	200.	225.	250.	300.	410.	470.	505.	560.	685.	925.
1891	40.00	55.00	85.00	100.	140.	250.	285.	400.	575.	725.

—— = Insufficient pricing data

Barber half dollar

Date of authorization: April 2, 1792
Dates of issue: 1892-1915
Designer/Engraver: Charles Barber
Diameter: 30.61 mm/1.21 inches
Weight: 12.50 grams/0.40 ounce
Metallic Content: 90% silver, 10% copper
Weight of pure silver: 11.25 grams/0.36 ounce
Edge: Reeded
Mint mark: Reverse below eagle

	G-4	VG-8	F-12	VF-20	EF-40	AU-50	AU-58	MS-62	MS-63	MS-64
1892	21.00	27.00	47.00	90.00	175.	280.	325.	500.	675.	1175.
1892-O	125.	165.	270.	315.	425.	450.	600.	975.	1375.	2600.
1892-O Micro O	1750.	2500.	3250.	4000.	5500.	8000.	11500.	20000.	30000.	——
1892-S	120.	155.	225.	290.	400.	600.	700.	1225.	1850.	2650.
1893	14.00	20.00	45.00	80.00	160.	320.	400.	650.	1000.	1700.
1893-O	23.00	33.00	70.00	135.	275.	375.	475.	625.	1000.	3900.
1893-S	77.00	93.00	165.	305.	425.	550.	850.	1550.	2550.	6000.
1894	17.00	33.00	65.00	100.	225.	350.	400.	575.	850.	1600.
1894-O	13.00	19.00	60.00	100.	235.	300.	400.	600.	925.	2100.
1894-S	12.00	18.00	48.00	75.00	200.	350.	425.	600.	1200.	3300.
1895	10.00	15.00	50.00	85.00	175.	310.	425.	650.	975.	1900.
1895-O	12.00	22.00	55.00	100.	235.	375.	475.	900.	1350.	3600.
1895-S	17.00	25.00	65.00	125.	265.	400.	450.	725.	1325.	2700.
1896	16.00	22.50	55.00	90.00	210.	325.	425.	650.	950.	2900.
1896-O	24.00	35.00	90.00	150.	360.	665.	950.	1650.	3000.	7500.
1896-S	65.00	80.00	120.	200.	375.	575.	950.	1650.	2550.	7900.
1897	9.00	12.00	32.00	75.00	135.	310.	350.	550.	780.	1250.
1897-O	53.00	82.00	345.	725.	875.	1200.	1500.	2000.	2975.	4500.
1897-S	110.	125.	275.	425.	700.	1025.	1250.	1850.	3000.	4750.
1898	9.00	12.00	28.00	72.00	140.	315.	350.	550.	780.	1400.
1898-O	18.00	35.00	95.00	185.	400.	500.	700.	1250.	2500.	4650.
1898-S	9.00	17.00	42.00	85.00	205.	365.	575.	1150.	2300.	5000.
1899	9.00	12.00	27.00	72.00	135.	305.	350.	500.	780.	1400.
1899-O	9.00	15.00	45.00	90.00	225.	355.	425.	650.	1050.	2250.
1899-S	12.00	20.00	49.00	85.00	220.	350.	475.	800.	1600.	3500.
1900	8.00	12.00	28.00	72.00	135.	315.	350.	470.	775.	1450.
1900-O	8.00	12.50	39.00	90.00	250.	315.	525.	1250.	2900.	6250.

BARBER HALF DOLLAR (CONTINUED)

	G-4	VG-8	F-12	VF-20	EF-40	AU-50	AU-58	MS-62	MS-63	MS-64
1900-S	10.00	12.50	40.00	95.00	195.	320.	450.	850.	1900.	4750.
1901	8.00	10.00	28.00	72.00	135.	315.	350.	500.	750.	1600.
1901-O	10.00	15.00	52.00	115.	290.	475.	825.	1750.	3200.	5750.
1901-S	17.00	35.00	110.	225.	550.	900.	1150.	2500.	4100.	6250.
1902	8.00	10.00	28.00	65.00	135.	265.	300.	450.	675.	1400.
1902-O	8.00	12.00	38.00	80.00	195.	360.	550.	1250.	2350.	6400.
1902-S	8.50	15.00	48.00	90.00	200.	375.	500.	925.	1800.	5300.
1903	8.00	12.00	38.00	80.00	170.	325.	375.	625.	1375.	1950.
1903-O	8.50	12.50	44.00	78.00	185.	325.	475.	800.	1350.	3750.
1903-S	8.50	12.50	44.00	78.00	215.	365.	525.	750.	1625.	2100.
1904	7.50	10.00	30.00	72.00	130.	300.	340.	525.	1100.	1800.
1904-O	12.00	20.00	52.00	115.	310.	500.	750.	1500.	2800.	4750.
1904-S	16.00	30.00	135.	335.	675.	1000.	1475.	2500.	4250.	7250.
1905	12.00	18.00	52.00	78.00	225.	325.	425.	650.	1200.	1800.
1905-O	15.00	29.00	75.00	140.	260.	425.	525.	1050.	1700.	3500.
1905-S	7.50	11.50	38.00	80.00	200.	350.	450.	900.	1900.	3300.
1906	7.50	9.00	28.00	70.00	130.	310.	350.	470.	775.	1200.
1906-D	7.50	9.00	29.00	72.50	130.	300.	340.	470.	725.	1500.
1906-O	7.50	9.00	35.00	75.00	165.	325.	425.	725.	1100.	2400.
1906-S	8.00	12.00	43.00	80.00	195.	325.	525.	725.	1100.	2100.
1907	7.50	9.00	27.00	80.00	140.	275.	360.	500.	675.	1200.
1907-D	7.50	10.00	28.00	80.00	140.	310.	350.	525.	725.	1350.
1907-O	7.50	10.00	28.00	72.50	150.	310.	390.	600.	825.	1300.
1907-S	8.00	15.00	75.00	110.	325.	525.	700.	1400.	3100.	4750.
1907-S/S	13.00	20.00	100.	200.	425.	600.	775.	1500.	2850.	5250.
1908	7.50	10.00	30.00	72.00	155.	310.	350.	525.	750.	1400.
1908-D	7.50	10.00	30.00	72.00	145.	310.	350.	535.	675.	1200.
1908-O	7.50	9.00	29.00	72.00	145.	310.	375.	585.	850.	1200.
1908-S	8.00	12.00	45.00	80.00	195.	340.	500.	1250.	2100.	4000.
1909	7.50	9.00	28.00	72.00	130.	265.	315.	475.	675.	1200.
1909-O	10.00	12.00	42.50	87.50	265.	500.	600.	1000.	1550.	2200.
1909-S	7.50	10.00	30.00	72.50	180.	340.	435.	700.	1200.	2350.
1910	11.00	19.00	65.00	125.	280.	425.	500.	725.	1150.	1500.
1910-S	7.50	10.00	30.00	72.50	180.	340.	450.	925.	1800.	2750.
1911	7.50	9.00	30.00	65.00	135.	310.	350.	525.	750.	1200.
1911-D	8.00	12.00	40.00	85.00	195.	265.	375.	650.	850.	1200.
1911-S	7.50	10.00	33.00	78.00	165.	340.	450.	700.	1275.	2100.
1912	7.50	9.00	28.00	65.00	145.	310.	350.	500.	675.	1200.
1912-D	7.50	9.00	28.00	72.00	130.	310.	360.	525.	725.	1275.
1912-S	7.50	10.00	30.00	72.00	165.	325.	400.	650.	1000.	2350.
1913	21.00	28.00	105.	185.	360.	700.	800.	1175.	1650.	2100.
1913-D	8.00	12.00	36.00	72.50	180.	300.	360.	550.	875.	1400.
1913-S	8.00	12.00	45.00	85.00	195.	350.	450.	775.	1175.	2100.
1914	30.00	45.00	165.	325.	495.	750.	850.	1100.	1500.	3500.
1914-S	7.50	10.00	35.00	72.50	180.	350.	435.	675.	1050.	2150.
1915	22.00	30.00	87.50	200.	375.	725.	850.	1250.	1875.	3000.
1915-D	7.50	9.00	27.00	72.00	130.	265.	315.	475.	675.	1175.
1915-S	7.50	9.00	29.00	72.00	145.	265.	315.	500.	675.	1200.

Walking Liberty half dollar

Date of authorization: April 2, 1792
Dates of issue: 1916-1947
Designer: Adolph Weinman
Engraver: Charles Barber
Diameter: 30.61 mm/1.21 inches
Weight: 12.50 grams/0.40 ounce
Metallic Content: 90% silver, 10% copper
Weight of pure silver: 11.25 grams/0.36 ounce
Edge: Reeded
Mint mark: (1916): Obverse below IN GOD WE TRUST
(1917): Obverse below IN GOD WE TRUST or reverse lower left

Obverse Mint mark

Reverse Mint mark

	VG-8	F-12	VF-20	EF-40	AU-50	MS-60	MS-62	MS-63	MS-64	MS-65
1916	33.00	57.00	110.	150.	200.	270.	310.	400.	600.	1500.
1916-D	27.00	35.00	72.00	132.	175.	255.	365.	500.	675.	1850.
1916-S	87.00	145.	310.	500.	650.	925.	1150.	1550.	2250.	4750.
1917	6.00	9.75	18.00	28.00	60.00	105.	120.	150.	275.	875.
1917-D Obverse Mint Mark										
	19.00	39.00	85.00	130.	250.	475.	575.	900.	2200.	5500.
1917-D Reverse Mint Mark										
	14.00	29.00	80.00	185.	400.	700.	1100.	2000.	4250.	15500.
1917-S Obverse Mint Mark										
	26.00	46.00	245.	650.	1075.	1950.	2450.	4250.	6750.	14250.

	VG-8	F-12	VF-20	EF-40	AU-50	MS-60	MS-62	MS-63	MS-64	MS-65
1917-S Reverse Mint Mark	7.50	15.00	26.00	45.00	135.	300.	675.	1400.	3000.	9450.
1918	8.50	16.00	45.00	125.	215.	450.	535.	800.	950.	3050.
1918-D	9.00	21.00	55.00	145.	350.	825.	1150.	5250.	5250.	19000.
1918-S	6.75	14.00	26.00	55.00	132.	365.	725.	1650.	3300.	15750.
1919	16.00	39.00	155.	400.	600.	1050.	1550.	2650.	3500.	4750.
1919-D	15.00	45.00	165.	575.	900.	2650.	3250.	5500.	15750.	85000.
1919-S	17.00	33.00	145.	725.	1500.	2300.	2700.	5500.	7500.	12500.
1920	7.50	12.00	25.00	60.00	115.	275.	400.	600.	1250.	5250.
1920-D	10.00	29.00	125.	360.	675.	1100.	1500.	3500.	5675.	8325.
1920-S	7.00	13.00	48.00	200.	385.	675.	900.	2275.	5000.	8750.
1921	115.	180.	575.	1400.	2200.	3000.	3250.	4350.	5000.	10500.
1921-D	165.	250.	700.	1800.	2500.	3000.	3600.	4750.	5500.	12600.
1921-S	27.00	65.00	540.	4050.	6500.	8700.	10000.	18000.	25000.	52500.
1923-S	11.00	21.00	57.50	205.	575.	1150.	1650.	3150.	4675.	11400.
1927-S	7.00	11.00	29.00	85.00	285.	675.	800.	1500.	2650.	7850.
1928-S	7.00	12.00	36.00	105.	300.	675.	900.	1750.	3300.	8000.
1929-D	8.00	11.00	23.00	75.00	150.	280.	375.	650.	1100.	1975.
1929-S	6.00	9.00	19.00	77.50	175.	325.	425.	800.	1000.	1975.
1933-S	6.50	8.00	13.00	42.00	195.	500.	675.	1000.	1400.	3000.
1934	3.00	3.50	4.00	10.00	25.00	50.00	65.00	88.00	125.	350.
1934-D	4.00	5.50	8.00	25.00	60.00	125.	150.	225.	405.	850.
1934-S	3.50	4.00	5.00	25.00	87.00	240.	325.	600.	1275.	2750.
1935	3.00	3.50	4.00	7.50	22.00	44.00	50.00	60.00	90.00	285.
1935-D	3.50	4.00	8.00	22.00	55.00	120.	150.	225.	300.	1375.
1935-S	3.25	3.50	5.75	23.00	87.00	160.	205.	370.	700.	1750.
1936	3.00	3.30	4.00	6.50	22.00	36.00	39.00	46.00	70.00	140.
1936-D	3.00	3.50	5.50	16.00	45.00	72.00	85.00	105.	125.	310.
1936-S	3.00	3.50	5.65	20.00	55.00	120.	135.	180.	225.	400.
1937	3.00	3.30	4.00	7.00	22.00	37.00	42.00	50.00	70.00	180.
1937-D	5.50	8.00	12.00	27.00	80.00	145.	160.	185.	225.	390.
1937-S	5.00	6.00	8.00	17.00	60.00	120.	140.	165.	225.	400.
1938	3.00	4.00	6.00	9.75	40.00	65.00	80.00	105.	120.	230.
1938-D	24.00	25.00	40.00	100.	250.	400.	435.	500.	575.	825.
1939	3.00	3.30	4.50	7.50	22.00	40.00	42.00	48.00	70.00	125.
1939-D	3.00	3.50	5.00	9.00	23.00	38.00	40.00	48.00	70.00	135.
1939-S	5.50	6.50	8.00	12.50	50.00	100.	110.	120.	135.	165.
1940	3.00	3.30	4.00	6.00	12.00	28.00	32.00	40.00	55.00	115.
1940-S	3.00	3.30	5.00	8.00	17.50	30.00	34.00	40.00	75.00	385.
1941	3.00	3.30	3.75	5.75	8.75	26.50	30.00	40.00	55.00	100.
1941-D	3.00	3.30	4.00	6.00	15.00	36.00	38.00	44.00	75.00	140.
1941-S	3.00	3.30	4.50	7.00	27.00	72.00	80.00	95.00	180.	1225.
1942	3.00	3.30	3.75	5.75	8.75	26.50	30.00	40.00	50.00	100.
1942-D	3.00	3.30	4.00	6.00	17.00	36.00	42.00	60.00	90.00	235.
1942-D/S	——	——	67.50	80.00	200.	475.	550.	950.	1750.	3000.
1942-S	3.00	3.30	4.50	7.00	16.00	35.00	38.00	48.00	90.00	535.
1943	3.00	3.30	3.75	5.75	8.75	26.50	30.00	40.00	50.00	100.
1943-D	3.00	3.30	4.00	6.00	19.00	40.00	48.00	65.00	80.00	225.

—— = Insufficient pricing data

	VG-8	F-12	VF-20	EF-40	AU-50	MS-60	MS-62	MS-63	MS-64	MS-65
1943-S	3.00	3.30	4.25	6.00	18.00	33.00	35.00	42.00	70.00	350.
1944	3.00	3.30	3.75	5.75	8.75	27.50	32.50	40.00	52.50	135.
1944-D	3.00	3.30	4.00	6.00	16.00	31.00	35.00	46.00	65.00	120.
1944-S	3.00	3.30	4.00	6.00	16.00	31.00	33.00	42.50	70.00	500.
1945	3.00	3.30	3.75	5.75	8.75	26.50	30.00	40.00	50.00	130.
1945-D	3.00	3.30	4.00	6.00	15.00	29.00	34.00	40.00	55.00	120.
1945-S	3.00	3.30	4.00	6.00	15.00	30.00	34.00	40.00	50.00	150.
1946	3.00	3.30	4.00	6.00	11.00	26.50	30.00	40.00	55.00	175.
1946-D	4.25	5.75	9.00	10.00	19.00	30.00	32.50	40.00	60.00	90.00
1946-S	3.00	3.30	3.75	6.00	17.00	28.00	32.00	42.00	60.00	110.
1947	3.00	3.30	4.25	8.00	18.00	30.00	32.50	42.50	55.00	180.
1947-D	3.00	3.30	4.25	8.00	20.00	32.00	35.00	40.00	50.00	105.

Franklin half dollar

Date of authorization: April 2, 1792
Dates of issue: 1948-1963
Designer: John Sinnock
Engraver: Gilroy Roberts
Diameter: 30.61 mm/1.21 inches
Weight: 12.50 grams/0.40 ounce
Metallic Content: 90% silver, 10% copper
Weight of pure silver: 11.25 grams/0.36 ounce
Edge: Reeded
Mint mark: Reverse above bell beam
NOTE: MS-64F and MS-65F refer to Full Bell Lines.

	EF-40	AU-50	MS-60	MS-63	MS-64	MS-64F	MS-65	MS-65F
1948	4.25	5.50	14.00	20.00	25.00	60.00	65.00	200.
1948-D	4.75	5.50	10.00	14.00	25.00	40.00	145.	250.
1949	5.25	11.00	30.00	38.50	44.00	85.00	120.	260.
1949-D	7.00	15.00	30.00	45.00	90.00	175.	925.	1500.
1949-S	11.00	25.00	45.00	53.00	75.00	225.	145.	650.
1950	4.00	7.00	21.00	27.00	40.00	90.00	125.	275.
1950-D	3.75	8.50	18.00	30.00	45.00	125.	550.	900.
1951	3.25	4.25	12.00	14.50	25.00	75.00	60.00	300.

	EF-40	AU-50	MS-60	MS-63	MS-64	MS-64F	MS-65	MS-65F
1951-D	4.25	12.50	18.00	27.00	42.00	90.00	275.	525.
1951-S	4.50	11.00	19.00	28.00	34.00	150.	110.	750.
1952	3.00	4.75	7.00	14.00	35.00	100.	85.00	250.
1952-D	2.90	4.50	7.00	10.00	30.00	50.00	225.	400.
1952-S	4.75	19.00	30.00	33.00	38.00	325.	105.	1275.
1953	4.75	10.00	14.00	18.00	36.00	120.	200.	900.
1953-D	2.90	4.50	6.00	10.00	23.00	50.00	125.	400.
1953-S	3.75	9.00	12.00	14.00	26.00	1250.	70.00	15000.
1954	2.90	3.50	5.00	10.00	23.00	50.00	85.00	225.
1954-D	2.90	3.50	5.00	10.00	23.00	50.00	145.	225.
1954-S	3.75	5.00	7.00	8.50	22.00	100.	60.00	500.
1955	5.50	6.50	7.00	8.50	20.00	40.00	50.00	150.
1956	4.00	4.75	4.50	9.50	20.00	40.00	40.00	100.
1957	3.15	3.50	5.00	9.50	17.00	35.00	40.00	110.
1957-D	2.85	3.25	4.50	8.50	19.00	45.00	40.00	140.
1958	3.25	3.50	4.75	8.50	17.00	35.00	45.00	105.
1958-D	2.85	3.00	3.75	8.00	17.00	35.00	40.00	85.00
1959	2.85	3.00	4.00	7.00	17.00	40.00	125.	350.
1959-D	2.85	3.00	4.00	8.00	20.00	40.00	140.	275.
1960	2.85	3.00	3.50	6.50	16.00	40.00	160.	475.
1960-D	2.85	3.00	4.00	6.50	35.00	75.00	750.	1000.
1961	2.85	3.00	3.75	6.50	25.00	80.00	240.	1250.
1961-D	2.85	3.00	4.00	7.50	30.00	60.00	400.	900.
1962	2.85	3.00	3.75	7.50	20.00	125.	250.	1800.
1962-D	2.85	3.00	3.75	7.50	26.00	57.50	325.	750.
1963	2.85	3.00	3.50	7.50	16.00	80.00	85.00	725.
1963-D	2.85	3.00	3.50	7.50	16.00	35.00	80.00	250.

Kennedy half dollar

Date of authorization: Dec. 30, 1963; July 23, 1965; Oct. 18, 1973
Dates of issue: 1964-present
Designer: Obverse: Gilroy Roberts
Reverse: Frank Gasparro
Bicentennial Reverse: Seth G. Huntington
Engraver: Gilroy Roberts
Bicentennial Obverse: Frank Gasparro
Diameter: 30.61 mm/1.21 inches
Weight: (1964, 1992-present silver Proof only):
12.50 grams/0.40 ounce
(1965-1970): 11.50 grams/0.37 ounce
(1971-present): 11.34 grams/0.36
ounce
(1976 Bicentennial Proof and
Uncirculated): 11.50 grams/0.37
ounce
Metallic Content: (1964, 1992-present silver Proofs only):
90% silver, 10% copper
(1965-1970): 80% silver, 20% copper
bonded to a core of 21.5% silver,
78.5% copper
(1971-present): 75% copper, 25% nickel
bonded to pure copper core
(1976 Becentennial Proof and
Uncirculated sets only): 80% silver,
20% copper bonded to a core of
21.5% silver, 78.5% copper
Weight of pure silver: (1964, 1992-present silver Proofs only)
11.25 grams/0.36 ounce
(1965-1970): 4.60 grams/0.15 ounce
(1976 Bicentennial Proof and
Uncirculated sets only): 4.60
grams/0.15 ounce
Edge: Reeded

Mint mark: (1964): Reverse left near claw and laurel
(1968-present): Obverse below
Kennedy

	MS-60	MS-63	MS-64	MS-65	MS-66	MS-67
1964	3.00	3.50	7.00	20.00	60.00	275.
1964-D	3.00	3.50	9.00	20.00	60.00	250.
40 PERCENT SILVER CLAD						
1965	1.20	1.25	4.00	15.00	45.00	350.
1966	1.25	1.40	5.00	15.00	45.00	225.
1967	1.25	1.50	4.50	15.00	60.00	150.
1968-D	1.25	1.50	4.50	20.00	45.00	325.
1969-D	1.20	1.25	3.00	25.00	135.	——
1970-D	8.00	10.00	15.00	35.00	100.	750.
COPPER-NICKEL CLAD						
1971	0.95	1.50	3.00	15.00	45.00	95.00
1971-D	0.95	1.25	2.50	15.00	30.00	120.
1972	1.00	1.50	4.00	15.00	30.00	170.
1972-D	1.00	1.50	3.00	15.00	25.00	60.00
1973	1.00	1.50	3.00	15.00	25.00	140.
1973-D	0.95	1.25	2.50	15.00	25.00	80.00
1974	0.90	1.00	2.00	15.00	25.00	——
1974-D	0.90	1.00	2.50	20.00	60.00	——
DUAL DATE, BICENTENNIAL REVERSE						
1776-1976	0.90	1.00	2.50	10.00	24.00	140.
1776-1976-D	0.90	1.00	2.00	4.75	21.00	45.00
1776-1976-S 40% silver	2.75	3.50	4.50	6.50	12.00	39.00
PRESIDENTIAL SEAL/EAGLE REVERSE RESUMED						
1977	1.10	1.40	3.00	6.75	21.00	150.
1977-D	1.10	1.40	2.50	6.00	18.00	125.
1978	1.05	1.40	2.50	6.50	18.00	160.
1978-D	1.00	1.25	2.50	6.50	20.00	95.00
1979	0.95	1.00	2.00	5.50	18.00	100.
1979-D	0.95	1.25	2.50	6.00	15.00	95.00
1980-P	0.90	1.00	2.00	5.00	15.00	52.50
1980-D	0.90	1.25	2.00	4.75	21.00	150.
1981-P	1.00	1.50	2.25	5.00	——	50.00
1981-D	0.95	1.40	2.25	4.50	21.00	150.
1982-P	1.10	1.65	2.50	5.00	20.00	——
1982-P No FG	7.00	10.00	14.00	30.00	60.00	——
1982-D	1.25	1.65	2.50	5.00	15.00	55.00
1983-P	1.05	1.35	2.25	——	27.00	200.
1983-D	1.05	1.35	2.25	5.00	15.00	27.00

Bicentennial date, reverse

KENNEDY HALF DOLLAR (CONTINUED)

	MS-60	MS-63	MS-64	MS-65	MS-66	MS-67
1984-P	1.25	1.45	2.25	5.00	15.00	120.
1984-D	1.25	1.45	2.25	——	40.00	180.
1985-P	1.25	1.50	2.25	5.00	15.00	30.00
1985-D	1.25	1.50	2.25	5.00	9.00	25.00
1986-P	2.75	4.00	6.00	9.00	21.00	55.00
1986-D	3.00	3.35	4.50	7.00	24.00	45.00
1987-P	2.15	4.00	6.00	9.00	27.00	40.00
1987-D	2.15	4.00	6.00	10.00	22.00	75.00
1988-P	0.90	1.50	3.00	9.00	13.00	50.00
1988-D	1.00	1.35	2.25	6.00	9.00	70.00
1989-P	1.00	1.50	3.00	9.00	18.00	90.00
1989-D	0.90	1.25	2.25	9.50	32.00	120.
1990-P	0.90	1.25	2.00	15.00	20.00	55.00
1990-D	0.90	2.00	4.00	15.00	23.00	75.00
1991-P	0.90	1.75	3.00	7.00	12.00	50.00
1991-D	0.90	2.00	4.00	11.00	16.00	45.00
1992-P	0.90	1.25	2.00	6.00	8.00	36.00
1992-D	0.90	2.00	4.00	8.00	15.00	45.00
1993-P	0.75	1.25	2.50	10.00	18.00	45.00
1993-D	0.75	1.25	2.25	9.00	17.00	30.00
1994-P	0.75	1.25	2.00	6.00	21.00	33.00
1994-D	0.75	1.25	2.00	6.00	15.00	47.00
1995-P	0.75	1.25	2.25	8.00	10.00	35.00
1995-D	0.75	1.25	2.00	6.00	9.00	30.00
1996-P	0.75	1.25	2.00	9.00	12.00	36.00
1996-D	0.75	1.25	2.00	6.00	9.00	18.00
1997-P	0.75	1.25	2.00	9.00	12.00	36.00
1997-D	0.75	1.25	2.00	6.00	9.00	18.00
1998-P	0.75	1.50	2.00	9.00	12.00	36.00
1998-D	0.75	1.25	2.00	6.00	9.00	18.00
1999-P	0.75	1.50	2.00	9.00	12.00	36.00
1999-D	0.75	1.25	2.00	6.00	9.00	18.00
2000-P	1.00	1.50	2.00	10.00	15.00	40.00
2000-D	0.80	1.25	2.00	6.00	9.00	18.00
2001-P	1.00	1.50	2.00	10.00	15.00	40.00
2001-D	0.80	1.25	2.00	6.00	9.00	18.00

—— = Insufficient pricing data

Flowing Hair dollar

Date of authorization: April 2, 1792
Dates of issue: 1794-1795
Designer/Engraver: Robert Scot
Diameter: 39.50 mm/1.56 inches
Weight: 26.96 grams/0.87 ounce
Metallic Content: 90% silver, 10% copper
Weight of pure silver: 24.26 grams/0.78 ounce
Edge: Lettered (HUNDRED CENTS ONE DOLLAR OR UNIT)
Mint mark: None

	AG-3	G-4	VG-8	F-12	VF-20	EF-40	EF-45	AU-50	AU-55	MS-60
1794	4500.	8750.	15500.	24000.	45000.	80000.	90000.	110000.	150000.	225000.
1795 2 leaves, Head of 1794										
	450.	775.	1000.	1650.	2750.	6000.	7250.	9000.	11000.	22500.
1795 3 leaves, Head of 1795										
	425.	725.	950.	1600.	2650.	5500.	6500.	8500.	9500.	20000.

Draped Bust dollar

Small Eagle

Heraldic Eagle

Date of authorization: April 2, 1792
Dates of issue: 1795-1803
Designers: Obverse: Gilbert Stuart-Robert Scot
Reverse: (1795-1798): Scot-John Eckstein
(1798-1803): Robert Scot
Engraver: Robert Scot
Diameter: 39.50 mm/1.56 inches
Weight: 26.96 grams/0.87 ounce
Metallic Content: 89.25% silver, 10.75% copper
Weight of pure silver: 24.06 grams/0.77 ounce
Edge: Lettered (HUNDRED CENTS ONE DOLLAR OR UNIT)
Mint mark: None

	AG-3	G-4	VG-8	F-12	VF-20	EF-40	EF-45	AU-50	AU-55	MS-60
SMALL EAGLE										
1795	475.	775.	950.	1475.	2450.	4500.	5750.	7500.	12000.	22500.
1796 Small Date, Small Letters BB-63 or BB-66										
	450.	750.	900.	1400.	2400.	4500.	5500.	7500.	12000.	——
1796 Large Date, Small Letters BB-65										
	500.	825.	1000.	1750.	2750.	5000.	6500.	9000.	17500.	——
1796 Small Date, Large Letters BB-61										
	500.	775.	950.	1500.	2500.	4750.	6000.	8000.	13500.	——
1797 Stars 9x7, Small Letters										
	700.	1150.	1750.	2750.	3850.	8250.	12500.	21000.	27500.	——
1797 Stars 9x7, Large Letters										
	350.	700.	950.	1400.	2300.	4250.	5250.	7500.	12000.	——
1797 Stars 10x6										
	350.	725.	1075.	1500.	2750.	5000.	6250.	8500.	13500.	——
1798 13 Stars										
	400.	775.	1075.	1600.	2750.	5000.	7500.	10000.	20000.	——
1798 15 Stars										
	550.	1200.	1700.	2450.	3250.	6000.	8000.	13500.	——	——
HERALDIC EAGLE										
1798	200.	460.	550.	800.	1250.	1600.	2000.	3750.	5000.	10000.
1799	200.	460.	550.	800.	1250.	1600.	1950.	3600.	4950.	10000.
1799/8	200.	475.	575.	825.	1275.	1725.	2150.	4250.	5500.	——
1799 Stars 8x5	250.	550.	650.	900.	1300.	1750.	2500.	5000.	10000.	——
1800	200.	460.	550.	800.	1250.	1600.	2000.	3750.	5000.	12500.
1800 AMERICAI	200.	475.	600.	800.	1250.	1600.	2000.	3750.	5000.	——
1800 Dotted Date	200.	475.	600.	800.	1275.	1650.	2250.	3950.	5250.	——
1801	200.	500.	575.	800.	1325.	2100.	2500.	4100.	5750.	——
1802/1	200.	460.	575.	800.	1250.	2000.	2500.	4200.	5750.	——
1801 Proof restrike, die crack links base of digits to first two stars										
1802	200.	475.	600.	800.	1250.	1750.	1925.	4000.	5250.	12500.
1802 Proof restrike with old-style 180, 1820s style 2 in date Prf 65 $175000.										
1803 Large 3	200.	475.	550.	800.	1250.	1650.	2000.	3750.	5000.	——
1803 Small 3	200.	475.	550.	825.	1250.	1650.	2000.	3850.	5500.	——
1803 Proof restrike with old-style digits Prf 65 $135000.										

1804 Three varieties struck in 1834-5 and 1858   Class I Child's now Proof 68 (PCGS) sold for $4.14 million; Class I Eliasberg now Proof 65 (PCGS) sold for $1.815 million, Class III Flannagan now Proof 58 (PCGS) sold for $874,000.

—— = Insufficient pricing data

Seated Liberty dollar

Date of authorization: Jan. 18, 1837
Dates of issue: 1840-1873
Designers: Obverse: Robert Hughes-Christian
Gobrecht-Thomas Sully
Reverse: John Reich-Christian
Gobrecht
Engraver: Christian Gobrecht
Diameter: 38.10 mm/1.5 inches
Weight: 26.73 grams/0.86 ounce
Metallic Content: 90% silver, 10% copper
Weight of pure silver: 24.06 grams/0.77 ounce
Edge: Reeded
Mint mark: Reverse below eagle

	G-4	VG-8	F-12	VF-20	EF-40	AU-50	AU-55	MS-60	MS-62	MS-63
1840	160.	200.	225.	275.	425.	750.	1250.	2400.	4000.	8250.
1841	125.	150.	170.	215.	325.	550.	750.	1725.	2300.	4500.
1842	125.	150.	170.	210.	300.	550.	725.	1000.	1600.	3000.
1843	125.	150.	170.	210.	300.	550.	800.	1950.	2650.	5300.
1844	160.	240.	290.	345.	475.	750.	1500.	3100.	3900.	8000.
1845	175.	215.	260.	300.	450.	785.	2500.	12000.	26000.	35000.
1846	125.	150.	170.	225.	400.	625.	775.	1450.	2000.	4500.
1846-O	150.	195.	255.	290.	475.	1200.	1800.	4500.	10000.	22500.
1847	125.	150.	170.	200.	300.	550.	725.	1400.	2100.	3750.
1848	275.	305.	425.	550.	700.	1275.	1775.	4650.	5650.	10500.
1849	135.	170.	200.	250.	375.	525.	850.	1500.	2250.	4750.
1850	325.	450.	575.	750.	1100.	2025.	2600.	5500.	9500.	16500.
1850-O	175.	250.	300.	585.	1300.	2750.	5750.	13000.	19000.	27500.
1851 Original MS-60 $27,500; MS-63 $40,000; MS-65 $90,000; Restrike Prf-62 $21,500; Prf-63 $25,000; Prf-64 $35,000										
1852 AU-55 $15,000; MS-60 $20,000; MS-63 $32,500; MS-65 $70,000; Restrike Prf-55 $20,500; Prf-63 $32,500										
1853	160.	200.	275.	350.	510.	750.	1275.	2450.	3000.	6500.
1854	725.	950.	1250.	1800.	3550.	4500.	5300.	6150.	7200.	8900.
1855	625.	825.	1025.	1575.	2950.	3700.	4950.	8000.	15000.	27500.

SEATED LIBERTY DOLLAR (CONTINUED)

	G-4	VG-8	F-12	VF-20	EF-40	AU-50	AU-55	MS-60	MS-62	MS-63
1856	250.	325.	400.	700.	1275.	1700.	2350.	3950.	4750.	7050.
1857	245.	320.	385.	600.	1250.	1800.	1650.	2300.	3300.	5350.
1858 Proofs only	*	*	2900.	3500.	4250.	5000.	5250.	6500.		8000.
1859	225.	260.	325.	375.	525.	1175.	1750.	3150.	3600.	5000.
1859-O	125.	150.	170.	210.	300.	525.	600.	925.	1450.	2450.
1859-S	240.	315.	385.	535.	1075.	3400.	4650.	8000.	16500.	47500.
1860	165.	225.	285.	375.	475.	540.	725.	1400.	1950.	3200.
1860-O	125.	150.	170.	210.	300.	525.	600.	900.	1400.	2400.
1861	500.	635.	725.	825.	1250.	1800.	2300.	2850.	3500.	5350.
1862	475.	625.	675.	775.	1000.	1700.	2250.	3100.	4250.	5500.
1863	200.	260.	350.	480.	750.	1300.	1650.	2550.	3700.	4500.
1864	210.	235.	325.	470.	625.	1400.	1750.	2800.	4050.	6000.
1865	200.	225.	300.	385.	565.	1100.	1600.	2650.	3950.	5500.
1866	——	——	——	——	*	*	*	*	*	*

MOTTO ABOVE EAGLE

	G-4	VG-8	F-12	VF-20	EF-40	AU-50	AU-55	MS-60	MS-62	MS-63
1866	175.	200.	265.	300.	475.	900.	1200.	1750.	2450.	3900.
1867	175.	225.	280.	340.	510.	950.	1350.	2150.	2550.	4850.
1868	160.	185.	240.	335.	475.	925.	1250.	2000.	3250.	6500.
1869	160.	175.	220.	280.	355.	850.	1150.	1550.	2500.	4250.
1870	140.	150.	170.	210.	325.	525.	750.	1225.	1850.	3750.
1870-CC	260.	350.	445.	675.	1450.	2750. •	4250.	10000.	17000.	29500.
1870-S	——	——	60000.	82500.	125000.	200000.	——	300000.	——	600000.
1871	125.	140.	170.	210.	285.	500.	700.	1150.	1550.	2500.
1871-CC	1650.	2450.	3650.	4500.	7500.	17500.	24000.	47500.	——	125000.
1872	125.	140.	170.	210.	285.	525.	725.	1175.	1625.	2600.
1872-CC	750.	1200.	2050.	2750.	4400.	8500.	13500.	30000.	40000.	62500.
1872-S	225.	290.	380.	585.	1200.	2500.	4750.	9750.	15000.	28500.
1873	140.	160.	225.	240.	300.	575.	800.	1200.	1700.	2700.
1873-CC	3250.	4650.	6750.	9250.	18000.	33500.	45000.	75000.	——	——
1873-S Unknown in any collection.										

—— = Insufficient pricing data   * = None issued

Trade dollar

Date of authorization: Feb. 12, 1873
Dates of issue: 1973-1878
Designer/Engraver: William Barber
Diameter: 38.10 mm/1.5 inches
Weight: 27.22 grams/0.88 ounce
Metallic Content: 90% silver, 10% copper
Weight of pure silver: 24.49 grams/0.79 ounce
Edge: Reeded
Mint mark: Reverse below eagle

	F-12	VF-20	EF-40	AU-50	AU-55	MS-60	MS-62	MS-63	MS-64	MS-65
1873	100.	135.	185.	225.	390.	600.	800.	1600.	3850.	8750.
1873-CC	150.	300.	525.	1050.	1500.	3000.	7500.	——	——	——
1873-S	105.	140.	190.	315.	500.	750.	1050.	2100.	3900.	13000.
1874	105.	135.	170.	225.	415.	650.	1000.	1800.	3750.	12500.
1874-CC	100.	160.	225.	375.	525.	1150.	2650.	5250.	8750.	17500.
1874-S	90.00	115.	135.	225.	275.	400.	575.	1400.	4250.	15000.
1875	300.	350.	565.	750.	900.	1250.	2100.	2750.	4500.	13000.
1875-CC	110.	135.	200.	325.	425.	750.	1200.	2650.	7000.	——
1875-S	100.	115.	135.	225.	285.	380.	565.	1175.	2750.	7750.
1875-S/CC	275.	385.	600.	1150.	1400.	2200.	2750.	10000.	19500.	——
1876	90.00	115.	135.	225.	290.	390.	575.	1250.	2900.	7750.
1876-CC	100.	155.	250.	500.	925.	2500.	6000.	19000.	35000.	——
1876-S	90.00	115.	135.	225.	290.	400.	615.	1200.	3100.	9000.
1877	90.00	115.	135.	250.	310.	425.	675.	1300.	3750.	12500.
1877-CC	200.	240.	340.	600.	850.	1200.	1950.	7000.	15000.	——
1877-S	90.00	115.	135.	225.	275.	395.	600.	1200.	2900.	8500.
1878 Proof	*	875.	1000.	1150.	1500.	*	*	*	*	*
1878-CC	600.	875.	1975.	3050.	4250.	7500.	10000.	15750.	27500.	——
1878-S	90.00	115.	135.	225.	295.	415.	625.	1400.	2900.	7750.

—— = Insufficient pricing data   * = None issued

Morgan dollar

Date of authorization: Feb.28, 1878
Dates of issue: 1878-1921
Designer/Engraver: George T. Morgan
Diameter: 38.10 mm/1.5 inches
Weight: 26.73 grams/0.86 ounce
Metallic Content: 90% silver, 10% copper
Weight of pure silver: 24.06 grams/0.77 ounce
Edge: Reeded
Mint mark: Reverse below eagle

Note: MS-63D, MS-64D, MS-65D refer to Deep Mirror Prooflike

MORGAN DOLLAR (CONTINUED)

	G-4	VG-8	F-12	VF-20	EF-40	AU-50	AU-58	MS-60	MS-62	MS-63	MS-63D	MS-64	MS-64D	MS-65	MS-65D
1878 8 Tail Feathers	16.50	18.00	20.00	22.00	24.00	36.00	35.00	80.00	120.	140.	325.	275.	1750.	1350.	5400.
1878 7 Tail Feathers, Reverse of 1878	14.00	15.00	16.00	18.00	20.00	30.00	35.00	45.00	60.00	70.00	165.	185.	450.	450.	5500.
1878 7 Tail Feathers, Reverse of 1879	14.00	15.00	16.00	18.00	20.00	30.00	35.00	55.00	80.00	125.	550.	300.	2650.	2550.	7250.
1878 Strongly Doubled Tailfeathers	15.00	16.00	18.00	21.00	28.00	45.00	60.00	95.00	135.	175.	400.	305.	2200.	2750.	—
1878-CC	20.00	25.00	40.00	45.00	50.00	70.00	80.00	110.	140.	175.	245.	235.	515.	1150.	3300.
1878-S	12.00	13.00	13.50	14.00	16.00	20.00	24.00	30.00	35.00	45.00	125.	60.00	450.	240.	2150.
1878-S Long Nock	75.00	100.	125.	250.	450.	750.	1000.	1500.							
1879	10.00	10.50	12.00	13.00	14.00	16.00	19.00	27.50	35.00	50.00	275.	100.	1450.	925.	6000.
1879-CC	35.00	48.00	72.50	135.	360.	775.	1000.	1450.	2000.	3250.	4250.	4950.	6500.	17250.	—
1879-CC Large CC/Small CC	35.00	48.00	72.50	120.	300.	650.	925.	1400.	1800.	2800.	4500.	4750.	12000.		
1879-O	10.00	10.50	11.50	13.50	15.00	20.00	35.00	65.00	85.00	125.	1200.	350.	2750.	3050.	14000.
1879-S Reverse of 1878	11.00	12.00	15.00	16.00	18.00	35.00	45.00	90.00	175.	325.	3950.	1275.	7000.	6500.	16000.
1879-S	10.25	10.75	11.50	13.00	15.00	17.00	20.00	25.00	27.50	33.00	80.00	55.00	150.	90.00	425.
1880	10.00	10.00	11.50	12.25	14.00	16.00	20.00	24.00	30.00	50.00	265.	85.00	900.	825.	3375.
1880/79-CC Reverse of 1878	40.00	50.00	60.00	75.00	110.	150.	175.	250.	275.	325.	525.	575.	2250.	2250.	12500.
1880-CC	40.00	57.50	75.00	90.00	120.	150.	165.	240.	250.	275.	325.	360.	525.	750.	2750.
1880-O	10.00	10.50	11.50	12.25	14.00	18.00	25.00	55.00	135.	275.	900.	1550.	5250.	15250.	50000.
1880-S	10.00	10.50	11.50	12.50	14.00	16.00	18.00	22.00	25.00	30.00	55.00	50.00	90.00	85.00	425.
1881	11.00	11.25	11.50	12.50	14.00	16.00	18.00	24.00	30.00	40.00	350.	85.00	1250.	825.	10000.
1881-CC	70.00	100.00	135.	150.	175.	190.	205.	240.	250.	260.	325.	335.	425.	600.	1300.
1881-O	10.00	10.50	11.50	12.25	14.00	16.00	18.00	22.00	27.00	35.00	150.	135.	850.	1675.	—
1881-S	10.00	10.50	11.50	12.50	14.00	16.00	18.00	22.00	25.00	30.00	55.00	47.50	135.	82.50	395.
1882	10.00	11.00	11.50	12.25	14.00	16.00	18.00	22.00	27.00	35.00	100.	55.00	500.	460.	4000.
1882-CC	32.50	45.00	50.00	55.00	60.00	70.00	80.00	100.	110.	120.	135.	135.	150.	400.	650.
1882-O	10.50	11.00	11.50	12.25	14.00	16.00	18.00	22.00	26.00	35.00	200.	60.00	600.	725.	4500.
1882-O/S	11.00	12.50	17.00	19.00	23.00	50.00	90.00	150.	375.	975.	—	2800.			
1882-S	10.50	11.00	11.50	13.00	15.00	17.00	20.00	24.00	27.00	31.00	200.	52.00	400.	90.00	1150.

— = Insufficient pricing data   * = None issued

MORGAN DOLLAR (CONTINUED)

	G-4	VG-8	F-12	VF-20	EF-40	AU-50	AU-58	MS-60	MS-62	MS-63	MS-63D	MS-64	MS-64D	MS-65	MS-65D
1883	10.00	10.50	11.50	12.25	14.00	16.00	18.00	22.00	25.00	34.00	125.	55.00	——	150.	675.
1883-CC	30.00	42.50	48.00	52.50	60.00	70.00	80.00	95.00	100.	105.	120.	150.	175.	300.	550.
1883-O	10.50	11.00	11.50	12.25	14.00	16.00	18.00	22.00	24.00	31.00	50.00	50.00	160.	100.	650.
1883-S	11.00	12.00	12.50	14.00	23.00	100.	175.	375.	600.	1425.	13500.	4750.	——	22500.	——
1884	10.50	11.00	11.50	12.25	14.00	16.00	18.00	22.00	25.00	33.00	195.	65.00	650.	235.	1900.
1884-CC	35.00	50.00	55.00	60.00	70.00	75.00	80.00	95.00	100.	110.	125.	135.	160.	290.	625.
1884-O	10.50	11.00	11.50	12.25	14.00	16.00	18.00	22.00	24.00	31.00	50.00	50.00	125.	90.00	525.
1884-S	10.50	11.00	13.00	16.00	34.00	195.	1000.	3200.	7950.	22500.	——	——	——	——	——
1885	10.00	10.50	11.50	12.25	14.00	16.00	18.00	22.00	24.00	31.00	80.00	50.00	125.	125.	525.
1885-CC	190.00	210.00	215.	225.	235.	250.	275.	290.	295.	300.	335.	325.	450.	775.	1250.
1885-O	10.00	10.50	11.50	12.25	14.00	16.00	18.00	22.00	24.00	31.00	50.00	50.00	125.	90.00	450.
1885-S	11.00	12.00	13.50	15.00	19.00	50.00	60.00	100.	150.	190.	1800.	350.	5500.	2200.	——
1886	10.50	11.00	12.00	13.00	14.00	16.00	18.00	22.00	24.00	31.00	65.00	50.00	140.	90.00	575.
1886-O	10.50	11.00	11.50	13.00	16.00	65.00	95.00	350.	950.	2250.	8500.	9000.	40000.	——	——
1886-S	15.00	17.50	20.00	33.00	45.00	70.00	——	135.	200.	265.	1275.	550.	3250.	3075.	——
1887	10.50	11.00	11.50	12.25	14.00	16.00	18.00	22.00	25.00	30.00	50.00	50.00	125.	90.00	500.
1887/6	14.00	16.00	21.00	25.00	42.00	90.00	100.	175.	450.	750.	4000.	1100.	5750.	4250.	16500.
1887-O	10.50	11.00	11.50	12.25	14.00	16.00	23.00	34.00	60.00	100.	365.	275.	1800.	4950.	27500.
1887-S	11.00	12.50	14.50	16.00	18.00	32.00	37.50	67.50	100.	155.	650.	450.	2650.	3500.	8500.
1888	10.00	10.50	11.50	12.25	14.00	16.00	18.00	22.00	24.00	30.00	200.	55.00	325.	185.	1600.
1888-O	10.00	10.50	11.50	12.25	14.00	16.00	18.00	24.00	27.50	35.00	200.	60.00	400.	500.	1500.
1888-O Hot Lips, VAM-4	——	40.00	50.00	50.00	115.	525.	——	——	——	——	——	——	——	——	——
1888-S	15.00	20.00	25.00	30.00	36.00	63.00	85.00	130.	165.	250.	490.	575.	1350.	4000.	9000.
1889	10.00	10.50	11.50	12.25	14.00	16.00	18.00	22.00	24.00	32.00	175.	55.00	575.	360.	2500.
1889-CC	150.00	225.00	300.	550.	1200.	2650.	4250.	7000.	10000.	15000.	20000.	32500.	60000.	5250.	250000.
1889-O	10.00	10.50	11.50	12.25	14.00	29.00	40.00	80.00	120.	225.	900.	575.	2400.	5250.	12500.

—— = Insufficient pricing data   * = None issued

MORGAN DOLLAR (CONTINUED)

	G-4	VG-8	F-12	VF-20	EF-40	AU-50	AU-58	MS-60	MS-62	MS-63	MS-63D	MS-64	MS-64D	MS-65	MS-65D
1889-S	15.00	17.50	22.00	25.00	31.00	50.00	57.50	115.	135.	195.	700.	300.	2050.	1800.	6750.
1890	10.50	11.00	11.50	12.25	14.00	16.00	18.00	22.00	26.00	40.00	265.	135.	1200.	3250.	9500.
1890-CC	35.00	42.50	48.00	52.50	60.00	95.00	125.	300.	335.	425.	500.	725.	1350.	6750.	8000.
1890-O	10.50	11.00	11.50	12.25	14.00	21.00	23.00	30.00	45.00	75.00	200.	180.	1200.	2100.	6500.
1890-S	10.50	11.50	12.50	13.50	14.00	21.00	23.00	37.00	50.00	85.00	400.	175.	1100.	1000.	7000.
1891	10.50	11.00	11.50	12.25	14.00	21.00	25.00	40.00	65.00	125.	1350.	575.	——	7250.	——
1891-CC	30.00	45.00	48.00	52.50	57.50	105.	150.	265.	275.	350.	550.	600.	2350.	2850.	——
1891-O	10.00	10.50	11.50	12.25	14.50	32.00	40.00	80.00	135.	260.	1750.	600.	4250.	6500.	20000.
1891-S	10.00	10.50	12.00	13.00	14.00	21.00	24.00	38.00	70.00	95.00	330.	235.	1250.	1550.	5750.
1892	12.00	14.00	16.00	18.00	25.00	60.00	65.00	120.	175.	275.	475.	625.	2750.	3850.	13500.
1892-CC	40.00	47.50	55.00	75.00	125.	225.	265.	425.	575.	750.	1250.	1350.	3500.	7250.	12000.
1892-O	11.00	12.00	12.50	13.00	17.00	48.00	62.50	85.00	145.	215.	2600.	550.	5500.	6250.	——
1892-S	13.00	15.00	18.00	42.00	185.	1425.	3100.	12750.	28000.	40000.	75000.	50000.	100000.	80000.	135000.
1893	45.00	52.50	72.00	85.00	125.	195.	240.	350.	475.	775.	——	1275.	——	6500.	——
1893-CC	70.00	85.00	135.	240.	550.	825.	950.	1350.	2000.	4250.	7750.	8250.	20000.	50000.	70000.
1893-O	50.00	65.00	95.00	125.	225.	485.	750.	1600.	3000.	6250.	10000.	12000.	42500.	——	——
1893-S	900.00	1050.00	1500.	2100.	4750.	12500.	20000.	30000.	40000.	75000.	——	150000.	——	260000.	——
1894	225.00	300.00	375.	450.	550.	700.	950.	1200.	1600.	3350.	——	5250.	——	18750.	——
1894-O	14.00	16.00	23.00	38.00	50.00	150.	350.	625.	1475.	3150.	——	6750.	——	45000.	——
1894-S	20.00	25.00	30.00	48.00	105.	210.	260.	400.	500.	675.	2950.	1525.	5250.	5400.	——
1895 Proof only	7500.00	9000.00	——	13500.	14500.	16000.	16500.	17000.	18500.	23000.	*	25000.	33000.	——	*
1895-O	75.00	85.00	115.	170.	250.	965.	2050.	9600.	17500.	33500.	——	62500.	——	200000.	——
1895-S	100.00	120.00	160.	215.	480.	700.	900.	1450.	2350.	3550.	4750.	5750.	8000.	19500.	45000.
1896	10.50	11.00	11.50	12.25	14.00	16.00	18.00	22.00	24.00	35.00	77.50	55.00	175.	150.	660.
1896-O	10.50	11.00	14.00	15.00	19.50	110.	140.	850.	3000.	7250.	13500.	30000.	150000.	——	——
1896-S	12.50	15.00	22.00	44.00	175.	385.	415.	750.	1200.	1500.	6750.	2850.	11500.	10000.	20000.
1897	11.00	11.50	12.00	13.00	14.00	16.00	18.00	23.00	26.00	32.00	135.	55.00	265.	285.	2750.

—— = Insufficient pricing data   * = None issued

MORGAN DOLLAR (CONTINUED)

	G-4	VG-8	F-12	VF-20	EF-40	AU-50	AU-58	MS-60	MS-62	MS-63	MS-63D	MS-64	MS-64D	MS-65	MS-65D
1897-O	11.00	11.50	13.00	14.00	21.00	95.00	185.	625.	1850.	4500.	12500.	14250.	25000.	43500.	52500.
1897-S	11.00	11.50	12.00	13.00	15.00	21.00	25.00	37.00	50.00	80.00	175.	120.	265.	575.	1750.
1898	11.00	11.50	12.00	13.00	15.00	18.00	20.00	22.00	24.00	32.00	140.	55.00	225.	225.	1150.
1898-O	11.00	12.00	13.00	14.00	24.00	18.00	20.00	25.00	27.50	34.00	95.00	55.00	140.	95.00	475.
1898-S	11.00	12.00	13.00	15.00	24.00	60.00	70.00	135.	165.	245.	675.	450.	1800.	2100.	——
1899	17.50	22.50	30.00	35.00	43.00	60.00	65.00	70.00	80.00	105.	300.	170.	450.	600.	1925.
1899-O	10.00	10.50	11.50	12.50	14.00	16.00	20.00	30.00	33.00	37.50	125.	55.00	250.	110.	700.
1899-S	11.00	12.00	15.00	18.00	18.00	65.00	75.00	140.	165.	225.	600.	425.	1300.	1900.	7000.
1900	10.00	10.50	12.00	13.00	14.00	16.00	20.00	27.50	30.00	35.00	1475.	55.00	3500.	165.	9000.
1900-O	10.50	11.00	12.00	13.00	14.00	16.00	21.00	30.00	33.00	37.50	400.	55.00	625.	115.	2725.
1900-O/CC	14.00	17.50	25.00	35.00	47.50	95.00	115.	180.	225.	325.	5750.	500.	7250.	1550.	——
1900-S	14.00	15.00	17.00	19.00	29.00	48.00	50.00	100.	135.	200.	1600.	325.	3750.	1450.	8000.
1901	14.00	16.00	18.00	30.00	59.00	250.	435.	1875.	4250.	14500.	——	50000.	——	——	——
1901 Shifted Eagle, VAM-3	——	——	60.00	140.	300.	——	——	——	——	——	——	——	——	——	——
1901-O	9.75	10.50	16.00	13.00	14.00	16.00	19.00	26.00	28.00	35.00	290.	50.00	775.	175.	3300.
1901-S	11.00	12.00	16.00	27.50	47.50	125.	165.	275.	315.	450.	2800.	725.	4500.	4000.	——
1902	10.50	11.00	11.50	12.00	14.00	21.00	23.00	37.50	45.00	71.00	1950.	125.	2750.	450.	16000.
1902-O	10.00	10.50	12.00	13.00	15.00	17.50	19.00	22.00	24.00	31.00	290.	50.00	550.	150.	3700.
1902-S	15.00	20.00	35.00	60.00	85.00	115.	125.	160.	195.	275.	2750.	500.	——	3100.	——
1903	14.00	15.00	15.50	16.00	18.00	20.00	22.00	29.00	35.00	50.00	1100.	65.00	2500.	185.	10000.
1903-O	80.00	92.50	115.	120.	130.	150.	155.	225.	235.	275.	485.	300.	825.	450.	4500.
1903-S	15.00	17.50	26.00	65.00	285.	900.	1350.	2450.	3200.	4250.	8000.	5000.	——	7150.	——
1904	10.50	11.00	12.50	13.00	15.00	32.00	37.50	67.50	95.00	175.	——	500.	——	3950.	——
1904-O	9.75	10.50	12.00	13.00	14.00	16.00	18.00	22.00	24.00	30.00	87.50	50.00	150.	95.00	535.
1904-S	12.50	15.00	20.00	40.00	185.	500.	600.	900.	1225.	1925.	4800.	2825.	6250.	6875.	——
1921	8.75	9.00	10.00	11.00	12.00	12.50	14.00	15.00	16.00	20.00	450.	30.00	1600.	150.	8000.
1921-D	8.75	9.00	10.00	11.00	12.00	12.50	·19.50	27.00	28.00	35.00	1650.	60.00	4500.	260.	——
1921-S	8.75	9.00	10.25	11.25	12.00	12.50	17.50	22.50	30.00	45.00	3000.	135.	8500.	1600.	——

—— = Insufficient pricing data   * = None issued

Peace dollar

Date of authorization: Feb.28, 1878
Dates of issue: 1921-1935
Designer: Anthony deFrancisci
Engraver: George T. Morgan
Diameter: 38.10 mm/1.5 inches
Weight: 26.73 grams/0.86 ounce
Metallic Content: 90% silver, 10% copper
Weight of pure silver: 24.06grams/0.77 ounce
Edge: Reeded
Mint mark: Reverse at lower tip of eagle's wing

	F-12	VF-20	EF-40	AU-50	AU-58	MS-60	MS-62	MS-63	MS-64	MS-65
1921	35.00	42.50	50.00	92.50	105.	130.	150.	225.	575.	2350.
1922	9.00	9.50	10.00	11.00	12.00	14.00	12.25	22.00	40.00	95.00
1922-D	9.00	9.50	10.00	12.00	14.00	17.50	20.00	32.50	60.00	375.
1922-S	9.00	9.50	11.25	12.00	14.00	18.50	27.50	65.00	265.	2175.
1923	9.00	9.50	10.00	11.00	12.00	14.00	15.00	22.00	40.00	95.00
1923-D	9.50	10.00	11.25	15.00	20.00	50.00	65.00	100.	200.	1000.
1923-S	9.50	10.00	11.25	12.00	14.00	19.00	25.00	65.00	200.	5000.
1924	9.50	9.50	10.00	12.00	13.00	14.00	15.00	25.00	50.00	100.
1924-S	9.50	12.00	25.00	45.00	60.00	145.	240.	400.	1050.	6500.
1925	9.00	10.50	11.25	12.00	13.00	15.00	15.00	25.00	45.00	95.00
1925-S	9.50	10.50	11.50	25.00	30.00	48.00	60.00	125.	575.	15000.
1926	9.50	10.50	11.50	15.00	18.00	22.00	26.00	35.00	75.00	310.
1926-D	9.50	10.50	15.00	25.00	30.00	48.00	55.00	110.	225.	525.
1926-S	9.50	10.50	11.25	16.50	19.00	30.00	32.50	50.00	165.	800.
1927	15.00	20.00	25.00	40.00	38.50	48.00	75.00	100.	250.	2000.
1927-D	14.00	17.00	25.00	65.00	80.00	120.	135.	215.	600.	4400.
1927-S	14.00	18.00	22.00	55.00	65.00	95.00	165.	275.	675.	7250.
1928	120.	135.	150.	170.	175.	180.	215.	290.	625.	2850.
1928-S	15.00	17.00	20.00	37.00	50.00	90.00	175.	360.	1600.	18500.
1934	14.00	16.00	20.00	32.50	55.00	62.50	77.50	125.	275.	975.
1934-D	14.00	15.00	18.00	35.00	47.50	75.00	100.	185.	550.	1800.
1934-S	15.00	50.00	130.	425.	625.	1000.	1450.	2150.	3600.	6250.
1935	12.50	13.00	16.00	24.00	30.00	42.00	50.00	70.00	150.	600.
1935-S	12.50	14.00	19.00	65.00	80.00	120.	185.	250.	375.	975.

Eisenhower dollar

Date of authorization:	Dec. 31, 1970	
Dates of issue:	1971-1978	
Designers:	Frank Gasparro	
	(Becentennial Reverse): Dennis R. Williams	
Engraver:	Frank Gasparro	
Diameter:	38.10 mm/1.5 inches	
Weight:	(1971-1978): 22.68 grams/0.73 ounce	
	(1971-1976 Bicentennial Proof and Uncirculated sets only): 24.59 grams/0.79 ounce	
Metallic Content:	(1971-1978): 75% copper, 25% nickel bonded to a core of pure copper	
	(1971-1976 Bicentennial Proof and Uncirculated sets only): 80% silver, 20% copper, bonded to a core of 21.5% silver, 78.5% copper	
Weight of pure silver:	(1971-1976 Bicentennial Proof and Uncirculated sets only): 9.84 grams/0.32 ounce	
Edge:	Reeded	
Mint mark:	Obverse above date	

	MS-60	MS-63	MS-64	MS-65
1971	2.75	5.00	25.00	150.
1971-D	2.50	4.00	7.50	27.50
1971-S 40% silver	3.50	7.50	10.00	15.00
1971-S 40% silver Proof	3.50	6.00	12.00	20.00
1972 High Relief Earth	2.50	10.00	20.00	150.
1972 Low Relief Earth	5.00	20.00	40.00	300.
1972-D	2.50	3.00	6.00	45.00
1972-S 40% silver	4.00	6.00	8.00	12.00

—— = Insufficient pricing data

EISENHOWER DOLLAR (CONTINUED)

1972-S 40% silver Proof	5.00	7.50	10.00	15.00
1973	3.50	7.50	12.00	50.00
1973-D	3.50	6.75	12.00	42.00
1973-S copper-nickel clad (Proof Only)	2.50	6.00	8.00	10.00
1973-S 40% silver	4.00	7.50	10.00	15.00
1973-S 40% silver Proof	10.00	15.00	20.00	50.00
1974	2.00	3.00	15.00	60.00
1974-D	2.00	3.00	6.00	25.00
1974-S copper-nickel clad (Proof Only)	2.50	4.00	6.00	10.00
1974-S 40% silver	4.00	7.50	10.00	15.00
1974-S 40% silver Proof	4.00	6.00	8.00	10.00

Bicentennial date, reverse

DUAL DATE, BICENTENNIAL REVERSE				
1776-1976 Bold Reverse Letters	3.00	4.00	7.00	150.
1776-1976 Thin Reverse Letters	2.00	2.50	7.00	35.00
1776-1976-D Bold Reverse Letters	2.75	3.50	15.00	75.00
1776-1976-D Thin Reverse Letters	2.25	2.50	10.00	25.00
1776-1976-S Bold Reverse Letters, copper-nickel clad (Proof Only)				
	3.00	6.00	8.00	10.00
1776-1976-S Thin Reverse Letters, copper-nickel clad (Proof Only)				
	3.00	6.00	8.00	10.00
1776-1976-S 40% silver	8.00	10.00	15.00	20.00
1776-1976-S 40% silver Proof	7.50	10.00	15.00	20.00
MOON LANDING REVERSE RESUMED				
1977	3.00	4.00	7.00	35.00
1977-D	2.50	3.50	5.00	25.00
1977-S copper-nickel clad (Proof Only)	3.00	6.00	8.00	10.00
1978	2.25	2.50	5.00	35.00
1978-D	2.50	3.75	6.00	25.00
1978-S copper-nickel clad (Proof Only)	3.50	8.00	10.00	12.50

* = None issued

Anthony dollar

Date of authorization: Oct. 10, 1978
Dates of issue: 1979-1981, 1999
Designer/Engraver: Frank Gasparro
Diameter: 26.50 mm/1.05 inches
Weight: 8.10 grams/0.26 ounce
Metallic Content: 75% copper, 25% nickel bonded to a core of pure copper
Edge: Reeded
Mint mark: Obverse left of bust

	MS-60	MS-63	MS-64	MS-65
1979-P Near Date	3.50	7.00	9.00	25.00
1979-P	1.25	2.00	4.00	12.50
1979-D	1.25	2.25	5.00	10.00
1979-S	1.20	2.00	4.00	8.00
1979-S Clear S (Proof)	60.00	100.	125.	150.
1980-P	1.25	2.00	4.00	12.00
1980-D	1.25	2.00	4.00	12.00
1980-S	1.25	2.00	4.00	10.00
1981	3.00	4.00	15.00	75.00
1981-D	2.50	4.00	10.00	30.00
1981-S	2.75	4.00	20.00	65.00
1981-S Clear S (Proof)	75.00	110.	140.	175.
1999-P	——	——	——	2.00
1999-D	——	——	——	2.00
1999-P (Proof)	——	——	——	5.00

—— = Insufficient pricing data

Sacagawea dollar

Date of authorization: Dec. 1, 1997
Dates of issue: 2000
Designer/Engraver: Obverse: Glenna Goodacre
Reverse: Thomas Rogers
Diameter: 26.50mm/1.05 inches
Weight: 8.1 grams/0.20 ounce
Metallic Content: 77% copper, 12% zinc, 7% manganese,
4% nickel, bonded to a core of
pure copper
Edge: Plain
Mint mark: Obverse below date

	MS-60	MS-63	MS-64	MS-65
2000	——	——	——	2.00
2000-D	——	——	——	2.00
2000-S Proof only	——	——	——	12.00
2001	——	——	——	1.75
2001-D	——	——	——	1.75
2001-S Proof only	——	——	——	10.00

—— = Insufficient pricing data

Coronet gold dollars

Enlarged to show detail

Date of authorization: Jan. 18, 1837
Dates of issue: 1849-1954
Designer/Engraver: James B. Longacre
Diameter: 13.00mm/0.51inch
Weight: 1.67 grams/0.05
Metallic Content: 90% gold, 10% copper and silver
Weight of pure gold: 1.50 grams/0.05 ounce
Edge: Reeded
Mint mark: Reverse below wreath

	F-12	VF-20	EF-40	AU-50	AU-55	MS-60	MS-62	MS-63	MS-64	MS-65
1849 Open Wreath, L, Small Head										
	120.	140.	180.	205.	250.	360.	775.	1500.	3000.	6750.
1849 Open Wreath, No L, Small Head										
	130.	150.	215.	285.	375.	600.	1250.	1950.	3150.	7000.
1849 Open Wreath, Large Head										
	120.	140.	165.	200.	250.	360.	600.	1450.	2250.	5750.
1849 Closed Wreath										
	120.	140.	165.	190.	250.	360.	600.	1450.	2000.	5750.
1849-C Closed Wreath										
	300.	525.	1100.	2500.	4000.	8250.	12500.	19750.	——	——
1849-C Open Wreath										
	175000.			——	——	——	——	——	——	——
1849-D	265.	500.	900.	1650.	2650.	4500.	6750.	12650.	20500.	41500.
1849-O	130.	165.	225.	325.	525.	1050.	1900.	3250.	6500.	15750.
1850	125.	155.	175.	185.	250.	350.	550.	1200.	3000.	8250.
1850-C	375.	575.	1150.	2250.	5500.	9250.	14500.	22500.	——	——
1850-D	345.	575.	1275.	2400.	5250.	9250.	17500.	27500.	——	——
1850-O	225.	290.	400.	800.	1450.	3750.	4250.	6500.	14500.	27500.
1851	120.	145.	175.	185.	220.	300.	500.	950.	1850.	5250.
1851-C	275.	450.	650.	975.	1500.	2300.	3150.	5500.	15500.	30000.
1851-D	280.	505.	950.	1975.	2700.	5000.	8250.	11000.	20000.	41000.
1851-O	140.	160.	225.	300.	400.	675.	1100.	2500.	5850.	16500.
1852	120.	140.	175.	185.	220.	300.	475.	950.	1350.	4750.
1852-C	270.	450.	925.	1600.	2500.	4250.	7000.	11500.	20000.	32500.
1852-D	340.	575.	1250.	2025.	3750.	8500.	18000.	——	——	——
1852-O	130.	170.	235.	430.	950.	1500.	2400.	4400.	11500.	26500.

—— = Insufficient pricing data

CORONET GOLD DOLLAR (CONTINUED)

	F-12	VF-20	EF-40	AU-50	AU-55	MS-60	MS-62	MS-63	MS-64	MS-65
1853	120.	130.	175.	185.	220.	275.	425.	925.	1200.	4500.
1853-C	245.	535.	1100.	1750.	2500.	5750.	8500.	14500.	28000.	——
1853-D	340.	625.	1200.	2250.	4500.	9000.	17500.	30000.	——	——
1853-O	130.	160.	190.	275.	415.	700.	1275.	2950.	6500.	14000.
1854	120.	140.	175.	175.	220.	300.	475.	950.	1400.	6750.
1854-D	550.	900.	2100.	4650.	8250.	11500.	19500.	——	——	——
1854-S	275.	350.	490.	650.	1100.	2300.	3350.	6750.	15000.	25500.

—— = Insufficient pricing data

Indian Head gold dollar

Date of authorization: Jan. 18, 1837
Dates of issue: 1854-1889
Designer/Engraver: James B. Longacre
Diameter: 14.86mm/0.59inch
Weight: 1.67 grams/0.05 ounce
Metallic Content: 90% gold, 10% copper and silver
Weight of pure gold: 1.50 grams/0.95 ounce
Edge: Reeded
Mint mark: Reverse below wreath

Small Head   Large Head

	F-12	VF-20	EF-40	AU-50	AU-55	MS-60	MS-62	MS-63	MS-64	MS-65
SMALL										
1854	225.	325.	400.	675.	1100.	2500.	6250.	13500.	20000.	42500.
1855	225.	325.	405.	625.	1100.	2500.	6500.	14000.	20000.	42500.
1855-C	685.	1300.	2950.	6000.	12500.	20500.	——	——	——	——
1855-D	1400.	2400.	5750.	12500.	19500.	30000.	57500.	——	——	——
1855-O	300.	385.	675.	1075.	1750.	5400.	12500.	25000.	40000.	——
1856-S	350.	675.	1050.	1750.	2900.	6500.	15000.	——	——	——
LARGE										
1856 Upright 5	130.	140.	175.	300.	350.	650.	800.	1200.	1800.	4750.
1856 Slant 5	125.	130.	150.	185.	195.	265.	395.	1050.	1475.	3450.
1856-D	2450.	3750.	5000.	7150.	10750.	34000.	——	——	——	——
1857	115.	130.	145.	180.	195.	260.	425.	900.	1475.	3450.
1857-C	300.	525.	1350.	3950.	6350.	12250.	——	——	——	——
1857-D	385.	900.	1800.	4400.	6500.	12000.	17500.	——	——	——
1857-S	300.	450.	575.	1100.	1850.	5500.	8750.	22000.	——	——
1858	115.	130.	160.	185.	205.	270.	550.	975.	1800.	4250.
1858-D	515.	700.	1375.	3000.	4650.	10000.	17500.	27500.	45000.	65000.

—— = Insufficient pricing data

	F-12	VF-20	EF-40	AU-50	AU-55	MS-60	MS-62	MS-63	MS-64	MS-65
1858-S	275.	340.	450.	1150.	1600.	5250.	8850.	——	——	——
1859	125.	140.	155.	180.	210.	270.	515.	925.	1600.	3600.
1859-C	305.	450.	1800.	4000.	8500.	17250.	26500.	37500.	60000.	125000.
1859-D	600.	700.	1400.	2700.	5150.	10750.	17500.	30000.	——	——
1859-S	200.	250.	450.	1350.	2100.	5850.	9750.	19000.	——	——
1860	135.	145.	165.	180.	235.	435.	585.	1250.	2250.	4400.
1860-D	1650.	2400.	3850.	6400.	10750.	25000.	——	——	——	——
1860-S	255.	300.	450.	625.	950.	2350.	3750.	7250.	14750.	27500.
1861	115.	130.	145.	160.	210.	255.	535.	800.	1300.	3500.
1861-D	4250.	5750.	8500.	17500.	22500.	32000.	42500.	65000.	97500.	125000.
1862	115.	130.	145.	160.	205.	250.	400.	750.	1150.	2600.
1863	325.	425.	1000.	2150.	2750.	4000.	5000.	8000.	12000.	18000.
1864	260.	315.	335.	525.	675.	1050.	1600.	2350.	3650.	7600.
1865	275.	375.	425.	575.	775.	1550.	2400.	3300.	4500.	8750.
1866	260.	315.	375.	415.	550.	800.	1100.	2000.	2525.	5500.
1867	290.	380.	400.	575.	675.	875.	1075.	2050.	2625.	6000.
1868	245.	250.	300.	390.	545.	775.	1000.	1950.	2425.	5950.
1869	285.	325.	370.	525.	650.	775.	1200.	2300.	3050.	6250.
1870	220.	240.	285.	375.	435.	575.	975.	1775.	2225.	4500.
1870-S	270.	400.	675.	1100.	1450.	2750.	4250.	7750.	14500.	32500.
1871	220.	240.	280.	355.	425.	550.	950.	1750.	2175.	4050.
1872	225.	250.	325.	390.	475.	900.	1625.	2500.	3600.	5750.
1873 Closed 3	300.	375.	700.	1000.	1250.	1750.	2750.	5250.	10000.	22500.
1873 Open 3	115.	130.	140.	160.	185.	275.	535.	835.	1100.	2000.
1874	115.	130.	140.	160.	185.	250.	450.	675.	950.	1875.
1875	1700.	2200.	3450.	4100.	4750.	5250.	6500.	8250.	13000.	28000.
1876	185.	230.	275.	375.	455.	535.	710.	1000.	2025.	4100.
1877	140.	180.	250.	360.	440.	550.	660.	850.	1925.	4250.
1878	175.	190.	270.	350.	455.	590.	625.	900.	1975.	3250.
1879	140.	170.	215.	275.	300.	485.	645.	835.	1450.	2950.
1880	130.	140.	170.	190.	205.	350.	485.	835.	1275.	2100.
1881	130.	140.	170.	190.	205.	350.	485.	800.	1075.	2400.
1882	140.	145.	180.	205.	220.	350.	485.	800.	1100.	2100.
1883	130.	140.	170.	190.	205.	350.	485.	800.	1000.	2100.
1884	130.	140.	170.	190.	205.	350.	485.	800.	1100.	2400.
1885	130.	140.	170.	190.	205.	350.	485.	800.	1025.	2100.
1886	130.	140.	170.	200.	225.	365.	485.	800.	1600.	2600.
1887	130.	140.	170.	190.	200.	350.	475.	725.	975.	2150.
1888	130.	140.	170.	190.	200.	350.	475.	725.	975.	2000.
1889	130.	140.	170.	190.	200.	325.	475.	675.	900.	1675.

Capped Bust $2.50 quarter eagle

No Stars obverse

With Stars obverse

Date of authorization: April 2, 1792
Dates of issue: 1796-1807
Designer/Engraver: Robert Scot
Diameter: 20.00mm/0.79 inch
Weight: 4.37 grams/0.14 ounce
Metallic Content: 91.67% gold, 8.33% copper and silver
Weight of pure gold: 4.01 grams/0.13 ounce
Edge: Reeded
Mint mark: None

	F-12	VF-20	EF-40	EF-45	AU-50	AU-55	AU-58	MS-60
1796 No Stars	12500.	22000.	38000.	45000.	65000.	75000.	105000.	135000.
1796 Stars	8750.	15000.	25000.	40000.	45000.	60000.	——	115000.
1797	8250.	12000.	14000.	17500.	32500.	52500.	——	125000.
1798	3400.	4750.	7500.	13500.	22500.	35000.	38000.	45000.
1802/1	2950.	4250.	5750.	6750.	8500.	13000.	15500.	19500.
1804 13 Stars	20000.	35000.	60000.	80000.	125000.	165000.	225000.	——
1804 14 Stars	3250.	4500.	5750.	7250.	10500.	13250.	15750.	25000.
1805	2950.	4600.	6000.	7250.	9000.	11500.	13500.	23500.
1806/4	3150.	4500.	6000.	——	8500.	11500.	14750.	22500.
1806/5	7000.	15500.	——	30000.	37500.	52500.	——	——
1807	2750.	4250.	5500.	6750.	8250.	11250.	13750.	19500.

—— = Insufficient pricing data

Capped Draped Bust
$2.50 quarter eagle

Date of authorization: April 2, 1792
Dates of issue: 1808
Designer/Engraver: John Reich
Diameter: 20.00mm/0.79 inch
Weight: 4.37 grams/0.14 ounce
Metallic Content: 91.67% gold, 8.33% copper and silver
Weight of pure gold: 4.01 grams/0.13 ounce
Edge: Reeded
Mint mark: None

	F-12	VF-20	EF-40	EF-45	AU-50	AU-55	AU-58	MS-60
1808	9250.	15500.	22000.	27500.	37500.	45000.	52500.	60000.

—— = Insufficient pricing data

Capped Head $2.50 quarter eagle

Date of authorization: April 2, 1792
Dates of issue: 1821-1834
Designers: Obverse: John Reich-Robert Scot
Reverse: John Reich
Engravers: Obverse: Robert Scot
Reverse: John Reich
Diameter: (1821-1827): 18.50mm/0.73 inch
(1829-1834): 18.20mm/0.72 inch
Weight: 4.37 grams/0.14 ounce
Metallic Content: 91.67% gold, 8.33% copper and silver
Weight of pure gold: 4.01 grams/0.13 ounce
Edge: Reeded
Mint mark: None

	F-12	VF-20	EF-40	EF-45	AU-50	AU-55	AU-58	MS-60	MS-62	MS-63
1821	3000.	3425.	4650.	5500.	6750.	12000.	15000.	18750.	28250.	42500.
1824/1	2950.	3400.	4550.	5000.	6000.	8500.	10250.	16000.	22500.	27500.
1825	2900.	3450.	4450.	4800.	5750.	6750.	8500.	14500.	21750.	27500.
1826	3650.	4500.	5500.	6500.	11000.	18500.	25000.	37500.	——	——
1827	3750.	4450.	5150.	6000.	7500.	11000.	13500.	17500.	26500.	30000.
REDUCED DIAMETER										
1829	2700.	3250.	4325.	5250.	6500.	7250.	8250.	10250.	15000.	22500.
1830	2800.	3350.	4350.	5250.	6500.	7250.	8000.	10500.	13500.	18500.
1831	2850.	3375.	4400.	5250.	6500.	7250.	8250.	11000.	14000.	19500.
1832	2800.	3350.	4350.	5250.	6500.	7500.	9000.	12000.	16500.	22500.
1833	3050.	3500.	4500.	5500.	6750.	7750.	9250.	13000.	19000.	26500.
1834	6750.	10000.	14000.	17500.	20000.	22500.	27500.	35000.	——	——

—— = Insufficient pricing data

Classic Head $2.50 quarter eagle

Date of authorization: June 28, 1834, Jan. 18, 1837
Dates of issue: 1834-1839
Designers: Obverse: William Kneass
Reverse: John Reich-William Kneass
Engraver: William Kneass
Diameter: 18.20mm/0.72 inch
Weight: 4.18 grams/0.13 ounce
Metallic Content: (1834-1836): 89.92% gold,
10.08% copper and silver
(1837-1839): 90% gold,
10% copper and silver
Weight of pure gold: (1834-1836): 3.758 grams/0.12 ounce
(1837-1839): 3.762 grams/0.12 ounce
Edge: Reeded
Mint mark: 1838-1839 only, obverse above

	F-12	VF-20	EF-40	EF-45	AU-50	AU-55	AU-58	MS-60	MS-62	MS-63
1834	250.	300.	450.	525.	625.	900.	1325.	1750.	2950.	5250.
1835	250.	300.	475.	550.	650.	950.	1350.	2200.	4250.	8750.
1836	250.	300.	450.	525.	600.	925.	1325.	1950.	3100.	5500.
1837	250.	300.	475.	575.	725.	1100.	1550.	2750.	4400.	10000.
1838	250.	300.	450.	550.	700.	1000.	1450.	2150.	3850.	6750.
1838-C	575.	1150.	2250.	3400.	5850.	10000.	15000.	21500.	29500.	40000.
1839/8	275.	325.	650.	850.	1750.	3100.	4250.	6000.	—	—
1839-C	475.	900.	1900.	2400.	3600.	7500.	10750.	19250.	30000.	45000.
1839-D	550.	1150.	2600.	3850.	5500.	9250.	13500.	22500.	35000.	47500.
1839-O	350.	450.	875.	1100.	1500.	2600.	3600.	5250.	11500.	22000.

——— = Insufficient pricing data

Coronet $2.50 quarter eagle

Date of authorization: Jan. 18, 1837
Dates of issue: 1840-1907
Designers: Obverse: Christian Gobrecht
Reverse: Christian Gobrecht-John
Reich-William Kneass
Engraver: Christian Gobrecht
Diameter: 18.20mm/0.72 inch
Weight: 4.18 grams/0.13 ounce
Metallic Content: 90% gold, 10% copper
Weight of pure gold: 3.76 grams/0.12 ounce
Edge: Reeded
Mint mark: Reverse below eagle

	F-12	VF-20	EF-40	EF-45	AU-50	AU-55	AU-58	MS-60	MS-62	MS-63
1840	160.	290.	775.	1500.	3350.	4150.	4850.	7000.	——	——
1840-C	355.	650.	1200.	2100.	4500.	7250.	9750.	13500.	27500.	——
1840-D	1000.	2750.	8500.	11500.	15000.	24000.	32500.	——	——	——
1840-O	190.	330.	725.	1150.	1900.	3000.	5750.	9500.	17000.	——
1841 Proof only	——	——	50000.	——	75000.	——	100000.	——	——	175000.
1841-C	325.	650.	1200.	1800.	3250.	6500.	12000.	18000.	45000.	——
1841-D	625.	1200.	3000.	5000.	10000.	14750.	18500.	25500.	47500.	——
1842	330.	800.	3100.	3800.	7000.	15000.	——	——	——	——
1842-C	575.	1150.	2350.	4100.	8500.	12500.	16500.	24000.	——	——
1842-D	700.	1400.	2800.	6500.	10500.	17500.	25000.	——	——	——
1842-O	250.	525.	1250.	1750.	2950.	6000.	9500.	15000.	——	——
1843	145.	160.	230.	265.	400.	700.	1000.	1800.	2750.	3650.
1843-C Lg. Date	500.	625.	1075.	1550.	3400.	5750.	7000.	8750.	17500.	22500.
1843-C Small Date	1075.	2000.	4500.	5500.	8750.	12500.	16750.	22500.	42500.	——
1843-D	415.	575.	1100.	1400.	2500.	3950.	6250.	9500.	22500.	——
1843-O Lg. Date	225.	325.	500.	1000.	2300.	4600.	6250.	9000.	13500.	28500.
1843-O Sm. Date	155.	190.	265.	325.	425.	750.	1100.	1825.	2750.	6000.
1844	275.	490.	900.	1225.	2250.	3950.	——	——	——	——
1844-C	400.	875.	1550.	2600.	6500.	10000.	13500.	21500.	——	——
1844-D	365.	600.	1175.	1350.	2100.	3600.	5150.	8750.	16000.	30000.
1845	150.	220.	290.	330.	475.	750.	825.	1500.	2600.	4150.
1845-D	400.	700.	1200.	1650.	2750.	5500.	8500.	14000.	——	——
1845-O	550.	1150.	2375.	3050.	5750.	9000.	12500.	18000.	——	——
1846	215.	365.	525.	600.	1150.	2100.	2950.	6250.	——	——
1846-C	575.	950.	2350.	4150.	9250.	12500.	15000.	20000.	27500.	45000.

—— = Insufficient pricing data

	F-12	VF-20	EF-40	EF-45	AU-50	AU-55	AU-58	MS-60	MS-62	MS-63
1846-D	445.	675.	1025.	1500.	2600.	5500.	7500.	11000.	——	——
1846-O	160.	280.	480.	575.	1050.	1950.	3750.	5850.	17500.	——
1847	140.	235.	420.	525.	975.	1600.	2500.	4250.	6500.	11000.
1847-C	420.	590.	1075.	1475.	1950.	3400.	4750.	7500.	10750.	18500.
1847-D	430.	715.	1100.	1475.	2075.	4950.	8000.	10500.	18500.	——
1847-O	150.	275.	445.	590.	1050.	2200.	3000.	4650.	11500.	——
1848	300.	525.	950.	1200.	1750.	2750.	3850.	6250.	9000.	17250.
1848 CAL.	7000.	9000.	15000.	17000.	19000.	24500.	27250.	32500.	38000.	57500.
1848-C	400.	625.	1300.	1850.	3000.	5750.	8750.	13500.	27500.	——
1848-D	425.	600.	1150.	1700.	2500.	4250.	6750.	9750.	17500.	——
1849	145.	255.	450.	565.	1000.	1600.	2500.	3100.	4950.	——
1849-C	410.	700.	1550.	2500.	4500.	9500.	12500.	20000.	60000.	——
1849-D	430.	775.	1275.	1850.	3500.	7250.	10000.	17500.	35000.	——
1850	135.	160.	195.	225.	305.	600.	850.	1250.	2200.	3350.
1850-C	375.	775.	1400.	2250.	3500.	7500.	11750.	18500.	——	——
1850-D	375.	700.	1300.	1850.	3300.	7000.	11000.	15000.	——	——
1850-O	160.	250.	350.	475.	1500.	2250.	3000.	4750.	7000.	14000.
1851	135.	150.	180.	190.	215.	265.	315.	370.	775.	1850.
1851-C	350.	700.	1250.	1850.	4250.	7500.	10750.	14000.	30000.	——
1851-D	400.	800.	1400.	1950.	3450.	6950.	8750.	13500.	——	——
1851-O	145.	165.	325.	425.	850.	2250.	3350.	5050.	9750.	15500.
1852	135.	160.	190.	200.	240.	275.	325.	375.	750.	1850.
1852-C	400.	700.	1450.	2400.	4200.	8750.	12500.	——	——	——
1852-D	485.	1050.	2800.	3750.	7500.	11250.	15000.	22000.	45000.	——
1852-O	145.	185.	300.	400.	975.	1400.	2600.	5250.	10500.	15000.
1853	135.	150.	170.	180.	205.	255.	305.	365.	775.	1800.
1853-D	625.	1400.	2500.	3000.	5000.	8750.	11750.	17500.	——	——
1854	135.	150.	170.	180.	205.	255.	305.	380.	750.	2100.
1854-C	400.	825.	1800.	2950.	4250.	7750.	10750.	16000.	37500.	——
1854-D	1900.	2850.	7000.	8000.	14750.	19500.	25000.	36500.	70000.	——
1854-O	150.	200.	250.	285.	425.	735.	1025.	1650.	2650.	——
1854-S	——	——	——	——	——	——	——	——	——	——
1855	135.	150.	180.	190.	215.	265.	325.	385.	850.	2450.
1855-C	620.	1350.	3250.	4250.	6000.	15000.	20000.	35000.	——	——
1855-D	1900.	3900.	7750.	10500.	18500.	30000.	——	——	——	——
1856	125.	150.	180.	190.	205.	250.	305.	355.	750.	2250.
1856-C	490.	900.	2000.	2900.	4500.	8250.	11500.	15000.	25000.	——
1856-D	3950.	5500.	10100.	12650.	22500.	35000.	42500.	55000.	——	——
1856-O	175.	350.	675.	875.	1350.	2950.	4250.	7500.	——	——
1856-S	150.	205.	415.	650.	1275.	2000.	3250.	5850.	8250.	12500.
1857	135.	150.	185.	195.	205.	255.	305.	360.	900.	2500.
1857-D	500.	1000.	2000.	2600.	3300.	7500.	14000.	17500.	27500.	——
1857-O	155.	180.	350.	525.	1175.	2150.	3250.	5400.	7950.	16000.
1857-S	150.	180.	375.	500.	1000.	2500.	4750.	8250.	10500.	——
1858	135.	155.	220.	260.	350.	575.	800.	1400.	2400.	3250.
1858-C	340.	600.	1250.	1750.	2950.	4300.	6500.	9750.	20500.	——

—— = Insufficient pricing data

CORONET $2.50 QUARTER EAGLE (CONTINUED)

	F-12	VF-20	EF-40	EF-45	AU-50	AU-55	AU-58	MS-60	MS-62	MS-63
1859 Reverse of 1858	185.	225.	400.	475.	875.	1250.	2000.	3700.	6250.	12500.
1859 Reverse of 1859-1907	135.	155.	270.	350.	500.	625.	800.	1250.	2300.	3400.
1859-D	550.	1250.	2350.	2600.	4200.	8750.	12500.	25500.	——	——
1859-S	225.	500.	825.	1200.	2700.	3675.	4500.	8500.	11000.	16500.
1860 Reverse of 1858	1600.	1900.	2375.	2950.	3850.	4750.	6500.	10500.	——	——
1860 Small Letters & Arrowhead, Reverse of 1859-1907	135.	155.	255.	345.	475.	575.	775.	1100.	1850.	3050.
1860-C	375.	850.	1750.	2250.	3500.	7500.	12250.	25000.	——	60000.
1860-S	195.	300.	700.	875.	1225.	2150.	2850.	4200.	7500.	15000.
1861 Reverse of 1858	600.	1000.	1450.	1650.	2250.	2750.	3250.	5000.	8000.	12750.
1861 Reverse of 1859-1907	135.	150.	185.	195.	205.	240.	290.	345.	625.	975.
1861-S	210.	425.	950.	1750.	3500.	5250.	——	——	——	——
1862	140.	170.	255.	350.	500.	600.	900.	1500.	2750.	4200.
1862/1	600.	1000.	2200.	2750.	3500.	4500.	7250.	12000.	——	——
1862-S	485.	950.	2000.	2850.	4250.	8500.	9750.	19500.	——	——
1863 Proofs Only Prf 60 $17000 Prf 63(PCGS) $30800 Prf 64 $47500.										
1863-S	400.	650.	1700.	2900.	4450.	9500.	12500.	19000.	——	——
1864	2750.	5500.	14000.	21000.	27500.	——	——	——	——	——
1865	2200.	4500.	9250.	15500.	22000.	——	35000.	——	——	——
1865-S	180.	285.	625.	1250.	1600.	2350.	3250.	5750.	——	——
1866	650.	1350.	3500.	4400.	7000.	9750.	11500.	16500.	27500.	——
1866-S	195.	325.	950.	1350.	1950.	3600.	4500.	9750.	——	25500.
1867	200.	385.	575.	825.	1400.	1800.	2650.	3600.	4850.	8750.
1867-S	190.	270.	600.	850.	1650.	2250.	3150.	4950.	——	14000.
1868	160.	205.	345.	425.	615.	925.	1500.	2800.	——	10000.
1868-S	160.	190.	475.	650.	1100.	1850.	3250.	5750.	7500.	13500.
1869	165.	210.	375.	515.	700.	1400.	2100.	3500.	6400.	10500.
1869-S	175.	235.	450.	575.	1350.	1850.	3000.	5500.	——	14000.
1870	155.	195.	350.	475.	650.	1150.	2250.	3250.	5250.	10250.
1870-S	160.	200.	425.	500.	1000.	1650.	2750.	5150.	9000.	——
1871	160.	200.	300.	390.	500.	1000.	1250.	2250.	2700.	4250.
1871-S	155.	175.	340.	400.	525.	925.	1200.	2350.	2850.	4650.
1872	250.	425.	650.	800.	1250.	2600.	3500.	6000.	——	——
1872-S	165.	225.	490.	550.	1225.	1750.	2850.	5000.	7250.	12000.
1873 Closed 3	140.	165.	185.	200.	250.	350.	450.	625.	1100.	2200.
1873	135.	150.	175.	180.	190.	240.	290.	345.	675.	925.
1873-S	170.	220.	475.	525.	1100.	1400.	1750.	2500.	4250.	9000.
1874	180.	230.	365.	405.	725.	1150.	1300.	2650.	4200.	7850.
1875	2500.	3500.	4650.	5500.	7500.	9650.	14500.	19000.	——	——
1875-S	145.	190.	350.	400.	625.	1000.	1900.	4050.	5900.	10500.
1876	170.	320.	535.	650.	1100.	1950.	2750.	3550.	4250.	10500.
1876-S	145.	215.	525.	650.	1075.	2025.	2350.	3900.	5100.	11500.
1877	305.	385.	540.	625.	875.	1275.	2200.	2750.	3650.	7750.

—— = Insufficient pricing data

CORONET $2.50 QUARTER EAGLE (CONTINUED)

	F-12	VF-20	EF-40	EF-45	AU-50	AU-55	AU-58	MS-60	MS-62	MS-63
1877-S	140.	155.	175.	185.	220.	280.	325.	750.	1850.	2600.
1878	135.	150.	165.	170.	180.	210.	255.	325.	550.	800.
1878-S	135.	150.	170.	180.	200.	235.	280.	385.	900.	2400.
1879	135.	150.	165.	170.	185.	220.	270.	345.	550.	1475.
1879-S	140.	170.	225.	425.	850.	1200.	1600.	2200.	2700.	5800.
1880	155.	225.	290.	350.	475.	675.	1150.	1300.	1800.	3500.
1881	725.	1650.	2450.	2900.	4250.	5250.	6500.	10500.	22500.	——
1882	180.	220.	255.	280.	390.	425.	575.	725.	1500.	2750.
1883	180.	245.	475.	550.	800.	1100.	575.	1900.	3250.	6250.
1884	180.	230.	385.	410.	525.	725.	600.	1700.	2000.	3100.
1885	400.	750.	1500.	1750.	2250.	2650.	3250.	4200.	5750.	7250.
1886	165.	210.	275.	315.	450.	625.	850.	1275.	1650.	3000.
1887	165.	190.	220.	245.	350.	400.	500.	1050.	1500.	2850.
1888	165.	180.	195.	210.	255.	280.	350.	500.	575.	875.
1889	165.	180.	195.	205.	220.	250.	325.	435.	550.	875.
1890	165.	180.	195.	205.	230.	265.	350.	530.	750.	900.
1891	165.	180.	190.	200.	210.	240.	300.	425.	625.	1000.
1892	165.	205.	275.	310.	485.	560.	700.	950.	1250.	2600.
1893	145.	160.	185.	195.	205.	230.	290.	400.	565.	850.
1894	155.	180.	270.	295.	375.	425.	500.	635.	1100.	1750.
1895	135.	145.	190.	200.	230.	255.	350.	450.	525.	1000.
1896	135.	145.	165.	170.	180.	190.	230.	325.	450.	800.
1897	135.	150.	170.	175.	185.	200.	230.	310.	450.	735.
1898	135.	145.	165.	170.	180.	190.	230.	300.	450.	735.
1899	135.	145.	165.	175.	190.	205.	235.	320.	450.	735.
1900	135.	160.	225.	265.	300.	325.	350.	400.	500.	700.
1901	130.	140.	165.	170.	180.	190.	225.	290.	425.	700.
1902	130.	140.	165.	170.	180.	190.	225.	290.	425.	700.
1903	130.	140.	165.	170.	180.	190.	225.	290.	400.	650.
1904	130.	140.	165.	170.	180.	190.	225.	290.	400.	675.
1905	130.	140.	165.	170.	180.	190.	225.	290.	400.	650.
1906	130.	140.	165.	170.	180.	190.	225.	290.	400.	650.
1907	130.	140.	165.	170.	180.	190.	225.	290.	400.	650.

—— = Insufficient pricing data

Indian Head $2.50 quarter eagle

Date of authorization: Jan. 18, 1837
Dates of issue: 1908-1929
Designer: Bela Lyon Pratt
Engraver: Charles Barber
Diameter: 17.78mm/0.70 inch
Weight: 4.18 grams/0.13 ounce
Metallic Content: 90% gold, 10% copper
Weight of pure gold: 3.76 grams/0.12 ounce
Edge: Reeded
Mint mark: Reverse lower left

	EF-40	AU-50	AU-55	MS-60	MS-62	MS-63	MS-64	MS-65
1908	160.	180.	185.	270.	500.	875.	1375.	3000.
1909	160.	170.	185.	300.	575.	1050.	1650.	3150.
1910	160.	170.	185.	275.	500.	1000.	1650.	5250.
1911	160.	170.	185.	275.	500.	950.	1550.	4250.
1911-D	950.	1400.	1800.	3000.	5150.	9250.	13850.	45000.
1912	170.	180.	190.	300.	550.	1400.	1975.	6000.
1913	165.	175.	185.	290.	525.	975.	1425.	3975.
1914	170.	185.	220.	475.	1400.	3000.	4500.	10250.
1914-D	170.	180.	200.	300.	650.	1350.	2950.	15000.
1915	170.	175.	185.	250.	405.	800.	1350.	3850.
1925-D	160.	165.	175.	250.	405.	750.	1100.	3000.
1926	160.	165.	175.	250.	405.	750.	1100.	3000.
1927	160.	165.	175.	250.	405.	750.	1125.	3050.
1928	160.	165.	175.	250.	405.	750.	1125.	3050.
1929	160.	165.	175.	250.	405.	750.	1150.	3550.

Indian Head $3 gold

Date of authorization: Feb. 21, 1853
Dates of issue: 1854-1889
Designer/Engraver: James B. Longacre
Diameter: 20.63mm/0.81 inch
Weight: 5.02 grams/0.16 ounce
Metallic Content: (1854-1873): 90% gold, 10% copper and silver
(1873-1889): 90% gold, 10% copper
Weight of pure gold: 4.51 grams/0.15 ounce
Edge: Reeded
Mint mark: Reverse below wreath

	F-12	VF-20	EF-40	AU-50	AU-55	MS-60	MS-62	MS-63	MS-64	MS-65
1854	420.	580.	650.	900.	1200.	2000.	2975.	5700.	7500.	15000.
1854-D	4750.	7500.	13000.	32500.	46750.	80000.	125000.	——	——	——
1854-O	470.	1000.	1500.	3000.	6500.	22500.	——	——	——	——
1855	420.	590.	650.	900.	1400.	2400.	3850.	6100.	9150.	18000.
1855-S	650.	1025.	1700.	4900.	8500.	21000.	——	——	——	——
1856	420.	580.	650.	950.	1200.	2150.	3900.	7200.	10500.	25250.
1856-S	525.	650.	1050.	2000.	4000.	9000.	——	22500.	45000.	——
1857	420.	585.	650.	950.	1500.	2650.	4250.	11000.	19000.	30000.
1857-S	675.	1075.	1850.	4250.	7750.	17000.	——	——	——	——
1858	625.	800.	1300.	2300.	3650.	6750.	8000.	16500.	——	——
1859	420.	600.	650.	900.	1225.	2200.	3900.	6250.	7850.	20500.
1860	420.	605.	665.	1050.	1450.	2250.	4000.	6050.	8400.	18000.
1860-S	550.	750.	1700.	5250.	9450.	——	——	——	——	——
1861	535.	650.	750.	1250.	1625.	2550.	4200.	9600.	16000.	22500.
1862	535.	650.	750.	1350.	1600.	2750.	4150.	9400.	16250.	26000.
1863	550.	665.	750.	1275.	1700.	2850.	4250.	9500.	15250.	19500.
1864	560.	675.	750.	1300.	1675.	2800.	4300.	9900.	16250.	25000.
1865	700.	1175.	2200.	3850.	5250.	11000.	16500.	22500.	30000.	40000.
1866	600.	685.	800.	1200.	1750.	2700.	4200.	9650.	15450.	22750.
1867	580.	680.	850.	1400.	1725.	2650.	4750.	9800.	15500.	22250.
1868	565.	660.	790.	1250.	1600.	2600.	4400.	8750.	15400.	22500.
1869	585.	690.	875.	1450.	1825.	4000.	5250.	10500.	18750.	26000.
1870	585.	690.	825.	1400.	1800.	4100.	5500.	11500.	21000.	37500.
1870-S unique; Harry Bass Collection on display at ANA.										
1871	600.	700.	900.	1400.	1875.	3300.	4100.	9650.	16500.	24000.
1872	590.	685.	875.	1325.	1750.	3400.	4200.	9750.	17000.	25000.

——— = Insufficient pricing data

INDIAN HEAD $3 GOLD (CONTINUED)

	F-12	VF-20	EF-40	AU-50	AU-55	MS-60	MS-62	MS-63	MS-64	MS-65
1873 Open 3 Proof Only										
	———	———	———	10750.	14500.	17000.	20000.	25000.	40000.	90000.
1873 Closed 3 originals										
	2200.	3500.	4500.	8000.	11750.	21000.	———	———	55000.	———
1874	410.	555.	625.	825.	1000.	1850.	3000.	4500.	5750.	15500.
1875 Proof Only										
				———	30000.	40000.	50000.	67500.	100000.	215000.
1876 Proof Only										
	———	———	———	11000.	14000.	17500.	20000.	24500.	39000.	67500.
1877	745.	1125.	2650.	5750.	7850.	15500.	22000.	40000.	———	———
1878	405.	550.	625.	825.	1000.	1600.	2750.	4000.	5500.	11500.
1879	460.	600.	825.	1250.	1500.	2150.	3900.	5250.	7250.	14500.
1880	470.	690.	1250.	2000.	2100.	2300.	3950.	5750.	7250.	14750.
1881	600.	1050.	2000.	3950.	4850.	6500.	8500.	12000.	22500.	40000.
1882	500.	665.	1000.	1600.	2000.	2300.	4500.	6450.	8000.	15500.
1883	505.	675.	1100.	1800.	2500.	3600.	4550.	6800.	8500.	17250.
1884	700.	950.	1300.	1850.	2450.	3400.	4700.	6700.	8250.	17750.
1885	650.	875.	1250.	1825.	2400.	3550.	4850.	6750.	8750.	18000.
1886	575.	800.	1200.	1800.	2550.	3650.	5250.	7500.	9500.	18000.
1887	470.	605.	725.	1350.	1500.	2150.	3000.	6000.	7350.	15000.
1888	470.	605.	725.	1150.	1400.	2150.	3000.	5500.	7100.	14750.
1889	470.	605.	725.	1100.	1400.	2150.	3000.	5500.	7500.	13000.

——— = Insufficient pricing data

Capped Bust $5 half eagle

Small Eagle　　　Heraldic Eagle

Date of authorization: April 2, 1792
Dates of issue: 1795-1807
Designer/Engraver: Robert Scot
Diameter: 25.00mm/0.99 inch
Weight: 8.75 grams/0.28 ounce
Metallic Content: 91.67% gold, 8.33% copper and silver
Weight of pure gold: 8.02 grams/0.26 ounce
Edge: Reeded
Mint mark: None

	F-12	VF-20	EF-40	AU-50	AU-58	MS-60	MS-62	MS-63	MS-64
SMALL EAGLE									
1795	5850.	7500.	11000.	18000.	25000.	34500.	75000.	120000.	——
1796/5	6750.	9000.	15500.	22000.	37500.	55000.	——	——	——
1797 15 Stars	8750.	14500.	29000.	50000.	96250.	——	——	——	——
1797 16 Stars	7750.	11000.	25500.	42500.	75000.	105000.	135000.	225000.	——
1798	——	——	250000.	——	——	——	——	——	——
HERALDIC EAGLE									
1795	6250.	10000.	18000.	38000.	70000.	92500.	125000.	——	——
1797/5	5000.	9500.	17500.	57500.	——	——	——	——	——
1797 16 Stars	——	——	——	——	——	——	——	——	——
1798 Small 8	1700.	2650.	5250.	11500.	20625.	20000.	——	——	——
1798 Large 8, 13 Stars	1550.	2250.	4000.	7000.	13750.	16500.	25000.	52500.	100000.
1798 Large 8, 14 Stars	1850.	2950.	7250.	18500.	——	——	——	——	——
1799 Small Stars	1600.	1850.	3750.	7000.	14500.	17000.	35000.	——	——
1799 Large Stars	1950.	2650.	5000.	10000.	19000.	25000.	47500.	——	——
1800	1325.	1600.	2550.	4650.	6000.	7000.	10500.	18000.	40500.
1802/1	1300.	1575.	2500.	4450.	5750.	6750.	9000.	14250.	27500.
1803/2	1300.	1575.	2500.	4450.	5650.	6750.	10500.	14750.	32500.
1804 Small 8	1400.	1635.	2500.	4450.	5750.	6750.	10000.	18250.	40500.
1804 Small 8/Large 8	1425.	1650.	2550.	4450.	6500.	8250.	12000.	24000.	55000.
1805	1350.	1625.	2500.	4450.	5750.	6500.	9750.	14750.	32500.
1806 Pointed 6, 8X5 Stars	1550.	1725.	2750.	4700.	7700.	10000.	14750.	25500.	37500.
1806 Round 6, 7X6 Stars	1300.	1550.	2500.	4400.	5600.	6400.	8750.	13500.	25000.
1807	1350.	1575.	2500.	4450.	5750.	7000.	9750.	16000.	35000.

—— = Insufficient pricing data

Capped Draped Bust $5 half eagle

Date of authorization: April 2, 1792
Dates of issue: 1807-1812
Designer/Engraver: John Reich
Diameter: 25.00mm/0.99 inch
Weight: 8.75 grams/0.28 ounce
Metallic Content: 91.67% gold, 8.33% copper and silver
Weight of pure gold: 8.02 grams/0.26 ounce
Edge: Reeded
Mint mark: None

	F-12	VF-20	EF-40	AU-50	AU-58	MS-60	MS-62	MS-63	MS-64
1807	1375.	1625.	2200.	3600.	4625.	5500.	7750.	11750.	24500.
1808/7	1575.	2000.	2750.	5500.	10000.	12000.	15000.	19250.	47500.
1808	1325.	1575.	2200.	3600.	4500.	5500.	7750.	12500.	34500.
1809/8	1300.	1550.	2175.	3600.	4500.	5850.	8000.	14000.	27500.
1810 Small Date, Small 5	9500.	17500.	30000.	45000.	—	—	—	—	—
1810 Small Date, Tall 5	1700.	1900.	2450.	3950.	5300.	6350.	8350.	21000.	39500.
1810 Large Date, Small 5	—	—	—	—	—	—	—	—	—
1810 Large Date, Large 5	1375.	1600.	2200.	3600.	4500.	5500.	7500.	11500.	22500.
1811 Small 5	1325.	1575.	2200.	3600.	4500.	5400.	8250.	15000.	27500.
1811 Tall 5	1375.	1600.	2300.	4100.	5250.	6000.	12000.	24000.	50000.
1812	1275.	1525.	2200.	3600.	4500.	5500.	7750.	13000.	25000.

—— = Insufficient pricing data

Capped Head $5 half eagle

Date of authorization: April 2, 1792
Dates of issue: 1807-1812
Designer/Engraver: John Reich
Diameter: 25.00mm/0.99 inch
Weight: 8.75 grams/0.28 ounce
Metallic Content: 91.67% gold, 8.33% copper and silver
Weight of pure gold: 8.02 grams/0.26 ounce
Edge: Reeded
Mint mark: None

	F-12	VF-20	EF-40	AU-50	AU-58	MS-60	MS-62	MS-63	MS-64
1813	1500.	1900.	2400.	3400.	5250.	6000.	9000.	17500.	26000.
1814/3	1675.	2300.	2750.	4250.	7000.	8500.	19000.	30000.	57500.
1815	——	——	75000.	100000.	150000.	——	——	——	——
1818	1650.	2100.	2850.	4350.	7000.	8250.	18000.	27500.	——
1818 STATESOF	——	——	4500.	8500.	12000.	14500.	24000.	42500.	——
1818 5D/50	——	——	——	10000.	12750.	14500.	22500.	40000.	75000.
1819 Wide Date	——	——	25000.	55000.	——	——	——	——	——
1819 Close Date	——	15000.	22500.	50000.	——	——	——	——	——
1819 5D/50	——	12750.	17000.	30000.	——	——	——	90000.	——
1820 Curved Base 2, Small Letters	1775.	2300.	4600.	7000.	——	——	——	——	——
1820 Curved Base 2, Large Letters	1800.	2325.	4650.	7250.	——	——	——	32500.	——
1820 Square Base 2, Large Letters	1750.	2250.	3000.	5300.	8250.	9000.	14500.	21500.	30000.
1821	5000.	10000.	15000.	22500.	27500.	35000.	50000.	75000.	——
1822 3 known, 2 in Smithsonian Institution, Last sale 1982, $687,500, VF-30									
1823	1825.	2750.	4250.	6900.	14000.	17500.	——	30000.	——
1824	4000.	7500.	12000.	20500.	30000.	34000.	45000.	60000.	75000.
1825/1	4250.	6000.	10000.	16500.	28000.	31500.	42500.	57500.	110000.
1825/4	——	——	265000.	——	——	——	——	——	——
1826	3500.	6000.	8050.	14000.	25000.	28000.	——	——	——
1827	——	——	——	——	27500.	32500.	40000.	57500.	87500.
1828/7	——	——	——	37500.	85000.	115000.	200000.	——	——
1828	——	——	——	32500.	57500.	65000.	——	——	——
1829 Large Planchet	——	——	——	——	——	——	——	——	300000.
Small Planchet									
1829	——	——	75000.	175000.	——	——	——	——	475000.

—— = Insufficient pricing data

	F-12	VF-20	EF-40	AU-50	AU-58	MS-60	MS-62	MS-63	MS-64
1830 Small 5D	4500.	7250.	8500.	10750.	15000.	17500.	33000.	54000.	87500.
1830 Large 5D	5000.	7500.	9000.	12000.	16000.	19000.	39500.	52500.	75000.
1831 Small 5D	5000.	7750.	10250.	15000.	24000.	30000.	—	—	—
1831 Large 5D	4750.	7250.	8500.	10500.	15000.	18500.	30500.	46000.	90000.
1832 Curl Base 2, 12 Stars	—	100000.	150000.	—	—	—	—	400000.	—
1832 Square Base 2, 13 Stars	—	7500.	9250.	14500.	18000.	20000.	32500.	47500.	—
1833 Large Date	4500.	7250.	8250.	10750.	14000.	16000.	22000.	32500.	80000.
1833 Small Date	7500.	10000.	14000.	18500.	—	24000.	36000.	54000.	90000.
1834 Plain 4	4500.	7250.	8500.	13000.	17500.	22500.	30000.	42500.	87500.
1834 Crosslet 4	5750.	7950.	11250.	19500.	27500.	32000.	—	60000.	—

Classic Head $5 half eagle

Date of authorization: April 2, 1792
Dates of issue: 1834-1838
Designer: Obverse: William Kneass
Reverse: John Reich-William Kneass
Engraver: William Kneass
Diameter: 22.50mm/0.89 inch
Weight: 8.36 grams/0.27 ounce
Metallic Content: (1834-1836): 89.92% gold,
10.8% copper and silver
(1837-1838): 90% gold, 10% copper
and silver
Weight of pure gold: (1834-1836): 7.516 grams/0.24 ounce
(1837-1838): 7.523 grams/0.24 ounce
Edge: Reeded
Mint mark: 1838 only, obverse above date

	F-12	VF-20	EF-40	EF-45	AU-50	AU-55	AU-58	MS-60	MS-62	MS-63
1834 Plain 4	240.	300.	450.	525.	750.	1250.	1800.	2700.	3800.	7250.
1834 Crosslet 4	850.	1500.	3100.	4250.	5750.	8250.	11250.	16500.	31500.	45000.
1835	240.	295.	475.	550.	675.	1350.	1850.	2650.	4750.	9750.
1836	240.	295.	450.	525.	675.	1300.	1800.	2600.	3900.	7500.
1837	260.	310.	470.	585.	775.	1500.	2300.	3600.	—	15000.
1838	250.	305.	435.	525.	700.	1290.	2100.	3450.	4750.	10750.
1838-C	1000.	1750.	4000.	7000.	13250.	20000.	25500.	37500.	70000.	—
1838-D	875.	1500.	3250.	4850.	6250.	12500.	17500.	25000.	35000.	—

—— = Insufficient pricing data

Coronet $5 half eagle

Date of authorization: Jan. 18, 1837
Dates of issue: 1839-1908
Designer: Obverse: Christian Gobrecht
Reverse: John Reich-William Kneass-
Christian Gobrecht
Engraver: Christian Gobrecht
Diameter: (1839-1840): 22.50mm/0.89 inch
(1840-1908): 21.54mm/0.85 inch
Weight: 8.36 grams/0.27 ounce
Metallic Content: (1839-1849): 89.92% gold,
10.8% copper and silver
(1849-1908): 90% gold, 10% copper
Weight of pure gold: 7.52 grams/0.24 ounce
Edge: Reeded
Mint mark: Reverse below eagle

	F-12	VF-20	EF-40	EF-45	AU-50	AU-55	AU-58	MS-60	MS-62	MS-63
NO MOTTO										
1839	210.	250.	425.	775.	1100.	1600.	2200.	3150.	8500.	18500.
1839-C	575.	1200.	2700.	3750.	6500.	11750.	15750.	22500.	—	—
1839-D	600.	1050.	2450.	3550.	5700.	9750.	13125.	18750.	28000.	—
1840 Broad Mill	215.	245.	850.	1200.	2300.	3750.	5450.	8250.	—	25000.
1840 Narrow Mill	190.	210.	375.	585.	1350.	2200.	2800.	3850.	6250.	13000.
1840-C	435.	850.	2850.	4500.	7750.	12500.	18500.	28000.	—	—
1840-D	440.	775.	1600.	3350.	6250.	9500.	12000.	17500.	29000.	—
1840-O Broad Mill	325.	600.	1300.	1750.	2900.	—	—	—	—	—
1840-O Narrow Mill	235.	425.	975.	1275.	1700.	3000.	4400.	6750.	—	—
1841	245.	415.	975.	1250.	1600.	2350.	3725.	5750.	8000.	12500.
1841-C	400.	800.	1675.	2200.	3500.	7500.	12250.	21500.	33500.	—
1841-D	385.	725.	1550.	2750.	5050.	7500.	9750.	13500.	18500.	32500.
1842 Sm. Letters	180.	350.	1050.	1950.	3750.	6750.	—	—	—	—
1842 Lg. Letters	400.	825.	2000.	2800.	4250.	7850.	8750.	10000.	—	—
1842-C Large Date	390.	775.	1625.	2100.	3500.	6500.	11625.	17500.	22500.	40000.
1842-C Small Date	3250.	7500.	22500.	37500.	55000.	80000.	105000.	140000.	230000.	—

—— = Insufficient pricing data

	F-12	VF-20	EF-40	EF-45	AU-50	AU-55	AU-58	MS-60	MS-62	MS-63
1842-D Large Date, Large Letters										
	1150.	2150.	4850.	8250.	14750.	25000.	33500.	47500.	——	——
1842-D Small Date, Small Letters										
	525.	800.	1375.	2300.	2750.	4100.	8250.	15000.	26000.	——
1842-O	375.	900.	3500.	5750.	12500.	——	——	——	—	42500.
1843	165.	185.	200.	235.	300.	525.	900.	1500.	3750.	9500.
1843-C	400.	760.	1350.	2350.	4250.	7250.	11500.	17500.	27500.	40000.
1843-D	390.	650.	925.	1150.	2750.	4750.	6500.	9250.	17500.	26000.
1843-O Small Letters										
	365.	725.	1800.	2100.	3000.	6000.	12000.	30000.	40000.	——
1843-O Large Letters										
	180.	260.	1200.	1550.	2350.	4550.	8000.	12000.	17500.	——
1844	165.	190.	200.	235.	300.	500.	875.	1750.	4250.	8750.
1844-C	675.	1100.	2850.	4750.	7500.	12000.	15000.	20000.	——	——
1844-D	500.	675.	1200.	1650.	2750.	5250.	7750.	12000.	18750.	35000.
1844-O	165.	215.	300.	375.	775.	1500.	2650.	4750.	7250.	14500.
1845	165.	195.	220.	255.	300.	545.	1000.	1800.	5750.	12000.
1845-D	535.	685.	1200.	1525.	1925.	4750.	7000.	12250.	19000.	26000.
1845-O	255.	400.	825.	1600.	3500.	6750.	9750.	14500.	19000.	27500.
1846 Small Date	165.	200.	230.	315.	700.	1600.	2200.	3250.	——	——
1846	165.	195.	225.	300.	350.	575.	1000.	1750.	4800.	12250.
1846-C	550.	1150.	2800.	4250.	6000.	12000.	16000.	22750.	40000.	77500.
1846-D	475.	700.	1150.	2000.	3850.	5000.	6750.	10500.	25000.	——
1846-D/D	445.	650.	1075.	1750.	3050.	4250.	5750.	8750.	18500.	27500.
1846-O	235.	375.	1000.	1500.	4000.	6750.	8625.	11750.	17500.	25000.
1847	165.	185.	195.	250.	325.	400.	775.	1400.	3900.	8500.
1847/7	190.	220.	265.	350.	550.	1200.	1650.	2400.	4750.	10000.
1847-C	450.	640.	1300.	1950.	3500.	6000.	9750.	12000.	21500.	32500.
1847-D	465.	625.	1200.	1650.	2375.	4350.	5250.	6650.	13500.	——
1847-O	600.	2500.	5500.	8750.	12500.	——	——	——	——	——
1848	165.	195.	205.	255.	425.	675.	900.	1400.	2350.	9500.
1848-C	475.	700.	1050.	1700.	2500.	6350.	11250.	19500.	36000.	65000.
1848-D	440.	725.	1175.	1900.	2800.	5750.	8500.	13500.	25000.	——
1849	165.	190.	225.	365.	625.	1275.	1900.	2900.	6250.	16000.
1849-C	410.	600.	1150.	1500.	2200.	4875.	7500.	10000.	17500.	32500.
1849-D	425.	655.	1200.	1850.	2850.	6250.	9250.	15500.	20000.	——
1850	210.	275.	675.	775.	950.	1700.	2450.	3500.	7500.	12500.
1850-C	415.	600.	925.	1650.	2550.	4650.	8500.	12500.	21000.	30000.
1850-D	425.	850.	1350.	2250.	4300.	8650.	14000.	24000.	35000.	——
1851	165.	185.	210.	245.	300.	500.	1000.	1800.	4500.	10500.
1851-C	450.	660.	1200.	1700.	3000.	6750.	9500.	16500.	27500.	——
1851-D	400.	675.	1450.	2175.	3100.	6750.	9500.	14000.	22500.	35000.
1851-O	290.	575.	1250.	2500.	3800.	6750.	14000.	14000.	——	——
1852	165.	185.	195.	220.	300.	440.	675.	1250.	3500.	10000.
1852-C	400.	625.	925.	1300.	2400.	3850.	5250.	7500.	13750.	26500.
1852-D	405.	625.	1050.	1975.	3500.	5000.	7350.	10500.	——	——
1853	165.	185.	200.	245.	300.	450.	725.	1350.	3050.	9000.
1853-C	400.	600.	875.	1150.	1975.	3350.	4850.	7150.	14500.	34000.

—— = Insufficient pricing data

	F-12	VF-20	EF-40	EF-45	AU-50	AU-55	AU-58	MS-60	MS-62	MS-63
1853-D	405.	610.	950.	1125.	1725.	2750.	4100.	5950.	12500.	25000.
1854	165.	215.	255.	355.	600.	1125.	1250.	1500.	4000.	11000.
1854-C	435.	800.	1300.	1625.	3475.	6500.	8750.	10750.	19500.	——
1854-D	390.	615.	1000.	1450.	2600.	4950.	6500.	9000.	13750.	24000.
1854-O	240.	300.	400.	825.	1450.	2200.	4000.	8000.	15500.	——
1854-S AU-55 $210000.										
1855	165.	185.	230.	255.	300.	625.	950.	1500.	4200.	8250.
1855-C	475.	850.	1650.	2150.	2700.	5500.	10250.	15000.	——	40000.
1855-D	500.	800.	1200.	1875.	3100.	6000.	10250.	17500.	26000.	36000.
1855-O	380.	700.	1800.	3000.	4750.	6000.	11625.	21000.	——	——
1855-S	215.	325.	1200.	1800.	3050.	5500.	7250.	——	——	——
1856	165.	185.	195.	230.	300.	575.	950.	1550.	5250.	13500.
1856-C	425.	725.	1650.	2200.	3500.	7000.	11500.	16000.	——	——
1856-D	415.	775.	1375.	2100.	3100.	5750.	8500.	13000.	23500.	33000.
1856-O	400.	600.	1650.	2250.	5250.	7350.	11750.	15000.	——	——
1856-S	200.	285.	725.	875.	1200.	2250.	3250.	5500.	——	36500.
1857	165.	185.	195.	230.	305.	445.	800.	1450.	4600.	9000.
1857-C	370.	625.	1400.	1950.	2650.	4600.	7250.	11500.	18500.	31000.
1857-D	415.	650.	1200.	2100.	3500.	7000.	10500.	14500.	22500.	——
1857-O	355.	675.	1125.	1850.	4250.	7500.	10500.	——	——	——
1857-S	205.	290.	700.	850.	1350.	2600.	4000.	7250.	——	——
1858	195.	240.	400.	525.	700.	1650.	2450.	3750.	6000.	13400.
1858-C	395.	700.	1175.	1650.	3150.	4600.	8600.	15250.	25000.	47500.
1858-D	425.	750.	1200.	1600.	2500.	4500.	7500.	11250.	22000.	——
1858-S	475.	875.	2500.	3300.	7250.	——	——	——	——	——
1859	200.	260.	400.	625.	775.	1700.	2850.	4750.	8000.	——
1859-C	390.	825.	1650.	2300.	3850.	5750.	9500.	18500.	32500.	52500.
1859-D	440.	785.	1200.	1775.	2750.	5250.	8000.	12500.	22500.	30000.
1859-S	600.	1650.	4000.	4750.	6000.	11500.	15000.	——	——	——
1860	190.	250.	350.	500.	875.	1750.	2500.	3750.	7000.	14250.
1860-C	425.	950.	1950.	2250.	3500.	8500.	10750.	14750.	——	32500.
1860-D	430.	925.	1800.	2350.	3450.	6000.	9500.	17000.	23500.	43500.
1860-S	550.	1050.	1700.	2900.	6500.	10000.	16500.	——	——	——
1861	165.	185.	195.	215.	290.	435.	750.	1250.	3600.	7500.
1861-C	750.	2000.	4250.	5900.	8500.	15000.	22500.	37500.	75000.	115000.
1861-D	2750.	4000.	7000.	9500.	19500.	27500.	35000.	45000.	——	——
1861-S	525.	1200.	3500.	5000.	8000.	——	17500.	——	——	——
1862	455.	850.	1400.	1850.	3500.	——	——	——	——	——
1862-S	1300.	2950.	5600.	10000.	15000.	——	——	——	——	——
1863	450.	1175.	3500.	4750.	7750.	——	——	——	——	——
1863-S	625.	1450.	4250.	6500.	13500.	——	——	——	——	——
1864	360.	675.	1350.	1650.	3650.	7000.	10250.	15500.	——	——
1864-S	2900.	8000.	14250.	——	45000.	——	——	——	——	——
1865	500.	1400.	3250.	6000.	12500.	——	——	——	——	——
1865-S	525.	1475.	2025.	3500.	5850.	9000.	12500.	21000.	——	——
1866-S	775.	1500.	3750.	6500.	13750.	——	——	——	——	——

—— = Insufficient pricing data

	F-12	VF-20	EF-40	EF-45	AU-50	AU-55	AU-58	MS-60	MS-62	MS-63
MOTTO ON REVERSE										
1866	375.	850.	1450.	1950.	3400.	5500.	——	——	——	——
1866-S	600.	900.	2850.	5250.	9250.	——	——	——	——	——
1867	275.	400.	1375.	1850.	3150.	4900.	——	——	——	——
1867-S	750.	1425.	2950.	5750.	14250.	——	——	——	——	——
1868	265.	500.	925.	2100.	3250.	5750.	8000.	12000.	——	——
1868-S	280.	375.	1475.	1600.	3600.	6250.	11000.	18000.	——	——
1869	425.	900.	1650.	2000.	4150.	——	——	——	——	——
1869-S	365.	525.	1800.	2900.	——	8250.	——	——	——	——
1870	350.	700.	1750.	2000.	3350.	5650.	——	——	——	——
1870-CC	1850.	4500.	14500.	19500.	27500.	——	——	75000.	——	——
1870-S	500.	1050.	2500.	4750.	9000.	14000.	——	——	——	——
1871	385.	725.	1500.	2000.	3375.	6250.	8500.	12000.	——	——
1871-CC	650.	1200.	3500.	8850.	15000.	——	——	——	——	——
1871-S	270.	355.	1150.	1800.	4150.	8500.	11500.	17000.	——	——
1872	400.	675.	1150.	1800.	2850.	4500.	7500.	12250.	15000.	21500.
1872-CC	575.	1100.	5250.	11500.	25000.	——	——	——	——	——
1872-S	275.	500.	775.	1000.	3250.	7000.	12250.	21000.	——	——
1873 Closed 3	150.	165.	190.	260.	500.	600.	875.	1275.	4500.	9250.
1873 Open 3	150.	165.	185.	225.	300.	350.	450.	665.	1800.	6250.
1873-CC	1250.	2750.	11500.	19500.	32500.	——	——	60000.	——	——
1873-S	340.	675.	975.	1600.	4000.	6500.	12000.	21000.	——	——
1874	315.	500.	1125.	1300.	2500.	4200.	——	——	——	——
1874-CC	500.	800.	2450.	4350.	11500.	16500.	23500.	34000.	——	——
1874-S	425.	800.	1725.	3600.	5000.	——	——	——	——	——
1875 EF-40 $47500 EF-45 $57500 AU-50 $75000 Prf 63 $50000 Prf 64 $100000.										
1875-CC	800.	1600.	3600.	5500.	12250.	22500.	——	——	——	——
1875-S	500.	775.	2400.	3900.	6800.	9500.	16250.	27500.	——	——
1876	445.	825.	1950.	2350.	3550.	6250.	8750.	12500.	16000.	22500.
1876-CC	550.	1350.	4350.	5200.	12500.	16000.	——	——	——	——
1876-S	800.	1350.	3850.	7500.	——	——	——	——	——	——
1877	420.	825.	1750.	2250.	3500.	5000.	——	——	——	——
1877-CC	465.	1000.	3600.	4250.	8250.	——	——	——	——	——
1877-S	175.	275.	575.	975.	1850.	5100.	——	——	——	——
1878	150.	165.	170.	180.	230.	250.	325.	450.	750.	2250.
1878-CC	1500.	3500.	6750.	10750.	22000.	——	——	——	——	——
1878-S	150.	165.	175.	190.	240.	535.	750.	1075.	2000.	5000.
1879	150.	165.	170.	175.	200.	240.	300.	400.	600.	1700.
1879-CC	345.	475.	1500.	1800.	2950.	5250.	——	——	——	——
1879-S	150.	165.	170.	180.	210.	270.	550.	1050.	1850.	4250.
1880	150.	165.	170.	175.	200.	215.	225.	245.	350.	1300.
1880-CC	270.	375.	725.	775.	1450.	4500.	7125.	11500.	——	——
1880-S	150.	165.	170.	175.	200.	215.	235.	260.	340.	1100.
1881	150.	165.	170.	175.	200.	215.	225.	240.	335.	825.
1881/0	250.	315.	600.	675.	800.	1000.	1150.	1350.	3100.	7000.
1881-CC	330.	450.	1600.	3750.	6500.	9250.	13250.	20000.	——	——
1881-S	150.	165.	170.	175.	200.	215.	230.	255.	395.	1175.

—— = Insufficient pricing data

	F-12	VF-20	EF-40	EF-45	AU-50	AU-55	AU-58	MS-60	MS-62	MS-63
1882	150.	165.	170.	175.	200.	215.	225.	240.	345.	925.
1882-CC	250.	300.	450.	550.	725.	1850.	3750.	6750.	——	——
1882-S	150.	165.	170.	175.	200.	215.	235.	265.	350.	1025.
1883	150.	165.	170.	175.	200.	215.	250.	300.	575.	1700.
1883-CC	290.	385.	900.	1550.	3150.	7000.	11250.	18500.	——	——
1883-S	150.	165.	200.	210.	235.	330.	550.	925.	1550.	3750.
1884	150.	165.	175.	185.	220.	325.	575.	950.	1600.	3900.
1884-CC	315.	500.	950.	1800.	2550.	4500.	9500.	17500.	——	——
1884-S	150.	170.	180.	190.	220.	240.	275.	325.	650.	1950.
1885	150.	165.	170.	175.	200.	215.	225.	245.	500.	1200.
1885-S	150.	165.	170.	175.	200.	215.	225.	240.	335.	775.
1886	150.	165.	170.	175.	200.	225.	240.	270.	575.	1200.
1886-S	150.	165.	170.	175.	200.	225.	235.	250.	345.	775.
1887 Proof Only – Prf 50 $17000;Prf 58 $18000; Prf 60 $25000; Prf 62 $32500; Prf 63(PCGS) $58000; Prf 64 $72500; Prf 65 $150000.										
1887-S	150.	165.	170.	175.	200.	215.	225.	240.	400.	925.
1888	150.	165.	200.	225.	280.	350.	425.	550.	1400.	2750.
1888-S	155.	175.	230.	240.	330.	750.	875.	1100.	2500.	——
1889	165.	250.	330.	415.	525.	675.	775.	950.	2400.	5000.
1890	215.	325.	485.	565.	675.	900.	1150.	1600.	4200.	11500.
1890-CC	185.	245.	320.	350.	450.	600.	750.	1000.	2200.	4500.
1891	150.	165.	190.	200.	225.	275.	350.	500.	900.	1900.
1891-CC	175.	240.	290.	330.	380.	435.	525.	700.	1325.	3350.
1892	150.	165.	170.	175.	200.	215.	225.	240.	350.	1275.
1892-CC	180.	240.	315.	375.	450.	875.	1150.	1550.	3250.	7750.
1892-O	360.	460.	750.	825.	1200.	1700.	2075.	2700.	6000.	12500.
1892-S	150.	165.	180.	190.	230.	430.	525.	675.	1200.	3750.
1893	150.	165.	170.	175.	200.	215.	225.	245.	335.	650.
1893-CC	185.	245.	325.	385.	550.	775.	1075.	1575.	3800.	8000.
1893-O	150.	185.	215.	240.	275.	450.	675.	1075.	2300.	6100.
1893-S	150.	165.	175.	185.	200.	275.	300.	350.	525.	1250.
1894	150.	165.	170.	175.	200.	215.	225.	240.	335.	700.
1894-O	150.	175.	260.	280.	350.	750.	1000.	1450.	2650.	5500.
1894-S	165.	200.	325.	360.	600.	1000.	1525.	2400.	3250.	9750.
1895	150.	165.	170.	175.	200.	215.	225.	240.	335.	700.
1895-S	150.	195.	280.	290.	500.	1000.	1750.	3000.	4000.	——
1896	150.	165.	175.	185.	200.	225.	250.	350.	515.	1650.
1896-S	150.	190.	285.	315.	400.	700.	975.	1450.	2950.	——
1897	150.	165.	170.	175.	200.	215.	225.	240.	335.	775.
1897-S	150.	170.	225.	240.	275.	360.	550.	875.	1500.	6900.
1898	150.	165.	170.	175.	200.	215.	225.	240.	345.	750.
1898-S	150.	165.	170.	175.	200.	215.	230.	250.	390.	1175.
1899	150.	165.	170.	175.	200.	215.	225.	240.	335.	575.
1899-S	150.	170.	170.	170.	200.	215.	225.	240.	350.	800.
1900	150.	165.	170.	175.	200.	215.	225.	240.	335.	550.
1900-S	150.	170.	190.	200.	230.	250.	300.	375.	500.	1150.
1901	150.	165.	170.	175.	200.	215.	225.	240.	335.	650.

—— = Insufficient pricing data

	F-12	VF-20	EF-40	EF-45	AU-50	AU-55	AU-58	MS-60	MS-62	MS-63
1901-S	150.	165.	170.	175.	200.	215.	225.	240.	335.	550.
1901/0-S	150.	170.	210.	220.	265.	310.	330.	360.	475.	775.
1902	150.	165.	170.	175.	200.	215.	225.	240.	350.	775.
1902-S	150.	165.	170.	175.	200.	215.	225.	240.	340.	675.
1903	150.	165.	170.	175.	200.	215.	225.	240.	350.	800.
1903-S	150.	165.	170.	175.	200.	215.	225.	240.	340.	575.
1904	150.	165.	170.	175.	200.	215.	225.	240.	335.	675.
1904-S	150.	165.	185.	195.	270.	475.	700.	1050.	1850.	3500.
1905	150.	165.	170.	175.	200.	215.	230.	250.	345.	1050.
1905-S	150.	165.	170.	180.	225.	325.	425.	600.	1150.	2600.
1906	150.	165.	170.	175.	200.	215.	225.	240.	350.	1100.
1906-D	150.	165.	170.	175.	200.	215.	225.	240.	335.	650.
1906-S	150.	165.	170.	170.	200.	215.	255.	320.	490.	1500.
1907	150.	165.	170.	175.	200.	215.	225.	240.	335.	575.
1907-D	150.	165.	170.	175.	200.	215.	225.	240.	335.	600.
1908	150.	165.	170.	175.	200.	215.	225.	240.	325.	575.

Indian Head $5 half eagle

Date of authorization: Jan. 18, 1837
Dates of issue: 1908-1929
Designer: Bela Lyon Pratt
Engraver: Charles Barber
Diameter: 21.54mm/0.85 inch
Weight: 8.36 grams/0.27 ounce
Metallic Content: 90% gold, 10% copper
Weight of pure gold: 7.52 grams/0.24 ounce
Edge: Reeded
Mint mark: Reverse lower left

	EF-40	AU-50	AU-55	MS-60	MS-62	MS-63	MS-64	MS-65
1908	200.	240.	265.	345.	600.	1150.	3150.	11250.
1908-D	200.	240.	265.	340.	625.	1250.	3300.	25000.
1908-S	375.	475.	725.	1150.	1650.	2750.	5000.	15500.
1909	200.	240.	265.	365.	650.	1200.	3450.	13500.
1909-D	200.	240.	265.	340.	560.	1025.	3000.	13000.
1909-O	1000.	1850.	2900.	6500.	14500.	30000.	——	——
1909-S	225.	295.	385.	1250.	2450.	6250.	17250.	41500.
1910	200.	240.	265.	350.	625.	1325.	3400.	17500.
1910-D	205.	265.	275.	420.	675.	2000.	11500.	——
1910-S	220.	300.	485.	1100.	3950.	6500.	21000.	——
1911	200.	240.	265.	340.	650.	1200.	3300.	13000.
1911-D	450.	625.	1025.	2950.	6750.	14500.	48500.	——
1911-S	210.	255.	290.	485.	750.	2000.	20000.	——
1912	200.	245.	265.	340.	610.	1125.	3600.	13500.
1912-S	210.	315.	525.	1350.	4100.	9000.	22500.	——
1913	200.	250.	265.	340.	650.	1200.	3300.	13500.
1913-S	230.	385.	600.	1400.	3250.	12500.	27500.	——
1914	200.	250.	265.	365.	625.	1325.	3300.	13500.
1914-D	205.	255.	270.	365.	675.	2475.	4800.	34500.
1914-S	210.	315.	525.	1450.	2800.	9500.	34000.	——
1915	200.	250.	265.	335.	625.	1200.	3600.	12500.
1915-S	350.	465.	675.	1850.	4600.	12500.	32000.	——
1916-S	250.	280.	350.	550.	1050.	2750.	7250.	20000.
1929	3800.	4300.	4850.	5750.	6400.	7300.	9750.	28500.

—— = Insufficient pricing data

Capped Bust $10 eagle

Small Eagle reverse

Heraldic Eagle reverse

Date of authorization: April 2, 1792
Dates of issue: 1795-1804
Designer/Engraver: Robert Scot
Diameter: 33.00mm/1.30 inches
Weight: 17.50 grams/0.56 ounce
Metallic Content: 91.67% gold, 8.33% copper and silver
Weight of pure gold: 16.04 grams/0.52 ounce
Edge: Reeded
Mint mark: None

	F-12	VF-20	EF-40	EF-45	AU-50	AU-55	MS-60	MS-62	MS-63	MS-64
SMALL EAGLE										
1795 13 Leaves										
	6500.	9000.	15000.	18000.	25000.	30000.	50000.	60000.	100000.	175000.
1795 9 Leaves	17500.	35000.	45000.	50000.	65000.	80000.	165000.	——	——	——
1796	7250.	10250.	17500.	20000.	25000.	35000.	60000.	80000.	125000.	
1797	8000.	13750.	27500.	38500.	52500.	72500.	——	——	——	
HERALDIC EAGLE										
1797	2750.	3500.	5500.	6750.	9250.	12500.	18000.	27500.	——	——
1798/7 9 X 4 Stars										
	6250.	12500.	22500.	27500.	35000.	47500.	72500.	135000.	——	

—— = Insufficient pricing data

	F-12	VF-20	EF-40	EF-45	AU-50	AU-55	MS-60	MS-62	MS-63	MS-64
1798/7 7 X 6 Stars	21500.	37500.	57500.	72500.	95000.	137500.	225000.	——		
1799	2500.	3250.	5000.	5750.	7500.	8250.	10500.	16000.	27500.	42500.
1800	2850.	3850.	5250.	6000.	7850.	9000.	17500.	27500.	43000.	——
1801	2500.	3250.	5000.	5750.	7500.	8250.	10750.	17250.	32500.	50000.
1803 Sm. Stars	2600.	3250.	5000.	5750.	7750.	8500.	12000.	23000.	42500.	65000.
1803 Lg. Stars	2650.	3500.	5100.	5750.	7750.	8500.	12500.	25000.	47500.	67500.
1803 14 Reverse Stars	——	——	5250.	6000.	8000.	10250.	19000.	35000.	——	——
1804	3750.	4500.	6500.	8000.	12500.	14000.	28500.	52500.	——	——

Coronet $10 eagle

Date of authorization:	Jan. 18, 1837
Dates of issue:	1838-1907
Designers:	Obverse: Christian Gobrecht
	Reverse: John Reich-William Kneass-Christian Gobrecht
Engraver:	Christian Gobrecht
Diameter:	27.00mm/1.07 inches
Weight:	16.72 grams/.54 ounce
Metallic Content:	(1838-1873)90% gold,10% copper and silver
	(1873-1907): 90% gold, 10% copper
Weight of pure gold:	15.05 grams/0.48 ounce
Edge:	Reeded
Mint mark:	Reverse below eagle

	F-12	VF-20	EF-40	EF-45	AU-50	AU-55	AU-58	MS-60	MS-62	MS-63
NO MOTTO										
1838	600.	1150.	2900.	4025.	6250.	11000.	16000.	27500.	55000.	——
1839 Old Portrait	535.	900.	1850.	3000.	4950.	9250.	12750.	25000.	——	47500.
1839 New Portrait	850.	1750.	3200.	4500.	6750.	11500.	20000.	——	——	——
1840	305.	360.	575.	850.	1600.	3000.	5250.	10500.	——	——
1841	300.	325.	550.	700.	1375.	2450.	4000.	8500.	20000.	——
1841-O	1250.	2200.	4500.	5750.	11500.	19500.	——	——	——	——

—— = Insufficient pricing data

	F-12	VF-20	EF-40	EF-45	AU-50	AU-55	AU-58	MS-60	MS-62	MS-63
1842 Sm. Date	270.	330.	400.	700.	2050.	3150.	4675.	9750.	——	——
1842 Lg. Date	280.	340.	450.	700.	1250.	3000.	4500.	8750.	12750.	20000.
1842-O	285.	375.	625.	1000.	2450.	6250.	11500.	26500.	——	——
1843 Doubled Date										
	295.	425.	575.	750.	3050.	——	——	——	——	——
1843	280.	330.	400.	625.	1700.	5450.	——	——	——	——
1843-O	275.	320.	375.	600.	1375.	3500.	6750.	12500.	18000.	——
1844	575.	1500.	2700.	3400.	6000.	——	12000.	18000.	——	——
1844-O	265.	330.	440.	775.	1650.	3250.	6500.	17000.	38500.	——
1845	400.	525.	750.	1300.	2000.	3150.	5500.	12500.	21500.	——
1845-O	280.	360.	700.	1250.	2250.	7500.	10500.	19000.	40000.	70000.
1846	450.	575.	1025.	2500.	5250.	10500.	——	——	——	——
1846-O	290.	425.	700.	2400.	4800.	——	——	——	27500.	——
1846/5-O	320.	625.	1050.	1550.	3100.	7000.	12500.	——	——	50000.
1847	245.	290.	340.	390.	525.	825.	1500.	3500.	7000.	17500.
1847-O	265.	300.	375.	450.	575.	1100.	2000.	4500.	9000.	18250.
1848	270.	320.	400.	500.	775.	1300.	2300.	5300.	10000.	27500.
1848-O	320.	500.	1100.	1750.	3500.	8000.	10750.	15000.	23500.	37500.
1849	255.	290.	350.	450.	600.	900.	1600.	3550.	5900.	13250.
1849/1848	450.	700.	975.	1300.	1800.	3500.	——	——	——	——
1849-O	385.	750.	1700.	2900.	5500.	7500.	——	20000.	——	——
1850 Large Date	255.	290.	370.	435.	650.	950.	1700.	3950.	7500.	15000.
1850 Small Date	320.	375.	925.	1450.	2350.	4050.	5500.	9500.	——	——
1850-O	295.	425.	1000.	1600.	2550.	6000.	——	——	——	——
1851	255.	290.	395.	525.	925.	1400.	2250.	4650.	——	25500.
1851-O	250.	290.	500.	700.	1150.	2950.	3775.	6250.	——	30000.
1852	255.	290.	335.	440.	600.	1100.	1850.	4050.	7000.	——
1852-O	370.	685.	1125.	2250.	3500.	8500.	11250.	18000.	37500.	——
1853	255.	290.	335.	415.	560.	850.	1450.	3750.	6250.	——
1853/2	420.	600.	800.	950.	1650.	3650.	——	——	——	——
1853-O	290.	320.	415.	575.	1000.	2500.	5250.	——	——	——
1854	295.	315.	385.	515.	775.	1400.	2475.	5700.	16500.	——
1854-O Sm. Date	270.	350.	675.	900.	1400.	3000.	——	——	——	——
1854-O Lg. Date	365.	500.	800.	1100.	1800.	3700.	4900.	8500.	19500.	41500.
1854-S	275.	305.	425.	560.	1275.	1900.	4100.	10750.	——	——
1855	260.	290.	360.	430.	575.	1100.	1950.	4500.	9500.	24000.
1855-O	315.	575.	1300.	2450.	5250.	8250.	12500.	——	——	——
1855-S	750.	1150.	2350.	3000.	6000.	8250.	——	——	——	——
1856	270.	290.	350.	430.	575.	1100.	2000.	4650.	6150.	13500.
1856-O	415.	625.	975.	2150.	3750.	6750.	10500.	——	——	——
1856-S	250.	290.	525.	675.	1100.	2600.	4150.	8750.	——	——
1857	290.	525.	925.	1250.	2200.	3500.	5500.	——	——	——
1857 overdate	600.	1400.	2850.	3750.	7500.	——	——	——	——	——
1857-O	600.	1100.	1850.	2300.	3200.	5750.	9500.	20000.	——	——
1857-S	315.	415.	1100.	1400.	2200.	4500.	8750.	——	——	——
1858	——	4750.	8000.	10250.	13500.	——	——	——	——	——
1858-O	270.	330.	625.	775.	1650.	3250.	4825.	9500.	19000.	——
1858-S	800.	1600.	3250.	3500.	5750.	15000.	30000.	——	——	——

—— = Insufficient pricing data

CORONET $10 EAGLE (CONTINUED)

	F-12	VF-20	EF-40	EF-45	AU-50	AU-55	AU-58	MS-60	MS-62	MS-63
1859	285.	365.	700.	900.	1250.	2750.	4500.	10000.	⸺	⸺
1859-O	1800.	3750.	7700.	12500.	17000.	⸺	⸺	⸺	⸺	⸺
1859-S	1100.	1650.	4100.	8000.	14750.	⸺	⸺	⸺	⸺	⸺
1860	260.	415.	650.	1050.	1500.	2800.	3550.	8000.	⸺	30000.
1860-O	375.	550.	1050.	1300.	1950.	4000.	7500.	⸺	32500.	⸺
1860-S	1850.	3400.	5500.	8250.	15750.	⸺	⸺	⸺	⸺	⸺
1861	250.	300.	355.	440.	525.	875.	1625.	3900.	7000.	15500.
1861-S	625.	1650.	2600.	3925.	7000.	10500.	⸺	⸺	⸺	⸺
1862	255.	600.	975.	1450.	2100.	2750.	⸺	⸺	20000.	⸺
1862-S	650.	1750.	2800.	3500.	6500.	⸺	⸺	⸺	⸺	⸺
1863	⸺	3650.	7500.	11000.	17000.	23000.	30500.	40000.	55000.	75000.
1863-S	675.	1725.	3600.	5000.	9750.	⸺	17500.	27500.	⸺	⸺
1864	725.	1600.	2750.	3800.	6250.	⸺	12000.	19000.	⸺	⸺
1864-S	2750.	5250.	12500.	17000.	26000.	⸺	⸺	⸺	⸺	⸺
1865	700.	1750.	3450.	4000.	6350.	⸺	⸺	⸺	⸺	⸺
1865-S	2250.	6750.	12500.	⸺	⸺	⸺	⸺	⸺	⸺	⸺
1865-S Inverted 865/186										
	1100.	2300.	6250.	8750.	14000.	⸺	⸺	⸺	⸺	75000.
1866-S	1350.	2400.	3400.	4100.	10250.	16500.	27500.	⸺	⸺	⸺

MOTTO ON REVERSE

	F-12	VF-20	EF-40	EF-45	AU-50	AU-55	AU-58	MS-60	MS-62	MS-63
1866	515.	850.	1700.	2550.	3950.	8250.	16500.	⸺	⸺	⸺
1866-S	575.	1550.	3375.	4100.	7250.	⸺	⸺	⸺	⸺	⸺
1867	600.	1475.	2550.	3450.	5000.	7250.	14500.	⸺	⸺	⸺
1867-S	1100.	2150.	4750.	6950.	10250.	16500.	30000.	⸺	⸺	⸺
1868	440.	475.	725.	1200.	1900.	3400.	6220.	17500.	⸺	⸺
1868-S	600.	1300.	2250.	2800.	4250.	⸺	⸺	⸺	⸺	⸺
1869	750.	1300.	2600.	3200.	6750.	12500.	15000.	24500.	⸺	⸺
1869-S	825.	1700.	2650.	3350.	7000.	14000.	16750.	27500.	⸺	⸺
1870	435.	725.	1100.	1375.	2675.	6250.	12500.	⸺	⸺	⸺
1870-CC	4500.	10500.	17250.	25000.	40000.	⸺	⸺	⸺	⸺	⸺
1870-S	675.	1250.	2650.	3500.	7250.	14500.	25000.	⸺	⸺	⸺
1871	⸺	1200.	1925.	2750.	4500.	10000.	15000.	22500.	⸺	⸺
1871-CC	1350.	2100.	4950.	8500.	19000.	⸺	⸺	⸺	⸺	⸺
1871-S	625.	1100.	1800.	2150.	5500.	12500.	20000.	⸺	⸺	⸺
1872	1300.	2100.	3450.	5500.	10500.	⸺	⸺	17500.	22500.	⸺
1872-CC	1600.	3450.	10750.	⸺	⸺	⸺	⸺	⸺	⸺	⸺
1872-S	400.	585.	950.	1125.	1750.	5000.	10000.	⸺	⸺	⸺
1873	⸺	4500.	9500.	11250.	15000.	17500.	22500.	⸺	⸺	⸺
1873-CC	2000.	6750.	12750.	18500.	29000.	⸺	⸺	⸺	⸺	⸺
1873-S	585.	950.	2300.	3250.	4750.	6000.	10000.	⸺	⸺	⸺
1874	240.	265.	280.	290.	350.	425.	725.	1850.	5200.	10000.
1874-CC	560.	875.	2400.	5000.	8750.	⸺	⸺	⸺	⸺	⸺
1874-S	600.	1200.	3500.	4250.	7350.	11750.	20000.	⸺	⸺	⸺
1875	⸺	42000.	60000.	80000.	90000.	⸺	⸺	⸺	⸺	⸺
1875-CC	2000.	4500.	10000.	15000.	⸺	⸺	⸺	⸺	⸺	⸺
1876	⸺	3100.	6000.	12000.	17500.	⸺	⸺	⸺	⸺	⸺
1876-CC	1650.	3150.	6250.	9500.	22500.	29000.	40000.	⸺	⸺	⸺
1876-S	625.	1100.	1950.	2750.	5600.	⸺	⸺	⸺	⸺	⸺

⸺ = Insufficient pricing data

	F-12	VF-20	EF-40	EF-45	AU-50	AU-55	AU-58	MS-60	MS-62	MS-63
1877	——	1950.	3400.	5500.	9000.	10750.	14500.	——	——	——
1877-CC	1550.	2500.	5000.	7000.	——	——	——	——	——	——
1877-S	325.	475.	700.	1200.	2200.	3200.	5500.	——	——	——
1878	230.	250.	290.	300.	325.	450.	600.	1050.	2350.	4750.
1878-CC	2550.	4300.	9000.	14000.	20000.	——	——	——	——	——
1878-S	300.	400.	600.	1150.	1975.	3150.	5500.	——	——	——
1879	195.	215.	230.	240.	340.	425.	495.	775.	1450.	3250.
1879/8	290.	350.	400.	500.	750.	850.	925.	1200.	1900.	——
1879-CC	3100.	7500.	14000.	——	——	——	——	——	——	——
1879-O	2050.	2400.	3800.	5500.	9000.	14750.	25000.	——	——	——
1879-S	195.	215.	225.	230.	250.	650.	800.	1200.	3500.	——
1880	190.	215.	225.	230.	250.	255.	260.	295.	700.	2250.
1880-CC	340.	450.	725.	1000.	1500.	3900.	5750.	12500.	——	——
1880-O	265.	385.	750.	800.	1000.	2100.	3500.	9000.	——	——
1880-S	195.	230.	245.	300.	350.	375.	400.	465.	1300.	3500.
1881	185.	215.	225.	230.	250.	255.	255.	265.	490.	900.
1881-CC	315.	360.	475.	625.	875.	1150.	2300.	6750.	12000.	——
1881-O	250.	375.	650.	825.	1225.	2050.	3200.	7750.	——	——
1881-S	185.	215.	225.	230.	250.	255.	275.	400.	825.	6000.
1882	185.	215.	225.	230.	250.	255.	255.	270.	485.	900.
1882-CC	475.	650.	1100.	1850.	2800.	6750.	12500.	——	——	——
1882-O	260.	350.	525.	750.	1025.	2000.	3250.	8250.	——	——
1882-S	195.	215.	230.	240.	260.	280.	350.	450.	1550.	5000.
1883	195.	215.	225.	230.	250.	255.	265.	310.	650.	1750.
1883-CC	340.	425.	650.	1150.	2250.	4500.	6000.	11500.	——	——
1883-O	1350.	3550.	7000.	——	10250.	13000.	22500.	——	——	——
1883-S	200.	230.	350.	365.	400.	550.	710.	1350.	4500.	15000.
1884	195.	215.	225.	230.	250.	375.	460.	800.	1750.	4250.
1884-CC	395.	600.	900.	1350.	2200.	4100.	5300.	10000.	——	——
1884-S	195.	215.	230.	240.	270.	375.	430.	650.	1650.	——
1885	190.	215.	230.	235.	250.	275.	290.	410.	675.	3750.
1885-S	190.	215.	225.	230.	250.	255.	270.	375.	1500.	4200.
1886	200.	215.	230.	235.	250.	280.	290.	385.	525.	2150.
1886-S	185.	215.	225.	230.	250.	255.	270.	315.	455.	1000.
1887	190.	275.	225.	230.	330.	475.	545.	825.	2050.	4250.
1887-S	195.	215.	225.	230.	250.	255.	265.	305.	625.	2500.
1888	200.	275.	230.	235.	325.	515.	585.	825.	4850.	——
1888-O	185.	215.	225.	230.	275.	400.	430.	550.	1850.	6000.
1888-S	185.	215.	225.	230.	250.	255.	265.	300.	1100.	2950.
1889	275.	355.	500.	580.	900.	1750.	2100.	3150.	——	——
1889-S	185.	215.	225.	230.	250.	255.	255.	270.	460.	1750.
1890	200.	215.	230.	240.	330.	500.	575.	875.	2650.	4650.
1890-CC	310.	350.	475.	510.	725.	950.	1250.	2400.	6000.	15000.
1891	190.	215.	225.	230.	250.	255.	265.	285.	650.	2700.
1891-CC	275.	335.	385.	415.	475.	525.	565.	725.	1325.	4750.
1892	195.	215.	225.	230.	250.	255.	255.	265.	430.	1400.
1892-CC	295.	325.	400.	475.	625.	1000.	1450.	3200.	5000.	9500.
1892-O	200.	220.	230.	240.	255.	290.	350.	400.	2350.	——

—— = Insufficient pricing data

CORONET $10 EAGLE (CONTINUED)

	F-12	VF-20	EF-40	EF-45	AU-50	AU-55	AU-58	MS-60	MS-62	MS-63
1892-S	200.	225.	230.	235.	250.	265.	280.	385.	825.	2350.
1893	185.	215.	225.	230.	250.	255.	255.	265.	395.	775.
1893-CC	325.	400.	600.	800.	1450.	2600.	——	——	——	——
1893-O	195.	215.	290.	300.	325.	410.	450.	600.	2450.	5250.
1893-S	200.	225.	230.	245.	255.	325.	385.	525.	1400.	3975.
1894	185.	215.	225.	230.	250.	255.	255.	265.	420.	800.
1894-O	185.	215.	245.	310.	375.	550.	640.	1000.	2350.	5000.
1894-S	250.	295.	415.	500.	875.	——	——	3250.	——	——
1895	185.	215.	225.	230.	250.	255.	255.	265.	425.	875.
1895-O	190.	215.	235.	250.	275.	360.	385.	485.	1300.	3650.
1895-S	255.	305.	365.	400.	775.	1250.	1500.	2500.	5000.	——
1896	190.	215.	225.	230.	250.	255.	255.	265.	525.	1750.
1896-S	200.	220.	325.	350.	500.	600.	1025.	2750.	——	10000.
1897	185.	215.	225.	230.	250.	255.	255.	265.	420.	750.
1897-O	190.	215.	295.	305.	355.	375.	455.	775.	1300.	2150.
1897-S	200.	230.	300.	315.	370.	400.	490.	850.	1800.	3400.
1898	185.	215.	225.	230.	250.	255.	255.	265.	430.	900.
1898-S	195.	215.	230.	235.	255.	260.	280.	400.	635.	2250.
1899	185.	215.	225.	230.	250.	255.	255.	265.	415.	700.
1899-O	200.	230.	245.	255.	275.	385.	410.	500.	1150.	2250.
1899-S	200.	215.	225.	230.	250.	255.	255.	285.	600.	1500.
1900	190.	215.	225.	230.	250.	255.	255.	265.	415.	750.
1900-S	200.	230.	295.	325.	375.	525.	615.	975.	2100.	3900.
1901	185.	215.	225.	230.	250.	255.	255.	265.	415.	575.
1901-O	190.	215.	230.	235.	260.	350.	365.	410.	900.	1850.
1901-S	185.	215.	225.	230.	250.	255.	255.	265.	410.	575.
1902	190.	215.	225.	230.	250.	265.	280.	295.	575.	1125.
1902-S	185.	215.	225.	230.	250.	255.	255.	265.	415.	675.
1903	190.	215.	225.	230.	250.	255.	255.	285.	445.	850.
1903-O	185.	215.	230.	235.	255.	270.	285.	375.	650.	1750.
1903-S	200.	215.	225.	230.	250.	255.	265.	285.	455.	750.
1904	190.	215.	225.	230.	250.	255.	255.	265.	420.	850.
1904-O	200.	215.	225.	230.	250.	255.	270.	385.	800.	1950.
1905	190.	215.	225.	230.	250.	255.	255.	265.	415.	800.
1905-S	200.	215.	230.	240.	330.	450.	625.	1250.	3900.	4750.
1906	190.	215.	225.	230.	250.	255.	255.	265.	420.	950.
1906-D	185.	215.	225.	230.	250.	255.	255.	265.	470.	750.
1906-O	200.	230.	240.	250.	350.	390.	425.	575.	950.	2150.
1906-S	200.	215.	225.	230.	250.	295.	375.	485.	1100.	3500.
1907	185.	215.	225.	230.	245.	250.	255.	265.	410.	575.
1907-D	200.	215.	225.	230.	250.	255.	260.	295.	455.	850.
1907-S	200.	215.	230.	235.	255.	280.	400.	675.	1175.	2650.

—— = Insufficient pricing data

Indian Head $10 eagle

Date of authorization: Jan. 18, 1837
Dates of issue: 1907-1933
Designer: Augustus Saint-Gaudens
Engraver: Charles Barber
Diameter: 27.00mm/1.07 inches
Weight: 16.72 grams0/.54 ounce
Metallic Content: 90% gold,10% copper
Weight of pure gold: 15.05 grams/0.48 ounce
Edge: Starred
Mint mark: Reverse left of TEN DOLLARS

	EF-40	AU-50	AU-55	MS-60	MS-62	MS-63	MS-64	MS-65
NO MOTTO ON REVERSE								
1907 Wire Rim, Periods	5000.	6500.	7750.	10000.	12500.	17500.	30000.	47500.
1907 Rolled Rim, Periods	15000.	21000.	25000.	32500.	37000.	46000.	62500.	105000.
1907 No Periods	385.	405.	450.	575.	900.	1750.	2925.	6750.
1908	415.	500.	525.	725.	1150.	2750.	5250.	12000.
1908-D	400.	440.	475.	825.	1400.	5500.	10000.	35000.
MOTTO ON REVERSE								
1908	380.	390.	435.	500.	590.	1250.	2200.	5150.
1908-D	405.	415.	485.	725.	1150.	3000.	9500.	25000.
1908-S	415.	440.	700.	1950.	3100.	5250.	10000.	22500.
1909	380.	390.	435.	510.	650.	1675.	3250.	8900.
1909-D	390.	400.	535.	790.	1300.	2650.	11000.	45000.
1909-S	395.	405.	480.	650.	1150.	2500.	4800.	12750.
1910	375.	385.	410.	485.	580.	1050.	2000.	5250.
1910-D	370.	380.	405.	480.	575.	875.	1650.	5250.
1910-S	395.	405.	500.	775.	1300.	3650.	16500.	50000.
1911	365.	375.	400.	475.	570.	875.	1625.	4950.
1911-D	650.	875.	1450.	4050.	7750.	12500.	37500.	——
1911-S	475.	600.	650.	1000.	1825.	3450.	5950.	12500.
1912	375.	385.	405.	490.	595.	1075.	2100.	6500.
1912-S	390.	425.	525.	950.	1350.	2750.	6400.	——
1913	365.	375.	400.	475.	570.	1000.	1750.	5250.
1913-S	650.	900.	1750.	4150.	10000.	17500.	50000.	——
1914	370.	380.	415.	495.	600.	1250.	2600.	8000.
1914-D	365.	375.	405.	495.	625.	1250.	3000.	11500.

—— = Insufficient pricing data

	EF-40	AU-50	AU-55	MS-60	MS-62	MS-63	MS-64	MS-65
1914-S	385.	425.	480.	725.	1750.	3750.	14000.	45000.
1915	375.	385.	410.	485.	565.	1150.	2000.	5500.
1915-S	550.	800.	1250.	2750.	6600.	9500.	31500.	65000.
1916-S	415.	430.	450.	700.	1550.	2600.	6250.	15000.
1920-S	7000.	9100.	11250.	15000.	19000.	37500.	65000.	170K
1926	365.	375.	390.	460.	525.	725.	1200.	3500.
1930-S	——	5500.	6250.	7500.	8250.	11500.	15500.	30000.
1932	345.	355.	375.	435.	475.	650.	1075.	2750.
1933	——	——	——	65000.	80000.	107500.	150000.	325000.

Coronet $20 double eagle

Date of authorization:	March 3, 1849
Dates of issue:	1850-1907
Designer/Engraver:	James B. Longacre
Diameter:	34.29mm/1.35 inches
Weight:	33.44 grams/1.07 ounce
Metallic Content:	(1850-1873): 90% gold, 10% copper and silver
	(1873-1907): 90% gold, 10% copper
Weight of pure gold:	30.09 grams/0.97 ounce
Edge:	Reeded
Mint mark:	Reverse below eagle

NO MOTTO ON REVERSE

	VF-20	EF-40	EF-45	AU-50	AU-55	AU-58	MS-60	MS-62	MS-63
1849 One Specimen, Smithsonian collection.									
1850	700.	1000.	1250.	2250.	3325.	4350.	6000.	17500.	35000.
1850-O	800.	1450.	2750.	5750.	10500.	17500.	30000.	——	——
1851	675.	750.	800.	875.	1250.	2100.	3750.	8250.	17500.
1851-O	700.	790.	1025.	1650.	4750.	8000.	15000.	25000.	40000.
1852	625.	700.	645.	800.	1250.	1800.	2700.	6250.	14000.
1852-O	725.	775.	925.	1625.	4500.	7750.	12500.	20000.	32500.

—— = Insufficient pricing data

	VF-20	EF-40	EF-45	AU-50	AU-55	AU-58	MS-60	MS-62	MS-63
1853	625.	625.	725.	925.	1500.	2250.	4750.	11500.	26000.
1853/2	725.	1150.	1675.	3375.	5500.	15000.	35000.	——	——
1853-O	685.	1050.	1425.	2600.	4250.	10000.	25000.	——	——
1854	625.	675.	750.	925.	1500.	2500.	4750.	12250.	——
1854-O	25000.	50000.	60000.	90000.	135000.	200000.	——	——	——
1854-S	700.	900.	1200.	1550.	2250.	3250.	5000.	8000.	12500.
1855	625.	675.	825.	1125.	2100.	3750.	7000.	15000.	30000.
1855-O	2450.	5000.	10000.	18500.	28500.	40000.	60000.	——	——
1855-S	750.	925.	1525.	1450.	2500.	4000.	6750.	——	20000.
1856	625.	675.	750.	925.	2200.	4150.	8000.	14500.	31500.
1856-O	27500.	42500.	62500.	90000.	125000.	——	——	175000.	350000.
1856-S	650.	750.	975.	1275.	2600.	3500.	4250.	7500.	10000.
1857	625.	675.	725.	850.	1475.	2325.	3500.	10000.	27500.
1857-O	975.	1600.	2250.	3800.	6750.	12500.	22500.	——	——
1857-S	700.	825.	950.	1200.	1750.	2150.	2750.	4750.	6500.
1858	725.	775.	825.	1325.	2750.	3500.	5000.	17500.	35000.
1858-O	1150.	1775.	2500.	4200.	8000.	——	——	——	——
1858-S	650.	1050.	1400.	1825.	2750.	5250.	9750.	15000.	——
1859	1000.	2000.	2525.	3800.	7000.	10500.	——	——	——
1859-O	3000.	6250.	9500.	15500.	22500.	40000.	60000.	——	——
1859-S	675.	800.	1225.	1700.	2650.	4200.	5500.	11000.	——
1860	625.	650.	675.	750.	1150.	1925.	3500.	8750.	17500.
1860-O	3500.	7500.	12500.	16500.	21500.	——	40000.	——	——
1860-S	950.	1550.	1775.	2000.	4000.	5000.	7000.	12500.	——
1861	625.	650.	675.	750.	1025.	1850.	2400.	5500.	9250.
1861-O	1650.	3150.	4500.	7150.	15000.	——	37500.	——	——
1861-S	750.	1000.	1575.	2150.	3750.	5500.	9250.	——	27500.
1861 Paquet Reverse MS-67 (NGC - Norweb specimen) sold for $660,000.									
1861-S Paquet Reverse	5750.	11500.	14500.	23500.	37500.	50000.	——	——	——
1862	775.	1450.	2275.	3250.	5500.	7250.	10000.	15000.	32500.
1862-S	750.	1450.	1825.	2200.	4000.	7250.	12500.	——	——
1863	650.	1000.	1500.	2250.	4000.	7500.	13000.	17500.	37500.
1863-S	675.	1100.	1475.	1875.	2750.	4500.	7500.	15000.	28000.
1864	625.	800.	1000.	1575.	3600.	5750.	10000.	——	——
1864-S	700.	1000.	1500.	2000.	3500.	5000.	7500.	15000.	32500.
1865	625.	690.	750.	875.	1475.	2825.	5500.	13500.	29500.
1865-S	625.	725.	850.	1200.	2000.	2750.	3500.	4750.	7500.
1866-S	1600.	2750.	4500.	12500.	20000.	——	——	——	——
MOTTO ON REVERSE									
1866	520.	620.	920.	1300.	1900.	3250.	5500.	17500.	32000.
1866-S	500.	620.	750.	2025.	4950.	8750.	16250.	——	——
1867	495.	565.	590.	705.	1100.	1325.	1800.	5000.	19000.
1867-S	495.	630.	750.	1500.	3500.	7500.	15500.	——	——
1868	565.	950.	1150.	1625.	2850.	4575.	8000.	——	32500.
1868-S	495.	610.	660.	1250.	2500.	5000.	10000.	24000.	——
1869	545.	660.	775.	1000.	2500.	3250.	4850.	7500.	18000.
1869-S	495.	530.	685.	950.	1875.	2750.	4500.	——	27500.

—— = Insufficient pricing data

	VF-20	EF-40	EF-45	AU-50	AU-55	AU-58	MS-60	MS-62	MS-63
1870	565.	700.	1050.	1450.	1900.	3750.	7500.	——	——
1870-CC	60000.	90000.	150000.	——	——	——	——	——	——
1870-S	495.	545.	580.	705.	1150.	2500.	5200.	——	25000.
1871	565.	670.	825.	1375.	2100.	2600.	3600.	8250.	21000.
1871-CC	2750.	5000.	6500.	12500.	18000.	24000.	37500.	——	——
1871-S	495.	530.	545.	645.	1100.	1900.	3550.	11000.	20000.
1872	505.	520.	545.	635.	1075.	1750.	2600.	10500.	21000.
1872-CC	1250.	1600.	2500.	4250.	9250.	14250.	24500.	——	——
1872-S	485.	520.	525.	600.	1000.	1425.	2300.	——	24000.
1873 Closed 3	545.	635.	685.	800.	1150.	1600.	2550.	8000.	——
1873 Open 3	485.	520.	525.	550.	600.	645.	800.	3500.	10500.
1873-CC	900.	1600.	2500.	4000.	9000.	13500.	25000.	42500.	——
1873-S Closed 3	485.	535.	540.	560.	800.	1075.	1600.	5750.	21500.
1873-S Open 3	535.	580.	660.	950.	2000.	2900.	4700.	——	——
1874	495.	535.	540.	560.	670.	925.	1400.	8000.	18500.
1874-CC	750.	900.	1200.	1650.	2500.	4250.	7500.	——	——
1874-S	485.	520.	525.	550.	670.	950.	1500.	8000.	22000.
1875	495.	520.	525.	550.	620.	700.	900.	4250.	11500.
1875-CC	750.	900.	975.	1100.	1350.	1600.	2250.	8500.	19500.
1875-S	485.	520.	525.	550.	625.	750.	1000.	5000.	17500.
1876	485.	520.	525.	550.	600.	645.	825.	4250.	11500.
1876-CC	750.	900.	1000.	1150.	2025.	2950.	4200.	12000.	35000.
1876-S	485.	520.	525.	550.	620.	660.	825.	3750.	11500.
TWENTY DOLLARS REVERSE									
1877	480.	500.	525.	560.	605.	640.	700.	2000.	4500.
1877-CC	850.	1100.	1250.	1500.	2500.	7500.	16000.	30000.	46500.
1877-S	470.	485.	515.	555.	605.	630.	675.	1825.	8500.
1878	485.	495.	515.	545.	575.	600.	645.	1600.	5000.
1878-CC	1050.	1500.	2050.	3350.	6500.	11500.	20000.	——	——
1878-S	485.	505.	555.	570.	640.	750.	935.	3650.	15000.
1879	490.	510.	535.	555.	615.	740.	950.	4800.	9000.
1879-CC	1200.	1600.	2500.	4250.	9750.	14500.	22500.	——	——
1879-O	3100.	4150.	5600.	9000.	15000.	21500.	32500.	——	90000.
1879-S	485.	505.	540.	560.	620.	800.	1100.	10250.	19500.
1880	500.	545.	580.	665.	900.	1650.	2900.	5500.	18500.
1880-S	490.	515.	545.	570.	615.	740.	950.	2975.	9250.
1881	3600.	7000.	8500.	11500.	16000.	——	——	——	——
1881-S	485.	505.	525.	540.	565.	700.	925.	2200.	8000.
1882	8500.	16000.	24000.	29500.	42500.	——	——	——	——
1882-CC	775.	900.	1050.	1250.	2500.	3875.	6150.	11500.	25000.
1882-S	480.	495.	515.	535.	555.	630.	750.	1700.	10000.
1883 Proofs Only - Prf 60 $30000 Prf 63 $44000 Prf 64 $75000 Prf 65 $195000.									
1883-CC	750.	850.	950.	1100.	1800.	2500.	3750.	7250.	22000.
1883-S	475.	485.	505.	535.	550.	590.	650.	1200.	4500.
1884 Proofs Only - Prf 60 $35000 Prf 63 $48500 Prf 64 $85000.									
1884-CC	750.	850.	950.	1100.	1500.	1950.	2450.	6500.	20000.
1884-S	470.	480.	495.	535.	550.	575.	610.	1300.	3750.

—— = Insufficient pricing data

	VF-20	EF-40	EF-45	AU-50	AU-55	AU-58	MS-60	MS-62	MS-63
1885	——	6250.	7250.	10500.	15000.	21250.	34000.	40000.	——
1885-CC	1200.	1800.	2350.	3750.	5000.	7250.	10750.	25000.	45000.
1885-S	475.	485.	505.	535.	550.	595.	665.	1125.	3900.
1886	5750.	12000.	15500.	19250.	25000.	30000.	40000.	47500.	67500.
1887 Proofs Only - Prf 60 $16500 Prf 63 $29500 Prf 64 $55000.									
1887-S	490.	500.	520.	555.	570.	600.	650.	1000.	7000.
1888	485.	510.	530.	550.	620.	650.	700.	1100.	4900.
1888-S	475.	490.	500.	515.	535.	575.	650.	975.	3500.
1889	460.	505.	525.	575.	630.	675.	725.	1200.	6000.
1889-CC	850.	1000.	1200.	1450.	1675.	2100.	3250.	7500.	15500.
1889-S	460.	500.	515.	530.	545.	585.	650.	1075.	4000.
1890	460.	505.	525.	550.	580.	600.	635.	1400.	4500.
1890-CC	750.	850.	975.	1200.	1400.	1800.	2500.	7750.	15750.
1890-S	460.	505.	520.	535.	550.	580.	625.	800.	4650.
1891	2950.	4000.	5000.	7750.	11750.	——	——	——	——
1891-CC	1800.	3250.	4000.	5500.	6750.	8750.	12500.	27500.	——
1891-S	435.	450.	465.	500.	520.	550.	600.	750.	2400.
1892	900.	1350.	1550.	2000.	3050.	3750.	4900.	9500.	19000.
1892-CC	750.	900.	1100.	1350.	1600.	2000.	2750.	8000.	21000.
1892-S	435.	450.	465.	520.	535.	550.	580.	645.	2400.
1893	450.	480.	500.	530.	545.	560.	590.	775.	2000.
1893-CC	850.	975.	1075.	1250.	1500.	1750.	2150.	5950.	10000.
1893-S	435.	450.	465.	510.	525.	545.	575.	725.	2500.
1894	435.	450.	465.	505.	520.	540.	565.	595.	1375.
1894-S	435.	450.	465.	525.	540.	555.	580.	700.	1750.
1895	435.	450.	465.	495.	510.	525.	550.	560.	1100.
1895-S	435.	450.	465.	510.	525.	540.	570.	675.	1500.
1896	435.	450.	465.	505.	515.	530.	550.	585.	1200.
1896-S	435.	450.	465.	510.	535.	560.	600.	800.	1725.
1897	435.	450.	465.	500.	515.	530.	550.	600.	1100.
1897-S	435.	450.	465.	510.	525.	540.	565.	640.	1200.
1898	450.	475.	500.	525.	555.	610.	700.	1650.	5850.
1898-S	435.	450.	465.	495.	500.	515.	540.	625.	1100.
1899	435.	450.	465.	495.	500.	515.	540.	585.	1000.
1899-S	435.	450.	465.	505.	520.	540.	575.	625.	1475.
1900	435.	450.	465.	490.	500.	515.	540.	550.	650.
1900-S	435.	450.	465.	505.	535.	555.	590.	625.	1975.
1901	450.	470.	480.	490.	520.	540.	570.	595.	650.
1901-S	435.	450.	465.	515.	530.	550.	575.	800.	1950.
1902	460.	505.	540.	665.	735.	800.	900.	1400.	3250.
1902-S	435.	450.	465.	510.	525.	535.	555.	600.	2300.
1903	450.	480.	485.	490.	500.	515.	540.	550.	650.
1903-S	435.	450.	465.	510.	525.	540.	565.	595.	1250.
1904	360.	375.	380.	390.	400.	410.	425.	465.	550.
1904-S	410.	425.	440.	450.	465.	475.	510.	565.	650.
1905	460.	535.	560.	615.	825.	925.	1100.	5000.	15000.
1905-S	435.	450.	465.	525.	540.	555.	585.	645.	1900.

—— = Insufficient pricing data

	VF-20	EF-40	EF-45	AU-50	AU-55	AU-58	MS-60	MS-62	MS-63
1906	460.	520.	525.	560.	600.	655.	750.	975.	——
1906-D	435.	450.	465.	505.	545.	580.	630.	645.	2000.
1906-S	435.	450.	465.	495.	510.	525.	550.	700.	1650.
1907	435.	450.	465.	490.	500.	515.	540.	555.	750.
1907-D	435.	450.	465.	500.	515.	530.	550.	670.	1250.
1907-S	435.	450.	465.	490.	510.	530.	555.	610.	1600.

Saint-Gaudens $20 double eagle

Date of authorization: March 3, 1849
Dates of issue: 1907-1933
Designer: Augustus Saint-Gaudens
Engraver: Charles Barber
Diameter: 34.29mm/1.35 inches
Weight: 33.47 grams/1.07 ounce
Metallic Content: 90% gold, 10% copper
Weight of pure gold: 30.09 grams/0.97 ounce
Edge: Lettered (E PLURIBUS UNUM, with stars dividing words)
Mint mark: Obverse above date

	EF-40	AU-50	AU-55	AU-58	MS-60	MS-61	MS-62	MS-63	MS-64	MS-65
NO MOTTO ON REVERSE										
1907 Extremely High Relief Proofs Only Norweb Specimen sold for $1.21 million.										
1907 High Relief, Roman Numerals, Wire Rim										
	3500.	5000.	6000.	6750.	7750.	7875.	9000.	13500.	18000.	32500.
1907 High Relief, Roman Numerals, Flat Rim										
	3450.	5000.	6000.	6750.	7750.	7925.	9250.	13500.	18500.	32500.
1907	450.	475.	500.	510.	525.	575.	625.	750.	1125.	2400.
1908	425.	440.	450.	475.	500.	510.	525.	575.	750.	1200.
1908-D	450.	465.	480.	500.	525.	575.	625.	750.	1500.	11750.
MOTTO ON REVERSE										
1908	425.	450.	465.	480.	525.	575.	700.	1050.	3750.	18000.
1908-D	445.	460.	480.	490.	525.	575.	675.	750.	1250.	4800.

—— = Insufficient pricing data   * = None issued

	EF-40	AU-50	AU-55	AU-58	MS-60	MS-61	MS-62	MS-63	MS-64	MS-65
1908-S	825.	1325.	2250.	2850.	3700.	5275.	7900.	10750.	18500.	47500.
1909/8	470.	640.	850.	1025.	1250.	1700.	2450.	5250.	13750.	30000.
1909	440.	475.	545.	555.	625.	840.	1075.	2650.	6250.	52500.
1909-D	490.	675.	800.	1045.	1375.	1500.	1700.	2750.	6000.	37500.
1909-S	410.	435.	465.	470.	500.	525.	550.	575.	1100.	5250.
1910	410.	435.	465.	470.	500.	525.	560.	600.	1200.	6750.
1910-D	410.	435.	465.	470.	500.	525.	550.	575.	750.	3000.
1910-S	410.	435.	465.	470.	500.	535.	600.	700.	1750.	8750.
1911	420.	470.	505.	515.	540.	600.	720.	1100.	2750.	12500.
1911-D	415.	435.	465.	470.	500.	510.	525.	550.	650.	1275.
1911-S	420.	445.	470.	480.	500.	550.	645.	750.	875.	5250.
1912	425.	475.	505.	530.	540.	600.	695.	1050.	2800.	15000.
1913	415.	445.	470.	490.	535.	655.	800.	1875.	4000.	32500.
1913-D	410.	430.	465.	470.	500.	580.	620.	750.	1200.	5000.
1913-S	460.	510.	580.	775.	1100.	1400.	1900.	3050.	6750.	40000.
1914	415.	475.	505.	515.	540.	625.	750.	1200.	2500.	14000.
1914-D	415.	440.	465.	470.	500.	525.	560.	575.	750.	2500.
1914-S	410.	425.	465.	470.	500.	525.	560.	575.	725.	2050.
1915	425.	485.	505.	510.	535.	650.	770.	1350.	3250.	14000.
1915-S	420.	440.	465.	470.	500.	525.	560.	600.	700.	2000.
1916-S	415.	440.	465.	470.	500.	525.	560.	625.	750.	2000.
1920	420.	445.	475.	480.	510.	550.	645.	800.	3000.	30000.
1920-S	8000.	13000.	17000.	21000.	26500.	28750.	35000.	50000.	75000.	————
1921	10000.	15500.	21500.	28000.	38000.	42500.	50000.	80000.	125000.	225000.
1922	385.	395.	405.	410.	425.	475.	535.	550.	650.	3700.
1922-S	475.	600.	675.	700.	775.	850.	900.	1700.	4850.	30000.
1923	385.	395.	405.	410.	425.	465.	510.	550.	700.	6500.
1923-D	385.	395.	405.	410.	425.	460.	510.	550.	650.	1150.
1924	360.	370.	380.	390.	400.	410.	425.	450.	550.	1000.
1924-D	825.	1200.	1450.	1750.	2200.	2425.	2750.	4400.	9500.	50000.
1924-S	————	1050.	1400.	1675.	2050.	2250.	2600.	4750.	12500.	35000.
1925	370.	385.	405.	410.	425.	450.	475.	500.	625.	1000.
1925-D	————	1350.	1800.	2125.	2600.	3250.	4500.	7250.	16000.	52500.
1925-S	1025.	1650.	2200.	3500.	5500.	6350.	7750.	15000.	32500.	67500.
1926	370.	385.	405.	410.	425.	450.	500.	550.	675.	1200.
1926-D	————	2650.	4500.	5500.	7000.	9450.	12500.	24500.	40000.	75000.
1926-S	800.	1150.	1475.	1575.	1750.	1875.	2100.	2750.	4850.	36000.
1927	370.	385.	405.	410.	425.	440.	460.	475.	575.	1000.
1927-D	————	————	————	————	————	————	————	300000.	400000.	650000.
1927-S	3725.	6250.	7000.	9000.	12000.	15750.	22000.	27500.	40000.	105000.
1928	370.	385.	405.	410.	425.	440.	460.	500.	625.	1000.
1929	————	7000.	7500.	8000.	8750.	9200.	10000.	13000.	20500.	37500.
1930-S	————	14000.	15500.	17250.	19500.	21500.	25000.	36000.	42500.	80000.
1931	————	12750.	14000.	14750.	16000.	17500.	20000.	24000.	35000.	47500.
1931-D	————	10500.	11500.	11900.	12500.	13750.	16000.	18500.	28000.	57500.
1932	————	————	10000.	10750.	12000.	13125.	15000.	16500.	27000.	40000.

1933 The Farouk/Fenton specimen declared legal to own; to be offered July 30.

———— = Insufficient pricing data

Commemorative coins 1892-1954

	EF-40	AU-50	MS-60	MS-63	MS-64	MS-65	MS-66
WORLD'S COLUMBIAN EXPOSITION							
1892 silver half dollar	12.	15.	28.00	80.00	175.	675.	1600.
1893 silver half dollar	10.	13.	28.00	82.50	200.	800.	1850.
1893 Isabella quarter dollar	275.	400.	575.	675.	1050.	2850.	4250.
LAFAYETTE MONUMENT							
1900 silver dollar	240.	300.	550.	1450.	2500.	9000.	13000.
LOUISIANA PURCHASE EXPOSITION							
1903 Jefferson gold dollar	315.	360.	425.	700.	1625.	2450.	3850.
1903 McKinley gold dollar	300.	330.	400.	675.	1500.	2850.	3950.
LEWIS & CLARK EXPOSITION							
1904 gold dollar	430.	525.	800.	1875.	3850.	6500.	10000.
1905 gold dollar	430.	500.	925.	2400.	4750.	13500.	25000.
PANAMA-PACIFIC EXPOSITION							
1915-S silver half dollar	160.	190.	335.	675.	1050.	2100.	3300.
1915-S gold dollar	300.	360.	400.	550.	850.	2000.	3200.
1915-S gold $2.50	1050.	1250.	1650.	3000.	4150.	5500.	7250.
1915-S gold $50 Round	22000.	24000.	28000.	41000.	55000.	120000.	185000.
1915-S gold $50 Octagonal	18500.	20000.	24000.	37500.	52500.	110000.	150000.
McKINLEY MEMORIAL							
1916 gold dollar	265.	295.	360.	590.	850.	1875.	3750.
1917 gold dollar	305.	375.	525.	1000.	1500.	2750.	4850.
ILLINOIS CENTENNIAL							
1918 silver half dollar	60.	75.	95.00	105.	150.	450.	900.
MAINE CENTENNIAL							
1920 silver half dollar	60.	80.	110.	150.	250.	525.	1200.
PILGRIM TERCENTENARY							
1920 silver half dollar	45.	53.	65.00	85.00	150.	485.	1350.
1921 silver half dollar	85.	100.	120.	150.	240.	660.	1750.
MISSOURI CENTENNIAL							
1921 silver half dollar, No 2*4	175.	220.	425.	640.	1250.	5750.	10500.
1921 silver half dollar, 2*4	285.	385.	525.	900.	1600.	5500.	13500.
ALABAMA CENTENNIAL							
1921 silver half dollar, 2x2	110.	175.	285.	525.	900.	2550.	6000.
1921 silver half dollar, No 2x2	65.	95.	210.	450.	750.	2200.	7500.
GRANT MEMORIAL							
1922 silver half dollar, No Star	60.	72.	80.00	150.	275.	800.	1650.
1922 silver half dollar, Star	425.	650.	975.	1650.	2400.	7500.	14500.
1922 gold dollar, Star	1075.	1200.	1300.	1750.	2250.	2650.	3175.
1922 gold dollar, No Star	1075.	1200.	1325.	1650.	1900.	2675.	3250.
MONROE DOCTRINE CENTENNIAL							
1923-S silver half dollar	25.	30.	45.00	150.	350.	2500.	5750.
HUGUENOT-WALLOON TERCENTENARY							
1924 silver half dollar	65.	85.	95.00	125.	175.	550.	1250.
LEXINGTON-CONCORD SESQUICENTENNIAL							
1925 silver half dollar	45.	60.	72.00	105.	160.	650.	1750.
STONE MOUNTAIN MEMORIAL							
1925 silver half dollar	30.	33.	42.00	55.00	70.00	200.	625.
CALIFORNIA DIAMOND JUBILEE							
1925-S silver half dollar	80.	100.	115.	175.	235.	850.	1750.
FORT VANCOUVER CENTENNIAL							
1925 silver half dollar	200.	235.	280.	375.	450.	1200.	2100.
AMERICAN INDEPENDENCE SESQUICENTENNIAL							
1926 silver half dollar	45.	55.	75.00	150.	400.	4750.	19500.
1926 gold $2.50	240.	265.	300.	575.	900.	3600.	21000.

	EF-40	AU-50	MS-60	MS-63	MS-64	MS-65	MS-66
OREGON TRAIL MEMORIAL							
1926 silver half dollar	80.	90.	100.	120.	135.	195.	435.
1926-S silver half dollar	80.	90.	100.	120.	135.	195.	350.
1928 silver half dollar	130.	150.	165.	180.	210.	295.	425.
1933-D silver half dollar	220.	230.	245.	275.	300.	425.	625.
1934-D silver half dollar	120.	135.	150.	165.	180.	285.	600.
1936 silver half dollar	100.	110.	120.	130.	145.	210.	275.
1936-S silver half dollar	100.	120.	130.	160.	200.	260.	385.
1937-D silver half dollar	110.	125.	140.	150.	170.	190.	260.
1938 silver half dollar PDS set	——	——	575.	650.	700.	800.	950.
1939 silver half dollar PDS set	——	——	1175.	1325.	1450.	2000.	2400.
VERMONT-BENNINGTON SESQUICENTENNIAL							
1927 silver half dollar	125.	140.	155.	200.	260.	850.	2000.
HAWAII DISCOVERY SESQUICENTENNIAL							
1928 silver half dollar	900.	1050.	1350.	1950.	2500.	4800.	7250.
MARYLAND TERCENTENARY							
1934 silver half dollar	105.	115.	125.	140.	160.	360.	1000.
TEXAS INDEPENDENCE CENTENNIAL							
1934 silver half dollar	78.	85.	90.00	95.00	105.	145.	225.
1935 silver half dollar PDS set	——	——	300.	315.	345.	435.	765.
1936 silver half dollar PDS set	——	——	300.	315.	345.	435.	575.
1937 silver half dollar PDS set	——	——	300.	315.	345.	435.	700.
1938 silver half dollar PDS set	——	——	600.	750.	835.	1000.	1800.
DANIEL BOONE BICENTENNIAL							
1934 silver half dollar	62.	70.	82.00	88.00	95.00	145.	300.
1935 silver half dollar PDS set, Small 1934	——	——	600.	800.	1100.	1800.	3500.
1935 silver half dollar PDS set	——	——	255.	300.	330.	455.	1050.
1936 silver half dollar PDS set	——	——	255.	285.	330.	480.	1200.
1937 silver half dollar PDS set	——	——	625.	720.	800.	1150.	2100.
1938 silver half dollar PDS set	——	——	800.	1025.	1150.	1500.	3350.
CONNECTICUT TERCENTENNARY							
1935 silver half dollar	145.	165.	195.	205.	250.	550.	975.
ARKANSAS CENTENNIAL							
1935 silver half dollar PDS set	——	——	230.	270.	335.	720.	3900.
1936 silver half dollar PDS set	——	——	235.	270.	335.	1000.	3300.
1936 silver half dollar single	55.	62.	65.00	72.00	90.00	230.	850.
1937 silver half dollar PDS set	——	——	240.	300.	345.	1050.	6600.
1938 silver half dollar PDS set	——	——	360.	440.	480.	2000.	8000.
1939 silver half dollar PDS set	——	——	660.	900.	1100.	2800.	9500.
ARKANSAS-ROBINSON							
1936 silver half dollar	63.	72.	80.00	85.00	100.	265.	1150.
HUDSON, NY, SESQUICENTENNIAL							
1935 silver half dollar	380.	450.	500.	515.	615.	1325.	2450.
CALIFORNIA-PACIFIC EXPOSITION (SAN DIEGO)							
1935-S silver half dollar	48.	55.	60.00	63.00	80.00	90.00	200.
1936-D silver half dollar	56.	60.	65.00	70.00	80.00	100.	250.
OLD SPANISH TRAIL							
1935 silver half dollar	735.	765.	800.	850.	875.	1025.	1325.
PROVIDENCE, RI, TERCENTENNARY							
1936 silver half dollar single	60.	65.	72.00	80.00	95.00	200.	675.
1936 silver half dollar PDS set	——	——	230.	260.	310.	700.	3500.
CLEVELAND CENTENNIAL & GREAT LAKES EXPOSITION							
1936 silver half dollar	52.	60.	65.00	65.00	85.00	210.	725.

—— = Insufficient pricing data

	EF-40	AU-50	MS-60	MS-63	MS-64	MS-65	MS-66
WISCONSIN TERRITORIAL CENTENNIAL							
1936 silver half dollar	140.	150.	170.	180.	200.	225.	290.
CINCINNATI MUSIC CENTER							
1936 silver half dollar PDS set	——	——	745.	785.	880.	1775.	7200.
1936 silver half dollar single	190.	220.	235.	240.	265.	525.	1400.
LONG ISLAND TERCENTENARY							
1936 silver half dollar	60.	65.	68.00	72.00	87.00	400.	1150.
YORK COUNTY, MAINE, TERCENTENARY							
1936 silver half dollar	130.	135.	145.	160.	170.	200.	230.
BRIDGEPORT, CT, CENTENNIAL							
1936 silver half dollar	90.	100.	105.	115.	120.	270.	700.
LYNCHBURG, VA, SESQUICENTENNIAL							
1936 silver half dollar	135.	145.	155.	170.	185.	315.	875.
ALBANY, NY, CHARTER 250TH ANNIVERSARY							
1936 silver half dollar	180.	195.	205.	215.	235.	350.	765.
ELGIN, IL, PIONEER MEMORIAL							
1936 silver half dollar	150.	160.	165.	180.	190.	230.	575.
SAN FRANCISCO-OAKLAND BAY BRIDGE							
1936-S silver half dollar	80.	90.	110.	125.	145.	300.	500.
COLUMBIA, SC, SESQUICENTENNIAL							
1936 silver half dollar 150th PDS set	——	——	500.	525.	550.	650.	1050.
1936 silver half dollar 150th single	135.	150.	155.	170.	175.	210.	290.
DELAWARE TERCENTENARY							
1936 silver half dollar	170.	200.	210.	220.	230.	350.	750.
BATTLE OF GETTYSBURG 75TH ANNIVERSARY							
1936 silver half dollar	225.	250.	270.	275.	320.	550.	1050.
NORFOLK, VA, BICENTENNIAL & TERCENTENARY							
1936 silver half dollar	285.	300.	325.	350.	375.	400.	435.
ROANOKE COLONIZATION 350TH ANNIVERSARY							
1937 silver half dollar	145.	155.	180.	200.	240.	280.	325.
BATTLE OF ANTIETAM 75TH ANNIVERSARY							
1937 silver half dollar	365.	400.	445.	450.	525.	625.	725.
NEW ROCHELLE, NY, 250TH ANNIVERSARY							
1938 silver half dollar	245.	265.	275.	295.	300.	375.	650.
IOWA STATEHOOD CENTENNIAL							
1946 silver half dollar	60.	72.	77.00	80.00	85.00	105.	145.
BOOKER T WASHINGTON MEMORIAL							
1946 silver half dollar PDS set	——	35.	40.00	50.00	72.00	130.	630.
1946 silver half dollar single	10.	12.	14.00	16.00	20.00	35.00	135.
1947 silver half dollar PDS set	——	40.	50.00	80.00	110.	275.	1375.
1948 silver half dollar PDS set	——	85.	120.	135.	150.	185.	950.
1949 silver half dollar PDS set	——	135.	195.	225.	250.	290.	720.
1950 silver half dollar PDS set	——	75.	100.	115.	125.	165.	1325.
1951 silver half dollar PDS set	——	75.	110.	140.	160.	175.	775.
BOOKER T WASHINGTON - GEORGE WASHINGTON CARVER							
1951 silver half dollar PDS set	——	——	80.00	100.	125.	500.	1750.
1951 silver half dollar single	10.	12.	14.00	18.00	22.00	50.00	325.
1952 silver half dollar PDS set	——	——	75.00	125.	185.	400.	1675.
1953 silver half dollar PDS set	——	——	75.00	120.	160.	510.	1675.
1954 silver half dollar PDS set	——	——	70.00	90.00	110.	475.	1675.

—— = Insufficient pricing data

Commemorative coins 1982-2001

	MS-65	PF-65

WASHINGTON'S BIRTH 250TH ANNIVERSARY

	MS-65	PF-65
1982-D silver half dollar	5.75	*
1982-S silver half dollar	*	5.75

GAMES OF XXIII OLYMPIAD, LOS ANGELES

	MS-65	PF-65
1983-P silver dollar	11.00	*
1983-D silver dollar	12.00	*
1983-S silver dollar	10.00	11.00
1984-P silver dollar	14.50	*
1984-D silver dollar	24.00	*
1984-S silver dollar	25.00	11.50
1984-P gold $10 eagle	*	275.
1984-D gold $10 eagle	*	245.
1984-S gold $10 eagle	*	225.
1984-W gold $10 eagle	225.	225.

STATUE OF LIBERTY - ELLIS ISLAND CENTENNIAL

	MS-65	PF-65
1986-D clad half dollar	5.50	*
1986-S clad half dollar	*	5.50
1986-P silver dollar	12.00	*
1986-S silver dollar	*	11.00
1986-W gold half eagle	115.	125.

CONSTITUTION BICENTENNIAL

	MS-65	PF-65
1987-P silver dollar	11.00	*
1987-S silver dollar	*	11.00
1987-W gold half eagle	115.	125.

GAMES OF XXIV OLYMPIAD, CALGARY, SEOUL

	MS-65	PF-65
1988-D silver dollar	10.50	*
1988-S silver dollar	*	10.00
1988-W gold half eagle	115.	115.

BICENTENNIAL OF CONGRESS

	MS-65	PF-65
1989-D clad half dollar	10.00	*
1989-S clad half dollar	*	6.00
1989-D silver dollar	15.00	*
1989-S silver dollar	*	12.00
1989-W gold half eagle	115.	115.

EISENHOWER BIRTH CENTENNIAL

	MS-65	PF-65
1990-W silver dollar	13.50	*
1990-P silver dollar	*	16.00

MOUNT RUSHMORE 50TH ANNIVERSARY

	MS-65	PF-65
1991-D clad half dollar	14.00	*
1991-S clad half dollar	*	13.00
1991-P silver dollar	26.00	*
1991-S silver dollar	*	26.00
1991-W gold half eagle	135.	125.

KOREAN WAR 38TH ANNIVERSARY

	MS-65	PF-65
1991-D silver dollar	16.00	*
1991-P silver dollar	*	16.50

UNITED SERVICE ORGANIZATIONS 50TH ANNIVERSARY

	MS-65	PF-65
1991-D silver dollar	16.50	*

	MS-65	PF-65
1991-S silver dollar	*	15.00

GAMES OF XXV OLYMPIAD, ALBERTVILLE, BARCELONA

	MS-65	PF-65
1992-P clad half dollar	6.50	*
1992-S clad half dollar	*	8.00
1992-D silver dollar	24.00	*
1992-S silver dollar	*	29.00
1992-W gold half eagle	135.	120.

WHITE HOUSE BICENTENNIAL

	MS-65	PF-65
1992-D silver dollar	24.00	*
1992-W silver dollar	*	24.00

COLUMBUS DISCOVERY QUINCENTENNIAL

	MS-65	PF-65
1992-D clad half dollar	13.50	*
1992-S clad half dollar	*	13.00
1992-P silver dollar	*	26.50
1992-D silver dollar	20.00	*
1992-W gold half eagle	135.	140.

BILL OF RIGHTS - JAMES MADISON

	MS-65	PF-65
1993-W silver half dollar	14.00	*
1993-S silver half dollar	*	13.00
1993-D silver dollar	16.00	*
1993-S silver dollar	*	16.00
1993-W gold half eagle	160.	120.

WORLD WAR II 50TH ANNIVERSARY, DUAL DATES 1991-1995

	MS-65	PF-65
(1993)-P WWII clad half dollar	10.50	12.00
(1993)-D silver dollar	23.50	*
(1993)-W silver dollar	*	25.00
(1993)-W WWII gold half eagle	175.	135.

SOCCER WORLD CUP

	MS-65	PF-65
1994-D clad half dollar	8.50	*
1994-P clad half dollar	*	11.50
1994-D silver dollar	23.00	*
1994-S silver dollar	*	27.50
1994-W gold half eagle	150.	135.

THOMAS JEFFERSON 250TH ANNIVERSARY 1743-1993

	MS-65	PF-65
(1994)-P silver dollar	31.00	*
(1994)-S silver dollar	*	20.00

WOMEN IN MILITARY SERVICE MEMORIAL

	MS-65	PF-65
1994-W silver dollar	27.00	*
1994-P silver dollar	*	28.00

VIETNAM VETERANS' MEMORIAL

	MS-65	PF-65
1994-W silver dollar	27.00	*
1994-P silver dollar	*	29.00

PRISONER OF WAR MUSEUM

	MS-65	PF-65
1994-W silver dollar	27.00	*
1994-P silver dollar	*	29.00

UNITED STATES CAPITOL BICENTENNIAL

	MS-65	PF-65
1994-D silver dollar	26.50	*

—— = Insufficient pricing data   * = None issued

	MS-65	PF-65
1994-S silver dollar	*	25.00
CIVIL WAR BATTLEFIELDS		
1995-S clad half dollar	12.00	12.00
1995-P silver dollar	27.00	*
1995-S silver dollar	*	32.00
1995-W gold half eagle	300.	225.
SPECIAL OLYMPICS WORLD GAMES		
1995-W silver dollar	31.00	*
1995-P silver dollar	*	18.00
GAMES OF THE XXVI OLYMPIAD, ATLANTA		
1995-S Basketball clad half dollar	22.50	15.00
1995-S Baseball clad half dollar	22.50	15.00
1995-D Gymnastics silver dollar	60.00	*
1995-P Gymnastics silver dollar	*	30.00
1995-D Cycling silver dollar	75.00	*
1995-P Cycling silver dollar	*	34.00
1995-D Track & Field silver dollar	50.00	*
1995-P Track & Field silver dollar	*	34.00
1995-D Paralympic, blind runner silver dollar	75.00	*
1995-P Paralympic, blind runner silver dollar	*	35.00
1995-W Torch Runner gold half eagle	195.	150.
1995-W Atlanta Stadium gold half eagle	250.	175.
1996-S Swimming clad half dollar	50.00	15.00
1996-S Soccer clad half dollar	30.00	60.00
1996-D Tennis silver dollar	125.	*
1996-P Tennis silver dollar	*	50.00
1996-D Rowing silver dollar	160.	*
1996-P Rowing silver dollar	*	37.00
1996-D High Jump silver dollar	180.	*
1996-P High Jump silver dollar	*	37.00
1996-D Paralympic, wheelchair athlete silver dollar	175.	*
1996-P Paralympic, wheelchair athlete silver dollar	*	40.00

	MS-65	PF-65
1996-W Olympic Flame brazier gold half eagle	250.	200.
1996-W Flagbearer gold half eagle	250.	200.
NATIONAL COMMUNITY SERVICE		
1996-S silver dollar	225.	35.00
SMITHSONIAN INSTITUTION 150TH ANNIVERSARY		
1996-D silver dollar	75.00	*
1996-P silver dollar	*	37.00
1996-W gold half eagle	360.	225.
U.S. BOTANIC GARDEN		
1997-P silver dollar	38.00	39.00
FRANKLIN DELANO ROOSEVELT		
1997-W gold half eagle	225.	200.
NATIONAL LAW ENFORCEMENT OFFICERS MEMORIAL		
1997-P silver dollar	85.00	85.00
JACKIE ROBINSON		
1997-S silver dollar	40.00	32.00
1997-W gold half eagle	900.	275.
BLACK REVOLUTIONARY WAR PATRIOTS		
1998-S silver dollar	80.00	70.00
ROBERT F. KENNEDY		
1998-S silver dollar	32.50	40.00
GEORGE WASHINGTON		
1999-W gold half eagle	235.	240.
YELLOWSTONE NATIONAL PARK		
1999-P silver dollar	35.00	40.00
DOLLEY MADISON		
1999-P silver dollar	35.00	40.00
LIBRARY OF CONGRESS BICENTENNIAL		
2000-W silver dollar	35.00	42.50
2000-W bimetallic $10 eagle	900.	525.
LEIF ERICSON MILLENNIUM		
2000-P silver dollar	40.00	35.00
AMERICAN BUFFALO		
2001-D silver dollar	100.	*
2001-P silver dollar	*	100.
CAPITOL VISITOR CENTER		
2001-P half dollar	12.00	15.00
2001-P silver dollar	35.00	40.00
2001-W $5 half eagle	500.	——

—— = Insufficient pricing data   * = None issued

Proof Sets

Year	Price	Range	Year	Price	Range
1936	4000.	8000.	1988-S	12.00	15.00
1937	2000.	3000.	1988-S Prestige	30.00	35.00
1938	850.	1500.	1989-S	12.50	16.00
1939	900.	1500.	1989-S Prestige	35.00	40.00
1940	600.	925.	1990-S	18.00	24.00
1941	500.	725.	1990-S No S Lincoln cent		
1942 5-piece	500.	750.		1250.	1600.
1942 6-piece	600.	800.	1990-S Prestige	24.00	28.00
1950	400.	600.	1991-S	25.00	30.00
1951	400.	600.	1991-S Prestige	60.00	75.00
1952	225.	300.	1992-S	12.50	14.00
1953	175.	300.	1992-S Prestige	40.00	45.00
1954	80.00	150.	1992-S Silver	14.00	18.00
1955 Flat	100.	125.	1992-S Silver Premier	16.00	19.50
1956	40.00	60.00	1993-S	16.00	20.00
1957	15.00	25.00	1993-S Prestige	40.00	47.50
1958	25.00	50.00	1993-S Silver	30.00	35.00
1959	20.00	40.00	1993-S Silver Premier	30.00	35.00
1960	15.00	30.00	1994-S	15.00	18.00
1960 Small Date cent	25.00	50.00	1994-S Prestige	45.00	55.00
1961	10.00	15.00	1994-S Silver	35.00	45.00
1962	10.00	12.00	1994-S Silver Premier	40.00	50.00
1963	12.00	15.00	1995-S	40.00	50.00
1964	10.00	12.00	1995-S Prestige	110.	135.
1968-S	6.00	8.00	1995-S Silver	85.00	105.
1969-S	6.00	8.00	1995-S Silver Premier	100.	125.
1970-S	8.00	10.00	1996-S	12.00	15.00
1970-S Level 7 (Small Date)			1996-S Prestige	200.	250.
	50.00	75.00	1996-S Silver	50.00	55.00
1971-S	4.00	6.00	1996-S Silver Premier	50.00	55.00
1972-S	6.00	7.50	1997-S	55.00	65.00
1973-S	12.00	15.00	1997-S Prestige	160.	180.
1974-S	10.00	12.50	1997-S Silver	80.00	90.00
1975-S	12.00	16.00	1997-S Silver Premier	80.00	90.00
1976-S	10.00	12.50	1998-S	28.00	32.00
1976-S Bicentennial 3-piece			1998-S Silver	35.00	40.00
	20.00	27.50	1998-S Silver Premier	35.00	42.50
1977-S	10.00	12.50	1999-S (9 coin set)	42.50	50.00
1978-S	10.00	12.50	1999-S Quarters (5 coin set)		
1979-S Filled S	12.00	15.00		42.50	50.00
1979-S Clear S	100.	160.	1999-S Silver	105.	135.
1980-S	12.00	15.00	2000-S (10 coin set)	25.00	30.00
1981-S Filled S	10.00	12.50	2000-S Silver	32.00	36.00
1981-S Clear S	250.	350.	2000-S Quarters	18.00	22.50
1982-S	4.50	6.00	2001-S	22.50	27.50
1983-S	4.50	6.00	2001-S Silver	37.50	45.00
1983-S Prestige	70.00	85.00	2001-S Quarters	18.00	22.50
1984-S	6.25	8.00			
1984-S Prestige	20.00	25.00			
1985-S	6.00	8.00			
1986-S	25.00	30.00			
1986-S Prestige	30.00	40.00			
1987-S	4.50	6.00			
1987-S Prestige	20.00	25.00			

—— = Insufficient pricing data   * = None issued

Uncirculated Mint sets

	Price	Range
1947 Double set	750.	1250.
1948 Double set	400.	600.
1949 Double set	600.	900.
1950 No Sets Issued	—	—
1951 Double set	500.	750.
1952 Double set	500.	750.
1953 Double set	300.	450.
1954 Double set	225.	300.
1955 Double set	125.	200.
1956 Double set	100.	125.
1957 Double set	150.	250.
1958 Double set	100.	150.
1959 Single set	30.00	40.00
1960	20.00	25.00
1961	30.00	40.00
1962	15.00	20.00
1963	12.00	15.00
1964	10.00	15.00
1965 Special Mint Sets	10.00	12.00
1966 Special Mint Sets	7.00	10.00
1967 Special Mint Sets	8.00	10.00
1968 (PD&S)	3.00	4.00
1969 (PD&S)	4.00	6.00
1970 (PD&S)	15.00	20.00
1971 (PD&S)	3.00	4.00
1972 (PD&S)	3.00	4.00
1973 (PD&S)	20.00	25.00
1974 (PD&S)	8.00	10.00
1975	8.00	10.00
1976-S 3-piece 40% silver	10.00	15.00
1976	8.00	10.00
1977	7.00	10.00
1978	7.00	10.00
1979	7.00	10.00
1980	6.00	9.00
1981	15.00	20.00
1984	6.00	8.00
1985	8.00	10.00
1986	25.00	35.00
1987	8.00	10.00
1988	8.50	10.00
1989	8.00	10.00
1990	8.00	10.00
1991	12.00	15.00
1992	7.00	10.00
1993	8.00	10.00
1994	10.00	12.00
1995	18.00	25.00
1996	15.00	25.00
1997	15.00	25.00
1998	15.00	20.00
1999	25.00	30.00
2000	20.00	30.00
2001	20.00	30.00

—— = Insufficient pricing data

Proof coins

	PF-63	PF-64	PF-65		PF-63	PF-64	PF-65
1¢ Proofs				1903	135.	215.	1000.
1859	1650.	2950.	4950.	1904	185.	240.	1050.
1860 Broad Bust T 2	1000.	1950.	3500.	1905	175.	225.	1000.
1861	700.	2450.	4500.	1906	170.	200.	1000.
1862	650.	950.	2175.	1907	175.	300.	——
1863	675.	1000.	2650.	1908	135.	200.	1000.
1864	675.	1000.	3025.	1909	190.	285.	1000.
1864 Initial L	——	40000.		1909 VDB	1300.	2500.	10000.
1864	1450.	2500.	9500.	1909	250.	350.	1500.
1865	550.	1150.	7000.	1910	210.	350.	1250.
1866	500.	650.	4250.	1911	290.	400.	2000.
1867	525.	770.	4750.	1912	350.	775.	7500.
1868	675.	875.	——	1913	225.	350.	1250.
1869	385.	900.	2500.	1914	225.	350.	1250.
1870	375.	875.	2200.	1915	310.	525.	3000.
1871	375.	850.	2100.	1916	350.	650.	——
1872	450.	825.	——	1936	150.	——	950.
1873 Closed 3	300.	465.	2850.	1936 Brilliant Finish	150.	——	1200.
1874	200.	310.	2300.	1937	55.00	——	125.
1875	275.	650.	——	1938	40.00	——	90.00
1876	260.	600.	2600.	1939	30.00	——	80.00
1877	2700.	3750.	10000.	1940	25.00	——	75.00
1878	180.	240.	1125.	1941	25.00	——	75.00
1879	195.	250.	1050.	1942	——	27.50	80.00
1880	180.	240.	1000.	1950	——	27.50	45.00
1881	170.	230.	1000.	1951	——	19.00	50.00
1882	170.	230.	1050.	1952	——	16.50	30.00
1883	170.	230.	——	1953	——	13.00	25.00
1884	170.	230.	1000.	1954	——	6.00	10.00
1885	160.	245.	——	1955	——	4.75	12.00
1886 feather between I and C				1956	——	2.25	3.50
	175.	240.	2250.	1957	——	1.25	2.50
1887	190.	400.	4250.	1958	——	1.50	2.00
1888	225.	325.	5250.	1959	——	1.00	1.50
1889	165.	200.	——	1960 Large Date	——	1.00	1.25
1890	180.	240.	2000.	1960 Small Date	——	14.50	19.00
1891	165.	215.	2000.	1961	——	0.60	0.75
1892	145.	190.	1050.	1962	——	0.60	0.75
1893	145.	200.	1125.	1963	——	0.60	1.00
1894	150.	215.	1250.	1964	——	0.60	0.75
1895	145.	200.	1050.	1968-S	——	0.75	1.00
1896	220.	385.	1400.	1969-S	——	0.80	1.10
1897	150.	200.	1250.	1970-S Low 7	——	0.75	0.90
1898	145.	200.	1000.	1970-S Level 7	——	50.00	55.00
1899	135.	200.	1000.	1971-S	——	0.65	0.90
1900	135.	200.	1000.	1972-S	——	0.75	1.10
1901	135.	205.	1000.	1973-S	——	0.65	0.75
1902	135.	200.	1000.	1974-S	——	0.65	0.75

—— = Insufficient pricing data

	PF-63	PF-64	PF-65		PF-63	PF-64	PF-65
1975-S	——	3.00	4.50	1883 Liberty Without Cents			
1976-S	——	2.50	4.00		240.	375.	785.
1977-S	——	1.25	2.00	1883	190.	365.	530.
1978-S	——	1.25	1.60	1884	190.	365.	500.
1979-S Filled S	——	1.50	2.50	1885	675.	750.	925.
1979-S Clear S	——	2.25	3.00	1886	265.	400.	600.
1980-S	——	0.75	1.00	1887	175.	330.	530.
1981-S	——	1.25	2.00	1888	175.	335.	530.
1982-S	——	1.50	2.00	1889	175.	365.	550.
1983-S	——	2.50	3.50	1890	175.	320.	575.
1984-S	——	2.00	3.00	1891	170.	300.	575.
1985-S	——	2.50	3.50	1892	170.	300.	575.
1986-S	——	4.50	6.00	1893	170.	330.	575.
1987-S	——	2.50	3.50	1894	170.	320.	585.
1988-S	——	1.50	2.00	1895	190.	360.	600.
1989-S	——	1.75	2.50	1896	190.	360.	600.
1990-S	——	3.00	4.00	1897	170.	340.	520.
1990-S No S	——	1000.	1200.	1898	170.	310.	520.
1991-S	——	5.00	6.00	1899	170.	310.	520.
1992-S	——	3.00	5.00	1900	170.	310.	520.
1993-S	——	4.50	7.00	1901	170.	300.	495.
1994-S	——	4.25	6.50	1902	170.	310.	520.
1995-S	——	5.00	7.00	1903	170.	330.	500.
1996-S	——	4.00	4.50	1904	170.	335.	650.
1997-S	——	5.00	7.00	1905	170.	340.	600.
1998-S	——	4.50	6.00	1906	170.	310.	550.
1999-S	——	4.00	6.00	1907	175.	340.	540.
2000-S	——	4.00	6.00	1908	170.	300.	485.
2001-S	——	5.00	7.50	1909	170.	300.	485.
5¢ Proofs				1910	170.	300.	485.
1866	1850.	2750.	4500.	1911	170.	300.	490.
1867	25000.	35000.	70000.	1912	170.	300.	490.
1867	375.	750.	2600.	1913 Proof 66 sold for 1.485 Million			
1868	300.	525.	1300.	1913 Indian Head; Bison on Mound			
1869	300.	400.	1075.		900.	1400.	2350.
1870	300.	500.	1150.	1913	800.	900.	1250.
1871	300.	500.	1000.	1914	775.	900.	1250.
1872	300.	525.	1075.	1915	800.	950.	1275.
1873 Closed 3	325.	400.	925.	1916	950.	1500.	2100.
1874	300.	500.	1250.	1936 Brilliant	700.	——	1000.
1875	325.	500.	1775.	1937	600.	——	800.
1876	300.	475.	950.	1938	55.00	——	80.
1877	1350.	1650.	2200.	1939	45.00	——	70.
1878	700.	750.	950.	1940	40.00	——	60.
1879	335.	445.	700.	1941	35.00	——	55.
1880	275.	335.	575.	1942	——	35.00	50.
1881	275.	335.	575.	1942-P	——	65.00	125.
1882	275.	350.	600.	1950	——	37.50	50.00
1883	275.	335.	535.	1951	——	27.50	40.00

—— = Insufficient pricing data

	PF-63	PF-64	PF-65		PF-63	PF-64	PF-65
1952	——	18.00	30.00	2001-S	——	1.50	2.00
1953	——	11.00	30.00	**10¢ Proofs**			
1954	——	7.00	20.00	1859	1150.	2250.	3750.
1955	——	4.50	12.00	1860	400.	600.	1450.
1956	——	1.75	4.00	1861	600.	850.	1550.
1957	——	0.75	2.00	1862	550.	800.	1900.
1958	——	1.50	2.50	1863	525.	650.	1450.
1959	——	0.75	1.75	1864	550.	675.	1500.
1960	——	0.45	1.00	1865	450.	700.	1500.
1961	——	0.40	1.00	1866	450.	675.	1500.
1962	——	0.40	1.00	1867	450.	725.	1500.
1963	——	0.40	1.00	1868	360.	600.	1450.
1964	——	0.40	1.00	1869	375.	650.	1500.
1968-S	——	0.50	0.75	1870	360.	615.	1450.
1969-S	——	0.50	0.75	1871	360.	635.	1550.
1970-S	——	0.50	0.75	1872	360.	635.	1575.
1971-S	——	1.25	2.00	1873 Closed 3	340.	600.	1450.
1971-S No S	——	400.00	500.	1873	1125.	1825.	5500.
1972-S	——	1.25	2.00	1874	1075.	1750.	4250.
1973-S	——	1.25	2.00	1875	340.	625.	1450.
1974-S	——	1.00	1.50	1876	340.	625.	1500.
1975-S	——	1.00	1.50	1876-CC	*	*	300000.
1976-S	——	1.25	2.00	1877	350.	650.	1500.
1977-S	——	1.00	1.50	1878	340.	575.	1425.
1978-S	——	1.25	2.00	1879	310.	550.	1450.
1979-S Filled S	——	1.25	2.00	1880	310.	550.	1400.
1979-S Clear S	——	1.50	2.50	1881	310.	560.	1400.
1980-S	——	0.75	1.00	1882	310.	550.	1425.
1981-S Filled S	——	0.75	1.00	1883	310.	550.	1450.
1981-S Clear S	——	1.25	1.75	1884	310.	560.	1400.
1982-S	——	1.25	2.00	1885	310.	550.	1400.
1983-S	——	1.25	2.00	1886	310.	550.	1400.
1984-S	——	2.75	4.00	1887	310.	575.	1425.
1985-S	——	2.50	3.50	1888	310.	560.	1400.
1986-S	——	4.00	6.00	1889	325.	625.	1400.
1987-S	——	1.25	2.00	1890	310.	575.	1400.
1988-S	——	1.75	2.50	1891	310.	575.	1400.
1989-S	——	1.75	2.50	Barber 1892	330.	550.	1150.
1990-S	——	2.00	3.00	1893	375.	550.	1150.
1991-S	——	3.50	5.00	1893/2	——	——	——
1992-S	——	2.00	2.75	1894	340.	525.	1125.
1993-S	——	2.25	3.00	1894-S (Proof only) Prf-4 $40000, Prf-60 $65000, Prf-63 $125000, Prf-65 $450000			
1994-S	——	2.35	3.00				
1995-S	——	3.00	4.50	1895	425.	600.	1325.
1996-S	——	1.25	2.00	1896	330.	525.	1100.
1997-S	——	1.50	4.00	1897	330.	550.	1075.
1998-S	——	1.50	3.00	1898	330.	525.	1100.
1999-S	——	1.25	2.00	1899	330.	525.	1100.
2000-S	——	1.25	2.00	1900	330.	615.	1100.

—— = Insufficient pricing data

PROOF COINS (CONTINUED)

	PF-63	PF-64	PF-65		PF-63	PF-64	PF-65
1901	360.	500.	1150.	1977-S	——	1.50	2.00
1902	330.	500.	1150.	1978-S	——	0.90	1.25
1903	330.	500.	1150.	1979-S Filled S	——	0.75	1.00
1904	325.	500.	1175.	1979-S Clear S	——	1.00	1.50
1905	325.	500.	1125.	1980-S	——	0.75	1.00
1906	350.	550.	1150.	1981-S	——	0.75	1.00
1907	360.	525.	1150.	1982-S	——	1.00	1.50
1908	375.	575.	1200.	1983-S	——	1.00	1.50
1909	400.	575.	1200.	1983-S No S	——	200.	250.
1910	360.	525.	1200.	1984-S	——	1.25	2.00
1911	360.	500.	1225.	1985-S	——	1.00	1.50
1912	330.	525.	1225.	1986-S	——	2.00	3.00
1913	330.	500.	1250.	1987-S	——	1.25	1.75
1914	330.	575.	1250.	1988-S	——	1.00	1.50
1915	350.	575.	1275.	1989-S	——	1.25	2.00
1936	500.	——	1000.	1990-S	——	1.25	2.00
1937	250.	——	400.	1991-S	——	2.65	3.50
1938	150.	——	275.	1992-S Clad	——	3.50	5.00
1939	150.	——	230.	1992-S Silver	——	3.50	7.00
1940	125.	——	200.	1993-S Clad	——	6.00	7.50
1941	100.	——	150.	1993-S Silver	——	6.25	8.00
1942	——	100.	150.	1994-S Clad	——	3.50	5.00
1950	——	32.50	37.50	1994-S Silver	——	5.50	7.00
1951	——	22.50	35.00	1995-S Clad	——	7.50	10.00
1952	——	17.00	25.00	1995-S Silver	——	8.00	12.00
1953	——	12.50	25.00	1996-S Clad	——	1.50	2.50
1954	——	5.00	12.00	1996-S Silver	——	5.00	7.50
1955	——	4.50	10.00	1997-S Clad	——	2.50	4.00
1956	——	2.25	3.50	1997-S Silver	——	5.00	7.50
1957	——	2.00	3.00	1998-S Clad	——	1.50	2.50
1958	——	2.00	3.50	1998-S Silver	——	5.00	7.50
1959	——	1.45	2.00	1999-S Clad	——	1.25	2.00
1960	——	1.00	1.75	1999-S Silver	——	4.00	6.00
1961	——	1.00	1.25	2000-S Clad	——	1.25	2.00
1962	——	1.00	1.25	2000-S Silver	——	4.00	6.00
1963	——	1.00	1.25	2001-S Clad	——	1.25	2.50
1964	——	1.00	1.25	2001-S Silver	——	——	——
1968-S	——	0.60	0.75	**25¢ Proofs**			
1968-S No S	——	3750.	4850.	SEATED 1859	1200.	1875.	5000.
1969-S	——	0.60	0.75	1860	1100.	1900.	5000.
1970-S	——	0.50	0.60	1861	1225.	1900.	5500.
1970-S No S	——	250.	350.	1862	1175.	1925.	5000.
1971-S	——	0.60	0.75	1863	950.	1850.	5500.
1972-S	——	1.00	1.25	1864	975.	1825.	4850.
1973-S	——	1.00	1.25	1865	950.	1900.	5250.
1974-S	——	1.25	1.60	W/ MOTTO 1866	700.	1000.	2400.
1975-S	——	1.50	2.00	1867	650.	975.	2150.
1975-S No S	——	20000.	28000.	1868	675.	1050.	2550.
1976-S	——	1.00	1.25	1869	625.	1100.	2450.

—— = Insufficient pricing data

PROOF COINS (CONTINUED)

	PF-63	PF-64	PF-65		PF-63	PF-64	PF-65
1870	625.	1150.	2500.	1937	450.	——	600.
1871	675.	1125.	2200.	1938	400.	——	475.
1872	650.	925.	2150.	1939	400.	——	475.
1873 Closed 3 (No Arrows at Date)				1940	325.	——	400.
	675.	1075.	2300.	1941	275.	——	375.
1873 Arrows at Date	1200.	2650.	6000.	1942	——	275.	360.
1874	1150.	2200.	5250.	1950	——	200.	250.
1875	685.	1025.	2025.	1951	——	150.	225.
1876	675.	1000.	2000.	1952	——	80.00	100.
1877	685.	1025.	2025.	1953	——	50.00	80.00
1878	625.	1000.	2000.	1954	——	30.00	45.00
1879	625.	975.	2000.	1955	——	30.00	35.00
1880	650.	950.	2000.	1956	——	15.00	17.50
1881	625.	975.	2000.	1957	——	10.00	15.00
1882	650.	1035.	2000.	1958	——	10.00	15.00
1883	625.	1000.	2000.	1959	——	10.00	15.00
1884	650.	1000.	2000.	1960	——	9.00	15.00
1885	650.	1045.	2000.	1961	——	8.00	12.50
1886	800.	1050.	2000.	1962	——	8.00	12.50
1887	650.	975.	2000.	1963	——	12.50	15.00
1888	625.	1000.	2000.	1964	——	——	6.00
1889	775.	1025.	2000.	1968-S	——	——	2.75
1890	800.	1000.	2000.	1969-S	——	——	2.35
1891	750.	1025.	2000.	1970-S	——	——	6.00
BARBER 1892	575.	825.	1900.	1971-S	——	——	2.00
1893	575.	825.	1900.	1972-S	——	——	2.00
1894	575.	825.	1900.	1973-S	——	——	2.00
1895	575.	875.	1900.	1974-S	——	——	1.50
1896	575.	825.	1900.	1776-1976-S	——	——	1.00
1897	575.	825.	1900.	1776-1976-S 40% silver			
1898	600.	825.	1900.		——	——	5.00
1899	575.	825.	2025.	1977-S	——	——	2.00
1900	575.	825.	1900.	1978-S	——	——	2.00
1901	575.	825.	1900.	1979-S Filled S	——	——	2.00
1902	600.	875.	1900.	1979-S Clear S	——	——	7.50
1903	575.	825.	1900.	1980-S	——	——	1.50
1904	575.	825.	1900.	1981-S	——	——	1.50
1905	575.	825.	1900.	1982-S	——	——	2.00
1906	575.	825.	1900.	1983-S	——	——	3.00
1907	575.	825.	1900.	1984-S	——	——	5.00
1908	575.	825.	1900.	1985-S	——	——	4.00
1909	575.	825.	1900.	1986-S	——	——	10.00
1910	575.	825.	1900.	1987-S	——	——	3.00
1911	575.	825.	1900.	1988-S	——	——	5.00
1912	575.	825.	1900.	1989-S	——	——	5.00
1913	575.	825.	1900.	1990-S	——	——	5.50
1914	600.	825.	2025.	1991-S	——	——	10.00
1915	575.	1000.	2300.	1992-S Clad	——	——	7.50
1936	1400.	——	2000.	1992-S silver	——	——	10.00

—— = Insufficient pricing data

	PF-63	PF-64	PF-65		PF-63	PF-64	PF-65
1993-S Clad	——	——	10.00	1888	700.	1350.	2900.
1993-S silver	——	——	20.00	1889	685.	1175.	2950.
1994-S Clad	——	——	6.00	1890	685.	1150.	2750.
1994-S silver	——	——	27.50	1891	685.	1175.	2750.
1995-S Clad	——	——	40.00	BARBER 1892	725.	1350.	3500.
1995-S silver	——	——	80.00	1893	725.	1350.	3500.
1996-S Clad	——	——	7.50	1894	725.	1350.	3500.
1996-S silver	——	——	45.00	1895	725.	1350.	3500.
1997-S Clad	——	——	15.00	1896	750.	1400.	3500.
1997-S silver	——	60.00	80.00	1897	775.	1400.	3600.
1998-S Clad	——	5.00	10.00	1898	725.	1400.	3500.
1998-S silver	——	15.00	25.00	1899	725.	1500.	3750.
1999-S Clad	——	——	10.00	1900	725.	1400.	3600.
1999-S silver	——	——	12.00	1901	775.	1400.	3500.
2000-S Clad	——	5.00	7.50	1902	750.	1400.	3500.
2000-S silver	——	10.00	12.00	1903	775.	1400.	3750.
2001-S Clad	——	——	9.00	1904	750.	1350.	3500.
2001-S silver	——	——	10.00	1905	775.	1400.	3500.
50¢ Proofs				1906	750.	1350.	3500.
SEATED 1859	1150.	2000.	5850.	1907	775.	1400.	3500.
1860	925.	1950.	5950.	1908	750.	1400.	3500.
1861	925.	2350.	6500.	1909	750.	1400.	3500.
1862	925.	1850.	5550.	1910	750.	1350.	3500.
1863	925.	1900.	5650.	1911	750.	1350.	3500.
1864	925.	1800.	5350.	1912	750.	1400.	3600.
1865	950.	1900.	5250.	1913	750.	1400.	3750.
W/ MOTTO1866	725.	1200.	3400.	1914	775.	1450.	3750.
1867	725.	1100.	3750.	1915	800.	1450.	3750.
1868	725.	1175.	3400.	1936	1250.	——	2600.
1869	675.	1050.	3250.	1937	425.	——	685.
1870	850.	1150.	3200.	1938	370.	——	525.
1871	700.	1250.	3150.	1939	325.	——	470.
1872	775.	1150.	3200.	1940	300.	——	375.
1873 Closed 3	700.	1750.	3500.	1941	245.	——	350.
1873	1800.	2850.	8750.	1942	225.	——	330.
1874	1450.	2600.	8000.	1950	——	215.	280.
1875	675.	1050.	3100.	1951	——	125.	180.
1876	675.	1050.	3075.	1952	——	75.00	88.00
1877	700.	1200.	3125.	1953	——	45.00	55.00
1878	700.	1075.	3600.	1954	——	25.00	35.00
1879	685.	1075.	2800.	1955	——	16.00	21.00
1880	685.	1175.	2850.	1956	——	15.00	18.50
1881	700.	1200.	3100.	1957	——	7.50	14.00
1882	685.	1175.	2850.	1958	——	11.00	14.00
1883	685.	1175.	2800.	1959	——	8.00	9.00
1884	685.	1225.	3250.	1960	——	5.50	9.00
1885	850.	1350.	2950.	1961	——	4.50	9.00
1886	725.	1200.	2950.	1962	——	4.50	9.00
1887	685.	1200.	2850.	1963	——	4.50	9.00

—— = Insufficient pricing data

PROOF COINS (CONTINUED)

	PF-63	PF-64	PF-65		PF-63	PF-64	PF-65
1964	——	5.50	7.00	1860	3100.	6250.	14000.
1968-S	——	2.75	4.00	1861	3350	6250.	13000.
1969-S	——	2.35	3.50	1862	3250.	6000.	14500.
1970-S	——	6.00	8.00	1863	3300.	5750.	12000.
1971-S	——	2.00	3.00	1864	3500.	5500.	11000.
1972-S	——	2.00	3.00	1865	2800.	5250.	11250.
1973-S	——	2.00	3.00	W/ MOTTO 1866	2850.	4750.	11500.
1974-S	——	1.50	2.25	1867	2750.	4750.	9750.
1776-1976-S	——	1.00	1.50	1868	2600.	4750.	9800.
1776-1976-S 40% silver				1869	2500.	4750.	10000.
	——	5.00	7.50	1870	2700.	4900.	10000.
1977-S	——	2.00	3.00	1871	2550.	4750.	12000.
1978-S	——	2.00	3.00	1872	2600.	4750.	9750.
1979-S Filled S	——	2.00	3.00	1873	3150.	4750.	9500.
1979-S Clear S	——	7.50	15.00	1878 8 Tail Feathers Morgan			
1980-S	——	1.50	2.25		1750.	3100.	5500.
1981-S	——	1.50	2.25	1878 7 Tail Feathers, Reverse of 1878			
1982-S	——	2.00	3.00		3300.	4750.	12000.
1983-S	——	3.00	4.00	1878 7 Tail Feathers, Reverse of 1879			
1984-S	——	5.00	7.50		——	——	——
1985-S	——	4.00	6.00	1879	1500.	2600.	4900.
1986-S	——	10.00	15.00	1880	1500.	2600.	4900.
1987-S	——	3.00	4.00	1881	1550.	2600.	4900.
1988-S	——	5.00	7.50	1882	1500.	2600.	4900.
1989-S	——	5.00	7.50	1883	1600.	2600.	4900.
1990-S	——	5.50	8.00	1883-O	*	35000.	*
1991-S	——	10.00	15.00	1884	1500.	2600.	4900.
1992-S Clad	——	7.50	10.00	1885	1550.	2600.	4900.
1992-S silver	——	10.00	14.00	1886	1600.	2600.	4900.
1993-S Clad	——	10.00	14.00	1887	1600.	2600.	4900.
1993-S silver	——	18.00	25.00	1888	1650.	2600.	4900.
1994-S Clad	——	8.00	10.00	1889	1600.	2600.	4900.
1994-S silver	——	27.50	35.00	1890	1650.	2600.	4900.
1995-S Clad	——	40.00	50.00	1891	1600.	2600.	4900.
1995-S silver	——	75.00	100.	1892	1575.	2600.	4900.
1996-S Clad	——	7.50	10.00	1893	1750.	2650.	5800.
1996-S silver	——	40.00	50.00	1894	1600.	2600.	4900.
1997-S Clad	——	15.00	20.00	1895 Proof only	24000.	27500.	35000.
1997-S silver	——	75.00	100.	1896	1550.	2600.	4900.
1998-S Clad	——	10.00	12.00	1897	1700.	2600.	4900.
1998-S silver	——	30.00	40.00	1898	1550.	2600.	4900.
1999-S Clad	——	10.00	12.00	1899	1525.	2600.	4900.
1999-S silver	——	12.00	15.00	1900	1550.	2600.	4900.
2000-S Clad	——	10.00	12.00	1901	2500.	3450.	5500.
2000-S silver	——	12.00	15.00	1902	1550.	2600.	4900.
2001-S Clad	——	10.00	15.00	1903	1525.	2600.	4900.
2001-S Silver	——	——	——	1904	1500.	2600.	4900.
$1 Proofs				1921	3500.	4500.	9250.
SEATED 1859	3000.	5750.	12000.	TRADE 1873	2150.	3950.	8500.

—— = Insufficient pricing data   * = None issued

200 — Values of U.S. coins

	PF-63	PF-64	PF-65			PF-63	PF-64	PF-65
1874	2150.	3900.	8000.	1880		2150.	3300.	7250.
1875	2150.	3850.	8000.	1881		2150.	3850.	7250.
1876	2150.	3800.	7500.	1882		2150.	3400.	7250.
1877	2150.	3825.	7500.	1883		2150.	3800.	7250.
1878	2150.	3900.	7750.	1884		125000.	265000.	400000.
1879	2150.	3300.	7250.	1885		325000.	450000.	900000.

American Eagle silver bullion

Date of authorization:	Dec. 17, 1985
Dates of issue:	1986-present
Designers:	Obverse: Adolph A. Weinman
	Reverse: John Mercanti
Engravers:	Obverse: Edgar Steever
	Reverse: John Mercanti
Diameter:	40.10mm/1.58 inches
Weight:	31.10 grams/1.00 ounce
Metallic Content:	100% silver (.999 fine)
Weight of pure gold:	31.10 grams/1.00 ounce
Edge:	Reeded
Mint mark:	Proofs only, reverse left of eagle's tail

	Unc.	Proof		Unc.	Proof
1986	17.50	27.50	1995	12.00	100.
1987	8.50	27.50	1995-W	*	2375.
1988	10.00	100.	1996	22.00	42.50
1989	10.00	30.00	1997	10.00	85.00
1990	11.50	30.00	1998	10.00	45.00
1991	9.00	60.00	1999	12.00	75.00
1992	9.00	32.50	2000	8.00	40.00
1993	9.00	115.	2001	8.00	35.00
1994	12.00	105.			

* = None issued

American Eagle platinum bullion

Date of authorization:	Sept. 30, 1996
Dates of issue:	1997-present
Designers/Engravers:	Obverse: John Mercanti
	Reverse: Thomas D. Rogers Sr.
Diameter:	$100: 32.70mm/1.29 inches
	$50: 27.00mm/1.07 inches
	$25: 22.00mm/0.87 inch
	$10: 16.50mm/0.65 inch
Weight:	$100: 31.10 grams/1.00 ounce
	$50: 15.55 grams/0.50 ounce
	$25: 7.78 grams/0.25 ounce
	$10: 3.11 grams/0.10 ounce
Metallic Content:	100% platinum (.9995 fine)
Weight of pure platinum:	$100: 1.00 ounce
	$50: 0.50 ounce
	$25: 0.25 ounce
	$10: 0.10 ounce
Edge:	Reeded
Mint mark:	Proofs only, left, between rays

	$10 platinum	$25 platinum	$50 platinum	$100 platinum	platinum set
1997 Unc.	60.00	180.	350.	600.	1200.
1997 Proof	85.00	225.	375.	700.	1600.
1998 Unc.	60.00	160.	300.	600.	1200.
1998 Proof	92.50	200.	375.	725.	1325.
1999 Unc.	60.00	160.	300.	600.	1200.
1999 Proof	92.50	200.	375.	725.	1600.
2000 Unc.	40.00	100.	195.	355.	690.
2000 Proof (gold $5, $10, $25, $50 - W)					
	75.00	175.	325.	700.	1275.
2001 Unc.	40.00	95.00	195.	355.	685.
2001 Proof (gold $5, $10, $25, $50 - W)					
	80.00	175.	325.	625.	1205.

—— = Insufficient pricing data

American Eagle gold bullion

Date of authorization: Dec. 17, 1985
Dates of issue: 1986-present
Designers: Obverse: Augustus Saint-Gaudens
Reverse: Miley Busiek
Engravers: Obverse: Matthew Peloso
Reverse: Sheri Winter
Diameter: $50: 32.70mm/1.29 inches
$25: 27.00mm/1.07 inches
$10: 22.00mm/0.87 inch
$5: 16.50mm/0.65 inch
Weight: $50: 33.93 grams/1.09 ounce
$25: 16.97 grams/0.55 ounce
$10: 8.48 grams/0.27 ounce
$5: 3.39 grams/0.11 ounce
Metallic Content: 91.67% gold, 5.33% copper, 3% silver
Weight of pure gold: $50: 1.00 ounce
$25: 0.50 ounce
$10: 0.25 ounce
$5: 0.10 ounce
Edge: Reeded
Mint mark: Proofs only, obverse below date

	$5 gold	$10 gold	$25 gold	$50 gold	gold set
11986 Proof ($50 gold - W)	*	*	*	475.	*
1987 Unc.	47.50	100.	235.	360.	743.
1987 Proof (gold $25 - P, $50 - W)	*	*	*	475.	475.
1988 Unc.	100.	100.	250.	360.	810.
1988 Proof (gold $5, $10, $25 - P, $50 - W)	70.00	135.	250.	475.	930.
1989 Unc.	45.00	100.	375.	360.	880.
1989 Proof (gold $5, $10, $25 - P, $50 - W)	55.00	135.	275.	475.	940.
1990 Unc.	50.00	100.	375.	360.	885.
1990 Proof (gold $5, $10, $25 - P, $50 - W)	60.00	135.	275.	475.	945.
1991 Unc.	75.00	175.	400.	360.	1010.
1991 Proof (gold $5, $10, $25 - P, $50 - W)	60.00	135.	260.	475.	930.
1992 Unc.	45.00	100.	250.	360.	755.

* = None issued

	$5 gold	$10 gold	$25 gold	$50 gold	gold set
1992 Proof (gold $5, $10, $25 - P, $50 - W)	75.00	135.	260.	500.	970.
1993 Unc.	42.50	105.	200.	360.	708.
1993 Proof (gold $5, $10, $25 - P, $50 - W)	70.00	135.	260.	500.	965.
1994 Unc.	50.00	100.	190.	360.	700.
1994 Proof (gold $5, $10, $25 - P, $50 - W)	60.00	135.	260.	500.	955.
1995 Unc.	42.50	95.00	250.	360.	748.
1995 Proof (gold $5, $10, $25, $50 - W, 10th Anniversary set)					
	60.00	135.	260.	500.	955.
1996 Unc.	40.00	100.	300.	360.	800.
1996 Proof (gold $5, $10, $25, $50 - W)	80.00	135.	260.	500.	975.
1997 Unc.	38.50	95.00	190.	360.	684.
1997 Proof (gold $5, $10, $25, $50 - W)	110.	135.	260.	500.	1005.
1998 Unc.	38.50	95.00	190.	355.	679.
1998 Proof (gold $5, $10, $25, $50 - W)	65.00	135.	260.	500.	960.
1999 Unc.	38.50	95.00	190.	355.	679.
1999 Proof (gold $5, $10, $25, $50 - W)	65.00	135.	260.	500.	960.
2000 Unc.	38.50	95.00	190.	355.	679.
2000 Proof (gold $5, $10, $25, $50 - W)	65.00	135.	260.	500.	960.
2001 Unc.	38.50	95.00	190.	355.	679.
2001 Proof (gold $5, $10, $25, $50 - W)	65.00	135.	260.	500.	960.

—— = Insufficient pricing data   * = None issued

U.S Type Coin Trend Values

	G-4	VG-8	F-12	VF-20	EF-40	AU-50	MS-60	MS-63	MS-64	MS-65
HALF CENTS										
Flowing Hair 1793	1550.	2500.	3850.	5500.	12500.	20250.	32500.	55000.	115000.	—
Liberty Cap 1794-1797	240.	350.	650.	1050.	2300.	4750.	8000.	16500.	37500.	82500.
Draped Bust 1800-1808	40.00	50.00	60.00	80.00	180.	385.	975.	2500.	4000.	20000.
Classic Head 1809-1835	30.00	35.00	44.00	55.00	70.00	125.	225.	425.	725.	7500.
Coronet 1849-1857	29.00	35.00	45.00	55.00	75.00	125.	180.	375.	650.	3750.
CENTS - (Large)										
Flowing Hair, Chain 1793	2750.	4000.	6250.	9500.	17500.	35000.	65000.	110000.	160000.	—
Flowing Hair, Wreath 1793	900.	1325.	2600.	3750.	7250.	12250.	20000.	42500.	77500.	185000.
Liberty Cap 1793-1796	150.	235.	450.	700.	1850.	3150.	4750.	6500.	12500.	62500.
Draped Bust 1796-1807	42.50	60.00	115.	255.	675.	1300.	2100.	5750.	11500.	60000.
Classic Head 1808-1814	40.00	72.50	200.	425.	900.	1750.	2950.	9500.	15000.	55000.
Coronet 1816-1839	12.00	15.00	20.00	50.00	85.00	150.	275.	475.	700.	7500.
Coronet 1839-1857	11.00	13.00	15.00	20.00	42.00	100.	175.	285.	450.	2500.
CENTS - (Small)										
Flying Eagle 1856-1858	18.00	20.00	25.00	37.50	95.00	150.	250.	600.	1200.	3350.
Indian copper-nickel 1859	10.00	8.00	16.00	40.00	90.00	160.	200.	425.	950.	2600.
Indian copper-nickel, Shield 1860-64	6.50	8.00	9.00	10.00	24.00	50.00	65.00	150.	270.	800.
Indian Bronze 1864-1909	1.30	1.45	1.90	2.25	7.50	15.00	22.50	40.00	65.00	325.
TWO CENTS										
1864-1873	10.00	12.00	20.00	24.00	30.00	65.00	82.50	145.	225.	975.
THREE CENT NICKEL										
1865-1889	10.00	12.00	14.00	15.00	18.00	40.00	80.00	120.	230.	665.
THREE CENT SILVER										
1851-1853 One Outline of Star	17.50	22.00	25.00	30.00	58.00	125.	145.	250.	380.	875.
1854-1858 Three Outlines of Star	17.50	22.00	25.00	40.00	85.00	165.	260.	550.	1425.	3375.
1859-1873 Two Outlines of Star	15.00	20.00	24.00	35.00	60.00	125.	160.	275.	435.	875.

U.S Type Coin Trend Values (continued)

	G-4	VG-8	F-12	VF-20	EF-40	AU-50	MS-60	MS-63	MS-64	MS-65
NICKEL FIVE CENT										
Shield, With Rays 1866-1867	17.50	19.00	24.00	40.00	105.	150.	210.	390.	650.	2350.
Shield, No Rays 1867-1883	12.50	14.00	15.00	16.00	32.00	57.00	90.00	170.	260.	625.
Liberty Head, No CENTS 1883	4.00	4.50	5.00	6.00	7.50	11.00	22.50	45.00	70.00	235.
Liberty Head, With CENTS 1883-1912	1.05	1.75	3.75	7.00	20.00	42.50	55.00	90.00	180.	475.
Indian Head, Bison on Mound 1913	6.50	6.75	7.50	10.00	15.00	20.00	30.00	45.00	65.00	125.
Indian Head, Bison on Plain 1913-38	0.75	0.85	0.95	1.50	2.10	6.50	10.00	20.00	25.00	45.00
HALF DIMES										
Flowing Hair 1794-1795	565.	700.	1000.	1525.	2750.	3850.	4750.	7500.	10750.	27000.
Draped Bust, Small Eagle 1796-1797	700.	900.	1200.	2050.	3400.	4650.	7250.	12500.	32500.	75000.
Draped Bust, Heraldic Eagle 1800-05	425.	575.	850.	1225.	2450.	3750.	5250.	9000.	13000.	26500.
Capped Bust 1829-1837	20.00	27.50	32.50	60.00	100.	180.	275.	625.	1100.	2425.
Seated Liberty, No Stars 1837-1838	24.00	33.00	48.00	90.00	180.	340.	575.	825.	1350.	2650.
Seated Liberty, No Drapery 1838-1840	10.00	12.00	14.00	22.50	60.00	125.	240.	400.	650.	1750.
Seated Liberty, Drapery 1840-1859	10.00	11.00	12.00	18.00	40.00	77.00	120.	225.	475.	950.
Seated Liberty, Arrows 1853-1855	9.00	10.00	12.00	15.00	45.00	95.00	160.	285.	575.	1725.
Seated Liberty, Legend 1860-1873	9.00	10.00	12.00	13.50	29.00	60.00	105.	150.	300.	900.
DIMES										
Draped Bust, Small Eagle 1796-1797	950.	1550.	1875.	2850.	4400.	5650.	7750.	15000.	22500.	45000.
Draped Bust, Heraldic Eagle 1798-1807	375.	450.	600.	775.	1450.	1925.	3750.	7000.	12000.	24000.
Capped Bust, Large Planchet 1809-27	20.00	25.00	35.00	85.00	260.	490.	850.	1750.	3350.	7850.
Capped Bust, Small Planchet 1828-37	18.00	20.00	25.00	52.50	175.	300.	600.	1200.	2075.	5750.
Seated Liberty, No Stars 1837-1838	27.50	35.00	70.00	250.	475.	675.	1000.	1850.	3750.	5750.
Seated Liberty, No Drapery 1838-1840	12.00	15.00	18.00	27.50	52.50	135.	270.	675.	1000.	3400.
Seated Liberty, Drapery 1840-1860	10.00	11.00	13.50	15.00	35.00	100.	225.	600.	975.	2250.
Seated Liberty, Arrows 1853-1855	10.00	11.50	12.50	14.00	38.00	120.	275.	650.	1150.	2500.
Seated Liberty, Legend 1860-1891	10.00	10.50	13.00	16.00	20.00	65.00	120.	195.	360.	1050.
Seated Liberty, Arrows 1873-1874	10.50	14.00	20.00	40.00	135.	235.	425.	925.	1700.	3750.

U.S Type Coin Trend Values (continued)

	G-4	VG-8	F-12	VF-20	EF-40	AU-50	MS-60	MS-63	MS-64	MS-65
Barber 1892-1916	1.75	2.25	4.00	7.50	20.00	50.00	85.00	140.	235.	625.
Winged Liberty Head 1916-1945	0.60	0.75	0.85	1.00	1.25	2.00	5.00	9.00	12.50	20.00
TWENTY CENT PIECE										
Seated Liberty 1875-1878	42.00	48.00	70.00	100.	160.	275.	460.	1050.	1625.	4500.
QUARTERS										
Draped Bust, Small Eagle 1796	4250.	6250.	8250.	9750.	14000.	16750.	24500.	40000.	57500.	105000.
Draped Bust, Heraldic Eagle 1804-07	175.	245.	360.	675.	1475.	2100.	3850.	7500.	19000.	45000.
Capped Bust, Open Collar Strike 1815-28	48.00	60.00	90.00	250.	640.	950.	1950.	3775.	5500.	15000.
Capped Bust, Closed Collar Strike 1831-38	45.00	52.50	60.00	90.00	225.	525.	775.	2150.	4150.	11750.
Seated Liberty, No Motto 1840-65	14.00	18.00	25.00	30.00	50.00	110.	280.	525.	975.	3500.
Seated Liberty, Arrows & Rays 1853	14.00	18.00	25.00	37.00	125.	275.	750.	2025.	4850.	14750.
Seated Liberty Arrows 1854-55	14.00	16.00	25.00	30.00	75.00	200.	450.	1150.	2100.	7000.
Seated Liberty, Motto 1866-91	14.00	16.00	22.00	28.50	50.00	110.	225.	405.	700.	1525.
Barber 1892-1916	5.00	8.00	16.00	29.00	60.00	110.	675.	1450.	1925.	3250.
Standing Liberty, Bared Breast 1916-17	15.00	18.00	27.00	43.00	60.00	115.	160.	260.	450.	1150.
Standing Liberty, Mailed Breast 1917-30	3.00	3.75	4.50	12.50	25.00	50.00	95.00	165.	250.	435.
HALF DOLLARS										
Flowing Hair 1794-1795	450.	700.	1000.	1750.	4750.	8750.	23000.	47500.	90000.	——
Draped Bust, Small Eagle 1796-1797	10000.	14000.	18750.	22500.	43000.	63500.	97500.	135000.	175000.	——
Draped Bust, Heraldic Eagle 1801-07	125.	160.	210.	330.	650.	1750.	4750.	11000.	19500.	42500.
Capped Bust, Lettered Edge 1807-36	35.00	38.00	45.00	50.00	75.00	200.	425.	1250.	2750.	6250.
Capped Bust, Reeded Edge 1836-39	32.00	36.00	45.00	75.00	120.	275.	600.	1650.	4000.	15000.
Seated Liberty, No Motto 1839-66	15.50	24.00	40.00	48.00	70.00	160.	375.	740.	1700.	4500.
Seated Liberty, Arrows & Rays 1853	18.00	29.00	44.00	80.00	225.	450.	1275.	3550.	6250.	21000.
Seated Liberty, Arrows 1854-55	16.00	25.00	40.00	45.00	90.00	250.	475.	1450.	2500.	7600.

—— = Insufficient pricing data

U.S Type Coin Trend Values (continued)

	G-4	VG-8	F-12	VF-20	EF-40	AU-50	MS-60	MS-63	MS-64	MS-65
Seated Liberty, Motto 1866-91	16.00	24.00	40.00	45.00	65.00	160.	335.	540.	1200.	3000.
Seated Liberty, Arrows 1873-74	18.00	27.00	40.00	70.00	190.	350.	875.	2000.	3700.	14500.
Barber 1892-1915	7.50	9.00	27.00	65.00	130.	265.	380.	675.	1175.	2750.
Walking Liberty 1916-1947	2.50	3.00	3.30	3.75	5.75	8.75	26.50	40.00	50.00	90.00
DOLLARS										
Flowing Hair 1794-1795	725.	950.	1600.	2650.	5500.	8500.	20000.	60000.	100000.	225000.
Draped Bust, Small Eagle 1795-1798	700.	900.	1400.	2300.	4250.	7500.	22500.	60000.	90000.	150000.
Draped Bust, Heraldic Eagle 1798-1803	460.	550.	800.	1250.	1600.	3600.	10000.	25500.	37500.	80000.
Gobrecht 1836	4000.	4500.	5500.	6000.	7250.	8500.	10000.	17500.	30000.	60000.
Seated Liberty, No Motto 1840-66	125.	150.	170.	200.	300.	525.	900.	2400.	5750.	16000.
Seated Liberty, Motto 1866-73	125.	140.	170.	210.	285.	500.	1150.	2500.	5300.	24500.
Morgan 1878-1921	8.75	9.00	10.00	11.00	12.00	12.50	15.00	20.00	30.00	82.50
Peace 1921-1935	8.00	8.50	9.00	9.50	10.00	11.00	14.00	22.00	40.00	95.00
Trade 1873-1885	40.00	55.00	90.00	115.	135.	225.	380.	1175.	2750.	7750.

U.S Gold Type Coin Trend Values

	F-12	VF-20	EF-40	AU-50	MS-60	MS-63	MS-64	MS-65
GOLD DOLLARS								
Coronet 1849-1854	120.	130.	165.	175.	275.	925.	1200.	4500.
Indian Head Small Head 1854-1856	225.	325.	400.	625.	2500.	13500.	20000.	42500.
Indian Head Large Head 1856-1889	115.	130.	140.	160.	250.	675.	900.	1675.
QUARTER EAGLES								
Capped Bust, No Stars 1796	12500.	22000.	38000.	65000.	135000.	225000.	—	—
Capped Bust 1796-1807	2750.	4250.	5500.	8250.	19500.	45000.	—	—

—— = Insufficient pricing data

U.S Gold Type Coin Trend Values (continued)

	F-12	VF-20	EF-40	AU-50	MS-60	MS-63	MS-64	MS-65
Capped Draped Bust 1808	9250.	15500.	22000.	37500.	60000.		—	57500.
Capped Head 1821-1834	2700.	3250.	4325.	5750.	10250.	18500.	27500.	57500.
Classic Head 1834-1839	250.	300.	450.	600.	1750.	5250.	11000.	28500.
Coronet 1840-1907	125.	140.	165.	180.	290.	650.	775.	1350.
Indian Head 1908-1929	130.	140.	160.	165.	250.	750.	1100.	3000.
THREE DOLLARS								
Indian Head 1854-1889	405.	550.	625.	825.	1600.	4000.	5500.	11500.
FOUR DOLLAR (Stella)								
Flowing Hair – 1879-1880 (Proof Only)	16000.	18000.	20000.	30000.	47500.	65000.	87500.	110000.
Coiled Hair – 1879-1880 (Proof Only)	—	—	—	—	100000.	150000.	250000.	400000.
HALF EAGLES								
Capped Bust, Small Eagle 1795-1798	5850.	7500.	11000.	18000.	34500.	120000.	—	90000.
Capped Bust, Heraldic Eagle 1795-1807	1300.	1550.	2500.	4400.	6400.	13500.	25000.	85000.
Capped Draped Bust 1807-1812	1275.	1525.	2175.	3600.	5400.	11500.	22500.	80000.
Capped Head 1813-1834	1500.	1900.	2400.	3400.	6000.	17500.	26000.	80000.
Classic Head 1834-1838	240.	295.	435.	675.	2600.	7250.	17500.	62500.
Coronet, No Motto 1839-1866	165.	185.	195.	290.	1250.	7500.	12500.	42000.
Coronet, Motto 1866-1908	150.	165.	170.	200.	240.	550.	900.	2750.
Indian Head 1908-1929	160.	180.	200.	240.	335.	1025.	3000.	11250.
EAGLES								
Capped Bust, Small Eagle 1795-1797	6500.	9000.	15000.	25000.	50000.	100000.	175000.	—
Capped Bust, Heraldic Eagle 1797-1804	2500.	3250.	5000.	7500.	10500.	27500.	42500.	150000.
Coronet, No Motto 1838-1866	245.	290.	335.	525.	3500.	13250.	28000.	75000.
Coronet, Motto 1866-1907	185.	215.	225.	245.	265.	575.	975.	2750.
Indian Head, No Motto 1907-1908	350.	370.	385.	405.	575.	1750.	2925.	6750.
Indian Head, 1908-1933	310.	325.	345.	355.	435.	650.	1075.	2750.

—— = Insufficient pricing data

U.S Gold Type Coin Trend Values (continued)

	F-12	VF-20	EF-40	AU-50	MS-60	MS-63	MS-64	MS-65
DOUBLE EAGLES								
Coronet, No Motto 1849-1866	490.	625.	625.	750.	2400.	6500.	9250.	22500.
Coronet, TWENTY D. 1866-1876	450.	485.	520.	550.	800.	10500.	21000.	65000.
Coronet, TWENTY DOLLARS 1877-1907	375.	360.	375.	390.	425.	550.	875.	2500.
Saint-Gaudens, Roman Numerals, High Relief 1907	2400.	2900.	3450.	5000.	7750.	13500.	18000.	32500.
Saint-Gaudens, Arabic Numerals, No Motto 1907-08	460.	480.	425.	440.	500.	575.	750.	1200.
Saint-Gaudens, Motto 1908-1933	350.	360.	360.	370.	400.	450.	550.	1000.

—— = Insufficient pricing data

Mintage figures

The mintage figures that follow are based on years of study by various numismatists, including *Coin World* staff members. The figures were compiled from official Mint Reports, data from the National Archives, conversations with other experts and in some cases, an educated guess. In many instances, the figures given are based on the best information available to researchers today. Before 1950, the generally accepted source of mintage figures was the *Annual Report of the Director of the Mint*. Since the Mint Report for many years was simply a bookkeeper's record of how many coins were issued in a given year, the figures given often had no relation to the actual number of coins struck with each date. Particularly for many 18th century and early 19th century coins, mintage figures here reflect the number of coins struck during the year, no matter the date on the coin.

Mintage figures should not be mistaken for survival figures. For example, 12,000 1895 Morgan dollars were recorded as having been struck, but none are known today; it is likely that all were melted before any entered circulation, if any were struck at all (some researchers doubt the coins were dated 1895). Similarly, some coins' survival rates may suggest higher mintages than are recorded.

The mintage figures in this book differ from those in other works, particularly for coins struck since 1965. A coinage shortage in the mid-1960s led Mint officials to suspend the use of Mint marks from 1965 to 1967. Three facilities — the Philadelphia and Denver Mints and the San Francisco Assay Office — struck coins but their separate products are indistinguishable from each other. For that reason, price guides traditionally have combined mintages despite the confusion this may cause future collectors. For example, many collectors refer to the 40 percent silver Kennedy half dollars without Mint marks, struck between 1965 and 1970, as "Philadelphia" strikes. However, not a single 40 percent silver half dollar was ever struck at the Philadelphia Mint during that period.

This book also clarifies mintage figures, particularly for coins struck at the former San Francisco Assay Office and West Point Bullion Depository (both received Mint status in 1988) since the mid-1970s.

Like most Philadelphia coins struck until 1979 to 1980, none have Mint marks. For various reasons, in most price guides and other numismatic works, mintages for coins struck at the West Point and San Francisco facilities have been added to the Philadelphia mintages, since no Mint marks were used on any of the coins.

This book differs. Separate mintage figures are given for all coins by striking facility; we have not combined mintage figures just because the coins have no Mint marks. To indicate those coins that do not have Mint marks, the Mint mark letter is enclosed in parentheses (a coin indicated by a P has a P Mint mark, as in 2001-P; one indicated by (P) does not have a Mint mark but was struck at the Philadelphia Mint, as in 2001(P), for example).

Since the Mint has changed its bookkeeping practices several times, some mintage figures for circulation coins include the pieces struck for assay purposes and those business strikes struck for Uncirculated Mint sets, while other figures may not include those pieces.

In years before 1860, when Proof mintages were small and were not recorded, a delta (D) marks those issues that are known or are thought to exist. In many instances from 1860 to 1922 the figures shown are approximate, the result of incomplete records, restrikes and the melting of unsold Proofs. Where a delta is followed by an R in parentheses [D(R)], the original Proof mintage is unknown, but original specimens are believed to exist, and restrikes are known.

Since 1950, Proof coins have been available from the Mint in sets only (designated by ‹§› in the Notes column). Therefore, Proof mintages since 1950 listed here represent the official tally of Proof sets sold, distributed across the coins included in the set. Proof coins sold as part of a special set, such as a Prestige Proof set, are also included.

Where [——] appears under a mintage column, no coins of that date/Mint were issued.

DATE	NOTE	BUSINESS	PROOF
Liberty Cap, Left half cent			
1793		35,334	——
Liberty Cap, Right half cent			
1794		81,600	——
1795		139,690	——
1796		1,390	——
1797		127,840	——
Draped Bust half cent			
1800		202,908	——
1802		20,266	——
1803		92,000	——
1804		1,055,312	——
1805		814,464	——
1806		356,000	——
1807		476,000	——
1808		400,000	——
Classic Head half cent			
1809		1,154,572	——
1810		215,000	——
1811	‹1›	63,140	——
1825		63,000	Δ
1826		234,000	Δ
1828		606,000	Δ
1829		487,000	Δ
1831		2,200	Δ (R)
1832	‹2›	154,000	Δ
1833	‹2›	120,000	Δ
1834	‹2›	141,000	Δ
1835	‹2›	398,000	Δ
1836		——	Δ (R)
Coronet half cent			
1840 (P)		——	Δ (R)
1841 (P)		——	Δ (R)
1842 (P)		——	Δ (R)
1843 (P)		——	Δ (R)
1844 (P)		——	Δ (R)
1845 (P)		——	Δ (R)
1846 (P)		——	Δ (R)
1847 (P)		——	Δ (R)
1848 (P)		——	Δ (R)
1849 (P)		43,364	Δ (R)
1850 (P)		39,812	Δ
1851 (P)		147,672	Δ
1852 (P)		——	Δ (R)
1853 (P)		129,694	——
1854 (P)		55,358	Δ
1855 (P)		56,500	Δ
1856 (P)		40,430	Δ (R)
1857 (P)		35,180	Δ (R)
Flowing Hair, Chain cent			
1793		36,103	——
Flowing Hair, Wreath cent			
1793		63,353	——
Liberty Cap cent			
1793		11,056	——
1794		918,521	——

DATE	NOTE	BUSINESS	PROOF
1795		538,500	——
1796		109,825	——
Draped Bust cent			
1796		363,375	——
1797		897,510	——
1798		1,841,745	——
1799		42,540	——
1800		2,822,175	——
1801		1,362,837	——
1802		3,435,100	——
1803		3,131,691	——
1804	‹1›	96,500	——
1805		941,116	——
1806		348,000	——
1807		829,221	——
Classic Head cent			
1808		1,007,000	——
1809		222,867	——
1810		1,458,500	——
1811		218,025	——
1812		1,075,500	——
1813		418,000	——
1814		357,830	——
Coronet cent			
1816		2,820,982	——
1817		3,948,400	Δ
1818		3,167,000	Δ
1819		2,671,000	Δ
1820		4,407,550	Δ
1821		389,000	Δ
1822		2,072,339	Δ
1823	‹1, 3›	68,061	Δ
1824		1,193,939	——
1825		1,461,100	Δ
1826		1,517,425	Δ
1827		2,357,732	Δ
1828		2,260,624	Δ
1829		1,414,500	Δ
1830		1,711,500	Δ
1831		3,539,260	Δ
1832		2,362,000	Δ
1833		2,739,000	Δ
1834		1,855,100	Δ
1835		3,878,400	Δ
1836		2,111,000	Δ
1837		5,558,300	Δ
1838 (P)		6,370,200	Δ
1839 (P)		3,128,661	Δ
1840 (P)		2,462,700	Δ
1841 (P)		1,597,367	Δ
1842 (P)		2,383,390	Δ
1843 (P)		2,425,342	Δ
1844 (P)		2,398,752	Δ
1845 (P)		3,894,804	Δ
1846 (P)		4,120,800	Δ
1847 (P)		6,183,669	Δ
1848 (P)		6,415,799	Δ
1849 (P)		4,178,500	Δ

DATE	NOTE	BUSINESS	PROOF
1850 (P)		4,426,844	Δ
1851 (P)		9,889,707	——
1852 (P)		5,063,094	Δ
1853 (P)		6,641,131	——
1854 (P)		4,236,156	Δ
1855 (P)		1,574,829	Δ
1856 (P)	‹4›	2,690,463	Δ
1857 (P)		333,456	Δ

Flying Eagle cent

DATE	NOTE	BUSINESS	PROOF
1857 (P)		17,450,000	Δ
1858 (P)		24,600,000	Δ

Indian Head cent

DATE	NOTE	BUSINESS	PROOF
1859 (P)		36,400,000	Δ
1860 (P)		20,566,000	1,000
1861 (P)		10,100,000	1,000
1862 (P)		28,075,000	550
1863 (P)		49,840,000	460
1864 (P) ¬			
C-N	‹5›	13,740,000	300
bronze	‹5›	39,233,714	170
1865 (P)		35,429,286	500
1866 (P)		9,826,500	725
1867 (P)		9,821,000	625
1868 (P)		10,266,500	600
1869 (P)		6,420,000	600
1870 (P)		5,275,000	1,000
1871 (P)		3,929,500	960
1872 (P)		4,042,000	950
1873 (P)	‹6›	11,676,500	1,100
1874 (P)		14,187,500	700
1875 (P)		13,528,000	700
1876 (P)		7,944,000	1,150
1877 (P)	‹7›	852,500	510
1878 (P)		5,797,500	2,350
1879 (P)		16,228,000	3,200
1880 (P)		38,961,000	3,955
1881 (P)		39,208,000	3,575
1882 (P)		38,578,000	3,100
1883 (P)		45,591,500	6,609
1884 (P)		23,257,800	3,942
1885 (P)		11,761,594	3,790
1886 (P)		17,650,000	4,290
1887 (P)		45,223,523	2,960
1888 (P)		37,489,832	4,582
1889 (P)		48,866,025	3,336
1890 (P)		——	2,740
1891 (P)			2,350
1892 (P)		37,647,087	2,745
1893 (P)		46,640,000	2,195
1894 (P)		16,749,500	2,632
1895 (P)		38,341,574	2,062
1896 (P)		39,055,431	1,862
1897 (P)		50,464,392	1,938
1898 (P)		49,821,284	1,795
1899 (P)		53,598,000	2,031
1900 (P)		66,821,284	2,262
1901 (P)		79,609,158	1,985
1902 (P)		87,374,704	2,018
1903 (P)		85,092,703	1,790

DATE	NOTE	BUSINESS	PROOF
1904 (P)		61,326,198	1,817
1905 (P)		80,717,011	2,152
1906 (P)		96,020,530	1,725
1907 (P)		108,137,143	1,475
1908 (P)		32,326,367	1,620
1908-S		1,115,000	——
1909 (P)		14,368,470	2,175
1909-S		309,000	——

Lincoln cent

DATE	NOTE	BUSINESS	PROOF
1909 (P) ¬			
VDB		27,994,580	420
No VDB		72,700,420	2,198
1909-S ¬			
VDB		484,000	——
No VDB		1,825,000	——
1910 (P)		146,798,813	2,405
1910-S		6,045,000	——
1911 (P)		101,176,054	1,733
1911-D		12,672,000	——
1911-S		4,026,000	——
1912 (P)		68,150,915	2,145
1912-D		10,411,000	——
1912-S		4,431,000	——
1913 (P)		76,529,504	2,848
1913-D		15,804,000	——
1913-S		6,101,000	——
1914 (P)		75,237,067	1,365
1914-D		1,193,000	——
1914-S		4,137,000	——
1915 (P)		29,090,970	1,150
1915-D		22,050,000	——
1915-S		4,833,000	——
1916 (P)		131,832,627	1,050
1916-D		35,956,000	——
1916-S		22,510,000	——
1917 (P)		196,429,785	Δ
1917-D		55,120,000	——
1917-S		32,620,000	——
1918 (P)		288,104,634	——
1918-D		47,830,000	——
1918-S		34,680,000	——
1919 (P)		392,021,000	——
1919-D		57,154,000	——
1919-S		139,760,000	——
1920 (P)		310,165,000	——
1920-D		49,280,000	——
1920-S		46,220,000	——
1921 (P)		39,157,000	——
1921-S		15,274,000	——
1922-D	‹8›	7,160,000	——
1923 (P)		74,723,000	——
1923-S		8,700,000	——
1924 (P)		75,178,000	——
1924-D		2,520,000	——
1924-S		11,696,000	——
1925 (P)		139,949,000	——
1925-D		22,580,000	——
1925-S		26,380,000	——
1926 (P)		157,088,000	——

DATE	NOTE	BUSINESS	PROOF
1926-D		28,020,000	——
1926-S		4,550,000	——
1927 (P)		144,440,000	——
1927-D		27,170,000	——
1927-S		14,276,000	——
1928 (P)		134,116,000	——
1928-D		31,170,000	——
1928-S		17,266,000	——
1929 (P)		185,262,000	——
1929-D		41,730,000	——
1929-S		50,148,000	——
1930 (P)		157,415,000	——
1930-D		40,100,000	——
1930-S		24,286,000	——
1931 (P)		19,396,000	——
1931-D		4,480,000	——
1931-S		866,000	——
1932 (P)		9,062,000	——
1932-D		10,500,000	——
1933 (P)		14,360,000	——
1933-D		6,200,000	——
1934 (P)		219,080,000	——
1934-D		28,446,000	——
1935 (P)		245,388,000	——
1935-D		47,000,000	——
1935-S		38,702,000	——
1936 (P)		309,632,000	5,569
1936-D		40,620,000	——
1936-S		29,130,000	——
1937 (P)		309,170,000	9,320
1937-D		50,430,000	——
1937-S		34,500,000	——
1938 (P)		156,682,000	14,734
1938-D		20,010,000	——
1938-S		15,180,000	——
1939 (P)		316,466,000	13,520
1939-D		15,160,000	——
1939-S		52,070,000	——
1940 (P)		586,810,000	15,872
1940-D		81,390,000	——
1940-S		112,940,000	——
1941 (P)		887,018,000	21,100
1941-D		128,700,000	——
1941-S		92,360,000	——
1942 (P)		657,796,000	32,600
1942-D		206,698,000	——
1942-S		85,590,000	——
1943 (P)	‹9›	684,628,670	——
1943-D	‹9›	217,660,000	——
1943-S	‹9›	191,550,000	——
1944 (P)		1,435,400,000	——
1944-D		430,578,000	——
1944-S		282,760,000	——
1945 (P)		1,040,515,000	——
1945-D		226,268,000	——
1945-S		181,770,000	——
1946 (P)		991,655,000	——
1946-D		315,690,000	——
1946-S		198,100,000	——
1947 (P)		190,555,000	——
1947-D		194,750,000	——
1947-S		99,000,000	——
1948 (P)		317,570,000	——
1948-D		172,637,500	——
1948-S		81,735,000	——
1949 (P)		217,775,000	——
1949-D		153,132,500	——
1949-S		64,290,000	——
1950 (P)	‹§›	272,635,000	51,386
1950-D		334,950,000	——
1950-S		118,505,000	——
1951 (P)	‹§›	294,576,000	57,500
1951-D		625,355,000	——
1951-S		136,010,000	——
1952 (P)	‹§›	186,765,000	81,980
1952-D		746,130,000	——
1952-S		137,800,004	——
1953 (P)	‹§›	256,755,000	128,800
1953-D		700,515,000	——
1953-S		181,835,000	——
1954 (P)	‹§›	71,640,050	233,300
1954-D		251,552,500	——
1954-S		96,190,000	——
1955 (P)	‹§›	330,580,000	378,200
1955-D		563,257,500	——
1955-S		44,610,000	——
1956 (P)	‹§›	420,745,000	669,384
1956-D		1,098,210,100	——
1957 (P)	‹§›	282,540,000	1,247,952
1957-D		1,051,342,000	——
1958 (P)	‹§›	252,525,000	875,652
1958-D		800,953,300	——
1959 (P)	‹§›	609,715,000	1,149,291
1959-D		1,279,760,000	——
1960 (P)	‹§, 10›	586,405,000	1,691,602
1960-D		1,580,884,000	——
1961 (P)	‹§›	753,345,000	3,028,244
1961-D		1,753,266,700	——
1962 (P)	‹§›	606,045,000	3,218,019
1962-D		1,793,148,400	——
1963 (P)	‹§›	754,110,000	3,075,645
1963-D		1,774,020,400	——
1964 (P)	‹§, 11›	2,648,575,000	3,950,762
1964-D	‹11›	3,799,071,500	——
1965 (P)	‹11›	301,470,000	——
1965 (D)	‹11›	973,364,900	——
1965 (S)	‹11›	220,030,000	——
1966 (P)	‹11›	811,100,000	——
1966 (D)	‹11›	991,431,200	——
1966 (S)	‹11›	383,355,000	——
1967 (P)	‹11›	907,575,000	——
1967 (D)	‹11›	1,327,377,100	——
1967 (S)	‹11›	813,715,000	——
1968 (P)		1,707,880,970	——
1968-D		2,886,269,600	——
1968-S	‹§›	258,270,001	3,041,506
1969 (P)		1,136,910,000	——
1969-D		4,002,832,200	——
1969-S	‹§›	544,375,000	2,934,631
1970 (P)		1,898,315,000	——

DATE	NOTE	BUSINESS	PROOF
1970-D		2,891,438,900	——
1970-S	‹§›	690,560,004	2,632,810
1971 (P)		1,919,490,000	——
1971-D		2,911,045,600	——
1971-S	‹§›	525,130,054	3,220,733
1972 (P)		2,933,255,000	——
1972-D		2,655,071,400	——
1972-S	‹§›	380,200,104	3,260,996
1973 (P)		3,728,245,000	——
1973-D		3,549,576,588	——
1973-S	‹§›	319,937,634	2,760,339
1974 (P)		4,232,140,523	——
1974-D		4,235,098,000	——
1974-S	‹§›	409,421,878	2,612,568
1975 (P)		3,874,182,000	——
1975-D		4,505,275,300	——
1975-S	‹§›	——	2,845,450
1975 (W)		1,577,294,142	——
1976 (P)		3,133,580,000	——
1976-D		4,221,592,455	——
1976-S			——
1976 (W)		1,540,695,000	——
1977 (P)		3,074,575,000	——
1977-D		4,194,062,300	——
1977-S	‹§›	——	3,236,798
1977 (W)		1,395,355,000	——
1978 (P)		3,735,655,000	——
1978-D		4,280,233,400	——
1978 (S)		291,700,000	——
1978-S	‹§›	——	3,120,285
1978 (W)		1,531,250,000	——
1979 (P)		3,560,940,000	——
1979-D		4,139,357,254	——
1979 (S)		751,725,000	——
1979-S	‹§›	——	3,677,175
1979 (W)		1,705,850,000	——
1980 (P)		6,230,115,000	——
1980-D		5,140,098,660	——
1980 (S)		1,184,590,000	——
1980-S	‹§›	——	3,554,806
1980 (W)		1,576,200,000	——
1981 (P)		6,611,305,000	——
1981-D		5,373,235,677	——
1981 (S)		880,440,000	——
1981-S	‹§›	——	4,063,083
1981 (W)		1,882,400,000	——
1982 (P)	‹12›	7,135,275,000	——
1982-D	‹12›	6,012,979,368	——
1982 (S)	‹12›	1,587,245,000	——
1982-S	‹§›	——	3,857,479
1982 (W)	‹12›	1,990,005,000	——
1983 (P)		5,567,190,000	——
1983-D		6,467,199,428	——
1983 (S)		180,765,000	——
1983-S	‹§›	——	3,279,126
1983 (W)		2,004,400,000	——
1984 (P)		6,114,864,000	——
1984-D		5,569,238,906	——
1984-S	‹§›	——	3,065,110
1984 (W)		2,036,215,000	——

DATE	NOTE	BUSINESS	PROOF
1985 (P)		4,951,904,887	——
1985-D		5,287,399,926	——
1985-S	‹§›	——	3,362,821
1985 (W)		696,585,000	——
1986 (P)		4,490,995,493	——
1986-D		4,442,866,698	——
1986-S	‹§›	——	3,010,497
1986 (W)		400,000	——
1987 (P)		4,682,466,931	——
1987-D		4,879,389,514	——
1987-S	‹§›	——	3,792,233
1988 (P)		6,092,810,000	——
1988-D		5,253,740,443	——
1988-S	‹§›	——	3,262,948
1989 (P)		7,261,535,000	——
1989-D		5,345,467,711	——
1989-S	‹§›	——	3,220,914
1990 (P)		6,851,765,000	——
1990-D		4,922,894,553	——
1990-S	‹§›	——	3,299,559
1991 (P)		5,165,940,000	——
1991-D		4,158,442,076	——
1991-S	‹§›	——	2,867,787
1992 (P)		4,648,905,000	——
1992-D		4,448,673,300	——
1992-S	‹§›	——	4,176,544
1993 (P)		5,684,705,000	——
1993-D		6,426,650,571	——
1993-S	‹§›	——	3,360,876
1994 (P)		6,500,850,000	——
1994-D		7,131,765,000	——
1994-S	‹§›	——	3,222,140
1995 (P)		6,411,440,000	——
1995-D		7,128,560,000	——
1995-S	‹§›	——	2,791,067
1996 (P)		6,612,465,000	——
1996-D		6,510,795,000	——
1996-S	‹§›	——	2,920,158
1997 (P)		4,622,800,000	——
1997-D		4,576,555,000	——
1997-S	‹§›	——	2,796,194
1998 (P)		5,032,200,000	——
1998-D		5,225,200,000	——
1998-S	‹§›	——	2,965,503
1999 (P)		5,237,600,000	——
1999-D		6,360,065,000	——
1999-S	‹§›‹120›	——	3,347,966
2000 (P)		5,503,200,000	——
2000-D		8,774,220,000	——
2000-S	‹§›‹120›	——	4,047,904
2001 (P)		4,959,600,000	——
2001-D		5,374,990,000	——
2001-S	‹§›‹120›	——	2,603,588
Two cents			
1864 (P)	‹13›	19,847,500	100
1865 (P)		13,640,000	500
1866 (P)		3,177,000	725
1867 (P)		2,938,750	625
1868 (P)		2,803,750	600

DATE	NOTE	BUSINESS	PROOF
1869 (P)		1,546,500	600
1870 (P)		861,250	1,000
1871 (P)		721,250	960
1872 (P)		65,000	950
1873 (P)	‹6, 14›	——	1,100

Copper-nickel 3 cents

DATE	NOTE	BUSINESS	PROOF
1865 (P)		11,382,000	400
1866 (P)		4,801,000	725
1867 (P)		3,915,000	625
1868 (P)		3,252,000	600
1869 (P)		1,604,000	600
1870 (P)		1,335,000	1,000
1871 (P)		604,000	960
1872 (P)		862,000	950
1873 (P)	‹6›	1,173,000	1,100
1874 (P)		790,000	700
1875 (P)		228,000	700
1876 (P)		162,000	1,150
1877 (P)	‹7›	——	510
1878 (P)		——	2,350
1879 (P)		38,000	3,200
1880 (P)		21,000	3,955
1881 (P)		1,077,000	3,575
1882 (P)		22,200	3,100
1883 (P)		4,000	6,609
1884 (P)		1,700	3,942
1885 (P)		1,000	3,790
1886 (P)		——	4,290
1887 (P)	‹15›	5,001	2,960
1888 (P)		36,501	4,582
1889 (P)		18,125	3,336

Silver 3 cents

DATE	NOTE	BUSINESS	PROOF
1851 (P)		5,447,400	Δ
1851-O		720,000	Δ
1852 (P)		18,663,500	——
1853 (P)	‹16›	11,400,000	——
1854 (P)		671,000	Δ
1855 (P)		139,000	Δ
1856 (P)		1,458,000	Δ
1857 (P)		1,042,000	Δ
1858 (P)		1,604,000	Δ
1859 (P)		365,000	Δ
1860 (P)		286,000	1,000
1861 (P)		497,000	1,000
1862 (P)		343,000	550
1863 (P)	‹17›	21,000	460
1864 (P)	‹18›	12,000	470
1865 (P)		8,000	500
1866 (P)		22,000	725
1867 (P)		4,000	625
1868 (P)		3,500	600
1869 (P)		4,500	600
1870 (P)		3,000	1,000
1871 (P)		3,400	960
1872 (P)		1,000	950
1873 (P)	‹6›	——	600

Shield 5 cents

DATE	NOTE	BUSINESS	PROOF
1866 (P)		14,742,500	125

DATE	NOTE	BUSINESS	PROOF
1867 (P)	‹19›	30,909,500	625
1868 (P)		28,817,000	600
1869 (P)		16,395,000	600
1870 (P)		4,806,000	1,000
1871 (P)		561,000	960
1872 (P)		6,036,000	950
1873 (P)	‹6›	4,550,000	1,100
1874 (P)		3,538,000	700
1875 (P)		2,097,000	700
1876 (P)		2,530,000	1,150
1877 (P)	‹7›	——	510
1878 (P)		——	2,350
1879 (P)		25,900	3,200
1880 (P)		16,000	3,955
1881 (P)		68,800	3,575
1882 (P)		11,473,500	3,100
1883 (P)		1,451,500	5,419

Liberty Head 5 cents

DATE	NOTE	BUSINESS	PROOF
1883 (P) ¬			
No CENTS		5,474,300	5,219
CENTS		16,026,200	6,783
1884 (P)		11,270,000	3,942
1885 (P)		1,472,700	3,790
1886 (P)		3,326,000	4,290
1887 (P)		15,260,692	2,960
1888 (P)		10,715,901	4,582
1889 (P)		15,878,025	3,336
1890 (P)		16,256,532	2,740
1891 (P)		16,832,000	2,350
1892 (P)		11,696,897	2,745
1893 (P)		13,368,000	2,195
1894 (P)		5,410,500	2,632
1895 (P)		9,977,822	2,062
1896 (P)		8,841,058	1,862
1897 (P)		20,426,797	1,938
1898 (P)		12,530,292	1,795
1899 (P)		26,027,000	2,031
1900 (P)		27,253,733	2,262
1901 (P)		26,478,228	1,985
1902 (P)		31,487,561	2,018
1903 (P)		28,004,935	1,790
1904 (P)		21,401,350	1,817
1905 (P)		29,825,124	2,152
1906 (P)		38,612,000	1,725
1907 (P)		39,213,325	1,475
1908 (P)		22,684,557	1,620
1909 (P)		11,585,763	4,763
1910 (P)		30,166,948	2,405
1911 (P)		39,557,639	1,733
1912 (P)		26,234,569	2,145
1912-D		8,474,000	——
1912-S		238,000	——
1913 (P)	‹20›	——	——

Indian Head 5 cents

DATE	NOTE	BUSINESS	PROOF
1913 (P) ¬			
Mound		30,992,000	1,520
Plain		29,857,186	1,514

DATE	NOTE	BUSINESS	PROOF
1913-D ¬			
Mound		5,337,000	——
Plain		4,156,000	——
1913-S ¬			
Mound		2,105,000	——
Plain		1,209,000	——
1914 (P)		20,664,463	1,275
1914-D		3,912,000	——
1914-S		3,470,000	——
1915 (P)		20,986,220	1,050
1915-D		7,569,500	——
1915-S		1,505,000	——
1916 (P)		63,497,466	600
1916-D		13,333,000	——
1916-S		11,860,000	——
1917 (P)		51,424,029	Δ
1917-D		9,910,800	——
1917-S ¬		4,193,000	——
1918 (P)		32,086,314	——
1918-D		8,362,000	——
1918-S		4,882,000	——
1919 (P)		60,868,000	——
1919-D		8,006,000	——
1919-S		7,521,000	——
1920 (P)		63,093,000	——
1920-D		9,418,000	——
1920-S		9,689,000	——
1921 (P)		10,663,000	——
1921-S		1,557,000	——
1923 (P)		35,715,000	——
1923-S		6,142,000	——
1924 (P)		21,620,000	——
1924-D		5,258,000	——
1924-S		1,437,000	——
1925 (P)		35,565,100	——
1925-D		4,450,000	——
1925-S		6,256,000	——
1926 (P)		44,693,000	——
1926-D		5,638,000	——
1926-S		970,000	——
1927 (P)		37,981,000	——
1927-D		5,730,000	——
1927-S		3,430,000	——
1928 (P)		23,411,000	——
1928-D		6,436,000	——
1928-S		6,936,000	——
1929 (P)		36,446,000	——
1929-D		8,370,000	——
1929-S		7,754,000	——
1930 (P)		22,849,000	——
1930-S		5,435,000	——
1931-S		1,200,000	——
1934 (P)		20,213,003	——
1934-D		7,480,000	——
1935 (P)		58,264,000	——
1935-D		12,092,000	——
1935-S		10,300,000	——
1936 (P)		118,997,000	4,420
1936-D		24,814,000	——
1936-S		14,930,000	——

DATE	NOTE	BUSINESS	PROOF
1937 (P)		79,480,000	5,769
1937-D		17,826,000	——
1937-S		5,635,000	——
1938-D		7,020,000	——

Jefferson 5 cents

DATE	NOTE	BUSINESS	PROOF
1938 (P)		19,496,000	19,365
1938-D		5,376,000	——
1938-S		4,105,000	——
1939 (P)		120,615,000	12,535
1939-D		3,514,000	——
1939-S		6,630,000	——
1940 (P)		176,485,000	14,158
1940-D		43,540,000	——
1940-S		39,690,000	——
1941 (P)		203,265,000	18,720
1941-D		53,432,000	——
1941-S		43,445,000	——
1942 (P)	‹21›	49,789,000	29,600
1942-P	‹21›	57,873,000	27,600
1942-D	‹21›	13,938,000	——
1942-S	‹21›	32,900,000	——
1943-P	‹21›	271,165,000	——
1943-D	‹21›	15,294,000	——
1943-S	‹21›	104,060,000	——
1944-P	‹21, 22›	119,150,000	——
1944-D	‹21›	32,309,000	——
1944-S	‹21›	21,640,000	——
1945-P	‹21›	119,408,100	——
1945-D	‹21›	37,158,000	——
1945-S	‹21›	58,939,000	——
1946 (P)		161,116,000	——
1946-D		45,292,200	——
1946-S		13,560,000	——
1947 (P)		95,000,000	——
1947-D		37,822,000	——
1947-S		24,720,000	——
1948 (P)		89,348,000	——
1948-D		44,734,000	——
1948-S		11,300,000	——
1949 (P)		60,652,000	——
1949-D		36,498,000	——
1949-S		9,716,000	——
1950 (P)	‹§›	9,796,000	51,386
1950-D		2,630,030	——
1951 (P)	‹§›	28,552,000	57,500
1951-D		20,460,000	——
1951-S		7,776,000	——
1952 (P)	‹§›	63,988,000	81,980
1952-D		30,638,000	——
1952-S		20,572,000	——
1953 (P)	‹§›	46,644,000	128,800
1953-D		59,878,600	——
1953-S		19,210,900	——
1954 (P)	‹§›	47,684,050	233,300
1954-D		117,136,560	——
1954-S		29,384,000	——
1955 (P)	‹§›	7,888,000	378,200
1955-D		74,464,100	——
1956 (P)	‹§›	35,216,000	669,384

DATE	NOTE	BUSINESS	PROOF
1956-D		67,222,640	——
1957 (P)	‹§›	38,408,000	1,247,952
1957-D		136,828,900	——
1958 (P)	‹§›	17,088,000	875,652
1958-D		168,249,120	——
1959 (P)	‹§›	27,248,000	1,149,291
1959-D	—	160,738,240	——
1960 (P)	‹§›	55,416,000	1,691,602
1960-D		192,582,180	——
1961 (P)	‹§›	73,640,000	3,028,244
1961-D	.	229,342,760	——
1962 (P)	‹§›	97,384,000	3,218,019
1962-D		280,195,720	——
1963 (P)	‹§›	175,776,000	3,075,645
1963-D		276,829,460	——
1964 (P)	‹§, 11›	1,024,672,000	3,950,762
1964-D	‹11›	1,787,297,160	——
1965 (P)	‹11›	12,440,000	——
1965 (D)	‹11›	82,291,380	——
1965 (S)	‹11›	39,040,000	——
1966 (P)	‹11, 23›		Δ
1966 (D)	‹11›	103,546,700	——
1966 (S)	‹11›	50,400,000	——
1967 (P)	‹11›		——
1967 (D)	‹11›	75,993,800	——
1967 (S)	‹11›	31,332,000	——
1968 (P)			——
1968-D		91,227,880	——
1968-S	‹§›	100,396,004	3,041,506
1969 (P)			——
1969-D		202,807,500	——
1969-S	‹§›	120,165,000	2,934,631
1970-D		515,485,380	——
1970-S	‹§›	238,832,004	2,632,810
1971 (P)		106,884,000	——
1971-D		316,144,800	——
1971-S	‹24›		3,220,733
1972 (P)		202,036,000	——
1972-D		351,694,600	——
1972-S	‹§›		3,260,996
1973 (P)		384,396,000	——
1973-D		261,405,400	——
1973-S	‹§›		2,760,339
1974 (P)		601,752,000	——
1974-D		277,373,000	——
1974-S	‹§›		2,612,568
1975 (P)		181,772,000	——
1975-D		401,875,300	——
1975-S	‹§›		2,845,450
1976 (P)		367,124,000	——
1976-D		563,964,147	——
1976-S			——
1977 (P)		585,376,000	——
1977-D		297,313,422	——
1977-S	‹§›		3,236,798
1978 (P)		391,308,000	——
1978-D		313,092,780	——
1978-S	‹§›		3,120,285
1979 (P)		463,188,000	——
1979-D		325,867,672	——
1979-S	‹§›		3,677,175
1980-P	‹25›	593,004,000	——
1980-D		502,323,448	——
1980-S	‹§›		3,554,806
1981-P		657,504,000	——
1981-D		364,801,843	——
1981-S	‹§›		4,063,083
1982-P		292,355,000	——
1982-D		373,726,544	——
1982-S	‹§›		3,857,479
1983-P		561,615,000	——
1983-D		536,726,276	——
1983-S	‹§›		3,279,126
1984-P		746,769,000	——
1984-D		517,675,146	——
1984-S	‹§›		3,065,110
1985-P		647,114,962	——
1985-D		459,747,446	——
1985-S	‹§›		3,362,821
1986-P		536,883,493	——
1986-D		361,819,144	——
1986-S	‹§›		3,010,497
1987-P		371,499,481	——
1987-D		410,590,604	——
1987-S	‹§›		3,792,233
1988-P		771,360,000	——
1988-D		663,771,652	——
1988-S	‹§›		3,262,948
1989-P		898,812,000	——
1989-D		570,842,474	——
1989-S	‹§›		3,220,914
1990-P		661,636,000	——
1990-D		663,938,503	——
1990-S	‹§›		3,299,559
1991-P		614,104,000	——
1991-D		436,496,678	——
1991-S	‹§›		2,867,787
1992-P		399,552,000	——
1992-D		450,565,113	——
1992-S	‹§›		4,176,544
1993-P		412,076,000	——
1993-D		406,084,135	——
1993-S	‹§›		3,360,876
1994-P	‹116›	722,160,000	——
1994-D		715,762,110	——
1994-S	‹§›		3,222,140
1995-P		774,156,000	——
1995-D		888,112,000	——
1995-S	‹§›		2,791,067
1996-P		829,332,000	——
1996-D		817,736,000	——
1996-S	‹§›		2,920,158
1997-P		470,972,000	——
1997-D		466,640,000	——
1997-S	‹§›		2,796,194
1998-P		688,292,000	——
1998-D		635,380,000	——
1998-S	‹§›		2,965,503
1999-P		1,212,000,000	——
1999-D		1,066,720,000	——

DATE	NOTE	BUSINESS	PROOF
1999-S	‹§›	—	3,347,966
2000-P		846,240,000	—
2000-D		1,509,520,000	—
2000-S	‹§›‹120›	—	4,047,904
2001-P		675,704,000	—
2001-D		627,680,000	—
2001-S		—	2,603,588

Flowing Hair half dime

DATE	NOTE	BUSINESS	PROOF
1794		7,756	—
1795		78,660	—

Draped Bust half dime

DATE	NOTE	BUSINESS	PROOF
1796		10,230	—
1797		44,527	—
1800		40,000	—
1801		33,910	—
1802		13,010	—
1803		37,850	—
1805		15,600	—

Capped Bust half dime

DATE	NOTE	BUSINESS	PROOF
1829		1,230,000	Δ
1830		1,240,000	Δ
1831		1,242,700	Δ
1832		965,000	Δ
1833		1,370,000	Δ
1834		1,480,000	Δ
1835		2,760,000	Δ
1836		1,900,000	Δ
1837		871,000	Δ

Seated Liberty half dime

DATE	NOTE	BUSINESS	PROOF
1837		1,405,000	—
1838 (P)		2,255,000	Δ
1838-O	‹26›	115,000	—
1839 (P)		1,069,150	Δ
1839-O		981,550	—
1840 (P)		1,344,085	Δ
1840-O		935,000	—
1841 (P)		1,150,000	Δ
1841-O		815,000	—
1842 (P)		815,000	Δ
1842-O		350,000	—
1843 (P)		1,165,000	Δ
1844 (P)		430,000	Δ
1844-O		220,000	—
1845 (P)		1,564,000	Δ
1846 (P)		27,000	Δ
1847 (P)		1,274,000	Δ
1848 (P)		668,000	Δ
1848-O		600,000	—
1849 (P)		1,309,000	Δ
1849-O		140,000	—
1850 (P)		955,000	Δ
1850-O		690,000	—
1851 (P)		781,000	Δ
1851-O		860,000	—
1852 (P)		1,000,500	Δ
1852-O		260,000	—
1853 (P) ¬			
No Arrows	‹16›	135,000	—
Arrows	‹16›	13,210,020	Δ
1853-O ¬			
No Arrows	‹16›	160,000	—
Arrows	‹16›	2,200,000	—
1854 (P)		5,740,000	Δ
1854-O		1,560,000	—
1855 (P)		1,750,000	Δ
1855-O		600,000	—
1856 (P)		4,880,000	Δ
1856-O		1,100,000	—
1857 (P)		7,280,000	Δ
1857-O		1,380,000	—
1858 (P)		3,500,000	Δ
1858-O		1,660,000	—
1859 (P)		340,000	Δ
1859-O		560,000	—
1860 (P)	‹28›	798,000	1,000
1860-O	‹28, 29›	1,060,000	Δ
1861 (P)		3,360,000	1,000
1862 (P)		1,492,000	550
1863 (P)		18,000	460
1863-S		100,000	—
1864 (P)	‹18›	48,000	470
1864-S		90,000	—
1865 (P)		13,000	500
1865-S		120,000	—
1866 (P)		10,000	725
1866-S		120,000	—
1867 (P)		8,000	625
1867-S		120,000	—
1868 (P)		88,600	600
1868-S		280,000	—
1869 (P)		208,000	600
1869-S		230,000	—
1870 (P)		535,600	1,000
1871 (P)		1,873,000	960
1871-S		161,000	—
1872 (P)		2,947,000	950
1872-S		837,000	—
1873 (P)	‹6›	712,000	600
1873-S	‹6›	324,000	—

Draped Bust dime

DATE	NOTE	BUSINESS	PROOF
1796		22,135	—
1797		25,261	—
1798		27,550	—
1800		21,760	—
1801		34,640	—
1802		10,975	—
1803		33,040	—
1804		8,265	—
1805		120,780	—
1807		165,000	—

Capped Bust dime

DATE	NOTE	BUSINESS	PROOF
1809		51,065	—
1811		65,180	—
1814		421,500	—
1820		942,587	Δ

DATE	NOTE	BUSINESS	PROOF
1821		1,186,512	Δ
1822		100,000	Δ
1823	‹3›	440,000	Δ
1824		100,000	Δ
1825		410,000	Δ
1827		1,215,000	Δ
1828		125,000	Δ
1829		770,000	Δ
1830		510,000	Δ
1831		771,350	Δ
1832		522,500	Δ
1833		485,000	Δ
1834		635,000	Δ
1835		1,410,000	Δ
1836		1,190,000	Δ
1837		359,500	Δ

Seated Liberty dime

DATE	NOTE	BUSINESS	PROOF
1837		682,500	——
1838 (P)		1,992,500	Δ
1838-O	‹26›	406,034	——
1839 (P)		1,0,115	Δ
1839-O		1,323,000	——
1840 (P)		1,358,580	Δ
1840-O		1,175,000	——
1841 (P)		1,622,500	Δ
1841-O		2,007,500	——
1842 (P)		1,887,500	Δ
1842-O		2,020,000	——
1843 (P)		1,370,000	Δ
1843-O		50,000	——
1844 (P)		72,500	Δ
1845 (P)		1,755,000	Δ
1845-O		230,000	——
1846 (P)		31,300	Δ
1847 (P)		245,000	Δ
1848 (P)		451,500	Δ
1849 (P)		839,000	Δ
1849-O		300,000	——
1850 (P)		1,931,500	Δ
1850-O		510,000	——
1851 (P)		1,026,500	Δ
1851-O		400,000	——
1852 (P)		1,535,500	Δ
1852-O		430,000	——
1853 (P) ¬			
No Arrows ‹16›		95,000	——
With Arrows ‹16›		12,078,010	Δ
1853-O		1,100,000	——
1854 (P)		4,470,000	Δ
1854-O		1,770,000	——
1855 (P)		2,075,000	Δ
1856 (P)		5,780,000	Δ
1856-O		1,180,000	——
1856-S		70,000	——
1857 (P)		5,580,000	Δ
1857-O		1,540,000	——
1858 (P)		1,540,000	——
1858-O		290,000	Δ
1858-S		60,000	——
1859 (P)		430,000	Δ
1859-O		480,000	——
1859-S		60,000	——
1860 (P)	‹28›	606,000	1,000
1860-O	‹28›	40,000	——
1860-S	‹28›	140,000	——
1861 (P)		1,883,000	1,000
1861-S		172,500	——
1862 (P)		847,000	550
1862-S		180,750	——
1863 (P)		14,000	460
1863-S		157,500	——
1864 (P)	‹18›	11,000	470
1864-S	—	230,000	——
1865 (P)		10,000	500
1865-S		175,000	——
1866 (P)		8,000	725
1866-S		135,000	——
1867 (P)		6,000	625
1867-S		140,000	——
1868 (P)		464,000	600
1868-S		260,000	——
1869 (P)		256,000	600
1869-S		450,000	——
1870 (P)		470,500	1,000
1870-S		50,000	——
1871 (P)		906,750	960
1871-CC		20,100	——
1871-S		320,000	——
1872 (P)		2,395,500	950
1872-CC		35,480	——
1872-S		190,000	——
1873 (P) ¬			
No Arrows ‹6›		1,568,000	600
With Arrows ‹6›		2,377,700	800
1873-CC ¬			
No Arrows ‹6, 30›		12,400	——
With Arrows ‹6›		18,791	——
1873-S ¬			
With Arrows ‹6›		455,000	——
1874 (P)		2,940,000	700
1874-CC		10,817	——
1874-S		240,000	——
1875 (P)		10,350,000	700
1875-CC		4,645,000	——
1875-S		9,070,000	——
1876 (P)		11,460,000	1,150
1876-CC		8,270,000	——
1876-S		10,420,000	——
1877 (P)		7,310,000	510
1877-CC		7,700,000	——
1877-S		2,340,000	——
1878 (P)		1,678,000	800
1878-CC		200,000	——
1879 (P)		14,000	1,100
1880 (P)		36,000	1,355
1881 (P)		24,000	975
1882 (P)		3,910,000	1,100
1883 (P)		7,674,673	1,039
1884 (P)		3,365,505	875

DATE	NOTE	BUSINESS	PROOF
1884-S		564,969	——
1885 (P)		2,532,497	930
1885-S		43,690	——
1886 (P)		6,376,684	886
1886-S		206,524	——
1887 (P)		11,283,229	710
1887-S		4,454,450	——
1888 (P)		5,495,655	832
1888-S		1,720,000	——
1889 (P)		7,380,000	711
1889-S		972,678	——
1890 (P)		9,910,951	590
1890-S		1,423,076	——
1891 (P)		15,310,000	600
1891-O		4,540,000	——
1891-S		3,196,116	——

Barber dime

DATE	NOTE	BUSINESS	PROOF
1892 (P)		12,120,000	1,245
1892-O		3,841,700	——
1892-S		990,710	——
1893 (P)		3,340,000	792
1893-O		1,760,000	——
1893-S		2,491,401	——
1894 (P)		1,330,000	972
1894-O		720,000	——
1894-S	‹31›	——	——
1895 (P)		690,000	880
1895-O		440,000	——
1895-S		1,120,000	——
1896 (P)		2,000,000	762
1896-O		610,000	——
1896-S		575,056	——
1897 (P)		10,868,533	731
1897-O		666,000	——
1897-S		1,342,844	——
1898 (P)		16,320,000	735
1898-O		2,130,000	——
1898-S		1,702,507	——
1899 (P)		19,580,000	846
1899-O		2,650,000	——
1899-S		1,867,493	——
1900 (P)		17,600,000	912
1900-O		2,010,000	——
1900-S		5,168,270	——
1901 (P)		18,859,665	813
1901-O		5,620,000	——
1901-S		593,022	——
1902 (P)		21,380,000	777
1902-O		4,500,000	——
1902-S		2,070,000	——
1903 (P)		19,500,000	755
1903-O		8,180,000	——
1903-S		613,300	——
1904 (P)		14,600,357	670
1904-S		800,000	——
1905 (P)		14,551,623	727
1905-O		3,400,000	——
1905-S		6,855,199	——
1906 (P)		19,957,731	675
1906-D	‹32›	4,060,000	Δ
1906-O		2,610,000	——
1906-S		3,136,640	——
1907 (P)		22,220,000	575
1907-D		4,080,000	——
1907-O		5,058,000	——
1907-S		3,178,470	——
1908 (P)		10,600,000	545
1908-D		7,490,000	——
1908-O		1,789,000	——
1908-S		3,220,000	——
1909 (P)		10,240,000	650
1909-D		954,000	——
1909-O		2,287,000	——
1909-S		1,000,000	——
1910 (P)		11,520,000	551
1910-D		3,490,000	——
1910-S		1,240,000	——
1911 (P)		18,870,000	543
1911-D		11,209,000	——
1911-S		3,520,000	——
1912 (P)		19,350,000	700
1912-D		11,760,000	——
1912-S		3,420,000	——
1913 (P)		19,760,000	622
1913-S		510,000	——
1914 (P)		17,360,230	——
1914-D		11,908,000	425
1914-S		2,100,000	——
1915 (P)		5,620,000	450
1915-S		960,000	——
1916 (P)		18,490,000	Δ
1916-S		5,820,000	——

Winged Liberty Head dime

DATE	NOTE	BUSINESS	PROOF
1916 (P)		22,180,080	——
1916-D		264,000	——
1916-S		10,450,000	——
1917 (P)		55,230,000	——
1917-D		9,402,000	——
1917-S		27,330,000	——
1918 (P)		26,680,000	——
1918-D		22,674,800	——
1918-S		19,300,000	——
1919 (P)		35,740,000	——
1919-D		9,939,000	——
1919-S		8,850,000	——
1920 (P)		59,030,000	——
1920-D		19,171,000	——
1920-S		13,820,000	——
1921 (P)		1,230,000	——
1921-D		1,080,000	——
1923 (P)	‹22›	50,130,000	——
1923-S		6,440,000	——
1924 (P)		24,010,000	——
1924-D		6,810,000	——
1924-S		7,120,000	——
1925 (P)		25,610,000	——
1925-D		5,117,000	——
1925-S		5,850,000	——

DATE	NOTE	BUSINESS	PROOF
1926 (P)		32,160,000	——
1926-D		6,828,000	——
1926-S		1,520,000	——
1927 (P)		28,080,000	——
1927-D		4,812,000	——
1927-S		4,770,000	——
1928 (P)		19,480,000	——
1928-D		4,161,000	——
1928-S		7,400,000	——
1929 (P)		25,970,000	——
1929-D		5,034,000	——
1929-S		4,730,000	——
1930 (P)	‹22›	6,770,000	——
1930-S		1,843,000	——
1931 (P)		3,150,000	——
1931-D		1,260,000	——
1931-S		1,800,000	——
1934 (P)		24,080,000	——
1934-D		6,772,000	——
1935 (P)		58,830,000	——
1935-D		10,477,000	——
1935-S		15,840,000	——
1936 (P)		87,500,000	4,130
1936-D		16,132,000	——
1936-S		9,210,000	——
1937 (P)		56,860,000	5,756
1937-D		14,146,000	——
1937-S		9,740,000	——
1938 (P)		22,190,000	8,728
1938-D		5,537,000	——
1938-S		8,090,000	——
1939 (P)		67,740,000	9,321
1939-D		24,394,000	——
1939-S		10,540,000	——
1940 (P)		65,350,000	11,827
1940-D		21,198,000	——
1940-S		21,560,000	——
1941 (P)		175,090,000	16,557
1941-D		45,634,000	——
1941-S		43,090,000	——
1942 (P)		205,410,000	22,329
1942-D		60,740,000	——
1942-S		49,300,000	——
1943 (P)		191,710,000	——
1943-D		71,949,000	——
1943-S		60,400,000	——
1944 (P)		231,410,000	——
1944-D		62,224,000	——
1944-S		49,490,000	——
1945 (P)		159,130,000	——
1945-D		40,245,000	——
1945-S		41,920,000	——

Roosevelt dime

DATE	NOTE	BUSINESS	PROOF
1946 (P)		255,250,000	——
1946-D		61,043,500	——
1946-S		27,900,000	——
1947 (P)		121,520,000	——
1947-D		46,835,000	——
1947-S		34,840,000	——

DATE	NOTE	BUSINESS	PROOF
1948 (P)		74,950,000	——
1948-D		52,841,000	——
1948-S		35,520,000	——
1949 (P)		30,940,000	——
1949-D		26,034,000	——
1949-S		13,510,000	——
1950 (P)	‹§›	50,130,114	51,386
1950-D		46,803,000	——
1950-S		20,440,000	——
1951 (P)	‹§›	102,880,102	57,500
1951-D		56,529,000	——
1951-S		31,630,000	——
1952 (P)	‹§›	99,040,093	81,980
1952-D		122,100,000	——
1952-S		44,419,500	——
1953 (P)	‹§›	53,490,120	128,800
1953-D		136,433,000	——
1953-S		39,180,000	——
1954 (P)	‹§›	114,010,203	233,300
1954-D		106,397,000	——
1954-S		22,860,000	——
1955 (P)	‹§›	12,450,181	378,200
1955-D		13,959,000	——
1955-S		18,510,000	——
1956 (P)	‹§›	108,640,000	669,384
1956-D		108,015,100	——
1957 (P)	‹§›	160,160,000	1,247,952
1957-D		113,354,330	——
1958 (P)	‹§›	31,910,000	875,652
1958-D		136,564,600	——
1959 (P)	‹§›	85,780,000	1,149,291
1959-D		164,919,790	——
1960 (P)	‹§›	70,390,000	1,691,602
1960-D		200,160,400	——
1961 (P)	‹§›	93,730,000	3,028,244
1961-D		209,146,550	——
1962 (P)	‹§›	72,450,000	3,218,019
1962-D		334,948,380	——
1963 (P)	‹§›	123,650,000	3,075,645
1963-D		421,476,530	——
1964 (P)	‹§, 11›	929,360,000	3,950,762
1964-D	‹11›	1,357,517,180	——
1965 (P)	‹11›	845,130,000	——
1965 (D)	‹11›	757,472,820	——
1965 (S)	‹11›	47,177,750	——
1966 (P)	‹11›	622,550,000	——
1966 (D)	‹11›	683,771,010	——
1966 (S)	‹11›	74,151,947	——
1967 (P)	‹11›	1,030,110,000	——
1967 (D)	‹11›	1,156,277,320	——
1967 (S)	‹11›	57,620,000	——
1968 (P)		424,470,400	——
1968-D		480,748,280	——
1968-S	‹§, 33›	——	3,041,506
1969 (P)		145,790,000	——
1969-D		563,323,870	——
1969-S	‹§›	——	2,934,631
1970 (P)		345,570,000	——
1970-D		754,942,100	——
1970-S	‹§, 34›	——	2,632,810

DATE	NOTE	BUSINESS	PROOF
1971 (P)		162,690,000	——
1971-D		377,914,240	——
1971-S	‹§›		3,220,733
1972 (P)		431,540,000	——
1972-D		330,290,000	——
1972-S	‹§›		3,260,996
1973 (P)		315,670,000	——
1973-D		455,032,426	——
1973-S	‹§›		2,760,339
1974 (P)		470,248,000	——
1974-D		571,083,000	——
1974-S	‹§›		2,612,568
1975 (P)		513,682,000	——
1975-D		313,705,300	——
1975 (S)		71,991,900	——
1976 (P)		568,760,000	——
1976-D		695,222,774	——
1976-S			——
1977 (P)		796,930,000	——
1977-D		376,607,228	——
1977-S	‹§›		3,236,798
1978 (P)		663,980,000	——
1978-D		282,847,540	——
1978-S	‹§›		3,120,285
1979 (P)		315,440,000	——
1979-D		390,921,184	——
1979-S	‹§›		3,677,175
1980-P	‹25›	735,170,000	——
1980-D		719,354,321	——
1980-S	‹§›		3,554,806
1981-P		676,650,000	——
1981-D		712,284,143	——
1981-S	‹§›		4,063,083
1982-P	‹35›	519,475,000	——
1982-D		542,713,584	——
1982-S	‹§›		3,857,479
1983-P		647,025,000	——
1983-D		730,129,224	——
1983-S	‹§›		3,279,126
1984-P		856,669,000	——
1984-D		704,803,976	——
1984-S	‹§›		3,065,110
1985-P		705,200,962	——
1985-D		587,979,970	——
1985-S	‹§›		3,362,821
1986-P		682,649,693	——
1986-D		473,326,974	——
1986-S	‹§›		3,010,497
1987-P		762,709,481	——
1987-D		653,203,402	——
1987-S	‹§›		3,792,233
1988-P		1,030,550,000	——
1988-D		962,385,488	——
1988-S	‹§›		3,262,948
1989-P		1,298,400,000	——
1989-D		896,535,597	——
1989-S	‹§›		3,220,914
1990-P		1,034,340,000	——
1990-D		839,995,824	——
1990-S	‹§›		3,299,559
1991-P		927,220,000	——
1991-D		601,241,114	——
1991-S	‹§›		2,867,787
1992-P		593,500,000	——
1992-D		616,273,932	——
1992-S	‹§› ¬		
Clad			2,858,903
90% silver			1,317,641
1993-P		766,180,000	——
1993-D		750,110,166	——
1993-S	‹§› ¬		
Clad			2,569,882
90% silver			790,994
1994-P		1,189,000,000	——
1994-D		1,303,268,110	——
1994-S	‹§› ¬		
Clad			2,443,590
90% silver			778,550
1995-P		1,125,500,000	——
1995-D		1,274,890,000	——
1995-S	‹§› ¬		
Clad			2,124,790
90% silver			666,277
1996-P		1,421,630,000	——
1996-D		1,400,300,000	——
1996-S	‹§› ¬		
Clad			2,145,077
90% silver			775,081
1996-W	‹118›	U	——
1996-W	‹118›	1,450,440	——
1997-P		991,640,000	——
1997-D		979,810,000	——
1997-S	‹§› ¬		
Clad			2,055,000
90% silver			741,194
1998-P		1,163,000,000	——
1998-D		1,172,300,000	——
1998-S	‹§› ¬		
Clad			2,086,507
90% silver			878,996
1999-P		2,164,000,000	——
1999-D		1,397,750,000	——
1999-S	‹§› ¬		
Clad			2,543,401
90% silver			804,565
2000-P		1,842,500,000	——
2000-D		1,818,700,000	——
2000-S	‹§› ¬‹120›		
Clad			3,082,483
90% silver			965,421
2001-P		1,369,590,000	——
2001-D		1,412,800,000	——
2001-S	‹§› ¬‹120›		
Clad			2,286,446
90% silver			317,142

Twenty cents

DATE	NOTE	BUSINESS	PROOF
1875 (P)		38,500	1,200
1875-CC		133,290	——
1875-S	‹36›	1,155,000	Δ

DATE	NOTE	BUSINESS	PROOF
1876 (P)		14,750	1,150
1876-CC	‹37›	10,000	——
1877 (P)		——	510
1878 (P)		——	600

Draped Bust quarter dollar

DATE	NOTE	BUSINESS	PROOF
1796		6,146	——
1804		6,738	——
1805		121,394	——
1806		286,424	——
1807		140,343	——

Capped Bust quarter dollar

DATE	NOTE	BUSINESS	PROOF
1815		89,235	——
1818		361,174	Δ
1819		144,000	
1820		127,444	Δ
1821		216,851	Δ
1822		64,080	Δ
1823	‹3›	17,800	Δ
1824		24,000	Δ
1825		148,000	Δ
1827	‹38›	——	Δ (R)
1828		102,000	Δ
1831		398,000	Δ
1832		320,000	Δ
1833		156,000	Δ
1834		286,000	Δ
1835		1,952,000	Δ
1836		472,000	Δ
1837		252,400	Δ
1838 (P)		366,000	Δ

Seated Liberty quarter dollar

DATE	NOTE	BUSINESS	PROOF
1838 (P)		466,000	
1839 (P)		491,146	Δ
1840 (P)		188,127	Δ
1840-O		425,200	——
1841 (P)		120,000	Δ
1841-O		452,000	
1842 (P)		88,000	Δ
1842-O		769,000	——
1843 (P)		645,600	Δ
1843-O		968,000	——
1844 (P)		421,200	Δ
1844-O		740,000	
1845 (P)		922,000	Δ
1846 (P)		510,000	Δ
1847 (P)		734,000	Δ
1847-O		368,000	——
1848 (P)		146,000	Δ
1849 (P)		340,000	Δ
1849-O		16,000	——
1850 (P)		190,800	Δ
1850-O		396,000	
1851 (P)		160,000	Δ
1851-O		88,000	——
1852 (P)		177,060	Δ
1852-O		96,000	——

DATE	NOTE	BUSINESS	PROOF
1853 (P) ¬			
No Arr. & Rays	‹16›	44,200	——
Arrows & Rays	‹16›	15,210,020	Δ
1853-O		1,332,000	——
1854 (P)		12,380,000	Δ
1854-O		1,484,000	——
1855 (P)		2,857,000	Δ
1855-O		176,000	——
1855-S	‹39›	396,400	Δ
1856 (P)		7,264,000	Δ
1856-O		968,000	——
1856-S		286,000	——
1857 (P)		9,644,000	Δ
1857-O		1,180,000	——
1857-S		82,000	——
1858 (P)		7,368,000	Δ
1858-O		520,000	——
1858-S		121,000	——
1859 (P)		1,344,000	Δ
1859-O		260,000	——
1859-S		80,000	——
1860 (P)		804,400	1,000
1860-O		388,000	——
1860-S		56,000	——
1861 (P)		4,853,600	1,000
1861-S		96,000	——
1862 (P)		932,000	550
1862-S		67,000	——
1863 (P)		191,600	460
1864 (P)		93,600	470
1864-S		20,000	——
1865 (P)		58,800	500
1865-S		41,000	——
1866 (P)	‹40›	16,800	725
1866-S	‹40›	28,000	——
1867 (P)		20,000	625
1867-S		48,000	——
1868 (P)		29,400	600
1868-S		96,000	——
1869 (P)		16,000	600
1869-S		76,000	——
1870 (P)		86,400	1,000
1870-CC		8,340	——
1871 (P)		118,200	960
1871-CC		10,890	——
1871-S		30,900	——
1872 (P)		182,000	950
1872-CC		22,850	——
1872-S		83,000	——
1873 (P) ¬			
No Arrows	‹6›	212,000	600
With Arrows	‹6›	1,271,160	540
1873-CC ¬			
No Arrows	‹6›	4,000	——
With Arrows	‹6›	12,462	——
1873-S ¬			
With Arrows	‹6›	156,000	——
1874 (P)		471,200	700
1874-S		392,000	——
1875 (P)		4,292,800	700

DATE	NOTE	BUSINESS	PROOF	DATE	NOTE	BUSINESS	PROOF
1875-CC		140,000	——	1902-O		4,748,000	
1875-S		680,000	——	1902-S		1,524,612	——
1876 (P)		17,816,000	1,150	1903 (P)		9,669,309	755
1876-CC		4,944,000	——	1903-O		3,500,000	——
1876-S		8,596,000	——	1903-S		1,036,000	——
1877 (P)		10,911,200	510	1904 (P)		9,588,143	670
1877-CC		4,192,000	——	1904-O		2,456,000	——
1877-S		8,996,000	——	1905 (P)		4,967,523	727
1878 (P)		2,260,000	800	1905-O		1,230,000	——
1878-CC		996,000	——	1905-S		1,884,000	——
1878-S		140,000	——	1906 (P)		3,655,760	675
1879 (P)	‹41›	14,450	250	1906-D		3,280,000	——
1880 (P)		13,600	1,355	1906-O		2,056,000	——
1881 (P)		12,000	975	1907 (P)		7,192,000	575
1882 (P)		15,200	1,100	1907-D		2,484,000	——
1883 (P)		14,400	1,039	1907-O		4,560,000	——
1884 (P)		8,000	875	1907-S		1,360,000	——
1885 (P)		13,600	930	1908 (P)		4,232,000	545
1886 (P)		5,000	886	1908-D		5,788,000	——
1887 (P)		10,000	710	1908-O		6,244,000	——
1888 (P)		10,001	832	1908-S		784,000	——
1888-S		1,216,000	——	1909 (P)		9,268,000	650
1889 (P)		12,000	711	1909-D		5,114,000	——
1890 (P)		80,000	590	1909-O		712,000	——
1891 (P)		3,920,000	600	1909-S		1,348,000	——
1891-O	‹42›	68,000	Δ	1910 (P)		2,244,000	551
1891-S		2,216,000		1910-D		1,500,000	——

Barber quarter dollar

DATE	NOTE	BUSINESS	PROOF	DATE	NOTE	BUSINESS	PROOF
				1911 (P)		3,720,000	543
				1911-D		933,600	——
1892 (P)		8,236,000	1,245	1911-S		988,000	——
1892-O		2,640,000	——	1912 (P)		4,400,000	700
1892-S		964,079	——	1912-S		708,000	——
1893 (P)		5,444,023	792	1913 (P)		484,000	613
1893-O		3,396,000	——	1913-D		1,450,800	——
1893-S		1,454,535	——	1913-S		40,000	——
1894 (P)		3,432,000	972	1914 (P)		6,244,230	380
1894-O		2,852,000	——	1914-D		3,046,000	——
1894-S		2,648,821	——	1914-S		264,000	——
1895 (P)		4,440,000	880	1915 (P)		3,480,000	450
1895-O		2,816,000	——	1915-D		3,694,000	——
1895-S		1,764,681	——	1915-S		704,000	——
1896 (P)		3,874,000	762	1916 (P)		1,788,000	——
1896-O		1,484,000	——	1916-D		6,540,800	——
1896-S		188,039	——				

Standing Liberty quarter dollar

DATE	NOTE	BUSINESS	PROOF
1897 (P)		8,140,000	731
1897-O		1,414,800	——
1897-S		542,229	——
1898 (P)		11,100,000	735
1898-O		1,868,000	——
1898-S		1,020,592	——
1899 (P)		12,624,000	846
1899-O		2,644,000	——
1899-S		708,000	——
1900 (P)		10,016,000	912
1900-O		3,416,000	——
1900-S		1,858,585	——
1901 (P)		8,892,000	813
1901-O		1,612,000	——
1901-S		72,664	——
1902 (P)		12,196,967	777

Continuing second column Standing Liberty quarter dollar:

DATE	NOTE	BUSINESS	PROOF
1916 (P)		52,000	——
1917 (P) ¬			
Bare Breast		8,740,000	Δ
Mailed Breast		13,880,000	——
1917-D ¬			
Bare Breast		1,509,200	——
Mailed Breast		6,224,400	——
1917-S ¬			
Bare Breast		1,952,000	——
Mailed Breast		5,552,000	——
1918 (P)		14,240,000	——
1918-D		7,380,000	——
1918-S		11,072,000	——
1919 (P)		11,324,000	——
1919-D		1,944,000	——

DATE	NOTE	BUSINESS	PROOF
1919-S		1,836,000	——
1920 (P)		27,860,000	——
1920-D		3,586,400	——
1920-S		6,380,000	——
1921 (P)		1,916,000	——
1923 (P)		9,716,000	——
1923-S		1,360,000	——
1924 (P)		10,920,000	——
1924-D		3,112,000	——
1924-S		2,860,000	——
1925 (P)		12,280,000	——
1926 (P)		11,316,000	——
1926-D		1,716,000	——
1926-S		2,700,000	——
1927 (P)		11,912,000	——
1927-D		976,400	——
1927-S		396,000	——
1928 (P)		6,336,000	——
1928-D		1,627,600	——
1928-S		2,644,000	——
1929 (P)		11,140,000	——
1929-D		1,358,000	——
1929-S		1,764,000	——
1930 (P)		5,632,000	——
1930-S		1,556,000	——

Washington quarter dollar

DATE	NOTE	BUSINESS	PROOF
1932 (P)		5,404,000	——
1932-D		436,800	——
1932-S		408,000	——
1934 (P)		31,912,052	——
1934-D		3,527,200	——
1935 (P)		32,484,000	——
1935-D		5,780,000	——
1935-S		5,660,000	——
1936 (P)		41,300,000	3,837
1936-D		5,374,000	——
1936-S		3,828,000	——
1937 (P)		19,696,000	5,542
1937-D		7,189,600	——
1937-S		1,652,000	——
1938 (P)		9,472,000	8,045
1938-S		2,832,000	——
1939 (P)		33,540,000	8,795
1939-D		7,092,000	——
1939-S		2,628,000	——
1940 (P)		35,704,000	11,246
1940-D		2,797,600	——
1940-S		8,244,000	——
1941 (P)		79,032,000	15,287
1941-D		16,714,800	——
1941-S		16,080,000	——
1942 (P)		102,096,000	21,123
1942-D		17,487,200	——
1942-S		19,384,000	——
1943 (P)		99,700,000	——
1943-D		16,095,600	——
1943-S		21,700,000	——
1944 (P)		104,956,000	——
1944-D		14,600,800	——

DATE	NOTE	BUSINESS	PROOF
1944-S		12,560,000	——
1945 (P)		74,372,000	——
1945-D		12,341,600	——
1945-S		17,004,001	——
1946 (P)		53,436,000	——
1946-D		9,072,800	——
1946-S		4,204,000	——
1947 (P)		22,556,000	——
1947-D		15,338,400	——
1947-S		5,532,000	——
1948 (P)		35,196,000	——
1948-D		16,766,800	——
1948-S		15,960,000	——
1949 (P)		9,312,000	——
1949-D		10,068,400	——
1950 (P)	‹§›	24,920,126	51,386
1950-D		21,075,600	——
1950-S		10,284,004	——
1951 (P)	‹§›	43,448,102	57,500
1951-D		35,354,800	——
1951-S		9,048,000	——
1952 (P)	‹§›	38,780,093	81,980
1952-D		49,795,200	——
1952-S		13,707,800	——
1953 (P)	‹§›	18,536,120	128,800
1953-D		56,112,400	——
1953-S		14,016,000	——
1954 (P)	‹§›	54,412,203	233,300
1954-D		42,305,500	——
1954-S		11,834,722	——
1955 (P)	‹§›	18,180,181	378,200
1955-D		3,182,400	——
1956 (P)	‹§›	44,144,000	669,384
1956-D		32,334,500	——
1957 (P)	‹§›	46,532,000	1,247,952
1957-D		77,924,160	——
1958 (P)	‹§›	6,360,000	875,652
1958-D		78,124,900	——
1959 (P)	‹§›	24,384,000	1,149,291
1959-D		62,054,232	——
1960 (P)	‹§›	29,164,000	1,691,602
1960-D		63,000,324	——
1961 (P)	‹§›	37,036,000	3,028,244
1961-D		83,656,928	——
1962 (P)	‹§›	36,156,000	3,218,019
1962-D		127,554,756	——
1963 (P)	‹§›	74,316,000	3,075,645
1963-D		135,288,184	——
1964 (P)	‹§, 11›	560,390,585	3,950,762
1964-D	‹11›	704,135,528	——
1965 (P)	‹11›	1,082,216,000	——
1965 (D)	‹11›	673,305,540	——
1965 (S)	‹11›	61,836,000	——
1966 (P)	‹11›	404,416,000	——
1966 (D)	‹11›	367,490,400	——
1966 (S)	‹11›	46,933,517	——
1967 (P)	‹11›	873,524,000	——
1967 (D)	‹11›	632,767,848	——
1967 (S)	‹11›	17,740,000	——
1968 (P)		220,731,500	——

DATE	NOTE	BUSINESS	PROOF
1968-D		101,534,000	—
1968-S	‹§›	—	3,041,506
1969 (P)		176,212,000	—
1969-D		114,372,000	—
1969-S	‹§›	—	2,934,631
1970 (P)		136,420,000	—
1970-D		417,341,364	—
1970-S	‹§›	—	2,632,810
1971 (P)		109,284,000	—
1971-D		258,634,428	—
1971-S	‹§›	—	3,220,733
1972 (P)		215,048,000	—
1972-D		311,067,732	—
1972-S	‹§›	—	3,260,996
1973 (P)		346,924,000	—
1973-D		232,977,400	—
1973-S	‹§›	—	2,760,339
1974 (P)	‹43›	801,456,000	—
1974-D	‹43›	353,160,300	—
1974-S	‹§, 43›	—	2,612,568
1976 (P)	‹43›	809,408,016	—
1976-D	‹43›	860,118,839	—
1976-S	‹43›	—	—
1976 (W)	‹43›	376,000	—
1977 (P)		461,204,000	—
1977-D		256,524,978	—
1977-S	‹§›	—	3,236,798
1977 (W)		7,352,000	—
1978 (P)		500,652,000	—
1978-D		287,373,152	—
1978-S	‹§›	—	3,120,285
1978 (W)		20,800,000	—
1979 (P)		493,036,000	—
1979-D		489,789,780	—
1979-S	‹§›	—	3,677,175
1979 (W)		22,672,000	—
1980-P	‹25›	635,832,000	—
1980-D		518,327,487	—
1980-S	‹§›	—	3,554,806
1981-P		601,716,000	—
1981-D		575,722,833	—
1981-S	‹§›	—	4,063,083
1982-P		500,931,000	—
1982-D		480,042,788	—
1982-S	‹§›	—	3,857,479
1983-P		673,535,000	—
1983-D		617,806,446	—
1983-S	‹§›	—	3,279,126
1984-P		676,545,000	—
1984-D		546,483,064	—
1984-S	‹§›	—	3,065,110
1985-P		775,818,962	—
1985-D		519,962,888	—
1985-S	‹§›	—	3,362,821
1986-P		551,199,333	—
1986-D		504,298,660	—
1986-S	‹§›	—	3,010,497
1987-P		582,499,481	—
1987-D		655,595,696	—
1987-S	‹§›	—	3,792,233
1988-P		562,052,000	—
1988-D		596,810,688	—
1988-S	‹§›	—	3,262,948
1989-P		512,868,000	—
1989-D		896,733,858	—
1989-S	‹§›	—	3,220,914
1990-P		613,792,000	—
1990-D		927,638,181	—
1990-S	‹§›	—	3,299,559
1991-P		570,960,000	—
1991-D		630,966,693	—
1991-S	‹§›	—	2,867,787
1992-P		384,764,000	—
1992-D		389,777,107	—
1992-S	‹§› ¬		
Clad		—	2,858,903
90% silver		—	1,317,641
1993-P		639,276,000	—
1993-D		645,476,128	—
1993-S	‹§› ¬		
Clad		—	2,569,882
90% silver		—	790,994
1994-P		825,600,000	—
1994-D		880,034,110	—
1994-S	‹§› ¬		
Clad		—	2,443,590
90% silver		—	778,550
1995-P		1,004,336,000	—
1995-D		1,103,216,000	—
1995-S	‹§› ¬		
Clad		—	2,124,790
90% silver		—	666,277
1996-P		925,040,000	—
1996-D		906,868,000	—
1996-S	‹§› ¬		
Clad		—	2,145,077
90% silver		—	775,081
1997-P		595,740,000	—
1997-D		599,680,000	—
1997-S	‹§› ¬		
Clad		—	2,055,000
90% silver		—	741,194
1998-P		960,400,000	—
1998-D		907,000,000	—
1998-S	‹§› ¬		
Clad		—	2,086,507
90% silver		—	878,996
1999-P DE		373,400,000	—
1999-D DE		401,424,000	—
1999-S DE‹§› ¬			
Clad		—	3,713,359
90% silver		—	804,565
1999-P PA		349,000,000	—
1999-D PA		358,332,000	—
1999-S PA‹§› ¬			
Clad		—	3,713,359
90% silver		—	804,565
1999-P NJ		363,200,000	—
1999-D NJ		299,028,000	—

DATE	NOTE	BUSINESS	PROOF
1999-S NJ ‹§› ¬			
Clad		—	3,713,359
90% silver		—	804,565
1999-P GA		451,188,000	—
1999-D GA		488,744,000	—
1999-S GA ‹§› ¬			
Clad		—	3,713,359
90% silver		—	804,565
1999-P CT		688,744,000	—
1999-D CT		657,880,000	—
1999-S CT ‹§› ¬			
Clad		—	3,713,359
90% silver		—	804,565
2000-P MA		628,600,000	—
2000-D MA		535,184,000	—
2000-S MA ‹§› ¬ ‹120›			
Clad		—	4,053,700
90% silver		—	965,421
2000-P MD		678,200,000	—
2000-D MD		556,532,000	—
2000-S MD ‹§› ¬ ‹120›			
Clad		—	4,053,700
90% silver		—	965,421
2000-P SC		742,576,000	—
2000-D SC		566,208,000	—
2000-S SC ‹§› ¬‹120›			
Clad		—	4,053,700
90% silver		—	965,421
2000-P NH		673,040,000	—
2000-D NH		495,976,000	—
2000-S NH ‹§› ¬ ‹120›			
Clad		—	4,053,700
90% silver		—	965,421
2000-P VA		943,000,000	—
2000-D VA		651,616,000	—
2000-S VA ‹§› ¬ ‹120›			
Clad		—	4,053,700
90% silver		—	965,421
2001-P NY		655,400,000	—
2001-D NY		619,640,000	—
2001-S NY ‹§› ¬ ‹120›			
Clad		—	3,086,182
90% silver		—	317,142
2001-P NC		627,600,000	—
2001-D NC		427,876,000	—
2001-S NC ‹§› ¬ ‹120›			
Clad		—	3,086,182
90% silver		—	317,142
2001-P RI		870,100,000	—
2001-D RI		447,100,000	—
2001-S RI ‹§› ¬ ‹120›			
Clad		—	3,086,182
90% silver		—	317,142
2001-P VT		423,400,000	—
2001-D VT		459,404,000	—
2001-S VT ‹§› ¬ ‹120›			
Clad		—	3,086,182
90% silver		—	317,142
2001-P KY		353,000,000	—
2001-D KY		370,564,000	—

DATE	NOTE	BUSINESS	PROOF
2001-S KY ‹§› ¬ ‹120›			
Clad		—	3,086,182
90% silver		—	317,142
2002-P TN		361,600,000	—
2002-D TN		286,468,000	—
2002-S TN ‹§› ¬ ‹120›			
Clad		—	Pending
90% silver		—	Pending
2002-P OH		217,200,000	—
2002-D OH		414,832,000	—
2002-S OH ‹§› ¬ ‹120›			
Clad		—	Pending
90% silver		—	Pending
2002-P LA		362,000,000	—
2002-D LA		401,804,000	—
2002-S LA ‹§› ¬ ‹120›			
Clad		—	Pending
90% silver		—	Pending

Flowing Hair half dollar

DATE	NOTE	BUSINESS	PROOF
1794		23,464	—
1795		299,680	—

Draped Bust, Small Eagle half dollar

DATE	NOTE	BUSINESS	PROOF
1796		934	—
1797		2,984	—

Draped Bust, Heraldic Eagle half dollar

DATE	NOTE	BUSINESS	PROOF
1801		30,289	—
1802		29,890	—
1803		188,234	—
1805		211,722	—
1806		839,576	—
1807		301,076	—

Capped Bust half dollar

DATE	NOTE	BUSINESS	PROOF
1807		750,500	—
1808		1,368,600	—
1809		1,405,810	—
1810		1,276,276	—
1811		1,203,644	—
1812		1,628,059	—
1813		1,241,903	—
1814		1,039,075	—
1815		47,150	—
1817	‹44›	1,215,567	Δ
1818		1,960,322	Δ
1819		2,208,000	Δ
1820		751,122	Δ
1821		1,305,797	Δ
1822		1,559,573	Δ
1823		1,694,200	Δ
1824		3,504,954	Δ
1825		2,943,166	Δ
1826		4,004,180	Δ
1827		5,493,400	Δ
1828		3,075,200	Δ
1829		3,712,156	Δ
1830		4,764,800	Δ
1831		5,873,660	Δ
1832		4,797,000	Δ
1833		5,206,000	Δ (R)

DATE	NOTE	BUSINESS	PROOF
1834		6,412,004	Δ (R)
1835		5,352,006	Δ (R)
1836 ¬			
Lettered Edge		6,545,000	Δ
Reeded Edge	<45>	1,200	Δ
1837		3,629,820	Δ
1838 (P)		3,546,000	Δ
1838-O	<46>	—	Δ
1839 (P)		1,362,160	Δ
1839-O	<47>	178,976	Δ

Seated Liberty half dollar

DATE	NOTE	BUSINESS	PROOF
1839 (P)	<48>	1,972,400	Δ
1840 (P)		1,435,008	Δ
1840-O		855,100	—
1841 (P)		310,000	Δ
1841-O		401,000	—
1842 (P)		2,012,764	Δ
1842-O		957,000	—
1843 (P)		3,844,000	Δ
1843-O		2,268,000	—
1844 (P)		1,766,000	Δ
1844-O		2,005,000	—
1845 (P)		589,000	Δ
1845-O		2,094,000	—
1846 (P)		2,210,000	Δ
1846-O		2,304,000	—
1847 (P)		1,156,000	Δ
1847-O		2,584,000	—
1848 (P)		580,000	Δ
1848-O		3,180,000	—
1849 (P)		1,252,000	Δ
1849-O		2,310,000	—
1850 (P)		227,000	Δ
1850-O		2,456,000	—
1851 (P)		200,750	—
1851-O		402,000	—
1852 (P)		77,130	Δ
1852-O		144,000	—
1853 (P)	<16, 49>	3,532,708	Δ
1853-O	<49>	1,328,000	—
1854 (P)		2,982,000	Δ
1854-O		5,240,000	—
1855 (P)		759,500	Δ
1855-O		3,688,000	—
1855-S	<50>	129,950	Δ
1856 (P)		938,000	Δ
1856-O		2,658,000	—
1856-S		211,000	—
1857 (P)		1,988,000	Δ
1857-O		818,000	—
1857-S		158,000	—
1858 (P)		4,226,000	Δ
1858-O		7,294,000	—
1858-S		476,000	—
1859 (P)		748,000	Δ
1859-O		2,834,000	—
1859-S		566,000	—
1860 (P)		302,700	1,000
1860-O		1,290,000	—

DATE	NOTE	BUSINESS	PROOF
1860-S		472,000	—
1861 (P)		2,887,400	1,000
1861-O	<51>	2,532,633	Δ
1861-S		939,500	—
1862 (P)		253,000	550
1862-S		1,352,000	—
1863 (P)		503,200	460
1863-S		916,000	—
1864 (P)		379,100	470
1864-S		658,000	—
1865 (P)		511,400	500
1865-S		675,000	—
1866 (P)	<40>	744,900	725
1866-S ¬			
No Motto	<40>	60,000	—
Motto	<40>	994,000	—
1867 (P)		449,300	625
1867-S		1,196,000	—
1868 (P)		417,600	600
1868-S		1,160,000	—
1869 (P)		795,300	600
1869-S		656,000	—
1870 (P)		633,900	1,000
1870-CC		54,617	—
1870-S		1,004,000	—
1871 (P)		1,203,600	960
1871-CC		153,950	—
1871-S		2,178,000	—
1872 (P)		880,600	950
1872-CC		257,000	—
1872-S		580,000	—
1873 (P) ¬			
No Arrows	<6>	801,200	600
With Arrows	<6>	1,815,150	550
1873-CC ¬			
No Arrows	<6, 52>	122,500	—
With Arrows	<6>	214,560	—
1873-S ¬			
No Arrows	<6>	5,000	—
With Arrows	<6>	228,000	—
1874 (P)		2,359,600	700
1874-CC		59,000	—
1874-S		394,000	—
1875 (P)		6,026,800	700
1875-CC		1,008,000	—
1875-S		3,200,000	—
1876 (P)		8,418,000	1,150
1876-CC		1,956,000	—
1876-S		4,528,000	—
1877 (P)		8,304,000	510
1877-CC		1,420,000	—
1877-S		5,356,000	—
1878 (P)		1,377,600	800
1878-CC		62,000	—
1878-S		12,000	—
1879 (P)		4,800	1,100
1880 (P)		8,400	1,355
1881 (P)		10,000	975
1882 (P)		4,400	1,100
1883 (P)		8,000	1,039

DATE	NOTE	BUSINESS	PROOF
1884 (P)		4,400	875
1885 (P)		5,200	930
1886 (P)		5,000	886
1887 (P)		5,000	710
1888 (P)		12,001	832
1889 (P)		12,000	711
1890 (P)		12,000	590
1891 (P)		200,000	600

Barber half dollar

DATE	NOTE	BUSINESS	PROOF
1892 (P)		934,245	1,245
1892-O		390,000	——
1892-S		1,029,028	——
1893 (P)		1,826,000	792
1893-O		1,389,000	——
1893-S		740,000	——
1894 (P)		1,148,000	972
1894-O		2,138,000	——
1894-S		4,048,690	——
1895 (P)		1,834,338	880
1895-O	‹53›	1,766,000	Δ
1895-S		1,108,086	——
1896 (P)		950,000	762
1896-O		924,000	——
1896-S		1,140,948	——
1897 (P)		2,480,000	731
1897-O		632,000	——
1897-S		933,900	——
1898 (P)		2,956,000	735
1898-O		874,000	——
1898-S		2,358,550	——
1899 (P)		5,538,000	846
1899-O		1,724,000	——
1899-S		1,686,411	——
1900 (P)		4,762,000	912
1900-O		2,744,000	——
1900-S		2,560,322	——
1901 (P)		4,268,000	813
1901-O		1,124,000	——
1901-S		847,044	——
1902 (P)		4,922,000	777
1902-O		2,526,000	——
1902-S		1,460,670	——
1903 (P)		2,278,000	755
1903-O		2,100,000	——
1903-S		1,920,772	——
1904 (P)		2,992,000	670
1904-O		1,117,600	——
1904-S		553,038	——
1905 (P)		662,000	727
1905-O		505,000	——
1905-S		2,494,000	——
1906 (P)		2,638,000	675
1906-D		4,028,000	——
1906-O		2,446,000	——
1906-S		1,740,154	——
1907 (P)		2,598,000	575
1907-D		3,856,000	——
1907-O		3,946,600	——
1907-S		1,250,000	——

DATE	NOTE	BUSINESS	PROOF
1908 (P)		1,354,000	545
1908-D		3,280,000	——
1908-O		5,360,000	——
1908-S		1,644,828	——
1909 (P)		2,368,000	650
1909-O		925,400	——
1909-S		1,764,000	——
1910 (P)		418,000	551
1910-S		1,948,000	——
1911 (P)		1,406,000	543
1911-D		695,080	——
1911-S		1,272,000	——
1912 (P)		1,550,000	700
1912-D		2,300,800	——
1912-S		1,370,000	——
1913 (P)		188,000	627
1913-D		534,000	——
1913-S		604,000	——
1914 (P)		124,230	380
1914-S		992,000	——
1915 (P)		138,000	450
1915-D		1,170,400	——
1915-S		1,604,000	——

Walking Liberty half dollar

DATE	NOTE	BUSINESS	PROOF
1916 (P)		608,000	Δ
1916-D		1,014,400	——
1916-S		508,000	——
1917 (P)		12,292,000	——
1917-D ¬			
Obv. Mint Mark		765,400	——
Rev. Mint Mark		1,940,000	——
1917-S ¬			
Obv. Mint Mark		952,000	——
Rev. Mint Mark		5,554,000	——
1918 (P)		6,634,000	——
1918-D		3,853,040	——
1918-S		10,282,000	——
1919 (P)		962,000	——
1919-D		1,165,000	——
1919-S		1,552,000	——
1920 (P)		6,372,000	——
1920-D		1,551,000	——
1920-S		4,624,000	——
1921 (P)		246,000	——
1921-D		208,000	——
1921-S		548,000	——
1923-S		2,178,000	——
1927-S		2,392,000	——
1928-S		1,940,000	——
1929-D		1,001,200	——
1929-S		1,902,000	——
1933-S		1,786,000	——
1934 (P)		6,964,000	——
1934-D		2,361,400	——
1934-S		3,652,000	——
1935 (P)		9,162,000	——
1935-D		3,003,800	——
1935-S		3,854,000	——
1936 (P)		12,614,000	3,901

DATE	NOTE	BUSINESS	PROOF
1936-D		4,252,400	——
1936-S		3,884,000	——
1937 (P)		9,522,000	5,728
1937-D		1,676,000	——
1937-S		2,090,000	——
1938 (P)		4,110,000	8,152
1938-D		491,600	——
1939 (P)		6,812,000	8,808
1939-D		4,267,800	——
1939-S		2,552,000	——
1940 (P)		9,156,000	11,279
1940-S		4,550,000	——
1941 (P)		24,192,000	15,412
1941-D		11,248,400	——
1941-S		8,098,000	——
1942 (P)		47,818,000	21,120
1942-D		10,973,800	——
1942-S		12,708,000	——
1943 (P)		53,190,000	——
1943-D		11,346,000	——
1943-S		13,450,000	——
1944 (P)		28,206,000	——
1944-D		9,769,000	——
1944-S		8,904,000	——
1945 (P)		31,502,000	——
1945-D		9,996,800	——
1945-S		10,156,000	——
1946 (P)		12,118,000	——
1946-D		2,151,000	——
1946-S		3,724,000	——
1947 (P)		4,094,000	——
1947-D		3,900,600	——

Franklin half dollar

DATE	NOTE	BUSINESS	PROOF
1948 (P)		3,006,814	——
1948-D		4,028,600	——
1949 (P)		5,614,000	——
1949-D		4,120,600	——
1949-S		3,744,000	——
1950 (P)	‹§›	7,742,123	51,386
1950-D		8,031,600	——
1951 (P)	‹§›	16,802,102	57,500
1951-D		9,475,200	——
1951-S		13,696,000	——
1952 (P)	‹§›	21,192,093	81,980
1952-D		25,395,600	——
1952-S		5,526,000	——
1953 (P)	‹§›	2,668,120	128,800
1953-D		20,900,400	——
1953-S		4,148,000	——
1954 (P)	‹§›	13,188,203	233,300
1954-D		25,445,580	——
1954-S		4,993,400	——
1955 (P)	‹§›	2,498,181	378,200
1956 (P)	‹§›	4,032,000	669,384
1957 (P)	‹§›	5,114,000	1,247,952
1957-D		19,966,850	——
1958 (P)	‹§›	4,042,000	875,652
1958-D		23,962,412	——
1959 (P)	‹§›	6,200,000	1,149,291

DATE	NOTE	BUSINESS	PROOF
1959-D		13,0,750	——
1960 (P)	‹§›	6,024,000	1,691,602
1960-D		18,215,812	
1961 (P)	‹§›	8,290,000	3,028,244
1961-D		20,276,442	
1962 (P)	‹§›	9,714,000	3,218,019
1962-D		35,473,281	
1963 (P)	‹§›	22,164,000	3,075,645
1963-D		67,069,292	

Kennedy half dollar

DATE	NOTE	BUSINESS	PROOF
1964 (P)	‹§, 11›	273,304,004	3,950,762
1964-D	‹11›	156,205,446	——
1965 (P)	‹11›		
1965 (D)	‹11›	63,049,366	——
1965 (S)	‹11, 54›	470,000	——
1966 (P)	‹11›		
1966 (D)	‹11›	106,439,312	——
1966 (S)	‹11, 54›	284,037	——
1967 (P)	‹11›		
1967 (D)	‹11›	293,183,634	——
1967 (S)	‹11, 54›		——
1968-D		246,951,930	——
1968-S	‹§›		3,041,506
1969-D		129,881,800	——
1969-S	‹§›		2,934,631
1970-D	‹55›	2,150,000	——
1970-S	‹§›		2,632,810
1971 (P)		155,164,000	——
1971-D		302,097,424	——
1971-S	‹§›		3,220,733
1972 (P)		153,180,000	——
1972-D		141,890,000	——
1972-S	‹§›		3,260,996
1973 (P)		64,964,000	——
1973-D		83,171,400	——
1973-S	‹§›		2,760,339
1974 (P)	‹43›	201,596,000	——
1974-D	‹43›	79,066,300	——
1974-S	‹§, 43›		2,612,568
1976 (P)	‹43›	234,308,000	——
1976-D	‹43›	287,565,248	——
1976-S	‹43›		——
1977 (P)		43,598,000	——
1977-D		31,449,106	——
1977-S	‹§›		3,236,798
1978 (P)		14,350,000	——
1978-D		13,765,799	——
1978-S	‹§›		3,120,285
1979 (P)		68,312,000	——
1979-D		15,815,422	——
1979-S	‹§›		3,677,175
1980 (P)	‹25›	44,134,000	——
1980-D		33,456,449	——
1980-S	‹§›		3,554,806
1981-P		29,544,000	——
1981-D		27,839,533	——
1981-S	‹§›		4,063,083
1982-P		10,819,000	——
1982-D		13,140,102	——

DATE	NOTE	BUSINESS	PROOF
1982-S	‹§›	—	3,857,479
1983-P		34,139,000	——
1983-D		32,472,244	——
1983-S	‹§›	—	3,279,126
1984-P		26,029,000	——
1984-D		26,262,158	——
1984-S	‹§›	—	3,065,110
1985-P		18,706,962	——
1985-D		19,814,034	——
1985-S	‹§›	—	3,362,821
1986-P		13,107,633	——
1986-D		15,366,145	——
1986-S	‹§›	—	3,010,497
1987-P	‹55›	——	——
1987-D	‹55›	——	——
1987-S	‹§›	· ——	3,792,233
1988-P		13,626,000	——
1988-D		12,000,096	——
1988-S	‹§›	—	3,262,948
1989-P		24,542,000	——
1989-D		23,000,216	——
1989-S	‹§›	—	3,220,914
1990-P		22,278,000	——
1990-D		20,096,242	· ——
1990-S	‹§›	—	3,299,559
1991-P		14,874,000	- ——
1991-D		15,054,678	——
1991-S	‹§›	—	2,867,787
1992-P		17,628,000	——
1992-D		17,000,106	——
1992-S	‹§› ¬		
Clad		—	2,858,903
90% Silver		—	1,317,641
1993-P		15,510,000	——
1993-D		15,000,006	——
1993-S	‹§› ¬		
Clad		—	2,569,882
90% Silver		—	790,994
1994-P		23,718,000	——
1994-D		23,828,110	——
1994-S	‹§› ¬		
Clad		—	2,443,590
90% Silver		—	778,550
1995-P		26,496,000	——
1995-D		26,288,000	——
1995-S	‹§› ¬		
Clad		—	2,124,790
90% Silver		—	666,277
1996-P	·	24,442,000	——
1996-D		24,744,000	——
1996-S	‹§› ¬		
Clad		—	2,145,077
90% silver		—	775,081
1997-P		20,882,000	——
1997-D		19,876,000	——
1997-S	‹§› ¬		
Clad		—	2,055,000
90% silver		—	741,194
1998-P		15,646,000	——
1998-D		15,064,000	——

DATE	NOTE	BUSINESS	PROOF
1998-S	‹§› ¬		
Clad		—	2,086,507
90% silver		—	878,996
1999-P		8,900,000	——
1999-D		10,682,000	——
1999-S	‹§› ¬		
Clad		—	2,542,365
90% silver		—	804,077
2000-P		22,600,000	——
2000-D		19,466,000	——
2000-S	‹§› ¬ ‹120›		
Clad		—	3,065,300
90% silver		—	965,421
2001-P		21,200,000	——
2001-D		19,504,000	——
2001-S	‹§› ¬‹120›		
Clad		—	2,286,446
90% silver		—	317,142

Flowing Hair silver dollar

DATE	NOTE	BUSINESS	PROOF
1794		1,758	——
1795		160,295	——

Draped Bust silver dollar

DATE	NOTE	BUSINESS	PROOF
1795		42,738	——
1796		72,920	——
1797		7,776	——
1798	‹56›	327,536	——
1799		423,515	——
1800		220,920	——
1801	‹57›	54,454	——
1802	‹57›	41,650	——
1803	‹57›	85,634	——
1804	‹58›	——	——
1805	‹59›	——	——

Gobrecht silver dollar

DATE	NOTE	BUSINESS	PROOF
1836	‹60›	1,600	Δ
1838	‹60›	——	Δ
1839 (P)	‹60›	300	Δ

Seated Liberty silver dollar

DATE	NOTE	BUSINESS	PROOF
1840 (P)		61,005	Δ (R)
1841 (P)		173,000	Δ (R)
1842 (P)		184,618	Δ (R)
1843 (P)		165,100	Δ (R)
1844 (P)		20,000	Δ (R)
1845 (P)		24,500	Δ (R)
1846 (P)		110,600	Δ (R)
1846-O		59,000	—— (R)
1847 (P)		140,750	Δ (R)
1848 (P)		15,000	Δ (R)
1849 (P)		62,600	Δ (R)
1850 (P)		7,500	Δ (R)
1850-O		40,000	—— (R)
1851 (P)		1,300	Δ (R)
1852 (P)		1,100	Δ (R)
1853 (P)	‹16, 61›	46,110	—— (R)
1854 (P)		33,140	Δ
1855 (P)		26,000	Δ
1856 (P)		63,500	Δ

DATE	NOTE	BUSINESS	PROOF
1857 (P)		94,000	Δ
1858 (P)	‹62›	—	Δ
1859 (P)		256,500	Δ
1859-O		360,000	—
1859-S		20,000	—
1860 (P)		217,600	1,330
1860-O		515,000	—
1861 (P)		77,500	1,000
1862 (P)		11,540	550
1863 (P)		27,200	460
1864 (P)		30,700	470
1865 (P)		46,500	500
1866 (P)	‹40›	48,900	725
1867 (P)		46,900	625
1868 (P)		162,100	600
1869 (P)		423,700	600
1870 (P)		415,000	1,000
1870-CC	‹63›	12,462	Δ
1870-S	‹64›	—	—
1871 (P)		1,073,800	960
1871-CC		1,376	—
1872 (P)		1,105,500	950
1872-CC		3,150	—
1872-S		9,000	—
1873 (P)	‹6›	293,000	600
1873-CC	‹6›	2,300	—
1873-S	‹6, 65›	700	—

Morgan silver dollar

DATE	NOTE	BUSINESS	PROOF
1878 (P)	‹66›	10,508,550	1,000
1878-CC		2,212,000	—
1878-S		9,774,000	—
1879 (P)		14,806,000	1,100
1879-CC		756,000	—
1879-O	‹67›	2,887,000	Δ
1879-S		9,110,000	—
1880 (P)		12,600,000	1,355
1880-CC		591,000	—
1880-O		5,305,000	—
1880-S		8,900,000	—
1881 (P)		9,163,000	975
1881-CC		296,000	—
1881-O		5,708,000	—
1881-S		12,760,000	—
1882 (P)		11,100,000	1,100
1882-CC	‹68›	1,133,000	Δ
1882-O		6,090,000	—
1882-S		9,250,000	—
1883 (P)		12,290,000	1,039
1883-CC	‹69›	1,204,000	Δ
1883-O	‹70›	8,725,000	Δ
1883-S		6,250,000	—
1884 (P)		14,070,000	875
1884-CC	‹71›	1,136,000	Δ
1884-O		9,730,000	—
1884-S		3,200,000	—
1885 (P)		17,786,837	930
1885-CC		228,000	—
1885-O		9,185,000	—
1885-S		1,497,000	—

DATE	NOTE	BUSINESS	PROOF
1886 (P)		19,963,000	886
1886-O		10,710,000	—
1886-S		750,000	—
1887 (P)		20,290,000	710
1887-O		11,550,000	—
1887-S		1,771,000	—
1888 (P)		19,183,000	832
1888-O		12,150,000	—
1888-S		657,000	—
1889 (P)		21,726,000	811
1889-CC		350,000	—
1889-O		11,875,000	—
1889-S		700,000	—
1890 (P)		16,802,000	590
1890-CC		2,309,041	—
1890-O		10,701,000	—
1890-S		8,230,373	—
1891 (P)		8,693,556	650
1891-CC		1,618,000	—
1891-O		7,954,529	—
1891-S		5,296,000	—
1892 (P)		1,036,000	1,245
1892-CC		1,352,000	—
1892-O		2,744,000	—
1892-S		1,200,000	—
1893 (P)		389,000	792
1893-CC	‹72›	677,000	Δ
1893-O		300,000	—
1893-S		100,000	—
1894 (P)		110,000	972
1894-O		1,723,000	—
1894-S		1,260,000	—
1895 (P)	‹73›	12,000	880
1895-O		450,000	—
1895-S		400,000	—
1896 (P)		9,976,000	762
1896-O		4,900,000	—
1896-S		5,000,000	—
1897 (P)		2,822,000	731
1897-O		4,004,000	—
1897-S		5,825,000	—
1898 (P)		5,884,000	735
1898-O		4,440,000	—
1898-S		4,102,000	—
1899 (P)		330,000	846
1899-O		12,290,000	—
1899-S		2,562,000	—
1900 (P)		8,830,000	912
1900-O		12,590,000	—
1900-S		3,540,000	—
1901 (P)		6,962,000	813
1901-O		13,320,000	—
1901-S		2,284,000	—
1902 (P)		7,994,000	777
1902-O		8,636,000	—
1902-S		1,530,000	—
1903 (P)		4,652,000	755
1903-O		4,450,000	—
1903-S		1,241,000	—
1904 (P)		2,788,000	650

DATE	NOTE	BUSINESS	PROOF
1904-O		3,720,000	—
1904-S		2,304,000	—
1921 (P)		44,690,000	Δ
1921-D		20,345,000	—
1921-S		21,695,000	—

Peace silver dollar

DATE	NOTE	BUSINESS	PROOF
1921 (P)	‹74›	1,006,473	—
1922 (P)		51,737,000	Δ
1922-D		15,063,000	—
1922-S		17,475,000	—
1923 (P)		30,800,000	—
1923-D		6,811,000	—
1923-S		19,020,000	—
1924 (P)		11,811,000	—
1924-S		1,728,000	—
1925 (P)		10,198,000	—
1925-S		1,610,000	—
1926 (P)		1,939,000	—
1926-D		2,348,700	—
1926-S		6,980,000	—
1927 (P)		848,000	—
1927-D		1,268,900	—
1927-S		866,000	—
1928 (P)		360,649	—
1928-S		1,632,000	—
1934 (P)		954,057	—
1934-D		1,569,500	—
1934-S		1,011,000	—
1935 (P)		1,576,000	—
1935-S		1,964,000	—

Trade dollar

DATE	NOTE	BUSINESS	PROOF
1873 (P)	‹6, 75›	396,635	865
1873-CC	‹6›	124,500	—
1873-S	‹6›	703,000	—
1874 (P)		987,100	700
1874-CC		1,373,200	—
1874-S		2,549,000	—
1875 (P)		218,200	700
1875-CC		1,573,700	—
1875-S		4,487,000	—
1876 (P)		455,000	1,150
1876-CC		509,000	—
1876-S		5,227,000	—
1877 (P)		3,039,200	510
1877-CC		534,000	—
1877-S		9,519,000	—
1878 (P)		—	900
1878-CC		97,000	—
1878-S		4,162,000	—
1879 (P)		—	1,541
1880 (P)		—	1,987
1881 (P)		—	960
1882 (P)		—	1,097
1883 (P)		—	979
1884 (P)	‹76›	—	10
1885 (P)	‹76›	—	5

Eisenhower dollar

DATE	NOTE	BUSINESS	PROOF
1971 (P)		47,799,000	—
1971-D		68,587,424	—
1971-S ¬			
40% silver	‹§, 77›	6,868,530	4,265,234
1972 (P)		75,890,000	—
1972-D		92,548,511	—
1972-S ¬			
40% silver	‹77›	2,193,056	1,811,631
1973 (P)	‹78›	2,000,056	—
1973-D	‹78›	2,000,000	—
1973-S ¬			
copper-nickel	‹§›	—	2,760,339
40% silver	‹77›	1,883,140	1,013,646
1974 (P)	‹43›	27,366,000	—
1974-D	‹43›	45,517,000	—
1974-S ¬			
copper-nickel	‹§, 43›	—	2,612,568
40% silver	‹43, 77›	1,900,156	1,306,579
1976 (P)	‹43›	117,337,000	—
1976-D	‹43›	103,228,274	—
1976-S	‹43, 77›		—
1977 (P)		12,596,000	—
1977-D		32,983,006	—
1977-S	‹§›	—	3,236,798
1978 (P)		25,702,000	—
1978-D		33,012,890	—
1978-S	‹§›	—	3,120,285

Anthony dollar

DATE	NOTE	BUSINESS	PROOF
1979-P	‹25›	360,222,000	—
1979-D		288,015,744	—
1979-S	‹§›	109,576,000	3,677,175
1980-P		27,610,000	—
1980-D		41,628,708	—
1980-S	‹§›	20,422,000	3,554,806
1981-P	‹79›	3,000,000	—
1981-D	‹79›	3,250,000	—
1981-S	‹§, 79›	3,492,000	4,063,083
1999-P		29,592,000	—
1999-D		11,776,000	—
1999-P		—	NA

Sacagawea golden dollar

DATE	NOTE	BUSINESS	PROOF
2000-P		767,140,000	—
2000-D		518,916,000	—
2000-S	‹§›‹120›	—	4,047,904
2001-P		62,468,000	—
2001-D		70,939,500	—
2001-S	‹§› ‹120›	—	2,603,588

Coronet gold dollar

DATE	NOTE	BUSINESS	PROOF
1849 (P)		688,567	Δ
1849-C		11,634	—
1849-D		21,588	—
1849-O		215,000	—
1850 (P)		481,953	—
1850-C		6,966	—
1850-D		8,382	—
1850-O		14,000	—
1851 (P)		3,317,671	—
1851-C		41,267	—
1851-D		9,882	—

DATE	NOTE	BUSINESS	PROOF
1851-O		290,000	——
1852 (P)		2,045,351	——
1852-C		9,434	——
1852-D		6,360	——
1852-O		140,000	——
1853 (P)		4,076,051	——
1853-C		11,515	——
1853-D		6,583	——
1853-O		290,000	——
1854 (P)		736,709	Δ
1854-D		2,935	——
1854-S		14,632	——

Indian Head gold dollar

DATE	NOTE	BUSINESS	PROOF
1854 (P)		902,736	Δ
1855 (P)		758,269	Δ
1855-C		9,803	——
1855-D		1,811	——
1855-O		55,000	——
1856 (P) ¬ Large Head		1,762,936	Δ
1856-D ¬ Large Head		1,460	——
1856-S ¬ Small Head		24,600	——
1857 (P)		774,789	Δ
1857-C		13,280	——
1857-D		3,533	——
1857-S		10,000	——
1858 (P)		117,995	Δ
1858-D		3,477	——
1858-S		10,000	——
1859 (P)		168,244	Δ
1859-C		5,235	——
1859-D		4,952	——
1859-S		15,000	——
1860 (P)		36,514	154
1860-D		1,566	——
1860-S		13,000	——
1861 (P)		527,150	349
1861-D	‹80›		——
1862 (P)		1,361,365	35
1863 (P)		6,200	50
1864 (P)		5,900	50
1865 (P)		3,700	25
1866 (P)		7,100	30
1867 (P)		5,200	50
1868 (P)		10,500	25
1869 (P)		5,900	25
1870 (P)		6,300	35
1870-S	‹81›	3,000	——
1871 (P)		3,900	30
1872 (P)		3,500	30
1873 (P)	‹6›	125,100	25
1874 (P)		198,800	20
1875 (P)		400	20
1876 (P)		3,200	45
1877 (P)		3,900	20
1878 (P)		3,000	20
1879 (P)		3,000	30

DATE	NOTE	BUSINESS	PROOF
1880 (P)		1,600	36
1881 (P)		7,620	87
1882 (P)		5,000	125
1883 (P)		10,800	207
1884 (P)		5,230	1,006
1885 (P)		11,156	1,105
1886 (P)		5,000	1,016
1887 (P)		7,500	1,043
1888 (P)		15,501	1,079
1889 (P)		28,950	1,779

Capped Bust $2.50 quarter eagle

DATE	NOTE	BUSINESS	PROOF
1796		1,395	——
1797		427	——
1798		1,094	——
1802		3,035	——
1804		3,327	——
1805		1,781	——
1806		1,616	——
1807		6,812	——

Capped Draped Bust quarter eagle

DATE	NOTE	BUSINESS	PROOF
1808		2,710	——

Capped Head $2.50 quarter eagle

DATE	NOTE	BUSINESS	PROOF
1821		6,448	Δ
1824		2,600	Δ
1825		4,434	Δ
1826		760	Δ
1827		2,800	Δ
1829		3,403	Δ
1830		4,540	Δ
1831		4,520	Δ
1832		4,400	Δ
1833		4,160	Δ
1834	‹82›	4,000	Δ

Classic Head $2.50 quarter eagle

DATE	NOTE	BUSINESS	PROOF
1834		113,370	Δ
1835		131,402	Δ
1836		547,986	Δ
1837		45,080	Δ
1838 (P)		47,030	——
1838-C		7,908	——
1839 (P)		27,021	——
1839-C		18,173	——
1839-D		13,674	——
1839-O		17,781	——

Coronet $2.50 quarter eagle

DATE	NOTE	BUSINESS	PROOF
1840 (P)		18,859	Δ
1840-C		12,838	——
1840-D		3,532	——
1840-O		33,580	——
1841 (P)	‹83›		Δ
1841-C		10,297	——
1841-D		4,164	——
1842 (P)		2,823	Δ
1842-C		6,737	——
1842-D		4,643	——
1842-O		19,800	——
1843 (P)		100,546	Δ

DATE	NOTE	BUSINESS	PROOF	DATE	NOTE	BUSINESS	PROOF
1843-C		26,096	——	1860 (P)		22,563	112
1843-D		36,209	——	1860-C		7,469	——
1843-O		368,002	——	1860-S		35,600	——
1844 (P)		6,784	Δ	1861 (P)		1,272,428	90
1844-C		11,622	——	1861-S		24,000	——
1844-D		17,332	——	1862 (P)		98,508	35
1845 (P)		91,051	Δ	1862-S		8,000	——
1845-D		19,460	——	1863 (P)			30
1845-O		4,000	——	1863-S		10,800	——
1846 (P)		21,598	Δ	1864 (P)		2,824	50
1846-C		4,808	——	1865 (P)		1,520	25
1846-D		19,303	——	1865-S		23,376	——
1846-O		62,000	——	1866 (P)		3,080	30
1847 (P)		29,814	Δ	1866-S		38,960	——
1847-C		23,226	——	1867 (P)		3,200	50
1847-D		15,784	——	1867-S		28,000	——
1847-O		124,000	——	1868 (P)		3,600	25
1848 (P)		7,497	Δ	1868-S		34,000	——
CAL.	‹84›	1,389	——	1869 (P)		4,320	25
1848-D		16,788	——	1869-S		29,500	——
1848-D		13,771	——	1870 (P)		4,520	35
1849 (P)		23,294	Δ	1870-S		16,000	——
1849-C		10,220	——	1871 (P)		5,320	30
1849-D		10,945	——	1871-S		22,000	——
1850 (P)		252,923	——	1872 (P)		3,000	30
1850-C		9,148	——	1872-S		18,000	——
1850-D		12,148	——	1873 (P)	‹6›	178,000	25
1850-O		84,000	——	1873-S	‹6›	27,000	——
1851 (P)		1,372,748	——	1874 (P)		3,920	20
1851-C		14,923	——	1875 (P)		400	20
1851-D		11,264	——	1875-S		11,600	——
1851-O		148,000	——	1876 (P)		4,176	45
1852 (P)		1,159,681	——	1876-S		5,000	——
1852-C		9,772	——	1877 (P)		1,632	20
1852-D		4,078	——	1877-S		35,400	——
1852-O		140,000	——	1878 (P)		286,240	20
1853 (P)		1,404,668	——	1878-S		178,000	——
1853-D		3,178	——	1879 (P)		88,960	30
1854 (P)		596,258	Δ	1879-S		43,500	——
1854-C		7,295	——	1880 (P)		2,960	36
1854-D		1,760	——	1881 (P)		640	51
1854-O		153,000	——	1882 (P)		4,000	67
1854-S		246	——	1883 (P)		1,920	82
1855 (P)		235,480	Δ	1884 (P)		1,950	73
1855-C		3,677	——	1885 (P)		800	87
1855-D		1,123	——	1886 (P)		4,000	88
1856 (P)		384,240	Δ	1887 (P)		6,160	122
1856-C		7,913	——	1888 (P)		16,006	92
1856-D		874	——	1889 (P)		17,600	48
1856-O		21,100	——	1890 (P)		8,720	93
1856-S		71,120	——	1891 (P)		10,960	80
1857 (P)		214,130	Δ	1892 (P)		2,440	105
1857-D		2,364	——	1893 (P)		30,000	106
1857-O		34,000	——	1894 (P)		4,000	122
1857-S		69,200	——	1895 (P)		6,000	119
1858 (P)		47,377	Δ	1896 (P)		19,070	132
1858-C		9,056	——	1897 (P)		29,768	136
1859 (P)		39,444	Δ	1898 (P)		24,000	165
1859-D		2,244	——	1899 (P)		27,200	150
1859-S		15,200	——	1900 (P)		67,000	205

DATE	NOTE	BUSINESS	PROOF
1901 (P)		91,100	223
1902 (P)		133,540	193
1903 (P)		201,060	197
1904 (P)		160,790	170
1905 (P)		217,800	144
1906 (P)		176,330	160
1907 (P)		336,294	154

Indian Head $2.50 quarter eagle

DATE	NOTE	BUSINESS	PROOF
1908 (P)		564,821	236
1909 (P)		441,760	139
1910 (P)		492,000	682
1911 (P)		704,000	191
1911-D		55,680	——
1912 (P)		616,000	197
1913 (P)		722,000	165
1914 (P)		240,000	117
1914-D		448,000	——
1915 (P)		606,000	100
1925-D		578,000	——
1926 (P)		446,000	——
1927 (P)		388,000	——
1928 (P)		416,000	——
1929 (P)		532,000	——

Three dollar gold

DATE	NOTE	BUSINESS	PROOF
1854 (P)		138,618	Δ
1854-D		1,120	——
1854-O		24,000	——
1855 (P)		50,555	Δ
1855-S		6,600	——
1856 (P)		26,010	Δ
1856-S		34,500	——
1857 (P)		20,891	Δ
1857-S		14,000	——
1858 (P)		2,133	Δ
1859 (P)		15,638	Δ
1860 (P)		7,036	119
1860-S	‹85›	4,408	——
1861 (P)		5,959	113
1862 (P)		5,750	35
1863 (P)		5,000	39
1864 (P)		2,630	50
1865 (P)		1,140	25
1866 (P)		4,000	30
1867 (P)		2,600	50
1868 (P)		4,850	25
1869 (P)		2,500	25
1870 (P)		3,500	35
1870-S	‹86›	——	•
1871 (P)		1,300	30
1872 (P)		2,000	30
1873 (P)	‹6, 87›	——	25 (R)
1874 (P)		41,800	20
1875 (P)		——	20 (R)
1876 (P)		——	45
1877 (P)		1,468	20
1878 (P)		82,304	20
1879 (P)		3,000	30
1880 (P)		1,000	36
1881 (P)		500	54

DATE	NOTE	BUSINESS	PROOF
1882 (P)		1,500	76
1883 (P)		900	89
1884 (P)		1,000	106
1885 (P)		800	110
1886 (P)		1,000	142
1887 (P)		6,000	160
1888 (P)		5,000	291
1889 (P)		2,300	129

Capped Bust $5 half eagle

DATE	NOTE	BUSINESS	PROOF
1795		8,707	——
1796		6,196	——
1797		3,609	——
1798	‹88›	24,867	——
1799		7,451	——
1800		37,628	——
1802		53,176	——
1803		33,506	——
1804		30,475	——
1805		33,183	——
1806		64,093	——
1807		32,488	——

Capped Draped Bust $5 half eagle

DATE	NOTE	BUSINESS	PROOF
1807		51,605	——
1808		55,578	——
1809		33,875	——
1810		100,287	——
1811		99,581	——
1812		58,087	——

Capped Head $5 half eagle

DATE	NOTE	BUSINESS	PROOF
1813		95,428	——
1814		15,454	——
1815		635	——
1818		48,588	——
1819		51,723	——
1820		263,806	Δ
1821		34,641	Δ
1822	‹89›	17,796	Δ
1823		14,485	Δ
1824		17,340	Δ
1825	‹90›	29,060	Δ
1826		18,069	Δ
1827		24,913	Δ
1828	‹91›	28,029	Δ
1829		57,442	Δ
1830		126,351	Δ
1831		140,594	Δ
1832		157,487	Δ
1833		193,630	Δ
1834		50,141	Δ

Classic Head $5 half eagle

DATE	NOTE	BUSINESS	PROOF
1834		657,460	Δ
1835		371,534	Δ
1836		553,147	Δ
1837		207,121	Δ
1838 (P)		286,588	Δ
1838-C		19,145	——
1838-D		20,583	——

DATE	NOTE	BUSINESS	PROOF	DATE	NOTE	BUSINESS	PROOF
Coronet $5 half eagle				1855-C		39,788	——
1839 (P)		118,143	Δ	1855-D		22,432	——
1839-C		17,235	——	1855-O		11,100	——
1839-D		18,939	——	1855-S		61,000	——
1840 (P)		137,382	Δ	1856 (P)		197,990	Δ
1840-C		19,028	——	1856-C		28,457	——
1840-D		22,896	——	1856-D		19,786	——
1840-O		38,700	——	1856-O		10,000	——
1841 (P)		15,833	Δ	1856-S		105,100	——
1841-C		21,511	——	1857 (P)		98,188	Δ
1841-D		30,495	——	1857-C		31,360	——
1841-O		50	——	1857-D		17,046	——
1842 (P)		27,578	Δ	1857-O		13,000	——
1842-C		27,480	——	1857-S		87,000	——
1842-D		59,608	——	1858 (P)		15,136	Δ
1842-O		16,400	——	1858-C		38,856	——
1843 (P)		611,205	Δ	1858-D		15,362	——
1843-C		44,353	——	1858-S		18,600	——
1843-D		98,452	——	1859 (P)		16,814	Δ
1843-O		101,075	——	1859-C		31,847	——
1844 (P)		340,330	Δ	1859-D		10,366	——
1844-C		23,631	——	1859-S		13,220	——
1844-D		88,982	——	1860 (P)		19,763	62
1844-O	‹92›	364,600	Δ	1860-C		14,813	——
1845 (P)		417,099	Δ	1860-D		14,635	——
1845-D		90,629	——	1860-S		21,200	——
1845-O		41,000	——	1861 (P)		688,084	66
1846 (P)		395,942	Δ	1861-C	‹93›	6,879	——
1846-C		12,995	——	1861-D		1,597	——
1846-D		80,294	——	1861-S		18,000	——
1846-O		58,000	——	1862 (P)		4,430	35
1847 (P)		915,981	Δ	1862-S		9,500	——
1847-C		84,151	——	1863 (P)		2,442	30
1847-D		64,405	——	1863-S		17,000	——
1847-O		12,000	——	1864 (P)		4,220	50
1848 (P)		260,775	Δ	1864-S		3,888	——
1848-C		64,472	——	1865 (P)		1,270	25
1848-D		47,465	——	1865-S		27,612	——
1849 (P)		133,070	——	1866 (P)	‹40›	6,700	30
1849-C		64,823	——	1866-S ¬			
1849-D		39,036	——	No Motto	‹40›	9,000	——
1850 (P)		64,491	——	Motto	‹40›	34,920	——
1850-C		63,591	——	1867 (P)		6,870	50
1850-D		43,984	——	1867-S		29,000	——
1851 (P)		377,505	——	1868 (P)		5,700	25
1851-C		49,176	——	1868-S		52,000	——
1851-D		62,710	——	1869 (P)		1,760	25
1851-O		41,000	——	1869-S		31,000	——
1852 (P)		573,901	——	1870 (P)		4,000	35
1852-C		72,574	——	1870-CC		7,675	——
1852-D		91,584	——	1870-S		17,000	——
1853 (P)		305,770	——	1871 (P)		3,200	30
1853-C		65,571	——	1871-CC		20,770	——
1853-D		89,678	——	1871-S		25,000	——
1854 (P)		160,675	——	1872 (P)		1,660	30
1854-C		39,283	——	1872-CC		16,980	——
1854-D		56,413	——	1872-S		36,400	——
1854-O		46,000	——	1873 (P)	‹6›	112,480	25
1854-S		268	——	1873-CC	‹6›	7,416	——
1855 (P)		117,098	Δ	1873-S	‹6›	31,000	——

DATE	NOTE	BUSINESS	PROOF
1874 (P)		3,488	20
1874-CC		21,198	——
1874-S		16,000	——
1875 (P)		200	20
1875-CC		11,828	——
1875-S		9,000	——
1876 (P)		1,432	45
1876-CC		6,887	——
1876-S		4,000	——
1877 (P)		1,132	20
1877-CC		8,680	——
1877-S		26,700	——
1878 (P)		131,720	20
1878-CC		9,054	——
1878-S		144,700	——
1879 (P)		301,920	30
1879-CC		17,281	——
1879-S		426,200	——
1880 (P)		3,166,400	36
1880-CC		51,017	——
1880-S		1,348,900	——
1881 (P)		5,708,760	42
1881-CC		13,886	——
1881-S		969,000	——
1882 (P)		2,514,520	48
1882-CC		82,817	——
1882-S		969,000	——
1883 (P)		233,400	61
1883-CC		12,958	——
1883-S		83,200	——
1884 (P)		191,030	48
1884-CC		16,402	——
1884-S		177,000	——
1885 (P)		601,440	66
1885-S		1,211,500	——
1886 (P)		388,360	72
1886-S		3,268,000	——
1887 (P)			87
1887-S		1,912,000	——
1888 (P)		18,202	94
1888-S		293,900	——
1889 (P)		7,520	45
1890 (P)		4,240	88
1890-CC		53,800	——
1891 (P)		61,360	53
1891-CC		208,000	——
1892 (P)		753,480	92
1892-CC		82,968	——
1892-O		10,000	——
1892-S		298,400	——
1893 (P)		1,528,120	77
1893-CC		60,000	——
1893-O		110,000	——
1893-S		224,000	——
1894 (P)		957,880	75
1894-O		16,600	——
1894-S		55,900	——
1895 (P)		1,345,855	81
1895-S		112,000	——
1896 (P)		58,960	103
1896-S		155,400	——
1897 (P)		867,800	83
1897-S		354,000	——
1898 (P)		633,420	75
1898-S		1,397,400	——
1899 (P)		1,710,630	99
1899-S	‹94›	1,545,000	Δ
1900 (P)		1,405,500	230
1900-S		329,000	——
1901 (P)		615,900	140
1901-S		3,648,000	——
1902 (P)		172,400	162
1902-S		939,000	——
1903 (P)		226,870	154
1903-S		1,855,000	——
1904 (P)		392,000	136
1904-S		97,000	——
1905 (P)		302,200	108
1905-S		880,700	——
1906 (P)		348,735	85
1906-D	‹95›	320,000	——
1906-S		598,000	——
1907 (P)		626,100	92
1907-D	‹95›	888,000	——
1908 (P)		421,874	——

Indian Head $5 half eagle

DATE	NOTE	BUSINESS	PROOF
1908 (P)		577,845	167
1908-D		148,000	——
1908-S		82,000	——
1909 (P)		627,060	78
1909-D		3,423,560	——
1909-O		34,200	——
1909-S		297,200	——
1910 (P)		604,000	250
1910-D		193,600	——
1910-S		770,200	——
1911 (P)		915,000	139
1911-D		72,500	——
1911-S		1,416,000	——
1912 (P)		790,000	144
1912-S		392,000	——
1913 (P)		916,000	99
1913-S		408,000	——
1914 (P)		247,000	125
1914-D		247,000	——
1914-S		263,000	——
1915 (P)		588,000	75
1915-S		164,000	——
1916-S		240,000	——
1929 (P)		662,000	——

Capped Bust $10 eagle

DATE	NOTE	BUSINESS	PROOF
1795		5,583	——
1796		4,146	——
1797	‹96›	14,555	——
1798		1,742	——
1799		37,449	——
1800		5,999	——
1801		44,344	——
1803		15,017	——

DATE	NOTE	BUSINESS	PROOF	DATE	NOTE	BUSINESS	PROOF
1804		3,757	—	1864-S		2,500	—
Coronet $10 eagle				1865 (P)		3,980	25
1838 (P)		7,200	Δ	1865-S		16,700	—
1839 (P)	‹97›	38,248	Δ	1866 (P)	‹40›	3,750	30
1840 (P)		47,338	Δ	1866-S ¬			
1841 (P)		63,131	Δ	No Motto	‹40›	8,500	—
1841-O		2,500	—	Motto	‹40›	11,500	—
1842 (P)		81,507	Δ	1867 (P)		3,090	50
1842-O		27,400	—	1867-S		9,000	—
1843 (P)		75,462	Δ	1868 (P)		10,630	25
1843-O		175,162	—	1868-S		13,500	—
1844 (P)		6,361	Δ	1869 (P)		1,830	25
1844-O	‹98›	118,700	Δ	1869-S		6,430	—
1845 (P)		26,153	Δ	1870 (P)		3,990	35
1845-O		47,500	—	1870-CC		5,908	—
1846 (P)		20,095	Δ	1870-S		8,000	—
1846-O		81,780	—	1871 (P)		1,790	30
1847 (P)		862,258	Δ	1871-CC		8,085	—
1847-O		571,500	—	1871-S		16,500	—
1848 (P)		145,484	Δ	1872 (P)		1,620	30
1848-O		35,850	—	1872-CC		4,600	—
1849 (P)		653,618	—	1872-S		17,300	—
1849-O		23,900	—	1873 (P)	‹6›	800	25
1850 (P)		291,451	—	1873-CC	‹6›	4,543	—
1850-O		57,500	—	1873-S	‹6›	12,000	—
1851 (P)		176,328	—	1874 (P)		53,140	20
1851-O		263,000	—	1874-CC		16,767	—
1852 (P)		263,106	—	1874-S		10,000	—
1852-O	‹99›	18,000	Δ	1875 (P)		100	20
1853 (P)		201,253	—	1875-CC		7,715	—
1853-O	‹100›	51,000	Δ	1876 (P)		687	45
1854 (P)		54,250	—	1876-CC		4,696	—
1854-O		52,500	—	1876-S		5,000	—
1854-S		123,826	—	1877 (P)		797	20
1855 (P)		121,701	Δ	1877-CC		3,332	—
1855-O		18,000	—	1877-S		17,000	—
1855-S		9,000	—	1878 (P)		73,780	20
1856 (P)		60,490	Δ	1878-CC		3,244	—
1856-O		14,500	—	1878-S		26,100	—
1856-S		68,000	—	1879 (P)		384,740	30
1857 (P)		16,606	Δ	1879-CC		1,762	—
1857-O		5,500	—	1879-O		1,500	—
1857-S		26,000	—	1879-S		224,000	—
1858 (P)		2,521	Δ	1880 (P)		1,644,840	36
1858-O		20,000	—	1880-CC		11,190	—
1858-S		11,800	—	1880-O		9,200	—
1859 (P)		16,093	Δ	1880-S		506,250	—
1859-O		2,300	—	1881 (P)		3,877,220	42
1859-S		7,000	—	1881-CC		24,015	—
1860 (P)		15,055	50	1881-O		8,350	—
1860-O		11,100	—	1881-S		970,000	—
1860-S		5,000	—	1882 (P)		2,324,440	44
1861 (P)		113,164	69	1882-CC		6,764	—
1861-S		15,500	—	1882-O		10,820	—
1862 (P)		10,960	35	1882-S		132,000	—
1862-S		12,500	—	1883 (P)		208,700	49
1863 (P)		1,218	30	1883-CC		12,000	—
1863-S		10,000	—	1883-O		800	—
1864 (P)		3,530	50	1883-S		38,000	—
				1884 (P)		76,890	45

DATE	NOTE	BUSINESS	PROOF
1884-CC		9,925	——
1884-S		124,250	——
1885 (P)		253,462	67
1885-S		228,000	——
1886 (P)		236,100	60
1886-S		826,000	——
1887 (P)		53,600	80
1887-S		817,000	——
1888 (P)		132,924	72
1888-O		21,335	——
1888-S		648,700	——
1889 (P)		4,440	· 45
1889-S		425,400	——
1890 (P)		57,980	63
1890-CC		17,500	——
1891 (P)		91,820	48
1891-CC		103,732	——
1892 (P)		797,480	72
1892-CC		40,000	——
1892-O		28,688	——
1892-S		115,500	——
1893 (P)		1,840,840	55
1893-CC		14,000	——
1893-O		17,000	——
1893-S		141,350	——
1894 (P)		2,470,735	43
1894-O		107,500	——
1894-S		25,000	——
1895 (P)		567,770	56
1895-O		98,000	——
1895-S		49,000	——
1896 (P)		76,270	78
1896-S		123,750	——
1897 (P)		1,000,090	69
1897-O		42,500	——
1897-S		234,750	——
1898 (P)		812,130	67
1898-S		473,600	——
1899 (P)		1,262,219	86
1899-O		37,047	——
1899-S		841,000	——
1900 (P)		293,840	120
1900-S		81,000	——
1901 (P)		1,718,740	85
1901-O		72,041	——
1901-S		2,812,750	——
1902 (P)		82,400	113
1902-S		469,500	——
1903 (P)		125,830	96
1903-O		112,771	——
1903-S		538,000	——
1904 (P)		161,930	108
1904-O		108,950	——
1905 (P)		200,992	86
1905-S		369,250	——
1906 (P)		165,420	77
1906-D	‹101›	981,000	Δ
1906-O		86,895	——
1906-S		457,000	——
1907 (P)		1,203,899	74

DATE	NOTE	BUSINESS	PROOF
1907-D		1,030,000	——
1907-S		210,500	——
Indian Head $10 eagle			
1907 (P)	‹102›	239,406	——
1908 (P) ¬			
Without Motto		33,500	——
With Motto		341,370	116
1908-D ¬			
Without Motto		210,000	——
With Motto		836,500	——
1908-S ¬			
With Motto		59,850	——
1909 (P)		184,789	74
1909-D		121,540	——
1909-S		292,350	——
1910 (P)		318,500	204
1910-D		2,356,640	——
1910-S		811,000	——
1911 (P)		505,500	95
1911-D		30,100	——
1911-S		51,000	——
1912 (P)		405,000	83
1912-S		300,000	——
1913 (P)		442,000	71
1913-S		66,000	——
1914 (P)		151,000	50
1914-D		343,500	——
1914-S		208,000	——
1915 (P)		351,000	75
1915-S		59,000	——
1916-S		138,500	——
1920-S		126,500	——
1926 (P)		1,014,000	——
1930-S		96,000	——
1932 (P)		4,463,000	——
1933 (P)	‹103›	312,500	——
Coronet $20 double eagle			
1849 (P)	‹104›	——	Δ
1850 (P)	‹105›	1,170,261	Δ
1850-O		141,000	——
1851 (P)		2,087,155	——
1851-O		315,000	——
1852 (P)		2,053,026	——
1852-O		190,000	——
1853 (P)		1,261,326	——
1853-O		71,000	——
1854 (P)		757,899	——
1854-O		3,250	——
1854-S	‹106›	141,468	Δ
1855 (P)		364,666	——
1855-O		8,000	——
1855-S		879,675	——
1856 (P)		329,878	Δ
1856-O		2,250	——
1856-S		1,189,780	——
1857 (P)		439,375	——
1857-O		30,000	——
1857-S		970,500	——
1858 (P)		211,714	Δ

DATE	NOTE	BUSINESS	PROOF
1858-O		35,250	——
1858-S		846,710	——
1859 (P)		43,597	Δ
1859-O		9,100	——
1859-S		636,445	——
1860 (P)		577,611	59
1860-O		6,600	——
1860-S		544,950	——
1861 (P)	‹107›	2,976,387	66
1861-O	‹108›	17,741	——
1861-S	‹109›	768,000	——
1862 (P)		92,098	35
1862-S		854,173	——
1863 (P)		142,760	30
1863-S		966,570	——
1864 (P)		204,235	50
1864-S		793,660	——
1865 (P)		351,175	25
1865-S		1,042,500	——
1866 (P)	‹40, 110›	698,745	30
1866-S ¬			
No Motto	‹40, 110›	120,000	——
With Motto	‹40, 110›	722,250	——
1867 (P)		251,015	50
1867-S		920,750	——
1868 (P)		98,575	25
1868-S		837,500	——
1869 (P)		175,130	25
1869-S		686,750	——
1870 (P)		155,150	35
1870-CC		3,789	——
1870-S		982,000	——
1871 (P)		80,120	30
1871-CC		17,387	——
1871-S		928,000	——
1872 (P)		251,850	30
1872-CC		26,900	——
1872-S		780,000	——
1873 (P)	‹6›	1,709,800	25
1873-CC	‹6›	22,410	——
1873-S	‹6›	1,040,600	——
1874 (P)		366,780	20
1874-CC		115,000	——
1874-S		1,214,000	——
1875 (P)		295,720	20
1875-CC		111,151	——
1875-S		1,230,000	——
1876 (P)		583,860	45
1876-CC		138,441	——
1876-S		1,597,000	——
1877 (P)	‹111›	397,650	20
1877-CC		42,565	——
1877-S		1,735,000	——
1878 (P)		543,625	20
1878-CC		13,180	——
1878-S		1,739,000	——
1879 (P)		207,600	30
1879-CC		10,708	——
1879-O		2,325	——
1879-S		1,223,800	——

DATE	NOTE	BUSINESS	PROOF
1880 (P)		51,420	36
1880-S		836,000	——
1881 (P)		2,220	61
1881-S		727,000	——
1882 (P)		590	59
1882-CC		39,140	——
1882-S		1,125,000	——
1883 (P)		——	92
1883-CC		59,962	——
1883-S		1,189,000	——
1884 (P)		——	71
1884-CC		81,139	——
1884-S		916,000	——
1885 (P)		751	77
1885-CC		9,450	——
1885-S		683,500	——
1886 (P)		1,000	106
1887 (P)		——	121
1887-S		283,000	——
1888 (P)		226,164	102
1888-S		859,600	——
1889 (P)		44,070	41
1889-CC		30,945	——
1889-S		774,700	——
1890 (P)		75,940	55
1890-CC		91,209	——
1890-S		802,750	——
1891 (P)		1,390	52
1891-CC		5,000	——
1891-S		1,288,125	——
1892 (P)		4,430	93
1892-CC		27,265	——
1892-S		930,150	——
1893 (P)		344,280	59
1893-CC		18,402	——
1893-S		996,175	——
1894 (P)		1,368,940	50
1894-S		1,048,550	——
1895 (P)		1,114,605	51
1895-S		1,143,500	——
1896 (P)		792,535	128
1896-S		1,403,925	——
1897 (P)		1,383,175	86
1897-S		1,470,250	——
1898 (P)		170,395	75
1898-S		2,575,175	——
1899 (P)		1,669,300	84
1899-S		2,010,300	——
1900 (P)		1,874,460	124
1900-S		2,459,500	——
1901 (P)		111,430	96
1901-S		1,596,000	——
1902 (P)		31,140	114
1902-S		1,753,625	——
1903 (P)		287,270	158
1903-S		954,000	——
1904 (P)		6,256,699	98
1904-S		5,134,175	——
1905 (P)		58,919	90
1905-S		1,813,000	——

DATE	NOTE	BUSINESS	PROOF
1906 (P)		69,596	94
1906-D	‹112›	620,250	Δ
1906-S		2,065,750	—
1907 (P)		1,451,786	78
1907-D	‹113›	842,250	Δ
1907-S		2,165,800	—

Saint-Gaudens $20 double eagle

DATE	NOTE	BUSINESS	PROOF
1907 (P) ¬			
Roman Numerals	‹114›	11,250	—
Arabic Numerals		361,667	—
1908 (P) ¬			
No Motto		4,271,551	—
With Motto		156,258	101
1908-D ¬			
No Motto		663,750	—
With Motto	349,500		—
1908-S ¬			
With Motto	22,000		—
1909 (P)		161,215	67
1909-D	52,500		—
1909-S		2,774,925	—
1910 (P)		482,000	167
1910-D		429,000	—
1910-S		2,128,250	—
1911 (P)		197,250	100
1911-D		846,500	—
1911-S		775,750	—
1912 (P)		149,750	74
1913 (P)		168,780	58
1913-D		393,500	—
1913-S		34,000	—
1914 (P)		95,250	70
1914-D		453,000	—
1914-S		1,498,000	—
1915 (P)		152,000	50
1915-S		567,500	—
1916-S		796,000	—
1920 (P)		228,250	—
1920-S		558,000	—
1921 (P)		528,500	—
1922 (P)		1,375,500	—
1922-S		2,658,000	—
1923 (P)		566,000	—
1923-D		1,702,250	—
1924 (P)		4,323,500	—
1924-D		3,049,500	—
1924-S		2,927,500	—
1925 (P)		2,831,750	—
1925-D		2,938,500	—
1925-S		3,776,500	—
1926 (P)		816,750	—
1926-D		481,000	—
1926-S		2,041,500	—
1927 (P)		2,946,750	—
1927-D		180,000	—
1927-S		3,107,000	—
1928 (P)		8,816,000	—
1929 (P)		1,779,750	—
1930-S		74,000	—

DATE	NOTE	BUSINESS	PROOF
1931 (P)		2,938,250	—
1931-D		106,500	—
1932 (P)		1,101,750	—
1933 (P)	‹115›	445,000	—

American Eagle 1-oz silver $1

DATE	NOTE	BUSINESS	PROOF
1986 (S)		5,393,005	—
1986-S		—	1,446,778
1987 (S)		11,442,335	—
1987-S		—	904,732
1988 (S)		5,004,646	—
1988-S		—	557,370
1989 (S or W)		5,203,327	—
1989-S		—	617,694
1990 (S or W)		5,840,110	—
1990-S		—	695,510
1991 (S or W)		7,191,066	—
1991-S		—	511,924
1992 (S or W)		5,540,068	—
1992-S		—	498,543
1993 (S or W)		6,763,762	—
1993-P		—	405,913
1994 (S or W)		4,227,319	—
1994-P		—	372,168
1995 (S or W)		4,672,051	—
1995-P		—	438,511
1995-W	‹119›	—	30,125
1996 (S or W)		3,603,386	—
1996-P		—	500,000
1997 (S or W)		4,295,004	—
1997-P		—	435,368
1998 (S or W)		4,847,549	—
1998-P		—	450,000
1999 (S or W)		7,408,640	—
1999-P		—	549,769
2000 (S or W)		9,239,132	—
2000-P		—	600,000
2001 (S or W)		9,001,711	—
2001-W	‹122›	—	746,154

American Eagle 1/10-oz gold $5

DATE	NOTE	BUSINESS	PROOF
1986 (W)	‹117›	912,609	—
1987 (W)	‹117›	580,266	—
1988 (W)	‹117›	159,500	—
1988-P	‹117›	—	143,881
1989 (W)	‹117›	264,790	—
1989-P	‹117›	—	84,647
1990 (W)	‹117›	210,210	—
1990-P	‹117›	—	99,349
1991 (W)	‹117›	165,200	—
1991-P	‹117›	—	70,334
1992 (W)		209,300	—
1992-P		—	64,874
1993 (W)		210,709	—
1993-P		—	58,649
1994 (W)		206,380	—
1994-P		—	62,849
1995 (W)		223,025	—
1995-W		—	62,673
1996 (W)		401,964	—
1996-W		—	56,700

DATE	NOTE	BUSINESS	PROOF
1997 (S or W)		528,266	——
1997-W		——	34,984
1998 (S or W)		1,344,520	——
1998-W		——	???
1999 (S or W)		2,750,338	——
1999-W		——	48,426
2000 (S or W)		569,153	——
2000-W	‹121›	——	49,970
2001 (S or W)		269,147	——
2001-W	‹122›	——	37,547

American Eagle 1/4-oz gold $10

DATE	NOTE	BUSINESS	PROOF
1986 (W)	‹117›	726,031	——
1987 (W)	‹117›	269,255	——
1988 (W)	‹117›	49,000	——
1988-P	‹117›	——	98,028
1989 (W)	‹117›	81,789	——
1989-P	‹117›	——	54,170
1990 (W)	‹117›	41,000	——
1990-P	‹117›	——	62,674
1991 (W)	‹117›	36,100	——
1991-P	‹117›	——	50,839
1992 (W)		59,546	——
1992-P		——	46,269
1993 (W)		71,864	——
1993-P		——	46,464
1994 (W)		72,650	——
1994-P		——	48,172
1995 (W)		83,752	——
1995-W		——	47,484
1996 (W)		60,318	——
1996-W		——	37,900
1997 (S or W)		108,805	——
1997-W		——	29,808
1998 (S or W)		309,829	——
1998-W		——	29,733
1999 (S or W)		564,232	——
1999-W		——	34,416
2000 (S or W)		128,964	——
2000-W	‹121›	——	36,033
2001 (S or W)		71,280	——
2001-W	‹122›	——	25,630

American Eagle 1/2-oz gold $25

DATE	NOTE	BUSINESS	PROOF
1986 (W)	‹117›	599,566	——
1987 (W)	‹117›	131,255	——
1987-P	‹117›	——	143,398
1988 (W)	‹117›	45,000	——
1988-P	‹117›	——	76,528
1989 (W)	‹117›	44,829	——
1989-P	‹117›	——	44,798
1990 (W)	‹117›	31,000	——
1990-P	‹117›	——	51,636
1991 (W)	‹117›	24,100	——
1991-P	‹117›	——	53,125
1992 (W)		54,404	——
1992-P		——	40,976
1993 (W)		73,324	——
1993-P		——	43,319
1994 (W)		62,400	——
1994-P		——	44,584

DATE	NOTE	BUSINESS	PROOF
1995 (W)		53,474	——
1995-W		——	45,442
1996 (W)		39,287	——
1996-W		——	34,700
1997 (S or W)		79,605	——
1997-W		——	26,340
1998 (S or W)		169,029	——
1998-W		——	25,549
1999 (S or W)		263,013	——
1999-W		——	30,452
2000 (S or W)		79,287	——
2000-W	‹121›	——	32,027
2001 (S or W)		48,047	——
2001-W	‹122›	——	23,261

American Eagle 1-oz gold $50

DATE	NOTE	BUSINESS	PROOF
1986 (W)	‹117›	1,362,650	——
1986-W	‹117›	——	446,290
1987 (W)	‹117›	1,045,500	——
1987-W	‹117›	——	147,498
1988 (W)	‹117›	465,500	——
1988-W	‹117›	——	87,133
1989 (W)	‹117›	415,790	——
1989-W	‹117›	——	54,570
1990 (W)	‹117›	373,210	——
1990-W	‹117›	——	62,401
1991 (W)	‹117›	243,100	——
1991-W	‹117›	——	50,411
1992 (W)		275,000	——
1992-W		——	44,826
1993 (W)		480,192	——
1993-W		——	34,389
1994 (W)		221,633	——
1994-W		——	46,674
1995 (W)		200,636	——
1995-W		——	46,484
1996 (W)		189,148	——
1996-W		——	36,000
1997 (S or W)		664,508	——
1997-W		——	27,554
1998 (S or W)		1,468,530	——
1998-W		——	26,060
1999 (S or W)		1,505,026	——
1999-W		——	31,446
2000 (S or W)		433,319	——
2000-W	‹121›	——	33,006
2001 (S or W)		143,605	——
2001-W	‹122›	——	24,568

American Eagle 1/10-oz platinum $10

DATE	NOTE	BUSINESS	PROOF
1997 (W)		70,250	——
1997-W		——	37,025
1998 (W)		39,525	——
1998-W		——	19,832
1999 (W)		55,955	——
1999-W		——	19,123
2000 (W)		34,027	——
2000-W	‹121›	——	15,651
2001 (W)		52,017	——
2001-W	‹122›	——	12,193

DATE	NOTE	BUSINESS	PROOF

American Eagle 1/4-oz platinum $25

DATE	NOTE	BUSINESS	PROOF
1997 (W)		27,100	——
1997-W			18,661
1998 (W)		38,887	——
1998-W			14,860
1999 (W)		39,734	——
1999-W			13,514
2000 (W)		20,054	——
2000-W	‹121›		11,995
2001 (W)		21,815	——
2001-W	‹122›		8,858

American Eagle 1/2-oz platinum $50

DATE	NOTE	BUSINESS	PROOF
1997 (W)		20,500	——
1997-W			15,463
1998 (W)		32,419	——
1998-W			13,821
1999 (W)		32,309	——
1999-W			11,098
2000 (W)		18,892	——
2000-W	‹121›		11,049
2001 (W)		12,815	——
2001-W	‹122›		8,268

American Eagle 1-oz platinum $100

DATE	NOTE	BUSINESS	PROOF
1997 (W)		56,000	——
1997-W			18,000
1998 (W)		133,002	——
1998-W			14,203
1999 (W)		56,707	——
1999-W			12,351
2000 (W)		10,003	——
2000-W	‹121›		12,453
2001 (W)		14,070	——
2001-W	‹122›		8,720

MINTAGE NOTES

Many different Proof issues before 1880 were restruck in Proof one or more times. In some instances, as with the 1873 $3 gold piece, there are more coins of this date known than were "officially" struck.

KEY

(R): Known to have been restruck at least once.

(§): Proofs originally sold in sets only.

——: None issued.

Δ: Specimens known or believed to exist; no official mintage reported.

U: Final, official mintages unreported by the U.S. Mint.

NOTES

1. 1804, 1823 cent, and 1811 half cent: Counterfeits, called restrikes, exist, which were made outside the Mint, using old, genuine but mismatched Mint dies.

2. 1832-35 half cent: The figures shown are listed in the Mint Report for 1833-36 instead, but are assumed to be misplaced.

3. 1823 cent, dime, quarter dollar: Proofs exist with overdate, 1823/2.

4. 1856 cent: More than 1,000 1856 Flying Eagle

MINTAGE NOTES

cents were struck in Proof and Uncirculated, in this and later years. As they were patterns they are not included in the Mint Report or this figure.

5. 1864 cent: Proof breakdown by varieties thought to be about 300 to 350 copper-nickel and about 100 to 150 bronze coins without the designer's initial L. Perhaps 20 or fewer Proofs with initial L were struck. Business strike bronze coins with designer's initial L are also rarer.

6. 1873 coinage: Early in the year a relatively closed style of 3 was used in the date on all denominations. In response to complaints that the 3 looked like an 8, a new, more open 3 was introduced. Most types were struck with both styles, except for those that were created or discontinued by the Coinage Act of Feb. 12, 1873. This law created the Trade dollar and eliminated the standard silver dollar, the silver 5-cent piece, the 3-cent piece and the 2-cent piece. The weight of the dime, quarter dollar and half dollar were slightly increased, and the heavier coins were marked by arrows for the remainder of 1873 and all of 1874. All Proofs are of the relatively Closed 3 variety.

7. 1877 minor coinages: Proof estimates for this year vary considerably, usually upwards. For lack of any records, the number shown is that of the silver Proofs of this year, conforming with the method used in the preceding years. These figures may be considerably low.

8. 1922 "Plain" cent: No cents were struck in Philadelphia in 1922. Some 1922-D cents are found with the Mint mark missing due to obstructed dies. Beware of altered coins.

9. 1943-(P), D, S cent: All 1943 cents were made of zinc-plated steel. A few 1943 bronze and 1944 steel cents were made by accident. Many fakes of these have been produced. Test any suspected off-metal 1943 or 1944 cent with a magnet to see if it has been plated, and check the date for alterations. Cents struck on steel planchets produced in 1942 weigh 41.5 grains, while those struck on planchets produced later in 1943 weigh 42.5 grains.

10. 1960 cent: Includes Large Date and Small Date varieties. The Small Date is the scarcer for both Proof and business strikes.

11. 1964-67 coinage: All coins dated 1965-67 were made without Mint marks. Many coins dated 1964-66 were struck in later years.

12. 1982 cent: The composition of the cent changed from 95 percent copper, 5 percent zinc to 97.5 percent zinc, 2.5 percent copper (composed of a planchet of 99.2 percent zinc, 0.8 percent copper, plated with pure copper). Some 1982 cents were struck in late 1981.

13. 1864 2 cents: Struck with Large and Small Motto IN GOD WE TRUST. The Small Motto in Proof is rare.

14. 1873 2 cents: Originally struck in Proof only early in 1873 with a Closed 3. An estimated 500 restrikes in Proof with an Open 3.

15. 1887 copper-nickel 3 cents: Many Proofs struck from an overdated die, 1887/6.

16. 1853 silver coinage: In early 1853 the weight of all fractional silver coins was reduced by about 7 percent, to prevent hoarding and melting. To

distinguish between the old and new weights, arrows were placed on either side of the date on the half dime through half dollar, and rays were put around the eagle on the quarter and half dollar. The rays were removed after 1853, and the arrows after 1855. Much of the old silver was withdrawn from circulation and melted. The exception to all this was the silver 3-cent piece, which was decreased in weight but increased in fineness, making it intrinsically worth more than before and proportionate with the other fractional silver coins. No coins of the new weight were struck until 1854, at which time an olive branch and a cluster of arrows was added to the reverse.

17. 1863 silver 3 cents: It is possible that all of these non-Proofs were dated 1862. Proof coins dated 1863/2 were struck in 1864. Obviously these were hard times at the Mint.

18. 1864-(P) silver 3 cents, half dime, and dime: These figures, like many others in the years 1861-1871, are highly controversial due to extraordinary bookkeeping methods used in the Mint in this era.

19. 1867 copper-nickel 5 cents: Struck with rays on reverse (type of 1866) and without rays (type of 1868-83). Approximately 25 Proofs struck With Rays on reverse (type of 1866), and 600 Without Rays (type of 1868-83).

20. 1913 Liberty Head copper-nickel 5 cents: Five unauthorized pieces were struck by person or persons unknown, using Mint machinery and dies. All five accounted for by some sources, although numismatic researcher Walter Breen states that one piece is missing. Beware of forgeries.

21. 1942-1945-(P), P, D, S 5 cents: To conserve nickel during the war, the composition of the 5-cent piece was changed to a 56 percent copper, 35 percent silver, and 9 percent manganese alloy. Coins of this alloy were marked with a large Mint mark over the dome of Monticello, including those from Philadelphia. They consist of some 1942-P, all 1942-S, and all 1943-45 coins. The 1942 Philadelphia coins were made either way. Many wartime alloy 5-cent coins have been melted for their silver content.

22. 1944 copper-nickel 5 cents, 1923-D and 1930-D dimes: Coins without a Mint mark are counterfeits made for circulation. Not all counterfeits are of rare dates, meant to sell at high prices. Some were meant to circulate.

23. 1966 5-cent piece: Two Proof Jefferson 5-cent pieces were struck to mark the addition of designer Felix Schlag's initials, F.S., to the obverse design. At least one coin was presented to Schlag; the other may have been retained by the Mint.

24. 1971 5 cents: Some Proof sets contain 5-cent coins which were struck from a Proof die without a Mint mark. This was an engraver's oversight and is not a filled die. Official estimate of 1,655 sets released.

25. P Mint mark: The P Mint mark, placed on the 1979 Anthony dollar, was added to all 1980 denominations from the Philadelphia Mint except for the cent.

26. 1838-O half dime and dime: Both are of Seated Liberty, Without Stars design (type of 1837). 1838 Philadelphia coins have stars, as do all others through 1859.

27. 1856-O half dime: One Proof known, reason for issue unknown.

28. 1860-(P), O, S half dime and dime: Beginning in 1860 (with the exception of the 1860-S dime), the half dime and dime were redesigned by eliminating the stars, moving the legend UNITED STATES OF AMERICA to the obverse, and using a larger, more elaborate wreath on the reverse. A number of fabrications with the obverse of 1859 and the reverse of 1860 (thereby omitting the legend UNITED STATES OF AMERICA), were struck by order of the Director of the Mint. These consist of half dimes dated 1859 or 1860, and dimes dated 1859. Although they are considered by some to be patterns, that designation is doubtful as the intentions of the Director were highly questionable.

29. 1860-O half dime: Three Proofs known, reason for issue unknown.

30. 1873-CC dime: One known, all others presumably were melted.

31. 1894-S dime: Twenty-four Proof or specimen strikings were made for private distribution by the Superintendent of the San Francisco Mint. Twelve can be traced today, including two circulated pieces.

32. 1906-D dime: Proofs struck in honor of the opening of the Denver Mint.

33. 1968 dime: Some Proof sets contain dimes which were struck from a Proof die without a Mint mark. This was an engraver's oversight and is not a filled die. It has been unofficially estimated that only 20 specimens from this die are known. Beware of sets opened and reclosed with "processed" P-Mint coins inserted. Check the edge of the case for signs of tampering.

34. 1970 dime: Some Proof sets contain dimes which were struck from a Proof die without a Mint mark. This was an engraver's oversight and is not a filled die. Official estimate is that 2,200 sets were released with this error.

35. 1982 No-P dimes: Some 1982 dimes were released without a Mint mark, although dimes have been Mint marked since 1980. Distribution of the coins, many found in the Sandusky, Ohio, area, indicates they were from the Philadelphia Mint.

36. 1875-S 20 cents: Six to seven Proofs known, probably struck to celebrate the first (or last) year of this denomination at this Mint.

37. 1876-CC 20 cents: Virtually all remelted at the Mint. A few escaped, possibly as souvenirs given to visitors. Fewer than 20 are known today.

38. 1827 quarter dollar: Although the Mint Report lists a mintage of 4,000 pieces for this year, it is likely that all of these coins were dated 1825 except for a few Proofs. Later this date was unofficially (but intentionally) restruck at the Mint using an obverse die dated 1827 and a reverse die which had been used in 1819, and which had a Square Base 2 in quarter dollar, rather than the Curled Base 2 of the original 1827.

39. 1855-S quarter dollar: One Proof known,

presumably struck to celebrate the beginning of silver coinage at the San Francisco Mint.

40. 1866 coinage: It was decided to add the motto IN GOD WE TRUST to the reverse of all double eagles, eagles, half eagles, silver dollars, half dollars and quarter dollars beginning in 1866. Early in the year, before the new reverse dies had arrived, the San Francisco Mint produced $20, $10, $5, and half dollar coins without the motto. These are regular issue coins and are not patterns or errors. They are not to be confused with a peculiar set of Philadelphia Mint silver coins without motto, consisting of two dollars, one half dollar and one quarter dollar, which was clandestinely struck inside (but not by) the Mint for sale to a collector. A three-piece set containing the unique quarter dollar and half dollar and one of the two known silver dollars was stolen from the Willis H. DuPont collection in 1967 and never recovered. Beware of regular coins with motto or Mint mark removed.

41. 1879 quarter dollar: The Proof figure is official, but may be wrong. The true number might be near or equal to 1,100.

42. 1891-O quarter dollar: Two Proofs known, probably struck to celebrate the resumption of fractional silver coinage at this Mint.

43. 1974-1976 quarter dollars, half dollars and dollars: The circulating commemorative coinage dated 1776-1976 in celebration of the nation's Bicentennial wreaked havoc on mintage bookkeeping. In anticipation of the program, 1974-dated coins of these denominations were struck in calendar years 1974 and 1975. No 1975-dated quarter dollars, half dollars or dollars were struck; 1975 Proof and Mint sets contain Bicentennial dates. 1776-1976-dated dollars, half dollars and quarter dollars were struck in calendar years 1975 and 1976. The 1976-S mintages for these denominations includes copper-nickel clad Proofs sold in 1975 and 1976 in six-piece Proof sets, and 40 percent silver clad Proofs and Uncirculateds, of which 15 million pieces of each denomination were struck.

44. 1817 half dollar: Only one Proof known, with overdate 1817/3.

45. 1836 Reeded Edge half dollar: Actually a pattern of the design adopted the following year, but much of the mintage was placed into circulation.

46. 1838-O half dollar: It is thought that 20 Proof specimens were struck as souvenirs in honor of the opening of the New Orleans Mint. No regular issue coins of this date and Mint were struck, and it is possible that these were struck in 1839.

47. 1839-O half dollar: Three or four Proofs known.

48. 1839-(P) half dollar: Although Christian Gobrecht's half dollar design was slightly modified during 1839 by the addition of a small drapery fold beneath the elbow, the design was never as fully modified as the other Seated Liberty denominations were in 1840. In subsequent years individual dies would occasionally be over-polished, thus removing this small drapery fold. Coins struck from these inferior dies are sometimes referred to as having a "No-Drapery design," when in fact no design change

was intended or made.

49. 1853-(P), O half dollar: All 1853-(P) and virtually all 1853-O half dollars are of the new weight. Two or three 1853-O are known without the arrows and rays. Beware of alterations from 1858-O.

50. 1855-S half dollar: Three Proofs known, presumably struck to celebrate the beginning of silver coinage at the San Francisco Mint.

51. 1861-O half dollar: Mintage includes 330,000 struck by the USA; 1,240,000 by the State of Louisiana; and 962,633 by the Confederate States of America. It is impossible to tell them apart. One obverse die is identifiable as having been used with the CSA reverse to strike four pattern coins, but there is no way of telling when that die was used with a regular reverse die or who issued the coins struck from it. Three to six Proofs known, probably struck under the authority of either the state of Louisiana or the CSA.

52. 1873-S half dollar: The 1873-S Seated Liberty, Without Arrows half dollar is unknown in any condition in any collection. Presumably they were all melted with the 1873-S silver dollars. Beware of any regular 1873-S with the arrows removed. The difference in weight between the two issues is insignificant, and useless in checking a suspected altered coin.

53. 1895-O half dollar: Proofs issued to mark reopening of New Orleans Mint.

54. Proof set sales suspended 1965-67.

55. 1970-D and 1987 half dollar: Struck only for inclusion in Mint sets. Not a regular issue coin. 1987 coins were struck for Uncirculated sets, Proof sets and Souvenir Mint sets only, forcing a change in the Mint's accounting procedures. Previously, business strikes intended for Uncirculated Mint sets and Souvenir sets had been reported with coins intended for circulation. However, upon seeing "circulation" mintages where none should be, the Mint began separating the mintages of coins intended for sale to collectors from those intended for commerce.

56. 1798 silver dollar: Mintage includes both reverse designs.

57. 1801, 1802, and 1803 silver dollar: All three dates were restruck in Proof in 1858 with a plain edge, using obverse dies made in 1834-5 and the reverse die from the Class I 1804 dollar, which was also made in 1834. Due to the scandal caused by the private issue of 1804 dollars in 1858, these coins were not offered for sale to collectors until 1875, by which time their edges had been lettered.

58. 1804 silver dollar: Although the Mint Report lists 19,570 dollars for this year it is assumed that they were all dated 1803. The 1804 dollars were first struck in 1834-35 for inclusion in diplomatic presentation sets. A few pieces, possibly flawed Proofs or production overruns, reached collectors via trades with the Mint or in circulation and the coin was popularized as a rarity. In 1858 the son of a Mint employee used the obverse die prepared in 1834 and a newly prepared reverse die plus a plain collar to secretly strike 1804 dollars, a few of which

were sold to collectors. While the Mint had intended to do exactly the same thing with dollars dated 1801-04, Mint officials were forced to cancel the project due to the public scandal over the privately-issued 1804s. The privately struck coins were recalled, and all but one (which went to the Mint Cabinet collection) were allegedly melted. Instead, they and the plain edged 1801-03s were put in storage and offered for sale in 1875, by which time their edges had been mechanically lettered.

59. 1805 silver dollar: The 321 dollars listed in the Mint Report for 1805 were older dollars which were found in deposits of Spanish-American silver and which were re-issued through the Treasury. On the basis of this misinformation a few coins have been altered to this date in the past.

60. 1836, 1838, and 1839 silver dollar: Gobrecht dollars, some patterns and some intended for circulation, were struck in these years. Also, some varieties were restruck in later years, making mintage figures questionable. Varieties exist with or without stars and/or the designer's name, some of them exceedingly scarce. The 1,600 mintage figure for 1836 represents 1,000 struck for circulation on the 1836 standard of 416 grains, and 600 pieces struck in 1837 (dated 1836) on the new standard of 412.5 grains.

61. 1853 silver dollar: All Proofs are restrikes, made 1864-5.

62. 1858 silver dollar: It is estimated that 80 Proofs were struck, some of them possibly at a later date.

63. 1870-CC silver dollar: Proofs mintage unknown, possibly struck to mark first Carson City dollar coinage.

64. 1870-S silver dollar: Not listed in the Mint Report, but a few pieces may have been struck as souvenirs of the opening of the new Mint.

65. 1873-S silver dollar: Presumably all or most were melted at the Mint after production of standard silver dollars was suspended.

66. 1878-(P) silver dollar: Three slightly different designs were used for both the obverse and reverse of this date, including some dies with the second designs impressed over the first. All 1878-CC and 1878-S are from the second designs. Most 1879-1904 dollars are of the third design, except for some second design reverses on 1879-S and 1880-CC coins. New, slightly different master hubs were prepared for 1921. Proof mintage includes 700 of the 8 Tail Feathers variety and 300 of the 7 Tail Feathers, flat eagle breast variety. Beware of any early strike, prooflike surface Morgan dollar being sold as a Proof.

67. 1879-O silver dollar: Two Proofs now known of 12 struck to celebrate the re-opening of the New Orleans Mint.

68. 1882-CC silver dollar: Proof mintage unknown, reason for issue unknown.

69. 1883-CC silver dollar: Proof mintage unknown, reason for issue unknown.

70. 1883-O silver dollar: One Proof now known of 12 struck for presentation to various local dignitaries. Occasion uncertain.

71. 1884-CC silver dollar: One Proof reported, reason for issue unknown.

72. 1893-CC silver dollar: 12 Proofs struck for presentation to Mint officials to mark the closing of the Carson City Mint.

73. 1895 silver dollar: Apparently virtually all business strike coins were never issued and were probably melted in the great silver melt of 1918. One circulated business strike coin has reportedly been authenticated. Beware of altered dates and removed Mint marks.

74. 1921-(P) Peace silver dollar: The 1921 Peace dollars, (and a very few Proof 1922s), are of a higher relief than the 1922-35s.

75. 1873 Trade silver dollar: All Proofs are of the Open 3 variety.

76. 1884-85 Trade dollar: Struck in Proof in the Mint for private distribution by person or persons unknown. Not listed in the Mint Report.

77. S-Mint clad dollars: Struck only for sale to collectors. In 1971-72 struck in 40 percent clad silver in Proof and Uncirculated for individual sale. Beginning in 1973 a copper-nickel clad dollar was added to the Proof sets.

78. 1973-(P), D copper-nickel dollar: Struck only for inclusion in Mint sets. Not a regular issue coin. 1,769,258 Mint sets were sold. 439,899 excess dollars melted, presumably of near-equal distribution. 21,641 coins were kept for possible replacement of defective sets and may have been melted.

79. Anthony dollars: Anthony dollars were sold in three-coin sets only in 1981. None were released into circulation.

80. 1861-D gold dollar: A small number were struck by the CSA.

81. 1870-S gold dollar: 2,000 coins were struck without a Mint mark. It is unknown if they were melted and recoined or released as is and included in the Mint Report figure of 3,000 coins.

82. 1834 $2.50: Most or all were melted. It may be that all survivors are Proofs and circulated Proofs.

83. 1841-(P) $2.50: Struck in Proof only, possibly at a later date. Unlisted in Mint Report. Nine known, several of them circulated or otherwise impaired.

84. 1848-(P) $2.50: Approximately 1,389 coins were counterstamped CAL. above the eagle to show that they were made from California gold. This was done while the coins were resting on an inverted obverse die on a worktable. This virtually eliminated distortion of the obverse, which will probably show on a genuine coin with a fake counterstamp.

85. 1860-S $3: Out of 7,000 coins struck, 2,592 pieces were not released because of short weight. They were melted in 1869 for use in other denominations. 45. 1860-S $3: Out of 7,000 struck, 2,592 pieces were not released because of short weight. They were melted in 1869 for use in other denominations.

86. 1870-S $3: Not included in the Mint Report, supposedly one piece was struck for inclusion in the cornerstone of the new San Francisco Mint. One piece is known in a private collection, and the present whereabouts of the cornerstone piece is unknown. It is possible there is only one piece.

MINTAGE NOTES

87. 1873 $3: All original Proofs are of the more Open 3 variety. There were two restrikes with the Closed 3 and one with the Open 3.

88. 1798 $5: Mint Report of 24,867 coins includes Small Eagle reverse coins dated 1798, as well as Heraldic Eagle coins dated 1795, 1797 and 1798. This mixture of mulings is the result of an emergency coinage late in 1798 after the Mint had been closed for a while due to yellow fever. Quantities struck of each are unknown and can only be a guess.

89. 1822 $5: Although the Mint Report says 17,796 coins were struck, only three pieces are known and it is likely that most of this mintage was from dies dated 1821.

90. 1825 $5: Struck from the regular overdated dies. 1825/4, one known, and 1825/1, two known.

91. 1828 $5: Includes at least one overdate, 1828/7.

92. 1844-O half eagle: One Proof known, reason for issue unknown.

93. 1861-C $5: Mintage includes 5,992 pieces coined by USA and 887 by CSA. It is impossible to prove the issuer.

94. 1899-S half eagle: One or two Proofs known, reason for issue unknown.

95. 1906-D and 1907-D $5: These were, of course, struck at the Denver Mint. This is the only design that was struck at both Dahlonega and Denver.

96. 1797 $10: Mintage includes both reverse types.

97. 1839 $10: Includes first design head (type of 1838) and modified head (type of 1840-1907). Proofs are of the type of 1838, with large letters and different hair style.

98. 1844-O eagle: One Proof known, reason for issue unknown.

99. 1852-O eagle: Three Proofs known, reason for issue unknown.

100. 1853-O eagle: Proof mintage unknown, reason for issue unknown.

101. 1906-O eagle: Proofs struck in honor of the opening of the Denver Mint.

102. 1907 $10: An unknown number of Indian Head patterns were also struck in Proof.

103. 1933 $10: Very few of these were issued, perhaps several dozens known. Beware of counterfeits.

104. 1849 $20: One specimen in gold survives of a small number of trial strikes produced in December 1849. The dies were rejected, allegedly because of improper high relief, but in actuality to discredit Longacre in an attempt to force his removal. The attempt failed and Longacre eventually produced a second set of dies, but they were not completed until the following month and so they were dated 1850. The one known Proof gold specimen is in the National Numismatic Collection at the Smithsonian Institution and all others were melted.

105. 1850 $20: One Proof was once owned by the engraver, James B. Longacre. Whereabouts presently unknown.

106. 1854-S double eagle: One Proof known, in the Smithsonian Institution. Struck in honor of the opening of the San Francisco Mint.

107. 1861-(P) $20: A few trial pieces are known with a reverse as engraved by Paquet, with taller,

thinner letters and a narrow rim. The design was judged unacceptable because the narrow reverse rim would not stack easily.

108. 1861-O $20: Mintage includes 5,000 coins struck by the USA; 9,750 by the State of Louisiana; and 2,991 by the Confederate States of America. It is impossible to prove the issuer of any given coin.

109. 1861-S $20: Mintage includes 19,250 pieces struck with the Paquet reverse and released into circulation. Most of these were recalled and melted during the next few years, but specie hoarding during the Civil War probably preserved a number of them until later years when the problem was forgotten.

110. 1866-(P), S $20: When the reverse of the double eagle was altered to include the motto there were also a few minor changes made in the scrollwork, the most prominent being the change in the shield from flat-sided to curved. Check any alleged 1866-S No Motto $20 for this feature.

111. 1877 $20: In this year the master hubs were redesigned slightly, raising the head and changing TWENTY D. to TWENTY DOLLARS.

112. 1906-D double eagle: Two Proofs now known of 12 struck in honor of the opening of the Denver Mint.

113. 1907-D double eagle: One Proof known, possibly struck as a specimen of the last year of this design.

114. 1907 $20: An unknown number of Saint-Gaudens type coins of pattern or near-pattern status were also struck in extremely high relief Proof.

115. 1933 $20: This issue was officially never released, so all but one of the coins are considered illegal to own. The specimen once owned by Egypt's King Farouk, brought back into the United States in the 1990s, was declared legal for private ownership in 2000. It was sold at auction July 30, 2002, for $7.59 million, a world record price for a single coin. Two are held in the National Numismatic Collection at the Smithsonian Institution. Most late-date gold never filtered down through the banks and so it was returned to the Mint for melting.

116. 1994-P 5¢: The Mint double-struck 167,703 "Uncirculated" pieces from specially prepared, sandblast dies, essentially creating a Matte Proof, for inclusion in a special packaging set with the 1993 Jefferson commemorative silver dollar.

117. American Eagle gold bullion: Roman numerals used in date.

118. 1996-W Roosevelt dime: Produced with a West Point Mint mark for inclusion in 1996 Uncirculated Mint sets on the occasion of the 50th anniversary of the Roosevelt dime.

119. 1995-W American Eagle silver bullion dollar: Produced for sale only in special "10th Anniversary" sets.

120. As of May 15, 2002. Number not final.

121. As of May 31, 2001.

122. As of June 6, 2002.

Grading coins

Probably no other subject has been more hotly debated in American numismatics by collectors, dealers and investors than grading. There has been controversy since a dealer first charged a higher price for one specimen of a coin than for another of the same type, date and Mint mark simply because one had less wear than the other.

The grade of a coin (note, medal or token) represents what professional numismatist and researcher Dr. Richard Bagg aptly called its "level of preservation." The grading controversy arises both from disagreements over the grade of a coin and often the enormous differences in price between two specimens of the same type and date of a U.S. coin, even when the only difference lies in the placement of one or two marks or surface abrasions from contact with other coins, commonly referred to as "contact marks" or "bag marks."

The grade measures the amount of wear, natural mishaps and other surface degradation a coin has received after leaving the coining press. The more wear and surface marks a coin has received, the less it is worth compared to other specimens of the same coin with less surface degradation.

However, not all coins have received circulation wear since they were struck. These coins are called Uncirculated or Mint State. Rather than being easier to grade because there are no points of wear to determine, Uncirculated coins become much harder to grade.

A noncollector unexposed to the intricacies of grading might be expected to show surprise at this last statement. After all, he might think, it seems logical that a coin that has received less wear is worth more than one that has received more wear. However, if a coin hasn't received any wear, how can it be different from other unworn specimens of the same coin? Suffice to say, there are graduated levels of Mint State, at least 11 (from Mint State 60 to Mint State 70), determined by such factors as contact marks, luster and — depending on the grading standard being used — the strength of the strike and toning. Therein lies the heart of the controversy.

For decades, the controversy lay mainly in the differences between the dealer's opinion about the grade for a specific coin and that of the collector. As grading became more complicated and values increased in greater increments between coins of different grades, third-party grading services began operation. Third-party grading has become a lucrative business for several companies, with many dealers and collectors willing to pay fees for someone else's opinion about the grade of their coins.

The first third-party grading service, the International Numismatic Society Authentication Bureau, began grading coins in December 1976, several months after it began authenticating coins. It laid the groundwork for third-party grading services, all of which provide an opinion about a coin's grade for a fee. INSAB was followed March 1, 1979, when the American Numismatic Association Certification Service began grading coins for a fee.

Another major step in third-party grading services was taken by the Professional Coin Grading Service, a private business founded in February 1986. PCGS is responsible for two firsts. It was the first grading service to encapsulate the coins it graded into hard plastic holders, nicknamed "slabs," and it was the first grading service to use 11 levels of Mint State, from Mint State 60 to MS-70. It rapidly overtook ANACS, until then the most active of grading services in terms of numbers of coins graded. PCGS also published a grading guide, in 1998, the only private grading service to do so.

PCGS was followed by the Numismatic Guaranty Corporation of America. As encapsulated coins became more popular with dealers and collectors, existing grading firms expanded their services. INSAB offered a "slab" service beginning in 1989, as did the ANA with its ANACS Cache.

In 1990, the American Numismatic Association sold ANACS — its grading and certification service — to Amos Press Inc., publisher of *Coin World* and other hobby publications, including this book. ANA retained the right to authenticate — but not grade — coins, and operated under the acronym ANAAB, the American Numismatic Association Authentication Bureau until early 2002. Amos Press Inc. retained the ANACS name, but it no longer refers to the American Numismatic Association. Amos Press moved ANACS from ANA headquarters in Colorado Springs, Colo., to Columbus, Ohio.

Over the years, other grading services have surfaced, some specializing in paper money and world coins. One of the newest opened in 1998 – the Independent Coin Grading Company. Not all of the companies have succeeded; several have closed over the years.

The firms that grade coins charge fees for their services. Fees differ from company to company; a company may have different fees based on the level of service expected (the speed with which the company returns your coins to you, for example).

Which grading service should you choose? Ask other collectors and dealers for their recommendations. Hobbyists may prefer one grading service to another depending upon the firm's consistency, accuracy and strictness to standards. A coin graded by one company may bring a higher premium than the same coin in the same grade graded by another company because of market perceptions of the two firms (hobbyists may believe that one firm grades "better" than another firm).

Grading: What's involved?

Dr. Richard Bagg, in *Grading Coins: A Collection of Readings* that he co-edited in 1977 with James J. Jelinski, described the grade of a coin as its "level of preservation." It is not entirely accurate to call grading the charting of wear on a coin. The very definition of an Uncirculated coin (also called Mint State) is "a coin which has seen no circulation" (in *Official American Numismatic Association Grading Standards for United States Coins*) and a coin with "no wear" (in *New Photograde: A Photographic Grading Guide for United States Coins*). However, Uncirculated coins are subject to forms of surface degradation other than circulation wear.

A coin becomes subject to external factors affecting its surface from the second it leaves the press. The moment a coin is struck, it is pushed from the surface of the anvil die. The coin then falls into a bin of other coins. When the coin hits the previously struck coins lying in the bin, the portion of its surface coming into contact with the other coins will probably be marred. Then, as the coins are bundled into bags or other bins for shipment to commercial counting rooms and banks, the coins will scrape, scratch and bump each other.

Contact marks

The collisions between coins create a variety of surface marks called "contact marks" or "bag marks." A contact mark may range in severity from a light, minor disruption of the coin's surface to a large, heavy scrape. Generally, the bigger and heavier the coin, the larger and more unsightly the contact marks, due both to its own weight and that of other coins of the same dimension jostling against it.

The location of contact marks plays a major role in determining at what level of Mint State a coin may be categorized. For example, marks that are clearly visible in the field of a coin, or on the cheeks, chin or forehead of a Liberty Head device are more distracting than marks of equal severity hidden in curls of Liberty's hair or the wing feathers of the eagle found on the reverse of many U.S. coins.

The size of contact marks also plays a role in determining the proper Mint State level. Larger marks, of course, are more distracting than smaller marks. Remember, however, that a contact mark 1 millimeter long is less distracting on a large coin such as a silver dollar (diameter of 38.1 mm) than it is on a smaller coin such as a silver half dime (diameter of 15.5 mm).

The number of contact marks also plays a significant role in determining the proper level of a Mint State coin. A coin with numerous contact marks is less appealing to the eye than a coin with one or two distracting marks. The diameter of the coin plays a role too. A silver dollar with five contact marks scattered across its surfaces may be judged appealing; a much smaller half dime with five contact marks may be judged less appealing, since the half dime has a smaller surface area in which the marks appear.

Luster

Another factor involved in determining the level of Mint State and high-level circulated grades is luster. "Luster is simply the way light reflects from the microscopic flow lines of a coin," according to ANACS grader-authenticator Michael Fahey in "Basic Grading," a reprint from his series of articles in the American Numismatic Association's *The Numismatist.* James L. Halperin, author of the Numismatic Certification Institute's *The NCI Grading Guide,* defines luster as, "The brightness of a coin which results from the way in which it reflects light."

Luster is imparted to the surfaces of a coin at the moment of striking. The immense pressures used in the coining process create flow lines, the microscopic lines that trace the paths the metal took while filling the crevices of the die that compose the designs.

A coin with full luster is generally one that has a bright, shiny surface (although toning, to be discussed later, may obscure full luster), caused by the light reflecting off the surface of the coin. If the luster has been disturbed, the light reflects from the surface of the coin differently; the coin may appear dull.

Circulation wear erases the microscopic flow lines that cause the luster. Heavy cleaning or cleaning with a substance that removes a microscopic layer of the surface metal will also damage the flow lines and disrupt or eliminate the luster of a coin.

A Mint State coin cannot be lackluster. At best, an Uncirculated coin without full luster can be no higher than Mint State 63 under the American Numismatic Association grading standards. High-level circulated coins may show small patches of luster in protected areas.

Wear vs. friction

Once a coin enters the channels of commerce, it begins to receive wear. An individual reaches into his pocket to pull out some change and his fingers rub across the surfaces of the coin, creating wear. A coin is thrown into a cash register drawer where it bumps against other coins, creating more wear. A dime is used as an impromptu screwdriver, damaging the edge and creating more wear.

The amount of wear a coin receives determines its grade among the circulated grade levels. The high points of a design are usually the first to depict wear, since they are the most exposed. Then the raised inscriptions and date depict wear, and finally, the flat fields.

Circulation wear erases design details, ultimately to the point where the design features are only slightly visible to the naked eye. The separate curls of hair tend to merge, the eagle's feathers are rubbed away and the inscriptions begin to disappear into the fields.

Coins with only the slightest hint of wear are called About Uncirculated, a term that, if studied closely, defies logic. A coin is either Uncirculated or it is not. Then, in descending order, are Extremely Fine, Very Fine, Fine, Very Good, Good, About Good, Fair (and many years ago, Poor). Graders use several levels for some of the higher circulated grades to denote, for example, an Extremely Fine coin of higher quality than another legitimate Extremely Fine coin (EF-45 vs. EF-40).

Many hobbyists differentiate between circulation wear and another form of wear labeled "friction." According to Halperin, friction is "A disturbance which appears either on the high points of a coin or in the fields, as a result of that coin rubbing against other projections." It is often referred to as cabinet friction, a term applied to the minute wear a coin received when sliding back and forth in the drawer of a cabinet used for storage by earlier collectors.

According to some grading services, friction does disturb the luster of the coin, but it should not disturb the metal underneath. If it does, the disturbance falls into the category of wear, they believe.

Strike

Strike is "The sharpness of detail which the coin had when it was Mint State," according to Halperin. Fahey defines it as "the evenness and fullness of metal-flow into all the crevices of a die."

The amount of pressure used to strike a coin controls the sharpness of a strike. Design elements may also affect the strike; if two large design features are centered on both sides of the same coin, there may not be enough metal to flow into every little crevice of the design, thus leaving some details weak and ill-defined.

A coin with a sharp strike has sharp design details. For example, the curls of hair on Liberty's head are strong and distinct. The feathers on the eagle's wings and breast are clearly visible. All of the other design details, legends and other elements are sharp and well defined.

A coin with a weak strike has weak and ill-defined design details. It may look worn, since design details are missing from the high points of a coin. However, luster is unimpaired. Lower striking pressures may not force the metal into the deepest crevices on the die (the highest point on the coin); thus, the weaker design details.

Grading services, dealers and collectors consider strike an important part of a coin's grade. An Uncirculated coin relatively free of marks and with full luster may still be placed at the lower end of the Mint State scale if it has a weak strike.

Strike affects the value of a coin. A coin with a sharp strike will generally have a higher value than a coin with a weak strike, all other factors being equal.

Toning and color

As a coin ages, the original color changes in reaction to the environment. The original red of copper coins becomes brown (or green). Silver coins may tone into any color of the rainbow, depending on environmental factors. Gold is a more stable metal and even when immersed in seawater for centuries, generally shows little change in tone and color.

Many years ago, toned coins, particularly silver coins, were judged unattractive. Silver coins were "dipped": placed into a chemical solution that removed the toning and restored the shiny surface by stripping away the outer surface of the silver or the dirt.

However, attractively toned coins have become more appreciated from an aesthetic viewpoint. A silver dollar with original rainbow toning may bring a considerable premium because of its coloration. Still, coins that exhibit bright white, original surfaces are prized (although because of the speed with which silver tones, some question whether any coins of a particular age can retain their original surfaces). Coins that exhibit unattractive toning (referred to as tarnish) are considered to be of lesser quality.

Because attractively toned coins often bring higher prices, some unscrupulous individuals (called "coin doctors") have devised ways of artificially toning coins. Some use the bluing materials used by gunsmiths. Others bake their coins in ovens using various substances to impart different colors. Some chemically treat coins.

Novices will find it difficult to judge between natural toning and artificial toning. Experience is important here. An individual who has looked at a large number of coins will find that he can determine at a glance whether the toning is natural or whether it has been artificially generated. Collectors should not pay a premium for an artificially toned coin.

Other factors

Other factors under some grading standards do not affect the grade but may affect the value. Under other standards, those same factors affect both the grade and the value of the coin.

Among these factors are die scratches, not to be confused with "hairline" scratches. Die scratches are thin raised lines on a coin, resulting from minute scratches in the surface of the die. A hairline is a thin scratch scraped into the surface of a coin inflicted after the coin is struck.

A close examination of a coin's surface through a magnifying glass should indicate whether a line on a coin is raised, and thus a die scratch, or incused, making it a hairline scratch.

Hairlines tend to affect the value more than die scratches. Most grading services, however, will lower the grade of a coin for more extensive, distracting die scratches.

Adjustment marks are often found on older U.S. silver and gold coins. Planchets (unstruck coins) were individually weighed before striking. If the coin was found to be a little overweight, the excess gold or silver was filed away. The striking pressures often did not obliterate the adjustment marks, which may resemble a series of parallel grooves. Adjustment marks may affect both the grade and the value.

Eye appeal

All of the factors mentioned earlier are ultimately considered when graders, dealers and collectors decide on the "eye appeal" of a coin. Eye appeal relates to the overall attractiveness of a coin and ultimately determines its value. A potential buyer, whether he is a dealer, collector or investor, decides just how attractive he believes the coin to be.

Judging eye appeal is a purely subjective action. For example, a coin could have a strong strike and full details, possess full luster and have few large, distracting contact marks and still not have eye appeal if it has toned to an unattractive color.

When examining a coin, a buyer must decide for himself just how "pretty" the coin is and whether its attractiveness warrants the price being asked. Only the buyer can decide the eye appeal. Aesthetic judgments differ from person to person.

"Raw" coins vs. "slabbed" coins

An encapsulated, or slabbed, coin

When the Professional Coin Grading Service began grading coins in early 1986, it introduced a new product onto the market: the "slabbed" coin. A "slab" is the hard plastic holder into which a coin graded by a third-party grading service is encapsulated. The grading information is contained in the slab as well. The slab permits both obverse and reverse of the coin to be viewed.

Proponents of the "slab" cite several benefits:

1. A coin encased within a slab is protected somewhat from environmental factors that could cause a deterioration in the coin's surfaces, and a lowering of its grade. However, in recent years, testing has shown that coins encapsulated in grading services' slabs *can* continue to tone. That's because the plastic is permeable; the chemicals that cause a coin to tone can permeate through the plastic. Collectors who own slabbed coins should inspect them routinely to ensure that the environment in which they are stored is not causing the coins to tone unattractively. (Unslabbed coins should also be examined regularly for the same reason.)

2. By encapsulating a coin into the same holder that contains the

grading information, a buyer is "assured" that a coin meets the grading requirements of a specific grading service, if graded accurately.

3. It permits the "sight unseen" trading of a coin (in other words, various dealers have agreed to purchase coins graded by a particular grading service at the grade indicated in the slab, even without seeing the coin first).

Individuals who do not like slabbed coins cite detracting factors: 1. A collector cannot handle the coin directly. 2. Most slabs do not permit the edge of the coin to be viewed. 3. It may be difficult to form one's own opinion about a coin's grade if it has already been encapsulated, since many like to grade a coin without having to examine it through a holder.

Another term is the "raw" coin. A "raw" coin is the nickname used by some hobbyists for a coin that has not been graded and encapsulated by a third-party grading service.

Differences in opinion

Several times in this chapter, we have stressed that coins of different grades will sell for different prices. Sometimes, those differences can represent thousands of dollars for minute differences in grade. Take, as an example, the 1881 Morgan dollar. In Mint State 64, it is worth about $85. In Mint State 64 deep mirror prooflike (the same grade, but with a particularly reflective surface), the coin is worth about $1,250. In MS-65, one level up from an MS-64 coin, the 1881 Morgan dollar is worth $850, and in MS-65 deep mirror prooflike, the coin is worth $10,000! The same coin jumps in value from $85 to $10,000 for a one-point increase in grade and increase in reflectivity! In such cases, accurate grading is essential. No one wants to pay $10,000 for a coin graded at one level that most collectors or dealers would grade one level lower, thus being worth $85.

Collectors also should be aware that coins graded by different grading services could be treated differently on the market, as alluded to earlier in this chapter. For example, a coin graded MS-65 by one grading service might sell for $100 while the same coin with the same grade but graded by another service might trade at $90. The difference in price is often due to the level of confidence that the market has in the grading service's overall accuracy and trustworthiness or the liquidity in the marketplace. New collectors should seek the advice of longtime collectors as to which grading services have the best reputations for accurate, market-accepted grading.

Ultimately, collectors should learn how to grade coins. It is not an easy task, nor one that can be learned in a few days. Individuals the market considers expert graders have taken years to hone their craft. They have looked at hundreds of thousands of coins, maybe more. Collectors should not feel intimidated at this, however. Most collectors can learn to grade coins fairly accurately, if they are willing to devote time to this educational process. There are even classes they can take (some conducted for free, some for a fee) that teach the fundamentals of grading. The time and effort are well worth the expense if one plans to collect coins as a hobby.

Grading guidelines

The following guidelines are not presented as grading standards, but as introductions to the terminology of grading and its usage.

A few words regarding grading usage. When two grades are linked together by a virgule — as in Mint State 64/65 — it may mean that the coin has two grades (the first grade represents the obverse and the second, the reverse) or that the coin falls into a range between the two grades. When two grades are linked by a hyphen — as in Mint State 64-65 — it means that the grade for both sides lies somewhere between the two grades given. Collectors might want to exercise caution about buying a coin graded AU-BU. A coin is either circulated or Uncirculated — it cannot fall somewhere in between.

Plus signs are used by many to indicate a coin slightly better than the numerical grade indicated, but not as good as the next numerical grade. A coin graded MS-60+ is better than a typical MS-60 coin, but not as good as an MS-61 coin. The term "Premium Quality" means the same thing as a plus sign: that a coin is in the upper range for that grade and is very close to the next grade level.

Many dealers and collectors use adjectives instead of numerals, or combine adjectives and numerals when speaking about Mint State coins. A superb or superb gem coin is generally MS-67. A gem coin is usually MS-65. Some dealers use choice to describe an MS-63 coin, and others use choice for an MS-65 coin. Mint State 60 coins are generally referred to as Uncirculated or Brilliant Uncirculated; sometimes an MS-60 coin is called typical Uncirculated. Collectors should determine what adjectival "system" the dealer uses when no numerals are present because of the disagreement over what the adjectives represent numerically.

Buyers should remember that different dealers, different collectors and investors use different grading systems. Although various grading services use an 11-point Mint State system, this does not necessarily mean they use the same criteria for assigning grades. In fact, there is no universally accepted standard for determining grades for U.S. coins.

Collectors should also know that grading standards can change over time. Standards sometimes tighten up, with a coin once considered Mint State 65 now considered MS-64. Standards can also loosen, with an MS-64 coin grading MS-65 under the looser standards. This can be troublesome, especially if a novice collector buys a slabbed coin graded during a period of loose standards; even if the slab is marked as MS-65, current standards might consider the coin no higher than MS-64. That's why it is vital that collectors learn how to grade coins, in order to protect themselves when buying coins.

A coin that is "market graded" bears a numerical grade that generally matches the grade at which it would be traded on the rare coin market. As market standards change, so do the standards used by grading services that "market grade."

Proof: Traditionally, Proof describes a method of manufacture, not a grade. However, since numerals are often assigned to Proof coins, there are different qualities of Proof coins; in effect, different grades. A circulated Proof is often called an "impaired Proof." Proof is rarely abbreviated (if so, it often appears abbreviated as PF or PRF).

Brilliant Proof coins are struck on highly polished planchets, using slower, high-pressure presses; coins are struck two or more times to bring up greater detail in the design.

Mint State and Uncirculated: The two terms are interchangeable and describe a coin that has no wear. To qualify as Mint State, a coin must not have any level of wear. Even the slightest amount of wear will drop the coin into the About Uncirculated level. (Coins described by some dealers as "Borderline Uncirculated" have wear and are actually About Uncirculated.) Mint State is most often used with numerals.

The numerical Mint State system so widely used in the current rare coin market is based on a system created by Dr. William H. Sheldon for the U.S. large cents of 1793 to 1814. When the numerical system began to spread to other series, three levels of Mint State were used: Mint State 60, for an Uncirculated coin of average luster, strike and marks; MS-65, an Uncirculated coin of above average quality; and MS-70, a perfect coin as regards luster, strike and marks. All 11 numbers are now used from MS-60 to MS-70.

Uncirculated is usually abbreviated as Unc. It often appears as Brilliant Uncirculated, abbreviated as BU. Sometimes the term is used with numerals, generally as Unc. 60, Unc. 61 and so on. Some dealers use a plus sign to indicate a coin better than one level of Mint State, but not as good as the next level.

About Uncirculated: This is a coin with only the barest traces of wear on the highest points of the design. It is abbreviated AU and often appears with numerals as AU-50, AU-55 and AU-58. The term has gained acceptance despite seeming inconsistency. Some people in the hobby still say that no coin can be About Uncirculated — it is either Uncirculated or it is not. Some use Almost Uncirculated, although all major U.S. grading guides use "About." The AU-58 grade has been described as an MS-63 coin with just the slightest hint of wear. It should have fewer contact marks than lower level Mint State coins: MS-60, MS-61 and MS-62. It may be more attractive and more valuable than these lower Mint State coins.

Extremely Fine: Light overall wear on highest points, but with all design elements sharp and clear, distinguishes this grade. Most hobbyists abbreviate it as EF, although a few use XF. It appears as EF-40 and EF-45.

Very Fine: The coin has light to moderate even wear on surface and high points of design. Abbreviated VF, it appears with numerals as VF-20 and VF-30. The abbreviations VF-25 and VF-35 are infrequently used.

Fine: The wear is considerable although the entire design is still strong and visible. It is abbreviated as F-12.

Very Good: The design and surface are well worn, and main features are clear but flat. Abbreviated as VG, it is used with numerals as VG-8 and VG-10.

Good: Design and surface are heavily worn, with some details weak and many details flat. It is often abbreviated when used with numerals, G-4; G-6 is infrequently used. Ironically, a coin in Good condition is not a "good" coin to collect; a Good coin is generally the lowest collectible grade.

About Good: The design is heavily worn with surface fading into rim and many details are weak or missing. Abbreviated as AG, it is used with a numeral as AG-3. Few coins are collectible in About Good condition. Dealers also use the terms Fair and Fair 3 to describe a coin in this state of preservation.

Mint marks and Mints

Coin collectors, whether novice or advanced, need to know how to identify which Mint facility struck a particular coin. This information is vital because value can vary between coins of the same denomination, type and date, but different Mints.

For example, consider an 1893 Morgan dollar. Four Mints struck 1893 Morgan dollars: Philadelphia, Carson City, New Orleans and San Francisco. In the lowest level of Mint State (MS-60), a Philadelphia-struck 1893 Morgan dollar is worth $350, one struck at the Carson City Mint is worth $1,350, one struck at the New Orleans Mint is worth $1,600 and one struck at San Francisco – an 1893-S Morgan dollar – is worth $30,000. In higher grades, the difference in value between the Philadelphia and San Francisco Mint specimens is even greater: $6,500 for the Philadelphia Mint dollar and $260,000 for the San Francisco coin!

While often the difference in value between similar coins from different Mints is not as extreme as the example given, knowing the issuing Mint is essential information for any collector. Fortunately, the U.S. Mint has made it easy to identify which Mints struck which coins (most of the time): Many coins bear a small letter that collectors call a "Mint mark."

Mint marks have been used almost as long as coins have been produced. The ancient Greeks and Romans identified the Mints that issued their coins. When the United States began striking its own coinage in 1792, Mint marks were unnecessary because just one striking facility was in use, in Philadelphia. However, the introduction in 1838 of secondary Mint facilities – Branch Mints – made Mint marks a necessity in the United States.

Why is it important to identify which Mint struck a particular coin? When coins still had intrinsic value, when many were composed of silver and gold, any coin containing less than the intended amount of metal was underweight and thus undervalued. A Mint mark allowed officials to identify which Mint was issuing the undervalued coins and make it easier to take corrective actions to restore full value to the coins.

Mint marks appear in different locations on coins. Sometimes they appear on the obverse, and other times, on the reverse. This price guide includes information about the placement of the Mint mark on every major design type. That information can be found at the beginning of each coinage type section.

D Mint mark on Walking Liberty half reverse.

When looking at a list of coins – for example, a price list of coins available for purchase – one can easily determine the issuing Mint for a particular coin because most hobbyists have adopted a similar style for identifying them: the Mint mark appears after the date, generally linked to the date by a hyphen, as in 1893-S, 1998-D and 2002-S. Sometimes, however, some hobbyists will dispense with the hyphen and type a date and Mint mark as follows: 1983S or 1983 S. Beware, however, when someone makes a reference to the 1983s; they may be using the "s" to make the date plural (*Coin World* publications avoid this confusing style).

The following Mint marks have been used on U.S. coins:

C for Charlotte, N.C., (gold coins only), 1838 to 1861
CC for Carson City, Nev., 1870 to 1893
D for Dahlonega, Ga. (gold coins only), 1838 to 1861
D for Denver, Colo., 1906 to present
O for New Orleans, La., 1838 to 1861; 1879 to 1909
P for Philadelphia, Pa., 1793 to present
S for San Francisco, Calif., 1854 to 1955; 1968 to present
W for West Point, N.Y., 1984 to present

Confusion sometimes reigns

Collectors sometimes get confused over Mint marks (or the lack thereof). Sometimes they cannot find a Mint mark and wonder whether they have found a valuable error coin. Other times, they identify what they believe to be a Mint mark that was not used on that date and denomination and wonder whether they have bought a counterfeit coin. While sometimes they are right (the coin proves to be an error, though not always a valuable one, or a worthless counterfeit), more often than not they are just confused through lack of knowledge.

First, what about a coin lacking a Mint mark? The coin in all likelihood is normal even without a Mint mark, since not all U.S. coins bear Mint marks.

From 1792, when the Philadelphia Mint was founded, until 1979, the only coins struck there to bear the P Mint mark were the silver alloy, Jefferson, Wartime 5-cent coins of 1942 to 1945 (the P Mint mark was used to make it easy to distinguish the silver-alloy coins from the traditional copper-nickel alloy pieces). In 1979, the Mint added the P Mint mark to the new Anthony dollar, and in 1980, to all other denominations except

P Mint mark on Kennedy half dollar obverse.

for the Lincoln cent. However, to this day, Lincoln cents struck at the Philadelphia Mint bear no Mint marks (and *Coin World* occasionally gets letters and telephone calls from collectors who find a cent without a Mint mark and think it is an error coin).

Even coins struck at Branch Mints, which normally bear Mint marks, sometimes lack any identification of the issuing Mint. From 1965 to 1967, a period of a great coinage shortage in the United States, the U.S. Mint stopped using Mint marks so coin collectors would not be tempted to save large numbers of coins from each Mint. Mint officials blamed the coin shortage in part on coin collectors, who often want an example of each Mint's coins. (In reality, other causes were chiefly responsible for the shortage.) And from the mid-1970s to the mid-1980s, some coins struck at the San Francisco and West Point facilities do not bear Mint marks and thus are indistinguishable from their Philadelphia counterparts. (Mint officials made these coins indistinguishable from Philadelphia-struck coinage again to discourage their hoarding by coin collectors.)

The mintage chapter in this book is a good guide to which Mints struck coins lacking Mint marks. Be sure to pay close attention to how the coins are listed.

Second, what should a collector do if he has found a coin with a Mint mark it should not have?

Often collectors contact *Coin World.* In one case, a collector contacted *Coin World* to complain that a recent news story in the weekly *Coin World* magazine had been in error. Within a couple of days of the first collector, another collector stopped by our offices to report he had been sold a 1923-S Saint-Gaudens $20 double eagle (he knew none had been struck, but the holder was marked "1923-S" and the collector thought he detected an S Mint mark beneath the date).

In both of these examples, the collectors had mistaken a designer's initial or monogram for a Mint mark. In the first example, the collector interpreted the designer's initial D on the coin as a D Mint mark. In the second example, the "S Mint mark" on the double eagle was actually designer Augustus Saint-Gaudens' monogram; in reality, the coin had been struck at the Philadelphia Mint and thus had no Mint mark.

U.S. Mint history

The first U.S. Mint was established in Philadelphia because that city was then the national capital. Later, when the capital was moved to the muddy patch of land that was later named after the nation's first president, the Mint stayed in place in Philadelphia.

The first Philadelphia Mint was primitive by modern standards. The presses were hand-operated, with the other equipment powered by human or horse. The typical coining press in use at the Mint was the screw press, powered by human muscle. A planchet was placed on the bottom die by an early feed system and two men grasped ropes tied to the two arms of the press and pulled quickly, causing the upper die to descend and strike the coin. The first steam-powered equipment was installed June 24, 1816. Steam powered the machines that rolled the coinage metal to the proper thickness and the punch press used to produce planchets. Further mechanization came in 1833, when the

O Mint mark on Morgan dollar reverse.

second Philadelphia Mint was opened. The man-powered screw presses were replaced with steam-powered coining presses within a few years. Other equipment was also mechanized.

The growth of the United States Mint was linked to the westward expansion of the nation. Despite the improved output of the second Philadelphia Mint, by the mid-1830s additional coining facilities were needed. Gold discoveries in the Appalachian Mountains triggered America's first gold rush.

To meet the growing coinage needs of an ever-expanding country and population, Congress authorized the first Branch Mints in 1835, in Dahlonega, Ga.; Charlotte, N.C.; and New Orleans. All of the Southern Branch Mints opened for coining in 1838. The Dahlonega and Charlotte Mints were never prolific; they struck gold coins only, generally in smaller numbers than struck at Philadelphia. The New Orleans Mint was a better match for the Philadelphia Mint, striking both silver and gold coins.

When William Marshall discovered gold in California on the

American River in 1848, the find triggered the biggest gold rush in U.S. history. Ever larger numbers of men with visions of unlimited wealth undertook the hazardous journey from the East to the gold fields. California became a state in 1850; the population grew, as did the need for coinage. However, the closest Mint was in New Orleans. A number of private mints sprang up in California, striking pioneer gold coins out of native gold and

S Mint mark on Washington quarter obverse.

fulfilling a need for coinage the U.S. Mint was unable to fill until Congress authorized the San Francisco Mint in 1852. The government Mint began operations in 1854, striking both silver and gold coins.

Even as thousands moved west to seek their fortune, the nation moved ever closer to war. California had entered the Union a free state, without slavery, the result of the Compromise of 1850. However, the Compromise only postponed the inevitable. The sectional troubles that had been tearing the country apart for decades burst into full, horrible bloom with the election of Abraham Lincoln as president in 1860. One by one, the Southern states seceded from the Union. As Louisiana, Georgia and North Carolina left the Union, the federal Mints in those states changed hands. There was no need for Southern troops to use force to capture the facilities; the majority of Mint officials and employees at the three facilities were sympathetic to the Confederate cause. All three facilities struck small quantities of coins in early 1861, the New Orleans facility even striking four half dollars with a special Confederate design on one side. However, coinage at all three Mints ended in 1861 due to dwindling Confederate resources. The Dahlonega and Charlotte Mints never reopened following the war; New Orleans resumed coining activities from 1879 to 1909.

Other gold and silver discoveries in the West, particularly in Nevada and Colorado, triggered the need for additional Mints.

CC Mint mark on Coronet $10 eagle reverse.

The federal government in 1863 purchased the private Clark, Gruber & Co. mint in Denver and extensively remodeled the building. Although officially designated a Branch Mint, it served instead as an Assay Office (a place where precious metals ores were refined and tested). A new Mint was built in Denver at the turn of the century, opening for coining in 1906. Denver has struck coins of copper, copper-nickel, silver and gold.

The Carson City Mint in Nevada opened in 1870 and closed in 1893. Carson City struck silver and gold coins only.

The San Francisco Mint closed after striking 1955 coinage, its presses no longer needed to keep up with the national demand for coinage. Congress revised its status in 1962, naming it the San Francisco Assay Office. However, a coin shortage struck the country and in 1965, the Assay Office resumed striking coins. The facility regained Mint status in 1988.

The U.S. Mint facility at West Point has been striking coins since 1974, although none of the coins struck for circulation there have born the W Mint mark. West Point Mint is the newest Branch Mint, having gained Mint status in early 1988; previously, it had been the West Point Bullion Depository (opening in 1938).

Currently, there are four federal Mints in operation in the United States. The Philadelphia Mint strikes all denominations of coins for circulation and some collectors' coins; the engraving staff works there; and the Philadelphia Mint produces coining dies. The Denver Mint is in its original 1906 building, although there have been recent additions; it, too, strikes a combination of circulation issues and collectors' coins, and has had a die production shop since 1996. The San Francisco Mint is in its third building, opened in 1937; today, it strikes coins for collectors only, although it struck coins for circulation as recently as 1980. The West Point Mint is currently used only for collectors' programs and bullion coins although it has struck coins for circulation in the recent past. All platinum and most gold bullion and gold commemorative coins are

W Mint mark on Roosevelt dime obverse

struck at West Point. A special 1996-W Roosevelt dime was struck at West Point to commemorate the 50th anniversary of the coin's introduction. It was included at no extra charge in 1996 Uncirculated Mint sets.

How to buy and sell coins

New collectors often ask two questions: "How do I buy coins?" and "How do I sell coins?"

There have long been traditional methods of buying and selling coins – your local coin dealer, mail-order dealers, at auction and from government Mints. Now, even more buying and selling venues exist with the advent of the Internet and easy access to online auctions at such Web sites as eBay.

All collectors, but especially new ones, need to be aware of the benefits and pitfalls of each method of buying and selling coins. This chapter will offer some advice based on years of experience by *Coin World* staff members, both as collectors and as journalists observing the coin collecting market.

How to buy coins

"How do you buy coins?"

"What's the best way to buy coins?"

"Where do I find coins for my collection?"

Such questions are frequently asked by beginning collectors. They're being asked more and more by those who once collected and are now re-entering the hobby, encountering a marketplace somewhat different from what they remember or experienced years ago.

One fundamental hasn't changed: Know what coin or coins you want to buy. "Knowing" necessarily today includes understanding how to grade coins and being cognizant of how the grade relates to the coin's value (see the chapter on grading for more information about the topic).

Additionally, the firmer grasp one has of the history of the coin or the series, its characteristics, mintage, survivability rates (rarity) and current value, the more one's chances improve for making good purchases. Therein rests the wisdom of the often-quoted adage: "Buy the book before the coin."

For our discussion, we'll assume Joe Collector has at least covered the basics of acquiring knowledge, whether from books, educational seminars, videos, coin shows or coin club attendance. He has a reliable and up-to-date price guide. And he's now ready to venture into buying.

Where does one start?

The most likely place, especially for a true beginner, is nearby: a local bank, a nearby coin shop or the comfort of one's own home, using various forms of mail order or the Internet.

One of the easiest and most nonthreatening ways to ease into the hobby is to "buy" coins at the bank: That is, exchange paper dollars for rolls of coins — any of the circulating denominations — to search for dates and Mint marks at one's leisure. The out-of-pocket costs can be limited, and the fun builds. Many millions of Americans collect State quarter dollars in this way or from other sources where coins trade in commerce.

To find coins not readily available in circulation, other nearby sources can be tapped.

In *Coin World's* most recent readership survey, 59 percent of those polled said their numismatic purchases in the previous 12 months were made from dealers/retail coin shops.

Although local retail coin shops and hobby stores with a good selection of collectible coins are not as prevalent as they once were, they do exist in most large metropolitan areas and some are still to be found in small towns and cities throughout the country. A check in the Yellow Pages of the local telephone directory or the classified ad section of the local newspaper often will reveal whether a local dealer or retail shop exists.

Most coin dealers start out as collectors. Many continue to collect although they may also have elected to become professional numismatists. Coin dealers often have expertise in more than one collecting specialty and are more than willing to provide collecting tips, especially to new collectors. They usually have numismatic reference books and may be willing to assist collectors in research. Chances are the local coin dealer may be able to put you in contact with other collectors or provide information about coin clubs in the area.

Absent dealer referral, finding a local or regional coin club may be a matter of checking the community calendar or meeting announcements in the local newspaper, contacting the local library or the local Chamber of Commerce, or contacting the American Numismatic Association (**www.money.org**), which maintains an online roster of coin clubs.

Coin clubs generally provide members opportunities for buying, selling and trading coins and other numismatic collectibles during or after meetings. Many sponsor periodic coin shows, affording local collectors the opportunity to purchase from dealers and collectors on a regional or state basis. Large clubs sometimes attract dealers from across the country to their shows. In addition, commercial entities sponsor both small and large coin shows.

The big advantage of finding coins at a local coin shop, a local club meeting or during a coin show is the ability to inspect coins firsthand, without major travel expense. Most *Coin World* readers say they attend coin shows within a 100-mile radius of their homes. Because some of the large regional and national coin shows alternate show sites, many collectors have an opportunity to attend a show offering several hundred dealers under one roof on a fairly frequent basis. A good source of upcoming coin shows and locations is the Event and Show Calendar in publications such as *Coin World* (online at **www.coinworld.com**).

Many collectors like the convenience of buying coins by mail order. It is especially handy for collectors unable or too busy to travel frequently to shows or attend coin club meetings.

Today the mail-order marketplace offers the most extensive purchasing opportunities. *Coin World,* as the largest weekly numismatic publication, through its advertising pages is the largest mail-order market by virtue of the number of advertisers and the wide variety of numismatic items available for purchase.

As with any buying experience, it pays to comparison shop. Another time-proven adage is especially important to bear in mind: "There are no Santa Clauses in numismatics." A variation on this theme: "If it looks too good to be true, it probably is." As in any community or marketplace, there are dealers (in coins) who conduct business honestly and there are those who conduct business dishonestly. Collectors need to learn the differences between an honest dealer and dishonest one.

Collectors who expect to purchase coins from advertisements in *Coin World* or any other periodical should seek out and acquaint themselves with the publication's basic mail-order policy. (*Coin World's* policy is published in every issue.) This policy is an attempt to ensure equity for both buyers and sellers. A key component of the basic mail-order policy is inspection and return privileges. (Publications differ on the standards and requirements, so before ordering one should become thoroughly acquainted with such policies.)

A cardinal rule of successful buying by mail order is upon receipt to immediately inspect the ordered coin or other numismatic material to verify that it is what was ordered. Do not remove the coin from the holder in which it was shipped; to do so voids any return privileges. If the coin does not meet expectations, it is incumbent upon the collector to return the coin to the seller within the time allowed by the seller's return policy.

Another popular way of acquiring coins is from auctions. Auction lot previewing is generally accorded potential buyers a day or two in advance of public auctions, generally at the site at which the sale is to be conducted.

Veteran collectors and dealers who buy coins at auction caution to "never bid blind." That is, they suggest any coin being considered for purchase at auction should be examined. They also suggest if you don't know how to grade coins that you seek the assistance of a professional coin dealer. Often the professional, for a modest fee, will buy coins for you or act as your agent at an auction.

Another important tip veteran collectors offer is to establish a bidding limit before the sale begins, whether you are personally bidding or you have contracted an agent to bid for you. Do price research on the desired coin before the sale begins. Set a maximum price you are willing to pay and stick with it. One should also factor in the buyer's fee. Most U.S. auction firms charge a 15 percent or higher buyer's fee — 15 percent of the hammer price is added onto the hammer bid to arrive at the total price.

Most of the large numismatic auction companies produce descriptive catalogs featuring high-quality photographs of most of the coins that will be in the auction. The catalogs are mailed to potential buyers to apprise them of the coins and numismatic collectibles that will be available. Many collectors unable to travel to the auction site and who do not like to use agents to buy for them, prefer to place bids by mail. The sale catalog generally includes a form for placing mail bids and specifies deadlines and terms of the sale. Usually a buyer participating as a mail bidder is accorded inspection and return privileges, if he successfully wins the lot with his mail bid. Be sure to review the auction house's return policy *before* bidding.

The advent of the Internet has resulted in a new source for coins.

Auction houses are beginning to place their catalogs online and some even offer online bidding to registered bidders. Participants can enter their bids online. As with the print editions, these online catalogs generally offer images of the coins being offered.

In addition to the established auction houses, a number of new businesses have formed auction sites that permit collectors, dealers and others to offer any form of collectible, including coins, to a worldwide audience. The impact of such online companies as eBay is already immense, and no one knows how big Internet trading will become. However, the introduction of these new online auction sites — which are unregulated — has brought with it new concerns. As with any source, collectors should exercise caution in bidding and buying online.

Some of these new online-only auction sites simply serve as a conduit between sellers and bidders. Unlike established auction houses, which guarantee the authenticity of every coin offered, some of the new online auction firms offer no such guarantees. These sites operate on the concept of "buyer beware."

Individual dealers are moving online. Some publish their price lists online. Some accept online want lists. Collectors can even "subscribe" to a dealer price list, which is automatically sent to a collector's e-mail address as soon as it becomes available. As with the online auction sites, collectors should exercise due caution until they become comfortable trading with a particular dealer.

The largest and most direct sources of new coin issues are the government Mints and sometimes private mints that produce the coins. The U.S. Mint advertises its products in coin periodicals, but it also sells directly to public via mail order and over its Web site (**www.usmint.gov**). Many foreign Mints also sell by mail order or through business agents established within the United States. To obtain information and pre-issue offers from the U.S. Mint, a collector may write the U.S. Mint, Customer Service, 10001 Aerospace Road, Lanham, MD 20706, and request to be placed on the Mint's mailing list.

For the truly adventurous, occasional sources to find coins are estate auctions and flea markets. Since the auctioneers selling this material often have no specialized coin knowledge, bidders should carefully inspect each lot before bidding, in order to confirm description, grade and authenticity. Depending on the material offered and the knowledge level of the competing bidders, such sales either may offer bargains, or bids may reach levels well above the coins' market values.

Whatever the source, the key to successful coin buying is to know what you are looking for and what you are willing to pay for it.

How to sell coins

"Where can I sell my coins?"

Such a seemingly simple question is not so simply answered, although it is a question frequently asked by beginning collectors, those who have been away from the hobby for a number of years, and by family members who have recently inherited a coin collection.

Let's begin at the beginning.

The first rule of thumb is know what you have to sell. Knowing entails identifying the coin or coins in the collection by type, date, Mint mark and variety, if appropriate. Equally important is the state of preservation or grade. Grade is particularly important if one intends to sell United States coins because a coin's "condition" or grade is a primary determinant of value. Also important to value is the coin's rarity.

Even rarity does not automatically mean that a coin is of great value. There are some rare coins that can be purchased for modest sums simply because few people are interested in collecting them or purchasing them.

Ultimately a coin's market value is determined by demand. Demand is determined by the number of buyers desirous of acquiring the coin. Collectors are the ultimate buyers for most coins. Collectors primarily buy a coin because it is "needed" or "fits" in their collections.

Virtually all of the basic information needed to identify and grade coins is available in print, online or video form. Current retail values can be found in price guides and weekly updates such as Trends published in *Coin World* and at Coin World Trends Online (**www.coinworldtrends.com**).

Additional ways of acquiring information include talking with coin collectors and coin dealers and attending coin shows, coin club meetings and educational presentations. However, if one is unable or unwilling to spend the time necessary to acquire basic knowledge about coins and their values, he or she may wish to engage the services of a professional numismatist or professional coin appraiser. Professionals, whether dealers or appraisers, usually charge an hourly rate and will provide a preliminary estimate of cost of the appraisal based on the number of coins to be evaluated and the time needed to perform the service. If a dealer is providing an estimate with intent to purchase, he or she may waive the appraisal fee. Under such circumstances, the seller may wish to have more than one prospective buyer provide an estimate of value and submit a proposal to purchase.

If the seller is the person who acquired the coins, he or she likely will have some ideas about prospective buyers. The most logical candidates are other collectors or dealers specializing in the coins one has for sale. Often collectors make acquaintances with others in their collecting fields through local coin clubs or regional or national organizations. Many local coin clubs hold "club auctions" in which members buy and sell coins. Some clubs hold member auctions as often as they meet. Others sponsor "bid-boards" on which members can list coins for sale or allow members to advertise items for sale in the club's newsletter. Regional and national specialty organizations offer similar venues for members to buy, sell or trade their numismatic collectibles.

Clubs and organizations also sponsor shows, inviting members, local coin dealers and dealers from out of state or from various collecting specialties to buy and sell on the coin show's bourse.

"Bourse" is the French word for "exchange." Thus, coin bourse is literally a place to buy and sell coins and other numismatic collectibles. Dealers pay a fee to the show promoter to have a presence on the bourse. Usually this means the show promoter provides a display case, lights, and a table and chairs at an assigned space on the floor where the dealer may transact business.

If selling coins is your prime objective at a coin show, the best use of time would be to first identify those dealers who are selling the various types and grades of coins that you may have for sale. The best way to determine this is to spend time going from table to table and looking at what is on display in the dealer's case. After identifying the most likely candidates, the next step is to inquire as to whether the dealer is interested in buying. You will be expected to be able to generally describe your coins by type and grade and have them available for inspection in a reasonably organized and efficient manner. The dealer may not be interested at all. He may already be overstocked and have a large inventory of coins just like yours. If he expresses no interest, thank him politely and move on to the next dealer that you have reason to believe may be interested.

If the dealer looks at your coin or coins and offers a price, you will be expected to respond as to whether the price quoted is agreeable. Sometimes rather than quoting a price, the dealer may ask: "What do you want for this?" or "What's your price?" When asked, be prepared to give a serious and reasonable answer. It is your responsibility as the seller to know the value of what you are selling and to be able to make a decision as to what price is acceptable.

In general, dealers expect to buy at wholesale. The wholesale market has a rather wide range, ranging from 30 to 40 percent of the retail price up to 80 percent and sometimes higher of the retail price. The price a dealer quotes depends on his individual needs. It is not unusual to obtain different bids on the same coin from different dealers.

It is up to the seller to determine when his price has been met and whether he desires to sell the coin.

Often at shows there are many people waiting to talk with the dealer. Although some dealers will bargain, others are not so inclined, especially if they are only marginally interested in purchasing. You may have a price in mind for the initial response and a "fall-back" or bottom line in case bargaining is a possibility. However, have those numbers in mind before approaching any prospective buyer.

Sometimes buyers will be interested only in certain dates or certain grades. If you are attempting to sell a collection, determine whether your strategy is to sell it intact or to sell some or all of the coins individually. Often other collectors or dealers may be interested in key dates or semi-key dates and have little or no interest in purchasing the entire collection.

Also, some dealers today only buy and sell coins that have been graded by a third-party grading service and sonically sealed in plastic holders known as "slabs." Upon your initial inquiry, the dealer may ask whether your coin is "raw" or "slabbed." The term "raw" as used in the coin marketplace refers to a coin that is not encapsulated and graded by a third-party grading service.

Many collectors who are ready to sell coins do not have the time or the inclination to travel to coin shows or club meetings. Thus, mail order becomes an option. Seasoned collectors sometimes sell their coins via "fixed-price" lists that they advertise in the classified sections of publications such as *Coin World* or to individuals whom they have identified as having an interest in purchasing coins they may have. Classified ads also are a vehicle for selling specific coins.

Many dealers who advertise in publications such as *Coin World* buy as well as sell coins. Often they will list coins that they are interested in obtaining. In most cases, the transaction is contingent upon the dealer being able to inspect the coin, to confirm grade. Whenever sending coins via mail, a cover letter stating terms of sale and an inventory list of what is being offered should be included in the package. In addition, coins should be sent by registered mail and insured.

Transactions can be conducted entirely by mail. Before sending any coins, the seller should inquire as to whether the dealer or potential collector-buyer is interested. Again, terms of sale should be stated in a forthright manner and an inventory list presented, listing coin type, date, Mint mark, variety, grade and any other important information about the coin. The seller should list a price at which he desires to sell.

If he does not list a price, he may ask the dealer to quote a price.

Coins should never be sent on a "blind" inquiry. They should be forwarded only after a prospective buyer has expressed interest in purchasing. If possible, the seller should maintain a photographic record of any coins sent to a prospective buyer. Absent good photographs, detailed inventory records, including grading identification numbers, should be kept by the seller in order to be certain that any coins returned are the same ones he sent for possible purchase.

Sometimes dealers or other collectors will take groups of coins or collections on consignment. Consignment agreements should be made in writing and should detail the coins, terms of consignment (percentage the consignment agent will receive for selling the coins) and the length of time covered by the agreement.

Public auction is a popular method of selling collectible coins, especially extensive collections and highly collectible coins. Most auction firms that advertise in *Coin World* specialize in numismatic collectibles. They have extensive lists of identified customers who have purchased coins in the past, thus providing greater exposure to potential buyers.

Many of the numismatic auction firms have full-time staff that research and prepare descriptions of the coins that they publish in an auction catalog provided to prospective buyers. Most auction houses also extensively advertise forthcoming auctions to the widest possible audiences. Often auction preview days are designated just prior to the sale so that prospective buyers or their agents can inspect the coins. Auction firms charge the seller a fee, usually based on a percentage of the price the coin achieves at auction. Reputable auction firms require consignors to sign contracts, which state the terms and conditions of the sale. In selecting an auction firm to sell your coins, it would be important to read and compare consignment contracts.

Depending on the number of coins to be sold in an auction and whether specialized material is being offered, the number of days between consignment and the actual sale date can vary from 30 days to close to a year. There could also be a delay from 30 to 60 days from the date of sale until the consignor receives payment in traditional auctions.

The impact of the Internet on buyers mentioned earlier also holds true for sellers. Sellers may wish to register with an online auction site and offer their coins directly to collectors worldwide. As with buying coins over the Internet, sellers should also take precaution. A seller may not want to ship coins to a successful bidder until payment has been received. Sellers also should be sure they describe their coins accurately in order to avoid deceiving potential bidders.

Some collectors buy coins with the avowed intent never to sell any. Other collectors buy and sell on a regular basis. Whether the collector sells his coins or they will be passed on to future generations, good records and inventory lists will assist when it does come time to sell.

There are many ways to sell coins. Each seller must determine the best method, depending on the time and energy that can be devoted to the activity.

Internet transactions

Although the majority of transactions that take place on the Internet benefit both the seller and buyer, it's important not to gaze on your computer screen with rose-colored glasses. Some items sold online are sold under fraudulent pretenses — they are either inaccurately (whether intentional or not) described or the seller never intends to provide the item once the fee is collected.

The buyer must always be wary, but particularly wary online. It is best to shop with a trusted dealer or company that is known for its exemplary service either online or in the "real" world. It is also best to shop with a company that is more than just *familiar* with numismatic items. Remember that part of the price of every coin in a dealer's inventory is the value of his or her expertise.

Some dealers use the Internet as another way to sell their coins — they already advertise in *Coin World* or attend coin shows. Some dealers operate only on the Internet — they either sell coins at fixed prices or auction the coins at a Web site designed for auctions.

Before you buy, be aware of the return policy and the amount of time you have to examine an item to see if it is satisfactory to you (if no return privileges are offered, it is probably a good idea to not purchase or bid on the item).

Never give your credit card number unless using a "secured site," one that encrypts your personal and credit card information for its trip through the information highway. It is not advisable to e-mail that information, since e-mail is not encrypted.

While most sites that accept credit card numbers have taken adequate measures to ensure security, it is best to refer to the padlock icon that appears within the browser (on Netscape, find it in the toolbar; on Internet Explorer, find it in the icons at the bottom of the window) before submitting that type of information. Although there are no 100 percent guarantees, as long as the padlock appears closed, it is at least as secure as, say, handing your credit card to a waiter at a restaurant.

Regardless of how you submit your order, if possible know a company's physical address and telephone number before you order.

Online auctions

Before you bid on any online auction site, you have to register. Always read the user's agreement carefully to know what kind of recourse you will have. Before you bid on an item, pay close attention to the return policies of the seller. Be sure to contact that person if you have any questions.

Often online auctions will provide rating information about buyers and sellers. People who have done business with these folk in the past will rate their attitude, promptness, honesty and so on. Keep this information in mind when buying or selling. Keep also in mind that rating systems are not foolproof; some sellers may solicit positive feedback from friends rather than from actual buyers.

Don't be too quick to trust a photograph of the lot. Photo quality is often poor and inconsistent. Digital images can be enhanced. The item offered may not be the item delivered. Of course, a photo might also be very telling; you may be able to determine the authenticity of a questionable item.

This brings up another important point: There is a certain amount of risk in not purchasing or selling through a dealer or numismatic auctioneer. You don't get the benefit of their expertise and staff or return policies.

While a vast number of individuals selling coins on the Internet are honest people, there are some who either accidentally (due to their limited knowledge) or intentionally take advantage of or defraud a customer. Because the Internet affords all users a certain amount of anonymity, criminals find they can use this to their advantage and disappear.

There are three broad categories of auctioneers on the Internet: auction venues (middlemen), live auctioneers on the Internet (a company that incorporates online bidding into its live auctions) and Internet auction companies (companies that catalog and auction consigned coins).

Companies such as eBay (**www.ebay.com**), Amazon (**www.amazon.com**) and Yahoo (**www.yahoo.com**) act as middlemen for auctions. On such sites, the owners of the coins (who may or may not be coin dealers) post their offerings and pay the site a fee for the service, which is often a percentage of the sale price. If a collector buys a coin on one of these middleman sites, he and the seller must contact each other to complete the transaction. The seller may be a single individual or a company.

Many of these sites indemnify themselves against many potential problems. They are not involved in the actual transaction between buyers and sellers and have limited control over the quality, safety or legality of the items advertised, the truth or accuracy of the listings, the ability of sellers to deliver items or the ability of buyers to buy items. In fact, such a site cannot and does not confirm that each seller (or buyer) is who he claims to be. Basically, you are on your own at such sites.

Another kind of auction site is one that accepts consignments for auctions and employs a staff of numismatists to catalog the coins before they are posted on the Internet. The buyer does business directly with this company, and the company is responsible for the customer's satisfaction. Many advertise in the pages of *Coin World.*

As a buyer, if you fear that your item may not be all that you hoped, you might want to consider registering your purchase with an online escrow service. Many buyers use this service (there is a fee), especially if the item purchased is very expensive. In this way, the buyer and seller protect each other (or one from the other) jointly by agreeing to place the money for the item with the escrow service using a credit card. Once the funds are there, the seller ships the item.

When the item arrives at the buyer's door, he or she will have an agreed upon the number of days to examine the piece. If it is satisfactory, the money is released to the seller. If not, the item is returned and the buyer gets a refund.

If something should go very wrong with the sale of the item and the two parties cannot come to an agreement, they should seek arbitration through the venue company (if one was used) or from the Better Business Bureau (**www.bbb.org**), which also provides arbitration services for customers. Incidentally, the Better Business Bureau is a good place to start to see if any companies with which you will deal are members of BBBOnLine Inc., which promotes ethics in commerce on the Internet.

As with any coin transaction, whether it is in a shop or in your pajamas at home, knowledge will do a great deal to protect you. However, in case you have acted to the best of your knowledge, and things go wrong, know how to protect yourself.

Storage and preservation

Coins and paper money change over time, and not for the better. Collectors, dealers and investors too often neglect this simple maxim. Deterioration is at odds with the long-accepted belief that the better the condition of a numismatic collectible, the more it is worth.

The greater awareness of coin storage and preservation in recent decades has resulted in safer storage materials being offered. However, some coins sold, bought and stored are probably being held in a holder that does not offer much protection, or may even harm the coin.

Metal

Metals vary in their resistance to corrosion; however, all coinage metals can be affected. Gold is probably the most resistant coinage metal, being unaffected by most corrosive agents. A problem arises with some gold coins because they usually contain copper, and a poor mix can result in areas of high concentration of copper that can corrode, causing streaks, spotting and other surface blemishes.

Fortunately, this does not often occur. Gold coins are remarkably resistant to damage from storage in dangerous coin holders, polluted atmospheres and under other adverse conditions. Be careful with gold coins if you smoke, however. Tobacco will stain gold. Avoid handling gold coins with tobacco-contaminated fingers, or blowing smoke on the coins, which can condense on the surface.

Silver is also quite resistant, but subject to tarnish, especially in the presence of sulfur compounds and nitrates. Since sulfur and nitrate compounds are frequent components of air pollution, modern times are especially hard on silver coins.

As with gold, most silver U.S. coins contain copper. Since the percentage of copper is about 10 percent, it is possible to oxidize copper at the coin's surface, resulting in green to blue corrosion. Attractive, iridescent patina is considered desirable on silver coins by some collectors. This patina results from complex chemical processes over a long period of time, thus the rainbow hues seen on some 19th century silver coins.

Collectors should remember that toning and tarnishing represent the same thing: a chemical change to the metal on the surface of the coin.

The "difference" between toning and tarnish is the degree of chemical change and how collectors and dealers perceive the change. Essentially, "toning" is used to describe attractive, desirable color; "tarnish" is used to describe unattractive, undesirable color. Over time, if the chemical change is unchecked, desirable toning can become undesirable tarnish.

There have been modern-day attempts to duplicate natural toning when it was discovered that toned coins sometimes bring premium prices. By experimenting with various chemicals and techniques, some found that they could produce instant toning, and there are "midnight labs" operated by "coin doctors" in various parts of the country turning out these coins. These "doctors" have developed many different techniques to enhance a coin's appearance. Beware when toning is used to cover up rubbing on an Uncirculated coin or hairlines on a Proof coin.

The copper-nickel alloy used in U.S. coins is even more susceptible to chemical attack because of the 75 percent copper present. Not only is it affected by atmospheric contaminants, but it is also more subject to electrochemical action (battery action) than silver and gold. Small black spots, called "carbon spots," are sometimes seen. These are the result of oxygen cells, discussed later, or the result of a contaminant imbedded in the coin's surface, which later corrodes or oxidizes, or causes the surrounding metal to corrode or oxidize.

Copper is one of the most fragile commonly used U.S. coinage materials. Upon oxidation, it forms green to blue copper oxide. Copper alloy coins are very susceptible to carbon spots. The zinc cents, first produced for 1982, are plated with a thin layer of copper and are especially fragile. If the copper plating is broken, the coin can corrode and deteriorate rapidly.

The atmosphere

It should be obvious that airborne gases can adversely affect a coin. Normal pollutants found in the air can cause long-term problems. They can combine with oxygen at the coin's surface. Gases produced while a coin is in a plastic holder, coming from the plastic itself, can also have an adverse effect.

The atmosphere also contains moisture and dust, both dangerous to a coin's surface. Both are carriers of oxygen and other compounds, bringing them into intimate contact with the coin's surface. Since we don't have much direct control over the air around us, the only way to protect a coin from the atmospheric pollutants is to isolate it in a container that is airtight and inert, so the container itself won't contaminate the coin.

Contaminants

Coins are dirty, even when coming off the coinage press! Since the metal is rolled, punched, annealed, struck by dies and handled by various mechanical devices, even a Mint State or Proof coin may be contaminated with metallic particles, oil and grease, rag dust, bag dust, and other foreign material.

Once the coins leave the Mint, they are further contaminated by counting machines, rolling machines and handling by the collector himself.

Coin holders themselves can contaminate the coin. They may contain dust particles picked up by static electricity from the air or surfaces. Many also contain paper or cardboard dust, highly dangerous to pristine coins. Some plastic holders give off dangerous gases due to their volatility, including acetic, hydrochloric and other acids. Some "sweat" and the liquid coming out of the plastic is deposited on the coin.

Dust particles on the coins are dangerous because they themselves may be corrosive and because they can form oxygen cells. When a particle rests on a coin, it causes an oxygen deficiency at that point and this sets up an electrochemical reaction resulting in precipitation of corrosive compounds around the particle. A spot forms as a result, and the surface of the coin pits directly under the dust particle. Experience indicates that paper and cardboard dust particles are especially prone to forming oxygen cells.

Handling

Improper handling causes abrasion, decreasing the value of the coin itself and exposes fresh metal that can oxidize and corrode. Although every collector should be aware of these facts, some can be seen carelessly handling coins. Don't allow coins to contact each other or other surfaces if you value their long-term life.

When you lay a coin down, be aware of the surface. Is it clean? If not, the coin may pick up contaminants. Coins stored in slide-type albums may develop "slide mark" abrasion on the high points from sliding the windows past the coins.

Storage materials

The factors described will have an adverse effect on coins over time, but can be reduced and perhaps eliminated by careful selection of materials for storage or display. It is foolish not to take the steps necessary to protect one's coins.

The following statement may shock you, but it is a fact: many of the coin holders on the market are not suitable for long-term storage. The following discusses the most common coin holders and their suitability.

Coin albums

Traditional cardboard albums with plastic slides are bad because of the cardboard and paper, the abrasion possible with the plastic slides, and the fact that a large number of coins are exposed at the same time when the slides are pulled.

These albums also don't protect against the atmosphere or moisture since the cardboard is porous. Some newer albums are made of plastic, and though they eliminate the slides, they are unsuitable because the plastic itself may not be inert. Some of them "sweat" over time, causing tarnish or green corrosion. Coin boards without any covering should obviously never be used for high-grade coins.

Two-by-twos

Probably the most common coin holder is the cardboard 2-by-2-inch or 1.5-by-1.5-inch square container. They come as one piece usually, with a plastic window, and are stapled or glued together with the coin in between. This holder is potentially dangerous. Many of the plastics used are dangerous, the holder is not airtight and worst of all, many are badly contaminated with paper and cardboard dust on the surface of the plastic.

Even when wiped off, the holder still has microscopic dust particles that fly to the coin's surface when it is inserted. You would be amazed how big a spot a dust particle invisible to the naked eye can cause.

Flips

This is the name given to the 2-by-2-inch plastic holders. There usually have two sections hinged at the top, and one section contains a paper insert for labeling.

Some are made of polyvinyl chloride, a dangerous plastic because it can combine with oxygen to form compounds that will attack the coin.

Some are Mylar, a polyethylene derivative, and these are basically inert, but are moisture permeable. The Mylar holders are reasonably safe for short-term storage though. There is a possibility of contaminating the interiors of the flips with paper dust from the inserts. In addition, the flips do not seal at the top, thus the coins are exposed to the atmosphere.

Plexiglas

Three-layer Plexiglas holders are available for single coins or sets. They are much better than most holders, but have the disadvantage of high cost. However, Plexiglas contains polymethacrylic acid, which can attack the coin's surface. The coins usually are loose in the holes and can rattle around, abrading the plastic and picking up dust from the plastic, thus the acid can come in contact with the coin. Plexiglas can also absorb moisture.

Polystyrene holders

Single coin or Proof and Mint holders, as well as roll tubes, are available. Made of clear brittle plastic, the holders usually snap together. Polystyrene is one of the few inert plastics and therefore can be considered safe. The edges of these holders, however, frequently do not seal airtight.

Slabs

The sonically sealed plastic encapsulations used by third-party grading services, euphemistically known as "slabs," offer some protection but are not a panacea for all storage problems. Contaminants trapped on a coin when it is being slabbed can continue to cause damage after slabbing. Over time, corrosive chemicals can permeate through the plastic and attack the coin housed within the slab. Coins can tone inside a slab that is kept in a corrosive atmosphere.

Intercept Shield

A new product was introduced in a variety of coin storage systems during the summer of 1999 that holds the potential for protecting coins for decades. The technology was developed and patented by Lucent Technologies Bell Labs to protect sensitive electrical components from atmospheric contamination and corrosion. The technology, which is being incorporated into the lining of coin albums and folders, 2-by-2-inch and slab-sized storage boxes, individual slab storage boxes and inserts placed inside slabs and envelopes, absorbs harmful chemicals and keeps them away from coins stored within the devices. Under proper conditions, the Intercept Shield could protect coins from toning for decades, according to testing.

Following these suggestions will not guarantee that a coin will not deteriorate, but they do suggest the best methods known to ensure that coins that are the pride and joy of a collector will survive for the lifetime of this and future generations of collectors.

U.S. coinage history

U nited States coinage history is a fascinating subject involving economics, politics, artistic expression, personal rivalry, technological breakthroughs, gold and silver discoveries and more. In short, the history of the country's coinage is the history of the United States.

Denominations

Since coinage began at the Philadelphia Mint in 1793, more than 20 denominations have been used as circulating, commemorative and bullion coins of the United States. In platinum, the denominations have been $100, $50, $25 and $10. In gold, the denominations have been $50 (commemorative and bullion coins only), $25 (the American Eagle bullion coin), $20, $10, $5, $3, $2.50 and $1. The U.S. Mint has issued one platinum-gold ringed bimetallic coin, with a denomination of $10. Among silver coins (many later changed to copper-nickel clad by the Coinage Act of 1965), there have been the silver dollar, the Trade dollar, the half dollar (50 cents), the quarter dollar (25 cents), 20-cent coin, dime (10 cents), half dime (5 cents) and 3-cent coin. The Mint has also struck copper-nickel 5-cent, 3-cent and 1-cent coins; a bronze 2-cent coin; cents in copper, copper-nickel, bronze, brass, zinc-coated steel and copper-plated zinc; and a copper half cent.

Production of U.S. coinage began in earnest in 1793 with the production of copper half cents and cents. The Mint began striking silver half dimes, half dollars and dollars in 1794, and silver dimes and quarter dollars in 1796. Gold coinage began in 1795 with the $5 half eagle and the $10 eagle, followed by the $2.50 quarter eagle in 1796.

During the earlier years of the U.S. Mint, not all denominations were struck in all years. In 1804, coinage of the silver dollar ceased with the striking of 1803-dated coins; dollar coinage was not resumed until 1836. A few gold eagles were struck in 1804, but coinage of the $10 coin then ceased until 1838. No quarter eagles were struck from 1809 through 1820. Production of the other denominations was sporadic except for the cent; planchet shortages prevented any 1815-dated cents from being produced. Otherwise, the cent series has been issued without interruption since 1793.

Meanwhile, as the country's borders and population grew, the monetary system grew with them. The denominations authorized in

1792 were no longer sufficient to meet the country's monetary needs at the midpoint of the 19th century, and new denominations were authorized. Congress authorized a gold dollar and a gold $20 double eagle, both under the Act of March 3, 1849. Two years later, a silver 3-cent coin was authorized to facilitate the purchase of 3-cent postage stamps. A gold $3 coin was introduced in 1854, again to help in the purchase of 3-cent stamps (in sheets of 100). A smaller, copper-nickel cent was approved in 1857, replacing the pure copper large cent. The half cent was eliminated, also in 1857.

The American Civil War erupted in 1861, causing massive hoarding of coinage and the necessity of coinage substitutes like encased postage stamps, privately produced copper-alloy cent-like tokens and finally, the first federal paper money (including denominations of less than a dollar). More changes to U.S. coins began in 1864, when the composition of the cent was changed to 95 percent copper and 5 percent tin and zinc (bronze), and when a bronze 2-cent coin was introduced.

A copper-nickel 3-cent coin was issued beginning in 1865 to circulate alongside the silver 3-cent coin (the latter was eliminated after 1873). A copper-nickel 5-cent coin was introduced in 1866; the silver half dime was eliminated after 1873.

In a bit of numismatic trivia that might be surprising to most noncollectors, the first coin to be called a "nickel" was the copper-nickel cent issued from 1857 to 1864. The copper-nickel 3-cent coin was also called a "nickel" by 19th century users of the coin, with the copper-nickel 5-cent coin introduced in 1866 finally appropriating the nickname. The nickname persists to this day although the term "nickel" appears in none of the legislation authorizing the 5-cent coin. The nickname is based on the copper-nickel alloy that composes the coin, although ironically, the alloy used in the 5-cent coin since its inception has been 75 percent copper and just 25 percent nickel.

The year 1873 brought significant, unprecedented changes to the U.S. coinage system, under the Act of Feb. 12, 1873. Four denominations were abolished by the act: the 2-cent coin, the silver 3-cent coin, the half dime and the standard silver dollar. It authorized a Trade silver dollar for use by merchants in Asia (Congress revoked the Trade dollar's legal tender status in the United States in 1876; it has since been restored). The weights of the silver dime, quarter dollar and half dollar were increased. In addition, the act, in effect, demonetized silver and placed the United States on a gold standard, triggering a national debate that would last for the next quarter century.

Another new denomination was authorized in 1875 — the silver

20-cent coin. The coin was struck for circulation in 1875 and 1876, setting the record for the shortest-lived silver denomination in U.S. coinage history. Coinage of Proof 20-cent coins continued for collectors only in 1877 and 1878.

Congress reauthorized the standard silver dollar in 1878 after lobbying efforts on behalf of the silver mine owners.

Other coinage denominations in use continued unchanged through 1889, when the gold dollar and gold $3 denominations were struck for the last time.

The circulating silver dollar was resurrected twice for circulation: in 1921, to continue through 1935; and in 1964. Although 1964-D Peace silver dollars were struck, the government withdrew support for them and ordered the coins destroyed, in part to ensure that none inadvertently entered circulation or collector circles. There is no credible evidence (though plenty of rumors) that any of the coins survive.

The copper-nickel dollar was introduced in 1971, and a smaller dollar (the Anthony dollar) was issued briefly from 1979 to 1981 and in 1999. A new golden-colored, Anthony-dollar sized dollar coin depicting Sacagawea entered circulation in 2000, but has not circulated widely; production of it for circulation was halted in early 2002, and as of mid-year, the coin's future as a circulating denomination remained uncertain.

The standard silver dollar lives on in commemorative coinage, with more than 40 different commemorative dollars struck since 1983. In addition, there is a 1-ounce silver bullion coin that bears a $1 denomination, introduced in 1986 as part of the American Eagle bullion program.

Since the Mint Act of 1875, only three new denominations have been authorized, none for circulation. A gold $50 coin was approved to commemorate the 1915 Panama-Pacific Exposition being held in San Francisco. More than 70 years later, in 1986, the $50 denomination was revived and a new denomination ($25) was authorized, both for the American Eagle gold bullion coin program. A $100 denomination was given to the 1-ounce platinum American Eagle bullion coin, which was introduced in 1997.

The last gold denominations struck for circulation occurred in 1933, when coinage of the eagle and double eagle ceased under President Franklin Roosevelt's anti-gold executive orders. The gold quarter eagles and half eagles were last struck in 1929. All gold coins struck since 1984 have been commemorative or bullion coins.

Designs

The story behind the designs of U.S. coinage is one of artistic experimentation and drone-like uniformity; of political necessity and political favoritism; of beauty tempered by the realities of the coining process.

The members of Congress who approved the original U.S. monetary system created design parameters that affect new U.S. coin designs even today. The Mint Act of April 2, 1792, specified that certain design features and legends appear on the coins that were authorized. On one side of all coins was to be an impression symbolic of Liberty, plus the word LIBERTY and the year of coinage. For the silver and gold coins, an eagle and UNITED STATES OF AMERICA were to appear on the reverse. The denomination was to appear on the reverses of the half cents and cents.

For more than 115 years in the history of U.S. coinage, Liberty was portrayed by allegorical female figures, appearing either as a bust or a full-length portrait.

The 1793 half cents and cents introduced the allegorical themes used on U.S. coins: The half cent depicts a bust of Liberty with her hair flowing free. A Liberty Cap on a pole, a familiar symbol of Liberty in the American and French revolutions of the latter 18th century, rests on her right shoulder, giving the design its name: the Liberty Cap. On the first cents of 1793, another Flowing Hair Liberty appears. Contemporary reports claimed Liberty looks frightened on the cent.

Since the Mint Act of 1792 required only the denomination to appear on the reverses of the copper coins, the Mint engravers had a free rein. The first half cents have a wreath on the reverse, a device used as late as 1958 on the reverse of the Lincoln cent in the form of two stalks of wheat. The reverse device on the first cents lasted only months. A 15-link chain meant to represent the unity of the 15 states appears on the first 1793 cents. The public believed the chain was a symbol of enslavement perceived to represent "a bad omen for Liberty." Changes in the design of both sides of the cent came rapidly. A Wreath reverse replaced the Chain reverse, then the unpopular obverse design was replaced with a Liberty Cap design similar to that on the half cent. Thus, three distinct cents were struck with the 1793 date.

Additional design changes were instituted for the cent in 1796, when a Draped Bust design was introduced and used through 1807. Liberty appears without a cap, her hair falling over bare shoulders. Loose drapery covers Liberty's bust. Another Liberty Head design called the Classic Head design was used on the cent from 1808 to 1814. It differs considerably from the earlier allegorical motifs, with Liberty wearing a ribbon inscribed with LIBERTY around her hair.

The Coronet design was introduced in 1816 on the large cent. This design (in several forms) would prove one of the most versatile of the 19th century. A variation of the Coronet design would appear both on copper coins until 1857 and on most of the gold denominations from the 1830s to the first decade of the 20th century. The design is similar on all of the coins, depicting Liberty wearing a coronet inscribed with LIBERTY.

Designs for the half cent were generally similar to the cent's designs, although the timetable for introduction was often different. The half cent used a Liberty Cap design until 1797, and from 1800 to 1808 a Draped Bust design was used. The Classic Head design was used on the half cent from 1809 to 1836 and the Coronet design was introduced in 1840.

The silver coins of the 18th century feature designs similar to those on the copper coins. The silver coins used a Flowing Hair design in 1794 and 1795, and in 1795 and 1796, a Draped Bust design was introduced on all silver coins. The Capped Bust design was used first for the half dollar in 1807, with the dime following in 1809, the quarter dollar in 1815 and the half dime in 1829. The eagles appearing on the reverse of the silver coins appeared in several forms, first in a Small Eagle design that some critics likened to a pigeon. A Heraldic Eagle was used on the dollar beginning in 1798, the half dollar in 1801 and the quarter dollar in 1804.

Allegorical Liberty figures with similar themes but somewhat different details were used on the early gold coins. A Capped Bust, Heraldic Eagle design was used from 1796 to 1807 for the quarter eagle, then replaced in 1808 with the one-year-only Capped Draped Bust type. The Capped Head quarter eagle was struck between 1821 and 1834. On the half eagle, the Capped Bust design was used from 1796 to 1807; the Small Eagle reverse was used from 1796 to 1798, and a Heraldic Eagle design was used from 1795 to 1807, concurrently with the Small Eagle at first. The Capped Draped Bust was used on the half eagle from 1807 to 1812, and the Capped Head, from 1813 to 1829. The Classic Head design was used briefly, from 1834 to 1838. For the $10 eagle, the Capped Bust design was used from 1795 to 1804, when production of the denomination ceased. On the reverse of the $10 coin, the Small Eagle was used from 1795 to 1797, and the Heraldic Eagle design was used from 1797 to 1804.

An 1837 act dropped the requirement that an eagle appear on the reverses of the half dime and dime.

Production of the silver dollar resumed in 1836 with the so-called Gobrecht dollar. The obverse depicts a Seated Liberty figure on a rock, her body draped in robes. The reverse design depicts a Flying Eagle.

This dollar was the first of several coins that would use a similar Flying Eagle theme.

With the creation of the Seated Liberty design, a new age of uniformity ensued on U.S. coins. A modification of the Seated Liberty obverse design from the dollar was introduced on the half dime and dime in 1837, the quarter dollar in 1838 and the half dollar in 1839. Wreaths were placed on the half dime and dime in 1837; eagles appeared on the new quarter dollar and half dollar; and the dollar received a new eagle design in 1840, with the Flying Eagle replaced by an eagle similar to those on the quarter dollar and half dollar.

Gold coins, too, entered the uniform age of coin designs when the Coronet (sometimes called Liberty Head) design was introduced in 1838 for the eagle, in 1839 for the half eagle and in 1840 for the quarter eagle. When the gold dollar and $20 double eagle were introduced in 1849 and 1850, respectively, the Coronet design was used for both. Like the silver coins, the gold coins would not break out of uniformity until the early 20th century, except for the dollar.

A new theme was introduced in 1854 on the gold dollar, replacing the Coronet figure. An Indian Head portrait by James B. Longacre was introduced, the first in a series of coinage tributes to the first native Americans. However, the gold dollar portrait did not depict a true Indian; Longacre simply placed an Indian headdress on the same Liberty figure he would use in many different versions of the design. A slightly larger Indian Head was used beginning in 1856 on the gold dollar. The gold $3 coin depicts an Indian Head portrait, and the reverse depicts a wreath.

When the large cent was abandoned in 1857 for a smaller cent, a Flying Eagle design was placed on the obverse (the 1856 Flying Eagle cents are patterns). The obverse design was changed to an Indian Head design in 1859. Wreaths of various types appear on the reverses of both.

Several nonallegorical designs began to appear on U.S. coins in the 1850s. On the silver 3-cent coin, a six-point star appears as the central obverse design; the reverse depicts the Roman numeral III inside what resembles a large letter "C." Shields appear on the obverses of the 2-cent coin and the first copper-nickel 5-cent coin.

A Liberty Head design replaced the Shield design on the 5-cent coin in 1883. The silver dollar, abandoned in 1873 and reinstated in 1878, depicts a Liberty Head and an eagle (the coin is called the Morgan dollar in reference to the sculptor-engraver who designed it). A version of the Seated Liberty coinage design was placed on the short-lived 20-cent coin of 1875 to 1878.

Coinage designs came under stricter congressional control with passage of a new law in 1890. Previously, design changes could occur at whatever frequency Mint officials determined to be appropriate. Designs sometimes changed after being used only a few months.

The new law prohibited design changes unless the designs had been used for at least 25 years. Congress had to authorize changes to designs in use for less than the required period. This brought an end to frequent design changes.

The Seated Liberty design, used on most of the silver coins since 1836, was finally abandoned at the end of 1891. By that time, it was in use only on the dime, quarter dollar and half dollar, the other denominations having been repealed or redesigned. Chief Mint Sculptor-Engraver Charles Barber's Liberty Head design replaced it in 1892. Barber also created a Heraldic Eagle for use on the reverse of the quarter dollar and half dollar; the reverse wreath appearing on the Seated Liberty dime was maintained on the reverse of the "Barber" dime. The Barber designs were used through mid-1916 for the dime and quarter dollar, and through 1915 for the half dollar.

The first two decades of the 20th century resulted in two major design trends for U.S. coins. One, beginning in 1907, resulted in what many cite as the "Golden Age of U.S. Coin Designs." The other, beginning in 1909, was the first step away from allegorical depictions in favor of medallic tributes to prominent political figures from American history.

The "Golden Age" began with the elevation of Theodore Roosevelt to president of the United States. Roosevelt did more to improve the aesthetics of U.S. coins than any other politician since Washington. He invited Augustus Saint-Gaudens, the premier U.S. sculptor of the day, to create coin designs Roosevelt hoped would equal the artistic beauty found on ancient Greek coins. Saint-Gaudens submitted designs for the cent, eagle and double eagle. Roosevelt chose from the submissions the designs for the two gold coins. The $10 coin depicts an allegorical Liberty Head wearing an Indian headdress on the obverse, and a standing eagle on the reverse. The double eagle depicts a Standing Liberty facing the viewer on the obverse, and a Flying Eagle design for the reverse.

Saint-Gaudens' double eagle design is considered by many collectors to be the finest ever portrayed on a U.S. coin. However, the first $20 coins struck in 1907 contain extremely high relief features, an artistic creation that caused problems in production. The coins required too many strikings for efficient production, so the relief was lowered later in 1907. (Saint-Gaudens, who had been in ill health for some time, was dead by this time; he never saw his designs circulate.)

The "Golden Age" continued in 1908, with new designs for the $2.50 and $5 coins by Bela Lyon Pratt: an American Indian on the obverse, and a Standing Eagle on the reverse. These were the first true Indians to appear on U.S. coins. What made the designs so unusual, however, was their placement on the coin. The designs were created in the oxymoronic "incused relief." Often incorrectly referred to as incused, the designs are raised, but sunken into the fields so the highest points are level with the flat fields.

In 1913, the designs for the 5-cent coin were changed. An American Indian was placed on the obverse, and an American bison was placed on the reverse. The coin, known variously as the Indian Head, Bison or Buffalo 5-cent coin (also nicknamed the Buffalo nickel), is considered the most American of U.S. coin designs because of the two themes portrayed on the coin. The Indian design appearing on the obverse is probably the finest to be placed on a U.S. coin. Three Indians — often identified as Iron Tail, Two Moons and Chief John Tree — posed for designer James Earle Fraser, who created a composite portrait. The model for the bison was Black Diamond, a resident of the New York Zoological Gardens. Variations of Fraser's designs were used in 2001 to strike the American Buffalo commemorative silver dollar.

More design changes were made in 1916, when the Barber designs for the dime and quarter dollar were replaced in mid-year. The dime features a Winged Liberty Head on the obverse. The design is often called the "Mercury" dime, although the artist never intended the figure to represent Mercury. The reverse depicts a fasces.

The quarter dollar design introduced in 1916 proved short lived. The Standing Liberty figure had an exposed right breast. Liberty's bare breast was covered with a coat of mail in 1917 (both varieties of the 1917 coin exist). Although many numismatic books claim there was a hue and cry over Liberty's bare breast, no contemporary evidence exists that backs that theory (in fact, the coat of chain more likely indicates the nation's preparation to enter the war in Europe, a common allegorical theme). The reverse depicts a Flying Eagle; its position was modified slightly in 1917 at the same time that changes were made to the obverse. The obverse change may have been illegal, since Congress did not authorize it as required by the 1890 law.

The Walking Liberty half dollar, designed by Adolph A. Weinman, was also introduced in 1916. The obverse depicts a Walking Liberty figure. The reverse depicts one of the most attractive eagles on a regular issue of U.S. coins.

The Peace dollar replaced the Morgan dollar in 1921. The Morgan dollar, which had last been struck in 1904, was briefly resurrected in 1921 before it was replaced by the Peace dollar. The Peace dollar commemorates the peace that followed the end of World War I. Coinage of the dollar ceased at the end of 1935 when the denomination was temporarily abandoned.

The second coinage trend to begin in the early 20th century occurred in 1909 when a portrait of Abraham Lincoln replaced the Indian Head on the cent, to celebrate Lincoln's 100th birthday. Lincoln's 150th birthday in 1959 resulted in the Lincoln Memorial replacing the wheat stalks found on the Lincoln cents of 1909 to 1958.

The portrait trend continued in 1932, when the Standing Liberty quarter dollar was replaced with the George Washington portrait on the bicentennial of Washington's birth. A portrait of Thomas Jefferson replaced the American Indian in 1938 on the 5-cent coin. Franklin Roosevelt's portrait was placed on the dime in 1946, a year after his death. A portrait of Benjamin Franklin was placed on the half dollar in 1948, replacing the Walking Liberty designs. Franklin was replaced in turn in 1964 by a portrait of John F. Kennedy in a numismatic tribute to the assassinated president. In 1971, a copper-nickel dollar coin was introduced bearing President Dwight D. Eisenhower's portrait on the obverse and an allegorical figure of an eagle landing on Earth's moon, commemorating the Apollo 11 moon landing.

The Bicentennial of the Declaration of Independence in 1976 brought changes to the reverses of the quarter dollar, half dollar and dollar. The reverse of the 1976 quarter dollar depicts a Revolutionary War drummer; the half dollar depicts Independence Hall in Philadelphia; and the dollar depicts the Liberty Bell superimposed over the moon. The designs reverted to their original versions in 1977.

In 1979, a new copper-nickel dollar sized between the quarter dollar and half dollar was introduced, replacing the Eisenhower dollar. The new design depicts feminist Susan B. Anthony and a reduced version of the moon-landing design. The choice was not a popular one, since many collectors had hoped a reincarnation of the Flowing Hair Liberty designed by Chief Sculptor-Engraver Frank Gasparro would appear, and some objected to Anthony's political, feminist and religious views. The coin did not circulate well, mainly because of its similarity in size to the quarter dollar (many found the two coins too close to each other in diameter) and because the dollar bill remained in production. The 1979 and 1980 coins were struck for circulation, and the 1981 coins were struck for collectors only. The Anthony dollar was struck in 1999 for a few months only, both for circulation and in collector's versions.

In the 1980s, older designs were reused on the American Eagle bullion coins. The obverse of the silver dollar depicts Weinman's Walking Liberty half dollar obverse, enlarged for placement on the larger coin. A new Heraldic Eagle appears on the reverse.

For the gold bullion coins, Saint-Gaudens' obverse Liberty for the double eagle was chosen, but not until Treasury Secretary James A. Baker III ordered Liberty on a diet in 1986. The Mint engraver assigned to the project was ordered to reduce Liberty's apparent weight by giving her slimmer arms and legs. Members of the Commission of Fine Arts decried the changes to what many consider is a classic design. The Commission of Fine Arts was also critical of Miley Busiek's reverse, a Family of Eagles design. The legislation authorizing the gold coins mandated the design, which shows two adult eagles and two younger birds.

The newest members of the bullion coin family, the platinum American Eagles, stay near the tried-and-true designs of the past. On the obverse, John Mercanti rendered a medium close-up view of the Statue of Liberty, but deliberately thinned Liberty's lips and made other cosmetic changes. The reverse depicts a fairly realistic rendering of an eagle in flight with the sun in the background. In an interesting decision, Mint officials decided that beginning in 1998, the Proof versions of the platinum coin would depict a new reverse design every year for five years in a Vistas of Liberty series. The original reverse design remains in use on the Uncirculated versions of the coins.

As the 1990s ended, the most exciting news for collectors was a decision to introduce new designs into circulation. For decades, hobbyists and others had called for new designs on circulating coins while Mint officials had publicly opposed changes, stating that new designs would cause hoarding and coin shortages.

Administration and congressional officials debated coinage redesign for years in the 1980s and 1990s, but took little action. At one point in early 1992, it appeared as though the Senate and House had reached agreement on coinage redesign. A redesign measure was added to an omnibus coin bill seeking a variety of commemorative coins for 1992 and beyond. However, on the day the vote was scheduled, someone began spreading the false rumor that the legislation would eliminate "In God We Trust" from U.S. coinage. The House defeated the bill because of the rumor.

Finally, however, Congress changed its mind and authorized limited coinage redesign through the 50 States circulating commemorative quarter dollar program. Fifty new reverse designs will be introduced over a 10-year period beginning in 1999 at a rate of five per year, approximately every 10 weeks.

New designs were used on the new dollar coin introduced in January 2000. An unusual mixture of allegorical and historical themes was considered, with the coin depicting an allegorical image of the teenaged interpreter for the Lewis and Clark Expedition, Sacagawea, and her baby. This design concept was selected after unprecedented public discourse on the subject on June 8-9, 1998, in Philadelphia. Members of the public were invited to speak before a panel empowered to recommend coinage designs for the dollar coin. Artists, coin collectors and others recommended such subjects as Eleanor Roosevelt, allegorical portraits of Liberty and other themes, with the Sacagawea-inspired theme selected by the panel. The obverse depicts Sacagawea carrying her infant son, Jean Baptiste, in a cradle on her back — the first mother and child depicted on a circulating U.S. coin. The reverse depicts an eagle.

Mint officials, having embraced coinage redesign with the State quarter dollars program and the Sacagawea dollar, began considering changes to other circulating coins, ending decades of official opposition to design changes. In 2002, U.S. Mint Director Henrietta Holsman Fore began publicly discussing possible, temporary design changes to the Jefferson 5-cent coin in 2003 in commemoration of the bicentennial of the Lewis and Clark expedition, which Jefferson ordered. The first hints came during meetings Fore conducted with collectors at coin shows and State quarter dollar launch ceremonies.

In June 2002, details of the planned design began to emerge. A new portrait of a younger Jefferson (based on the portrait used in 1994 on a silver dollar commemorating the 1993 bicentennial celebration of Jefferson's birth) was planned, with Monticello to be replaced by a scene of an American Indian and an eagle. However, Virginia legislators reacted angrily to the proposal that Monticello (located in Virginia) be removed. One legislator introduced legislation in Congress that, if it becomes law, would mandate the appearance of Monticello on the reverse of the 5-cent coin and would eliminate the Treasury secretary's authority under the 1890 law to change the reverse image. As of press time, the redesign issue was unresolved.

Specifications

The physical specifications of U.S. coins — metallic content, weights, diameters — have been ever changing. Changes were in response to increases and decreases in metal prices, public rejection of large-diameter coins, and other factors.

Even before the first copper coins were struck in 1793, their weights were reduced from what Congress had authorized. Weights for both copper coins were again reduced in 1795.

The 1794 and 1795 silver coinage was struck in a composition of 90 percent silver and 10 percent copper, according to some sources. When additional silver denominations were added in 1796, the composition for all five coins was changed to 89.2427 percent silver and 10.7572 percent copper, until additional change came in 1836 and 1837.

Composition of the first gold coins is 91.6667 percent gold and 8.3333 percent copper and silver.

In 1834, the weight of gold coins was reduced and the alloy changed for two years to 89.9225 percent gold and 10.0775 percent copper and silver. In 1836, the gold alloy was changed again, to 90 percent gold and 10 percent copper and silver, an alloy unchanged until 1873. Changes were made to silver coins in 1836 as well, when the silver content was changed to 90 percent silver and 10 percent copper, an alloy used until the mid-1960s.

The rising price of silver resulted in a reduction in weights for the silver coins during 1853 (except for the silver dollar). Arrows were added to both sides of the dates on the reduced weight half dimes, dimes, quarter dollars and dollars, a design feature used for 1853 and 1854 coins. The arrows were removed in 1855 although the weights of the silver coins remained the same.

A smaller cent composed of 88 percent copper and 12 percent nickel replaced the pure copper cent in 1857. Diameter of the old cent is approximately 29 millimeters; the new cent has a diameter of 19 mm.

The weights of the Seated Liberty silver coinage increased in 1873, and again arrows were placed at either side of the date to signify the increased weight. Silver was dropped from the gold-coin alloy, which changed to 90 percent gold and 10 percent copper.

The next major compositional changes in U.S. coins were made during World War II. Several metals used in coinage became strategically important to the war effort. The first to be affected was the

5-cent coin, which had nickel removed in mid-1942 after some copper-nickel specimens were struck. The new composition was 56 percent copper, 35 percent silver and 9 percent manganese. The old alloy was resumed in 1946.

In addition, during the war, the composition of the cent changed. First, tin was removed late in 1942. Then, in 1943, a zinc-coated steel cent was introduced to conserve copper. The brass alloy of 95 percent copper and 5 percent zinc used late in 1942 was resumed from 1944 through 1946. The 95 percent copper, 5 percent tin and zinc composition resumed in 1947 and continued until late 1962. Once again, tin was removed from the bronze alloy, turning the alloy into the same composition, called brass, used in 1944 through 1946.

The 175-year-old history of United States coinage was changed with the stroke of a pen on July 23, 1965. On that day, President Lyndon Johnson signed into law the Coinage Act of 1965, the most sweeping changes to the U.S. coinage system since the Mint Act of 1873. The 1965 act eliminated silver in dimes and quarter dollars and reduced the silver content of the half dollars to 40 percent.

Special congressional hearings relative to the nationwide coin shortage were first held in 1964. Coin shortages had continually worsened in the decade prior to 1965 as a result of the population growth, expanding vending machine businesses, popularity of Kennedy half dollars and the worldwide silver shortage.

In the face of the worldwide silver shortage, it was essential that dependence on silver for coinage be reduced. Otherwise, the country would be faced with a chronic coin shortage.

A clad metal composed of three bonded layers of metal was selected for the new composition. The dimes and quarter dollars were composed of two layers of 75 percent copper and 25 percent nickel bonded to a core of pure copper. The half dollars were composed of two layers of 80 percent silver and 20 percent copper bonded to a core of approximately 20 percent silver and 80 percent copper; the entire coin is composed of 40 percent silver.

The combination of copper-nickel and copper gave the new coins the required electrical conductivity, a necessary property for vending machines. The copper-nickel surfaces also continued the traditional silvery color of the coins and made counterfeiting more difficult.

The legal weights of the coins were affected by the change in alloy. The clad dime weight is 2.27 grams, the quarter dollar weighs 5.67 grams and the half dollar weighs 11.5 grams. With the elimination of silver from half dollars in 1971 and the introduction of a copper-nickel clad version, the weight was changed to 11.34 grams. The cladding of all coins constitutes approximately 30 percent of the coin by weight.

In an effort to maximize coin production, 1964-dated silver coins were struck into 1965. The Coinage Act of 1965 also made it mandatory that clad coins be dated not earlier than 1965. All clad coins actually made in 1965 bear that date. The first clad dimes were struck in late December 1965 and were released March 8, 1966. The first clad quarter dollars were struck Aug. 23, 1965, and released Nov. 1, 1965. The first silver-clad half dollars were released March 8, 1966, but were struck starting Dec. 30, 1965. The 1965 date was retained until July 31, 1966, when the date was changed to 1966. Normal dating resumed Jan. 1, 1967.

Another great compositional change to U.S. circulating coinage came in mid-1982, when the brass cent was replaced with a cent of nearly pure zinc, plated with a thin layer of pure copper to retain its copper appearance, in reaction to rising copper prices. The switch to the copper-plated zinc cent was made with few noting the difference.

When the American Eagle bullion coins were introduced in 1986, some numismatists were critical of the .9167 gold content, a composition they deemed "nontraditional"; there was some preference for a .900 gold content. However, the chosen composition is virtually identical to the alloy first used for U.S. gold coins, from 1795 to 1834. A new silver composition was introduced with the production of the .999 fine silver American Eagle dollar.

The Treasury secretary now has authority under a change in the law in 1992 to change the composition of the American Eagle gold coin without seeking congressional approval. Sources say serious consideration is being given to issuing a .9999 fine gold American Eagle bullion coin in order to sell better than the current composition.

The platinum American Eagle bullion coins, introduced in 1997, are .9995 fine.

Mint officials struck the United States' first ringed bimetallic coins in 2000 (the Library of Congress gold-platinum $10 commemorative coin), after experimenting with test pieces in early 1993. The Library of Congress coins consist of an outer ring of gold bonded to an inner ring of platinum.

The introduction of the 2000 "golden" dollar depicting Sacagawea resulted in another new alloy. U.S. Mint officials selected a composition that has two outer layers composed of manganese-bronze (77 percent copper, 12 percent zinc, 7 manganese and 4 percent nickel) bonded to an inner core of pure copper. Overall, the total composition is 88.5 percent copper, 6 percent zinc, 3.5 percent manganese and 2 percent nickel.

Commemorative coins

AMERICA'S commemorative coins are graphic reminders of the United States' past, honoring its history, its heroes and its accomplishments.

They are special coinage issues, authorized by acts of Congress to recognize the people and events that have shaped the United States. They occasionally honor an individual, like Ulysses S. Grant. They may honor a historical event such as the Battle of Gettysburg or a current event such as the 1996 Olympic Games in Atlanta.

They are rarely issued for circulation, although that changed in 1999. The United States Mint began a 10-year program that when completed, will have resulted in 50 different circulating quarter dollars, each commemorating one of the 50 states in the Union.

The first series of U.S. commemorative coins dates from 1892 until 1954, when Department of Treasury support for commemorative coins ended after decades of abuse. The abuses were many, with numerous coins issued for events of purely local interest or even to commemorate nonevents. Administrations from the Eisenhower presidency to the Carter presidency opposed all commemorative coinage. There was so much opposition that when the 1976 Bicentennial of the Declaration of Independence quarter dollars, half dollars and dollars were issued in 1975 and 1976, Treasury officials carefully avoided any and all use of the word "commemorative," although clearly the coins are commemorative in nature.

It came as a surprise, then, when in 1981 United States Treasurer Angela M. Buchanan announced Treasury Department support for a commemorative half dollar honoring George Washington's 250th birthday in 1982. Buchanan said that the Treasury Department "has not objected to special coinage authorized by Congress for the government's own account," referring specifically to the 40 percent silver versions of the Bicentennial coinage. Buchanan said that the Treasury Department had always objected to "the issuance of commemorative coins for the benefit of private sponsors and organizations." With the Treasury Department supportive of the measure, Congress passed the Washington half dollar bill and President Reagan signed it into law.

Thus, the commemorative coin program in the United States was reborn.

Since 1982, commemorative coins have been issued in every year except 1985, often with more than one program in each year. In fact, many of the abuses of the past have resurfaced. Some recent years have witnessed multiple programs, making acquiring one of every coin an expensive proposition. Congress has also authorized programs of extremely limited interest (as shown by shrinking sales figures), many to raise funds for various congressional projects, such as the 2001 Capitol Visitor Center program. Special-interest groups have come to consider coin collectors a "cash cow," since surcharges added to the cost of modern commemorative coins are given to various special-interest groups to fund a variety of memorials and projects. In one case, $1 million in surcharges originally intended for funding scholarships for disadvantaged youth (from the sales of the Jackie Robinson commemoratives) was diverted to the Botanic Garden, even though the Botanic Garden had already received money from the sales of its own commemorative coin program. The diversion of funds occurred because the wife of the member of Congress sponsoring the diversion of funds was closely connected to the Botanic Garden.

In this section, commemorative issues are presented by year of their first issuance. For early commemoratives, those produced from 1892 to 1954, original mintage, number melted and final mintage are listed. For commemorative coins produced since 1982, the final net mintage only (reflecting sales figures) is listed. The U.S. Mint no longer makes public the original mintage, number of coins melted, or whether coins have been held in inventory or stored in Treasury vaults. Each coin is listed with the designers, and original issue prices are given, so that the collector may determine the coin's performance against its original cost.

For a complete history of the commemorative coin story, complete with politics and intrigue, consult *Commemorative Coins of the United States* by Anthony Swiatek, published by *Coin World*.

Date	Original Mintage	Melted	Final Mintage	Original Price

Commemoratives 1892-1954

Columbian Exposition half dollar			Charles E. Barber/George Morgan	
1892	950,000	None	950,000	$1.00
1893	4,052,105	2,501,700	1,550,405	$1.00
Isabella quarter dollar			Charles E. Barber	
1893	40,023	15,809	24,124	$1.00
Lafayette-Washington silver dollar			Charles E. Barber	
1900	50,026	14,000	36,026	$2.00
Louisiana Purchase Exposition gold dollar			Charles E. Barber	
1903	250,258	215,250	each type 17,375	$3.00
Lewis and Clark Exposition gold dollar			Charles E. Barber	
1904	25,028	15,003	10,025	$2.00
1905	35,041	25,000	10,041	$2.00
Panama-Pacific Exposition half dollar			Charles E. Barber	
1915-S	60,030	32,896	27,134	$1.00
Panama-Pacific Exposition gold dollar			Charles Keck	
1915-S	25,034	10,034	15,000	$2.00
Panama-Pacific Exposition quarter eagle			Charles E. Barber	
1915-S	10,017	3,278	6,749	$4.00
Panama-Pacific Exposition $50			Robert Aitken	
1915-S Round	1,510	1,027	483	$100
1915-S Octag.	1,509	864	645	$100
McKinley Memorial gold dollar			Charles E. Barber/George T. Morgan	
1916	20,026	10,049	9,977	$3.00
1917	10,014	14	10,000	$3.00
Illinois Centennial half dollar			George T. Morgan/John R. Sinnock	
1918	100,058	None	100,058	$1.00
Maine Centennial half dollar			Anthony de Francisci	
1920	50,028	None	50,028	$1.00
Pilgrim Tercentenary half dollar			Cyrus E. Dallin	
1920	200,112	48,000	152,112	$1.00
1921	100,053	80,000	20,053	$1.00
Missouri Centennial half dollar			Robert Aitken	
1921 2*4	5,000	None	5,000	$1.00
1921 No 2*4	45,028	29,600	15,428	$1.00
Alabama Centennial half dollar			Laura Gardin Fraser	
1921 2X2	6,006	None	6,006	$1.00
1921 No 2X2	64,038	5,000	59,038	$1.00
Grant Memorial half dollar			Laura Gardin Fraser	
1922 Star	5,006	750	4,256	$1.00
1922 No Star	95,055	27,650	67,405	$1.00
Grant Memorial gold dollar			Laura Gardin Fraser	
1922 Star	5,016	None	5,016	$3.50
1922 No Star	5,000	None	5,000	$3.00
Monroe Doctrine Centennial half dollar			Chester Beach	
1923-S	274,077	None	274,077	$1.00
Huguenot-Walloon Tercentenary half dollar			George T. Morgan	
1924	142,080	None	142,080	$1.00

Date	Original Mintage	Melted	Final Mintage	Original Price
Lexington-Concord Sesquicentennial half dollar				Chester Beach
1925	162,099	86	162,013	$1.00
Stone Mountain half dollar				Gutzon Borglum
1925	2,314,709	1,000,000	1,314,709	$1.00
California Diamond Jubilee half dollar				Jo Mora
1925-S	150,200	63,606	86,594	$1.00
Fort Vancouver Centennial half dollar				Laura Gardin Fraser
1925	50,028	35,034	14,994	$1.00
American Independence Sesquicentennial half dollar				John R. Sinnock
1926	1,000,528	859,408	141,120	$1.00
American Independence Sesquicentennial quarter eagle				John R. Sinnock
1926	200,226	154,207	46,019	$4.00
Oregon Trail Memorial half dollar				James E. and Laura G. Fraser
1926	48,030	75	47,955	$1.00
1926-S	100,055	17,000	83,055	$1.00
1928	50,028	44,000	6,028	$2.00
1933-D	5,250	242	5,008	$2.00
1934-D	7,006	None	7,006	$2.00
1936	10,006	None	10,006	$1.60
1936-S	5,006	None	5,006	$1.60
1937-D	12,008	None	12,008	$1.60
1938	6,006	None	6,006	$6.25
1938-D	6,005	None	6,005	for
1938-S	6,006	None	6,006	three
1939	3,004	None	3,004	$7.50
1939-D	3,004	None	3,004	for
1939-S	3,005	None	3,005	three
Vermont Sesquicentennial half dollar				Charles Keck
1927	40,034	11,872	28,162	$1.00
Hawaiian Sesquicentennial half dollar				Juliette Mae Fraser/Chester Beach
1928	10,000	None	10,000	$2.00
Maryland Tercentenary half dollar				Hans Schuler
1934	25,015	None	25,015	$1.00
Texas Independence Centennial				Pompeo Coppini
1934	205,113	143,650	61,463	$1.00
1935	10,0078	12	9,996	$1.50
1935-D	10,007	None	10,007	$1.50
1935-S	10,008	None	10,008	$1.50
1936	10,008	1,097	8,911	$1.50
1936-D	10,007	968	9,039	$1.50
1936-S	10,008	943	9,055	$1.50
1937	8,005	1,434	6,571	$1.50
1937-D	8,006	1,401	6,605	$1.50
1937-S	8,007	1,370	6,637	$1.50
1938	5,005	1,225	3,780	$2.00
1938-D	5,005	1,230	3,775	$2.00
1938-S	5,006	1,192	3,814	$2.00
Daniel Boone Bicentennial half dollar				Augustus Lukeman
1934	10,007	None	10,007	$1.60
1935	10,010	None	10,010	$1.10
1935-D	5,005	None	5,005	$1.60
1935-S	5,005	None	5,005	$1.60
1935 W/1934	10,008	None	10,008	$1.10

Commemorative				Designer
Date	Original Mintage	Melted	Final Mintage	Original Price
1935-D W/1934	2,003	None	2,003	$3.70
1935-S W/1934	2,004	None	2,004	for two
1936	12,012	None	12,012	$1.10
1936-D	5,005	None	5,005	$1.60
1936-S	5,006	None	5,006	$1.60
1937	15,010	5,200	9,810	$1.60, $7.25 set
1937-D	7,506	5,000	2,506	$7.25 in set
1937-S	5,006	2,500	2,506	$5.15
1938	5,005	2,905	2,100	$6.50
1938-D	5,005	2,905	2,100	for
1938-S	5,006	2,906	2,100	three

Connecticut Tercentenary half dollar — Henry G. Kreiss

Date	Original Mintage	Melted	Final Mintage	Original Price
1935	25,018	None	25,018	$1.00

Arkansas Centennial half dollar — Edward E. Burr

Date	Original Mintage	Melted	Final Mintage	Original Price
1935	13,012	None	13,012	$1.00
1935-D	5,005	None	5,005	$1.00
1935-S	5,506	None	5,006	$1.00
1936	10,010	350	9,660	$1.50
1936-D	10,010	350	9,660	$1.50
1936-S	10,012	350	9,662	$1.50
1937	5,505	None	5,505	$8.75
1937-D	5,505	None	5,505	for
1937-S	5,506	None	5,506	three
1938	6,006	2,850	3,156	$8.75
1938-D	6,005	2,850	3,155	for
1938-S	6,006	2,850	3,156	three
1939	2,104	None	2,104	$10
1939-D	2,104	None	2,104	for
1939-S	2,105	None	2,105	three

Arkansas-Robinson half dollar — E.E. Burr/Henry Kreiss

Date	Original Mintage	Melted	Final Mintage	Original Price
1936	25,265	None	25,265	$1.85

Hudson, N.Y., Sesquicentennial half dollar — Chester Beach

Date	Original Mintage	Melted	Final Mintage	Original Price
1935	10,008	None	10,008	$1.00

California-Pacific International Expo — Robert Aitken

Date	Original Mintage	Melted	Final Mintage	Original Price
1935-S	250,132	180,000	70,132	$1.00
1936-D	180,092	150,000	30,092	$1.50

Old Spanish Trail half dollar — L.W. Hoffecker

Date	Original Mintage	Melted	Final Mintage	Original Price
1935	10,008	None	10,008	$2.00

Providence, R.I., Tercentenary — John H. Benson/Abraham G. Carey

Date	Original Mintage	Melted	Final Mintage	Original Price
1936	20,013	None	20,013	$1.00
1936-D	15,010	None	15,010	$1.00
1936-S	15,011	None	15,011	$1.00

Cleveland, Great Lakes Exposition half dollar — Brenda Putnam

Date	Original Mintage	Melted	Final Mintage	Original Price
1936	50,030	None	50,030	$1.50

Wisconsin Territorial Centennial half dollar — David Parsons/Benjamin Hawkins

Date	Original Mintage	Melted	Final Mintage	Original Price
1936	25,015	None	25,015	$1.50

Cincinnati Music Center half dollar — Constance Ortmayer

Date	Original Mintage	Melted	Final Mintage	Original Price
1936	5,005	None	5,005	$7.75
1936-D	5,005	None	5,005	for
1936-S	5,006	None	5,006	three

Long Island Tercentenary half dollar — Howard K. Weinmann

Date	Original Mintage	Melted	Final Mintage	Original Price
1936	100,053	18,227	81,826	$1.00

Commemorative				Designer
Date	**Original Mintage**	**Melted**	**Final Mintage**	**Original Price**
York County, Maine, Tercentenary half dollar				Walter H. Rich
1936	25,015	None	25,015	$1.50
Bridgeport, Conn., Centennial half dollar				Henry G. Kreiss
1936	25,015	None	25,015	$2.00
Lynchburg, Va., Sesquicentennial half dollar				Charles Keck
1936	20,013	None	20,013	$1.00
Elgin, Ill., Centennial half dollar				Trygve Rovelstad
1936	25,015	5,000	20,015	$1.50
Albany, N.Y., half dollar				Gertrude K. Lathrop
1936	25,013	7,342	17,671	$2.00
San Francisco-Oakland Bay Bridge half dollar				Jacques Schnier
1936-S	100,055	28,631	71,424	$1.50
Columbia, S.C., Sesquicentennial half dollar				A. Wolfe Davidson
1936	9,007	None	9,007	$6.45
1936-D	8,009	None	8,009	for
1936-S	8,007	None	8,007	three
Delaware Tercentenary half dollar				Carl L. Schmitz
1936	25,015	4,022	20,993	$1.75
Battle of Gettysburg half dollar				Frank Vittor
1936	50,028	23,100	26,928	$1.65
Norfolk, Va., Bicentennial half dollar			William M. Simpson/Marjorie E. Simpson	
1936	25,013	8,077	16,936	$1.50
Roanoke Island, N.C., half dollar				William M. Simpson
1937	50,030	21,000	29,030	$1.65
Battle of Antietam half dollar				William M. Simpson
1937	50,028	32,000	18,028	$1.65
New Rochelle, N.Y., half dollar				Gertrude K. Lathrop
1938	25,015	9,749	15,266	$2.00
Iowa Statehood Centennial half dollar				Adam Pietz
1946	100,057	None	100,057	$2.50/$3.00
Booker T. Washington half dollar				Isaac S. Hathaway
1946	1,000,546	?	?	$1.00
1946-D	200,113	?	?	$1.50
1946-S	500,279	?	?	$1.00
1947	100,017	?	?	$6.00
1947-D	100,017	?	?	for
1947-S	100,017	?	?	three
1948	20,005	12,000	8,005	$7.50
1948-D	20,005	12,000	8,005	for
1948-S	20,005	12,000	8,005	three
1949	12,004	6,000	6,004	$8.50
1949-D	12,004	6,000	6,004	for
1949-S	12,004	6,000	6,004	three
1950	12,004	6,000	6,004	$8.50
1950-D	12,004	6,000	6,004	for
1950-S	512,091	?	?	three
1951	510,082	?	?	$3 or $10
1951-D	12,004	5,000	7,004	for
1951-S	12,004	5,000	7,004	three
Booker T. Washington/George Washington Carver				Isaac S. Hathaway
1951	?	?	110,018	$10
1951-D	?	?	10,004	for
1951-S	?	?	10,004	three

Date	Original Mintage	Melted	Final Mintage	Original Price
Commemorative				Designer
1952	?	?	2,006,292	$10
1952-D	?	?	8,006	for
1952-S	?	?	8.006	three
1953	?	?	8,003	$10
1953-D	?	?	8,003	for
1953-S	?	?	108,020	three
1954	?	?	12,006	$10
1954-D	?	?	12,006	for
1954-S	?	?	122,024	three

Commemoratives 1982-2002

Date	Final Mintage	Pre-Issue/Regular Price
Commemorative		Designer
George Washington half dollar		Elizabeth Jones
1982-D	2,210,458	$8.50/$10[1]
1982-S	4,894,044	$10/$12[1]
Los Angeles Olympic Games silver dollar		Elizabeth Jones
1983-P Unc.	294,543	$28 or $89[2]
1983-D Unc.	174,014	for
1983-S Unc.	174,014	three
1983-S Proof	1,577,025	$24.95[2]
Los Angeles Olympic Games silver dollar		Robert Graham
1984-P Unc.	217,954	$28 or $89[2]
1984-D Unc.	116,675	for
1984-S Unc.	116,675	three
1984-S Proof	1,801,210	$32[2]
Los Angeles Olympic Games gold eagle		James Peed/John Mercanti
1984-P Proof	33,309	$352[2]
1984-D Proof	34,533	$352[2]
1984-S Proof	48,551	$352[2]
1984-W Proof	381,085	$352[2]
1984-W Unc.	75,886	$339[2]
Statue of Liberty, Immigrant half dollar		Edgar Steever/Sheri Winter
1986-D Unc.	928,008	$5/$6[3]
1986-S Proof	6,925,627	$6.50/$7.50[3]
Statue of Liberty, Ellis Island dollar		John Mercanti/Matthew Peloso
1986-P Unc.	723,635	$20.50/$22[3]
1986-S Proof	6,414,638	$22.50/$24[3]
Statue of Liberty half eagle		Elizabeth Jones
1986-W Unc.	95,248	$160/$165[3]
1986-W Proof	404,013	$170/$175[3]
Constitution Bicentennial silver dollar		Patricia L. Verani
1987-P Unc.	451,629	$22.50/$26[3]
1987-S Proof	2,747,116	$24/$28[3]
Constitution Bicentennial half eagle		Marcel Jovine
1987-W Unc.	214,225	$195/$215[3]
1987-W Proof	651,659	$200/$225[3]
1988 Olympic Games silver dollar		Patricia L. Verani/Sheri J. Winter
1988-D Unc.	191,368	$22/$27[3]
1988-S Proof	1,359,366	$23/$29[3]

Date	Final Mintage	Pre-Issue/ Regular Price
1988 Olympic Games gold half eagle		Elizabeth Jones/Marcel Jovine
1988-W Unc.	62,913	$200/$225[3]
1988-W Proof	281,465	$205/$235[3]
Congress Bicentennial half dollar		Patricia L. Verani/William Woodward
1989-D Unc.	163,753	$5/$6[3]
1989-S Proof	767,897	$7/$8[3]
Congress Bicentennial silver dollar		William Woodward
1989-D Unc.	135,203	$23/$26[3]
1989-S Proof	762,198	$25/$29[3]
Congress Bicentennial half eagle		John Mercanti
1989-W Unc.	46,899	$185/$200[3]
1989-W Proof	164,690	$195/$215[3]
Eisenhower Birth Centennial silver dollar		John Mercanti/Marcel Jovine
1990-W Unc.	241,669	$23/$26[3]
1990-P Proof	1,144,461	$25/$29[3]
Mount Rushmore 50th Anniversary half dollar		Marcel Jovine/James Ferrell
1991-D Unc.	172,754	$6/$7[3]
1991-S Proof	753,257	$8.50/$9.50[3]
Mount Rushmore 50th Anniversary silver dollar		Marika Somogyi/Frank Gasparro
1991-P Unc.	133,139	$23/$26[3]
1991-S Proof	738,419	$28/$31[3]
Mount Rushmore 50th Anniversary half eagle		John Mercanti/Robert Lamb
1991-W Unc.	31,959	$185/$210[3]
1991-W Proof	111,991	$195/$225[3]
Korean War Memorial silver dollar		John Mercanti/James Ferrell
1991-D Unc.	213,049	$23/$26[3]
1991-P Proof	618,488	$28/$31[3]
USO 50th Anniversary silver dollar		Robert Lamb/John Mercanti
1991-D Unc.	124,958	$23/$26[3]
1991-S Proof	321,275	$28/$31[3]
1992 Olympics clad half dollar		William Cousins/Steven Bieda
1992-P Unc.	161,607	$6/$7.50[3]
1992-S Proof	519,645	$8.50/$9.50[3]
1992 Olympics silver dollar		John R. Deecken/Marcel Jovine
1992-D Unc.	187,552	$24/$29[3]
1992-S Proof	504,505	$28/$32[3]
1992 Olympic gold half eagle		Jim Sharpe/Jim Peed
1992-W Unc.	27,732	$185/$215[3]
1992-W Proof	77,313	$195/$230[3]
White House Bicentennial silver dollar		Edgar Z. Steever/Chester Y. Martin
1992-D Unc.	123,803	$23/$28[3]
1992-W Proof	375,851	$28/$32[3]
Columbus Quincentenary clad half dollar		T. James Ferrell
1992-D Unc.	135,702	$6.50/$7.50[3]
1992-S Proof	390,154	$8.50/$9.50[3]
Columbus Quincentenary silver dollar		John M. Mercanti/Thomas D. Rogers Sr.
1992-D Unc.	106,949	$23/$28[3]
1992-P Proof	385,241	$27/$31[3]
Columbus Quincentenary half eagle		T. James Ferrell/Thomas D. Rogers Sr.
1992-W Unc.	24,329	$180/$210[3]
1992-W Proof	79,730	$190/$225[3]

Date	Final Mintage	Pre-Issue/ Regular Price
Bill of Rights/Madison silver half dollar	T. James Ferrell/Dean E. McMullen	
1993-W Unc.	193,346	$9.75/$11.50[3]
1993-S Proof	586,315	$12.50/$13.50[3]
Bill of Rights/Madison silver dollar	William J. Krawczewicz/Dean E. McMullen	
1993-D Unc.	98,383	$22/$27[3]
1993-S Proof	534,001	$25/$29[3]
Bill of Rights/Madison gold $5 half eagle	Scott R. Blazek/Joseph D. Pena	
1993-W Unc.	23,266	$175/$205[3]
1993-W Proof	78,651	$185/$220[3]
World War II 50th Anniversary clad half dollar	George Klauba/Bill J. Leftwich	
1991-1995-P Unc. (1993‡)	197,072	$8/$9[3]
1991-1995-S Proof (1993‡)	317,396	$9/$10[3]
World War II 50th Anniversary silver dollar	Thomas D. Rogers Sr.	
1991-1995-D Unc. (1993‡)	107,240	$23/$28[3]
1991-1995-W Proof (1993‡)	342,041	$27/$31[3]
World War II 50th Anniversary gold $5 half eagle	Charles J. Madsen/ Edward Southworth Fisher	
1991-1995-W Unc. (1993‡)	23,672	$170/$200[3]
1991-1995-W Proof (1993‡)	67,026	$185/$220[3]
Thomas Jefferson 250th Anniversary silver dollar	James Ferrell	
1743-1993-P Unc. (1994‡)	266,927	$27/$32[3]
1743-1993-S Proof (1994‡)	332,891	$31/$35[3]
World Cup Soccer clad half dollar	Richard T. LaRoche/Dean E. McMullen	
1994-D Unc.	168,208	$8.75/$9.50[3]
1994-P Proof	609,354	$9.75/$10.50[3]
World Cup Soccer silver dollar	Dean E. McMullen	
1994-D Unc.	81,524	$23/$28[3]
1994-S Proof	577,090	$27/$31[3]
World Cup Soccer gold $5 half eagle	William J. Krawczewicz/Dean E. McMullen	
1994-W Unc.	22,447	$170/$200[3]
1994-W Proof	89,614	$185/$220[3]
Prisoner of War silver dollar	Tom Nielsen and Alfred Maletsky/Edgar Z. Steever IV	
1994-W Unc.	54,790	$27/$32[3]
1994-P Proof	220,100	$31/$35[3]
Vietnam Veterans Memorial silver dollar	John Mercanti/Thomas D. Rogers Sr.	
1994-W Unc.	57,317	$27/$32[3]
1994-P Proof	226,262	$31/$35[3]
Women in Military Service silver dollar	T. James Ferrell/Thomas D. Rogers Sr.	
1994-W Unc.	53,054	$27/$32[3]
1994-P Proof	213,201	$31/$35[3]
U.S. Capitol Bicentennial silver dollar	William C. Cousins/John Mercanti	
1994-D Unc.	68,332	$32/$37[3]
1994-S Proof	279,579	$36/$40[3]
Civil War Battlefields clad half dollar	Don Troiani/T. James Ferrell	
1995-S Unc	113,045	$9.50/$10.25[3]
1995-S Proof	326,801	$10.75/$11.75[3]
Civil War Battlefields silver dollar	Don Troiani/John Mercanti	
1995-P Unc	51,612	$27/$29[3]
1995-S Proof	327,686	$30/$34[3]
Civil War Battlefields gold half eagle	Don Troiani/Alfred Maletsky	
1995-W Unc.	12,623	$180/$190[3]
1995-W Proof	54,915	$195/$225[3]

Date	Final Mintage	Pre-Issue/ Regular Price
Special Olympics World Games silver dollar		Jamie Wyeth & T. James Ferrell/ Thomas D. Rogers Sr.
1995-W Unc.	89,298	$29/$31[3,6]
1995-P Proof	352,449	$31/$35[3,6]
Games of the XXVI Olympiad, Atlanta clad half dollar		Clint Hansen/T. James Ferrell
1995-S Basketball Unc.	169,527[8]	$10.50/$11.50[7]
1995-S Basketball Proof	170,733[8]	$11.50/$12.50[7]
Games of the XXVI Olympiad, Atlanta clad half dollar		Edgar Steever/T. James Ferrell
1995-S Baseball Unc.	164,759[8]	$10.50/$11.50[7]
1995-S Baseball Proof	119,396[8]	$11.50/$12.50[7]
Games of the XXVI Olympiad, Atlanta silver dollar		Jim Sharpe/William Krawczewicz
1995-D Gymnastics Unc.	43,003[8]	$27.95/$31.95[7]
1995-S Gymnastics Proof	185,158[8]	$30.95/$34.95[7]
Games of the XXVI Olympiad, Atlanta silver dollar		John Mercanti/William Krawczewicz
1995-D Cycling Unc.	20,122[8]	$27.95/$31.95[7]
1995-S Cycling Proof	127,465[8]	$30.95/$34.95[7]
Games of the XXVI Olympiad, Atlanta silver dollar		John Mercanti/William Krawczewicz
1995-D Track & Field Unc.	25,425[8]	$27.95/$31.95[7]
1995-S Track & Field Proof	143,304[8]	$30.95/$34.95[7]
Games of the XXVI Olympiad, Atlanta silver dollar		Jim Sharpe/William Krawczewicz
1995-D Paralympic, blind runner Unc.	29,015[8]	$27.95/$31.95[7]
1995-S Paralympic, blind runner Proof	139,831[8]	$30.95/$34.95[7]
Games of the XXVI Olympiad, Atlanta gold half eagle		Frank Gasparro/Frank Gasparro
1995-W Torch Runner gold Unc.	14,817[8]	$229/$249[7]
1995-W Torch Runner gold Proof	57,870[8]	$239/$259[7]
Games of the XXVI Olympiad, Atlanta gold half eagle		Marcel Jovine/Frank Gasparro
1995-W Atlanta Stadium gold Unc.	10,710[8]	$229/$249[7]
1995-W Atlanta Stadium gold Proof	43,399[8]	$239/$259[7]
Games of the XXVI Olympiad, Atlanta clad half dollar		William Krawczewicz/ Malcolm Farley
1996-S Swimming clad Unc.	50,077[8]	$10.50/$11.50[7]
1996-S Swimming clad Proof	114,890[8]	$11.50/$12.50[7]
Games of the XXVI Olympiad, Atlanta clad half dollar		Clint Hansen/Malcolm Farley
1996-S Soccer clad Unc.	53,176[8]	$10.50/$11.50[7]
1996-S Soccer clad Proof	123,860[8]	$11.50/$12.50[7]
Games of the XXVI Olympiad, Atlanta silver dollar		Jim Sharpe/Thomas D. Rogers Sr.
1996-D Tennis Unc.	16,693[8]	$27.95/$31.95[7]
1996-S Tennis Proof	93,880[8]	$30.95/$34.95[7]
Games of the XXVI Olympiad, Atlanta silver dollar		Bart Forbes/Thomas D. Rogers Sr.
1996-D Rowing Unc.*	16,921[8]	$27.95/$31.95[7]
1996-S Rowing Proof	155,543[8]	$30.95/$34.95[7]
Games of the XXVI Olympiad, Atlanta silver dollar		Calvin Massey/Thomas D. Rogers Sr.
1996-D High Jump Unc.	16,485[8]	$27.95/$31.95[7]
1996-S High Jump Proof	127,173[8]	$30.95/$34.95[7]
Games of the XXVI Olympiad, Atlanta silver dollar		Jim Sharpe/Thomas D. Rogers Sr.
1996-D Paralympic, wheelchair athlete Unc.	15,325[8]	$27.95/$31.95[7]
1996-S Paralympic, wheelchair athlete Proof	86,352[8]	$30.95/$34.95[7]
Games of the XXVI Olympiad, Atlanta gold half eagle		Frank Gasparro/ William Krawczewicz
1996-W Olympic Flame brazier Unc.	9,453[8]	$229/$249[7]
1996-W Olympic Flame brazier Proof	38,871[8]	$239/$259[7]

Date	Final Mintage	Pre-Issue/Regular Price
Games of the XXVI Olympiad, Atlanta gold half eagle		Patricia L. Verani/William Krawczewicz
1996-W Flag Bearer Unc.	9,397[9]	$229/$249[7]
1996-W Flag Bearer Proof	33,214[9]	$239/$259[7]
National Community Service silver dollar	Thomas D. Rogers Sr./William C. Cousins	
1996-P Unc.	23,463	$30/$32[3]
1996-S Proof	100,749	$33/$37[3]
Smithsonian 150th Anniversary silver dollar	Thomas D. Rogers/John Mercanti	
1996-P Unc.	31,320	$30/$32[3]
1996-S Proof	129,152	$33/$37[3]
Smithsonian 150th Anniversary gold half eagle	Alfred Maletsky/T. James Ferrell	
1996-W Unc.	9,068	$180/$205[3]
1996-W Proof	21,772	$195/$225[3]
Botanic Garden silver dollar	Edgar Z. Steever IV/William C. Cousins	
1997-P Uncirculated	83,505	$30/$32[3]
1997-P Proof	269,843	$33/$37[3]
Franklin Delano Roosevelt gold half eagle	T. James Ferrell/Jim Peed	
1996-W Unc.	29,417	$180/$205[3]
1996-W Proof	11,887	$195/$225[3]
National Law Enforcement Officers Memorial silver dollar	Alfred Maletsky / Maletsky	
1997-P Uncirculated	28,575	$30/$32[3]
1997-P Proof	110,428	$32/$37[3]
Jackie Robinson silver dollar	Al Maletsky/T. James Ferrell	
1997-S Uncirculated	30,180	$30/$32[3]
1997-S Proof	110,002	$33/$37[3]
Jackie Robinson gold half eagle	William C. Cousins/Jim Peed	
1997-W Uncirculated	5,174	$180/$205[3]
1997-W Proof	24,072	$195/$225[3]
Robert F. Kennedy silver dollar	Thomas D. Rogers/Jim Peed	
1998-S Uncirculated	106,422	$30/$32[3]
1998-S Proof	99,020	$33/$37[3]
Black Revolutionary War Patriots silver dollar	John Mercanti/Ed Dwight	
1998-S Uncirculated	37,210	$30/$32[3]
1998-S Proof	75,070	$33/$37[3]
Dolley Madison silver dollar	Tiffany & Co.	
1999-W Uncirculated	89,203[10]	$30/$32[3]
1999-W Proof	224,495[10]	$33/$37[3]
George Washington Death Bicentennial gold half eagle	Laura Gardin Fraser[9]	
1999-W Uncirculated	22,511	$180/$205[3]
1999-W Proof	41,693	$195/$225[3]
Yellowstone National Park 125th Anniversary silver dollar	Edgar Z. Steever IV/William C. Cousins	
1999-P Uncirculated	23,614	$30/$32[3]
1999-P Proof	128,646	$32/$37[3]
Library of Congress Bicentennial silver dollar	Thomas D. Rogers Sr./John Mercanti	
2000-P Uncirculated	52,771	$25/$27[3]
2000-P Proof	196,900	$28/$32[3]
Library of Congress Bicentennial bimetallic $10 eagle	John Mercanti/Thomas D. Rogers Sr.	
2000-W Uncirculated	6,683	$380/$405[3]
2000-W Proof	27,167	$395/$425[3]
Leif Ericson Millennium silver dollar	John Mercanti/T. James Ferrell	
2000-P Uncirculated	28,150	$30/$32[3]

Date	Final Mintage	Pre-Issue/ Regular Price
2000-P Proof	144,748	$32/37[3]
Capitol Visitor Center clad half dollar		**Elizabeth Jones**
2001-P Uncirculated	79,670	$8.75/9.75, $7.75/8.50[3],[11]
2001-P Proof	77,240	$11.25/12, $10.75/11.50[3],[11]
Capitol Visitor Center silver dollar		**Marika Somogyi/John Mercanti**
2001-P Uncirculated	35,500	$30/32, $27/29[3],[11]
2001-P Proof	141,425	$33/37, $29/33[3],[11]
Capitol Visitor Center $5 half eagle	**Dean McMullen/Alex Shagin and Marcel Jovine**	
2001-W Uncirculated	6,750	$180/205, $175/200[3],[11]
2001-W Proof	26,815	$195/225, $177/207[3],[11]
American Buffalo silver dollar		**James Earle Fraser**
2001-D Uncirculated	227,080	$30/32[3]
2001-P Proof	272,785	$33/37[3]
U.S. Military Academy Bicentennial silver dollar		**T. James Ferrell/John Mercanti**
2002-W Uncirculated	94,393[12]	$30/32[3]
2002-W Proof	258,754[12]	$33/37[3]
Salt Lake City Olympic Games silver dollar		**John Mercanti/Donna Weaver**
2002-P Uncirculated	38,185[12]	$30/32[3]
2002-P Proof	160,939[12]	$33/37[3]
Salt Lake City Olympic Games $5 half eagle		**Donna Weaver/Norman E. Nemeth**
2002-W Uncirculated	9,823[12]	$180/205[3]
2002-W Proof	32,008[12]	$195/225[3]

Notes

1. Prices for 1982 George Washington half dollar are for 1982 and 1983-85.
2. Prices for 1983-84 Olympic coins in some cases are first prices charged and do not reflect higher prices charged later.
3. Prices since 1986 are pre-issue/regular issue of single coins only. Most modern commem programs have offered various packaging options and combinations.
4. Although produced and sold in 1993, none of these coins actually carries the year of issue in its legends, in apparent violation of law. The anniversary dates 1991-1995 refer to the 50th anniversaries of the beginning and ending of United States involvement in World War II. More clearly, it would have been stated "1941-1991/1945-1995."
5. Although produced and sold in 1994, the coin does not carry the year of issue in its legends, in apparent violation of law. 1743 is the year of Jefferson's birth; 1993 is the 250th anniversary of that date.
6. The Special Olympics World Games silver dollar was offered "encapsulated only" without the usual presentation case. The case option was also available, at a slightly higher price.
7. Price options for individual coins. The coins were offered on a subscription basis from Dec. 2, 1994, through Feb. 3, 1995. The coins were then to be released four at a time — one gold, two silver, one clad — in February 1995, July 1995, January 1996 and sometime in the spring of 1996. Pre-issue prices and options were to be offered during the first few weeks of each release.
8. Figures represent sales totals that may not be final. As of August 1999, Mint officials have been unable to provide final sales figures for this program.
9. The designs are based on Fraser's submissions in the design contest for the 1932 Washington quarter dollar. The Commission of Fine Art recommended Fraser's designs but was overruled by the secretary of the treasury, who selected the designs used from 1932-98. A popular movement supporting Fraser's 1932 quarter dollar designs led to them being used on the 1999 half eagle.
10. Sales figures as of Feb. 29, 2000.
11. The Mint offered each coin in two packaging offerings (standard packaging with tray and sleeve for the gold and silver coins and Mylar and envelope for the half dollar, and encapsulated with mailer for all), each at pre-issue and regular prices. The different packaging options were designed to afford buyers a choice between the more elaborate and expensive package or the coin in less packaging at lower prices. Prices given here are, in this order: standard packaging pre-issue and regular, and mailer-only packaging at pre-issue and regular.
12. As of July 2, 2002.

Error and variety coins

What is an error coin? An error coin deviates from the norm because of a mishap in the minting processes; in effect, an error represents a "substandard" product of the Mint. However, some collectors prefer these items over normal coins.

One of the most significant U.S. error coins ever produced was struck sometime during the first six months of 2000 (or just possibly, late 1999). The coin is what collectors call a double-denomination mule – it was struck on a golden dollar planchet with an obverse die for a State quarter dollar and a reverse die for the Sacagawea golden dollar. This $1.25 coin is the first U.S. double-denomination mule, although the United States Mint has struck several Philippine double-denomination mules and several fantasy mules mating designs that should not have been used together.

Another form of double-denomination error results when a struck coin (a dime, for example) is struck a second time by dies for another denomination (such as for a cent).

As far as can be determined, the quarter dollar-dollar mule resulted when the obverse die of a Sacagawea dollar had to be replaced, possibly because of another error. The die setter installed an obverse quarter dollar die into the press rather than a new dollar obverse die. The coins are of a similar diameter.

Double-denomination mule

Mint officials aren't saying how many were struck, although they do acknowledge the coin was struck and that an unknown number entered circulation. Sources tell *Coin World* that three bins of the coins were struck before press operators noted the mistake. The coins were destroyed, according to sources, but a small number escaped melting. As of mid-2002, 10 specimens were confirmed, with others rumored. Of the 10 known specimens, seven are in the collection of a single collector.

Some of mules entered circulation through normal channels, where they were found by lucky individuals who sold them into the rare coin market. Other pieces, government officials contend, were apparently removed the Philadelphia Mint by inappropriate means; as this book goes to press, two former Mint employees had been indicted for selling the coins (though not with stealing them). Government officials are considering whether to confiscate the pieces it claims were removed from the Mint illegally.

The double-denomination mule has a quarter dollar obverse from one of the State quarters, meaning the denomination QUARTER DOLLAR appears on that side. The denomination ONE DOLLAR appears on the opposite side. The coin has no date, since the date on the quarter was moved to the reverse in 1999 with the advent of the State quarters program.

Collectors should beware of manufactured fakes. *Coin World* has reported that at least one individual has produced such manufactured "mules" as novelty items, hoping to sell them. It would be a relatively easy task to manufacture such a piece and recolor the quarter side so it has the same "golden" color as the genuine mule.

Authenticated specimens of the Washington quarter dollar-Sacagawea dollar mule have sold for prices ranging from $29,000 to more than $56,000. As of August 2002, 10 specimens had been authenticated.

Since the discovery of this mule, several other Mint-produced mules have been brought forward, all unique as of July 2002. One is a 1995 cent-dime mule, with the obverse of a Lincoln cent and reverse of a Roosevelt dime, struck on a dime blank. Another is a 1999 cent-dime mule, with a cent obverse and dime reverse, struck on a cent blank. A third is a 1959-D Lincoln cent with a 1958-style Wheat reverse. A grading service has authenticated the cent-dime mules, while the Secret Service declared the 1959-D Lincoln cent genuine.

While the double-denomination mules have brought high prices, most error coins are worth far less. Values for error coins depend on the same factors affecting normal numismatic merchandise: supply, demand and condition. Errors are in very short supply when compared to total mintages. However, error collectors represent a fraction of the total number of collectors, so demand is less for most items. Some error coins, such as the 1955 Lincoln, Doubled Die cent (it's also considered a die variety, to be discussed in a few paragraphs), because of publicity and dealer promotion, "cross over" and become popular with general collectors; thus, demand is higher for a fixed supply, and values are correspondingly higher. Condition is important, although error collectors seem less concerned with "perfection" than other collectors.

Rare does not necessarily mean great value. Many error coins struck in small quantities are available for a few dollars. Even errors that are considered unique are often available for several dollars. Sometimes, persons not familiar with errors, including some dealers, place uncharacteristically high values on error coins.

Another factor affecting value is the type of coin involved. For example, in 2002, State quarters bearing errors considered relatively common were selling for higher prices than 1998 quarters bearing the same errors. The individual State quarters are being struck in much smaller quantities than the traditional quarters, meaning fewer errors are likely to exist per State coin.

At the same time, error dealers were cautioning collectors against paying high premiums for State quarters with *minor* errors, such as those missing a letter in a legend due to a filled die or having die cracks. In addition, there was no indication that a secondary market was being established for such pieces, which are considered very common. *Coin World* received many reports from readers who were finding State quarters bearing these and other minor errors.

Any discussion of error coins must include a discussion of varieties. A die variety is defined as a die that can be distinguished from other dies of the same design, year and Mint because of some difference that makes that die unique (for example, the difference in the placement of the four digits of the date may differ from die to die for 18th and 19th century coins, making each die a different variety). Among the 20th century coins considered varieties are such coins as the 1955, 1972 and 1995 Lincoln, Doubled Die cents, and the 1937-D Indian Head, Three-Legged Bison 5-cent coin.

Error and variety coins can be found in circulation, unlike many other collectors' items. Some collectors go to banks and obtain large quantities of coins to search through (one of the more popular columns in *Coin World* magazine, "Found in Rolls," deals with searching through coins found in circulation); coins not bearing errors are returned to the bank. Many errors, particularly of the minor classification, can be discovered simply by going through pocket change and wallets. Major errors, particularly those that leave the coin misshapen, are generally acquired from individuals who work at private companies that receive large quantities of unsearched coins directly from the Mint (the employees find the coins while rolling them for banks and other customers; they purchase the coins at face value and sell them to dealers with whom they have regular contact). All it takes are sharp eyes and knowledge of what to look for.

Many error collectors are adept at what they call "cherry picking." They use their superior knowledge of errors and varieties when going through a dealer's stock to obtain scarcer pieces at prices less than what a specialist might charge.

Some of that knowledge comes from a clear understanding of the minting process. The minting of a coin is a manufacturing process and should be fully understood by anyone interested in collecting and studying error coins (see **Chapter 14, "How coins are made"**). Many forms of alteration and damage received outside the Mint resemble certain types of errors, but none precisely duplicate genuine Mint errors. Collectors who understand the minting process should be better able to distinguish between errors, damage and alteration.

The following section presents error coins in three parts: die errors, planchet errors and striking errors. Our categorization of error types may differ from other specialists. Die errors are those produced due to a mishap involving the die or hub. Planchet errors are the result of defective or improperly selected planchets. Striking errors are created during the actual coining process.

Die errors

BIE: The term commonly used for minor errors affecting the letters of the word LIBERTY on Lincoln cents. A small break in the die between the letters, especially BE, often resembles the letter I, hence the BIE designation. Such errors are much more common on the coins of the 1950s and early 1960s than more recent issues. Collectors tend to be less interested in such errors in the early 21st century than they were 30 years ago. However, interest picked up in 1995 when the discovery of the 1995 Lincoln, Doubled Die cents prompted collectors to closely examine their cents, resulting in the discovery of many BIE cents and other minor varieties and errors.

Clashed dies

Clashed dies: When during the striking process two dies come together without a planchet between them, the dies clash (come into direct contact). Depending on the force with which the dies come together and the nature of the designs, a portion of the obverse design is transferred to the reverse, and a portion of the reverse is transferred to the obverse. Coins struck from the clashed dies will show signs of the transferred designs. Although the cause of this type of error occurs during the striking process, the die is affected; thus, it is considered a die error.

Design mule: The result of dies for two different design types of the same denomination being used to strike a coin. The only known example on a U.S. coin is a 1959-D Lincoln cent struck with the 1958-style Wheat Stalks reverse rather than the 1959-style Lincoln Memorial reverse. The Secret Service has authenticated this coin, while as of July 2002, several private grading services have rendered "no decision" opinions rather than authenticating the piece. Design mules exist for the coins of other countries, including Canada.

Die breaks, chips, cracks, gouges, scratches: Dies, like any other piece of steel, are subject to all sorts of damage. Any incused mark on the die leaves raised areas on coins. Breaks and cracks are similar, appearing on coins as raised lines. A die break affects a larger area than the die crack, and breaks often result in pieces of the die falling out. A die chip occurs when a small portion

Die crack

of the die breaks away, while gouges and scratches generally occur when a foreign object scores the surface of the die.

A major die break is often though misleadingly referred to as a "cud." It occurs when the die breaks at the rim and a piece of the die falls out of the press. The metal of coins struck from that die flows up into the missing area, resulting in a raised blob of metal bearing no image; these are nicknamed "cud" errors. The side of the coin opposite the raised blob is often weak and indistinct; this is because metal flows along the path of least resistance,

Major die break

flowing into the broken area and not the recesses of the other die. A retained major die break occurs when the die breaks at the rim, but the piece does not fall out. Coins struck from these dies show the break, but also depict the image inside the break.

Double-denomination mule: The result of dies for two different denominations being used to strike a coin. The only known double-denomination U.S. mules were struck from a Washington quarter dollar obverse die and Sacagawea dollar reverse die, on a Sacagawea dollar planchet; from a 1995 Lincoln cent obverse die and Roosevelt dime die, on a dime planchet; and from a 1999 cent obverse die and dime reverse die, on a cent planchet. They are similar in concept to the design mules (dissimilar dies being used to strike a coin).

Doubled dies: If during the hubbing and die making process, a misalignment between hub and partially completed die occurs, overlapping, multiple images may

Doubled die

appear on the die. Coins struck from the die will show the overlapping images, like the doubled date, IN GOD WE TRUST and LIBERTY on the 1955 Lincoln, Doubled Die cent. Die doubling on coins with raised designs feature a rounded second image; on coins with incused designs, the second image is flat and shelf-like. At the corners of the overlapping images are distinct "notches" on coins with raised designs. A tripled or quadrupled die is caused by the same misalignment, but bears a tripled or quadrupled image. U.S. doubled dies have been largely considered impossible since 1996 to 1997 due to technological improvements at the Mint. Doubled dies can only occur when more than one impression of hub into die is required, and the alignment between hub and die shifts or distorts between hubbing operations. The new single-hubbing equipment eliminates the possibility that doubled dies can be created.

Engraving varieties and errors: While more common on the dies of the 18th and 19th centuries, engraving errors and varieties have been made on modern dies. On the earlier dies, numerals and letters were often repunched to strengthen the design, punched in upside down or otherwise out of

Repunched date

alignment, and sometimes, wrong letters or numbers were punched into the die. On more modern dies, engraving errors include the use of

the wrong size Mint mark by mistake and Mint marks placed too close to design elements or too far from their intended locations. Other "engraving" errors, discussed in separate sections, include doubled dies, overdates and

Overdate

repunched Mint marks.

Misaligned dies: Although one side of the coin appears to have been struck off-center, it is not a striking error. A misaligned die occurs when one die is horizontally displaced to the side, causing only a partial image to appear on that side of the coin. However, unlike the off-center coin that it resembles, only one side is affected. The other side is normal. Some specialists classify misaligned dies as striking errors.

Misplaced dates: A misplaced date is a relatively recently studied variety. Researchers have discovered numerous coins with numbers from the date punched well away from the region of the die where the date was punched. For example, coins have been found with a number or numbers punched into the dentils along the rim or into a major design element. While theories abound, no one is sure whether this punching was accidental or deliberate.

Overdates: When one or more numerals in the date are engraved, punched or hubbed over a different numeral or numerals, both the original date and the second date can be seen. Modern hubbed examples include the 1943/2-P Jefferson 5-cent coin and the 1942/1 Winged Liberty Head dime (both are also doubled dies). The traditional, pre-20th century overdate occurred when one date was punched over another date, as on the 1818/5 Capped Bust quarter dollar.

Over Mint marks: A form of repunched Mint mark, but when punches of two different Mints are used. Examples include the 1944-D/S Lincoln cent and the 1938-D/S Indian Head 5-cent coin. These can occur accidentally or deliberately. Mint officials as late as 1955 salvaged dies intended for one Mint by repunching a different Mint mark over the original Mint mark and using them at the second Mint. The 1955-D/S Jefferson 5-cent coins fall into this category.

Over Mint mark

Polished dies: Mint employees polish dies to extend their working life and to remove such things as clash marks, die scratches, dirt and grease. If the die is polished too much, details may be erased or small raised lines may appear on the coins. Most over-polished errors have little value, but there are exceptions, including the 1937-D Indian Head, Three-Legged Bison 5-cent coin.

Repunched Mint marks: Mint marks were punched into each individual working die (for coins issued for circulation) by hand with mallet and punch until changes were made to the process in 1990 and 1991 (see **Chapter 14, "How Coins Are Made,"** and **Chapter 8, "Mints and Mint marks,"** for details). Under the old system, several blows to the punch were needed to properly sink the Mint mark into the working die. If the punch was not properly placed after the first blow, a multiple image could result. A coin identified as a 1960-D/D Lincoln cent has a repunched D Mint mark, for example.

Repunched

Rotated dies: Most U.S. coins have the obverse and reverse sides oriented so each side is upright when rotated vertically. The alignment between the two is 180 degrees. However, if the dies are aligned at anything other than 180 degrees, the dies are considered rotated. The Mint considers coins rotated 5 degrees or less within tolerance. Some specialists consider rotated dies to be striking errors since the die's face is unchanged.

Worn dies: Dies have a limited life, based on the hardness of the coinage metal being struck and the striking pressures involved. When a die wears beyond a certain point, details around the rim tend to flow into the rim, while other details weaken. The surface of the die becomes scarred, as if heavily polished. Coins struck from worn dies rarely have collector value as die errors.

Planchet errors

Alloy errors: All U.S. coins are produced from alloyed metals that are mixed when molten to strict specifications. If mixed incorrectly, the metals may cool in nonhomogeneous form, with streaks of different metals appearing on the surface of the coin.

Brass-plated cent: A post-1982 error is the brass-plated cent. Zinc planchets are plated with copper to form a copper-plated zinc planchet. Zinc planchets sometimes remain within the molten copper and dissolve, adding their zinc content to the copper, thus forming brass. Subsequent planchets are plated with brass instead of pure copper. Brass-plated cents have a different color than copper-plated cents, although both can tone and may be difficult to distinguish.

Damaged planchets: Planchets are subject to various sorts of damage, including cracks (not to be confused with die cracks), holes and major breaks.

Damaged planchet

Fragments, scrap struck: Small pieces of coinage metal — fragments and scrap left over from the blanking process — sometimes fall between the dies and are struck. Fragments must be struck on both sides and weigh less than 25 percent of a normal coin's weight to qualify as struck fragments. Planchet scrap is generally larger than a fragment, and usually has straight or curved edges because of the blanking process.

Struck fragment

Incomplete planchets: Often, though erroneously, called a "clip," an incomplete planchet results from a mishap in the blanking process. If the planchet strip does not advance far enough after a bank of punches rams through the metal, producing planchets, the punches come down and overlap the holes where the planchets were already punched out. Where the overlapping takes place, there is a curved area that appears to be "missing" from the planchet. The word "clip," commonly used, suggests a piece of the planchet was cut off, which is not the cause of the incomplete planchet. "Clip," when properly used, refers to the ancient process of cutting small pieces of metal from the edges of precious metal coins for the bullion; that is why U.S. gold and silver coins have lettered or reeded edges, to make it more difficult to clip a coin. Other incomplete planchets occur when the strip shifts to the side, causing the punches to overlap the strip's edge, or when the punches overlap the end of the strip. The missing area is represented by a straight edge, not curved. An "incomplete incomplete planchet" occurs when the punch does not completely punch out a planchet, but leaves a circular groove. If the strip advances improperly, planchets overlapping the incomplete punch will bear a curved groove; the groove remains visible after the coin is struck. It is often called an incomplete clip. Most but not all incomplete planchet errors have a "signature" known as the Blakesley effect. The area of the rim 180 degrees opposite the "clip" is weak or nonexistent since the "clip" negates the rim-making process in the upset mill. The lack of pressure in the upset mill at the clip results in improper formation of the rim on the opposite side.

Incomplete planchet

Laminations: During the preparation of the planchet strip, foreign materials — grease, dirt, oil, slag or gas — may become trapped just below the surface of the metal. Coins struck from this strip

Lamination

later may begin to flake and peel since adhesion is poor in the location of the trapped material. The Jefferson, Wartime 5-cent coins are particularly susceptible to lamination, due to the poor mixing qualities of the metals used during the war metal emergency.

Split planchets: Planchets can split due to deep internal laminations or in the case of clad coinage, because of poor adhesion of the copper-nickel outer layers to the copper core. Planchets may split before or after striking. On nonclad coins, the inner portion of the split shows parallel striations typical of the interior structure of coinage metal.

Split planchet

Thick and thin planchets: Planchets of the wrong thickness are produced from strip that was not rolled properly. Too little pressure can result in planchet stock that is too thick; too much pressure can result in a thin planchet. If the rollers are out of alignment on one side, a tapered planchet — thicker on one side than the other — is created.

Unplated planchets: New in U.S. coinage, unplated planchets became possible in 1982 with the introduction of the copper-plated zinc cent (and similarly in 1943 with the zinc-coated steel cents). The zinc-copper alloy planchets are plated after they are punched from the strip but some planchets miss the plating process. Coins struck on the unplated planchets are grayish-white in color. Beware of cents that have had their plating removed or have been replated after leaving the Mint. Although beyond the ability of a neophyte to detect, any authentication service should be able to distinguish between a genuine piece and an altered version.

Wrong metal, planchet, stock: A wrong metal error is struck on a planchet intended for a denomination of a different composition. This includes 5-cent coins struck on cent planchets, cents on dime planchets, and higher denominations struck on cent and 5-cent planchets. A second type is the wrong planchet error, defined as a coin struck on a planchet of the correct composition, but the wrong denomination. These include quarter dollars struck on dime planchets, half dollars struck on quarter dollar and dime planchets,

Wrong planchet

and dollars struck on other clad planchets. Some specialists claim that wrong metal and wrong planchet errors are striking errors, not planchet errors. Their argument? The planchet is OK. It was just fed into the wrong coining press. A third type is the wrong planchet stock error. It occurs when clad coinage strip rolled to the thickness of one denomination is fed into the blanking press of another denomination;

the diameter is correct, but the thickness is thicker or thinner than normal. The most common appears to be 1970-D quarter dollars struck on planchet stock intended for dimes. A fourth, rarer form is the double denomination. It occurs when a coin is struck on a previously struck coin, such as a cent struck over a dime. Since the U.S. Mint has struck coins for foreign governments in the past, it has been possible to find in circulation U.S. coins struck on planchets intended for foreign coins, as well as U.S. coins struck on previously struck foreign coins. Another rare type of wrong metal error is called the transitional error. It occurs as a coin's composition changes. Some 1965 coins are known struck on silver planchets of 1964 composition, while some 1964 coins were struck on clad planchets (1964 coins were struck through 1965, with planchets for both types of coins available side by side). Until 2000, it was thought impossible for a coin to be struck on a planchet larger than normal (the larger planchet, it was thought, would jam the feed mechanism of the press). However, several exceptions to this rule surfaced in 2000, including State quarter dollars struck on the slightly larger Sacagawea dollar planchets.

Double denomination

Striking errors

Broadstrikes: If the surrounding collar is pushed below the surface of the lower die during the moment of striking, the metal of the coin being struck is free to expand beyond the confines of the dies. The design of the coin is normal at center, but as it nears the periphery, becomes distorted due to the uncontrolled spread of metal.

Broadstrike

Brockage and capped die strikes: If a newly struck coin sticks to the surface of one of the dies, it acts as a die itself — called a die cap — and produces images on succeeding coins. The image produced by any die is the direct opposite on a coin, and brockages are no different. Since the image is raised on the coin adhering to the die, the image on the brockage is incused and reversed — a true mirror image. The first brockage strikes, perfect mirror images and undistorted, are most prized. As additional coins are struck from the capped die, the die cap begins

Brockage

to spread and is made thinner under the pressures of striking, distorting its image. Although the image is recognizable, the design expands, producing an image that can be several times the normal size. At some point, as the die cap becomes thinner and the brockage image disappears, the coins struck cease to be brockages and are known as capped die strikes. While a brockage bears a recognizable though mirror and often distorted image, capped die strikes are simply a form of struck-through coin (see later explanation). At first, few of the original design elements from the obscured die are visible, though as the cap becomes thinner, more and more of the original design elements are transferred from the obscured die through the die cap. Finally, the die cap breaks off or is pounded so thin it ceases to affect succeeding strikes. Sometimes, the die caps fall off early and in a relatively undistorted state. Die caps resemble bottle caps, with the metal wrapping around the surface of the die. Die caps are very rare and collectible, much more so than capped die strikes.

Double and multiple strikes: Double strikes are coins struck more than once. If the coin rotates slightly between strikes, but remains centered within the coining chamber, two images will appear on both sides of the coin. The first strike will be almost totally obliterated by the second strike, and the first strike will be flattened and have almost no relief. Sometimes, a struck coin will flip — somewhat like a pancake on a hot griddle — and fall upside down onto the surface of the die; thus, the second strike has an obverse image obliterating the original reverse, and a reverse image flattening the first obverse image. If the coin falls partially outside the dies after the first strike, the second image is only partial. The partial second strike obliterates the original image beneath it, but the rest of the first strike is undistorted, except in the immediate vicinity of the second strike. A saddle strike is generally not a true double strike, but usually the result of having a planchet fall partially between two pairs of dies on a multi-die press. Saddle strikes have two partial images and an expanse of unstruck planchet between the struck areas, resembling Mickey Mouse's head with the partial coin images representing his ears. Examples of coins struck three, four or more times are known, but are typically rarer than simple double-struck coins.

Filled dies: The Mint factory has its share of dirt, grease and other

Filled die

lubricants, and metal filings. The recessed areas of the dies sometimes fill with a combination of this foreign material, preventing the metal of the coins from flowing into the incused areas. This results in weak designs or missing design details, and is probably the most common type of error. Filled-die coins are a form of struck-through error (see later explanation). Filled-die coins rarely carry significant premiums.

Indented errors: An indented error is a coin struck with another coin or planchet lying partially on its surface. The area covered by the planchet does not hit the die and thus is blank if indented by a planchet, or shows a partial brockage if indented by a struck coin. The most desirable of the indented errors

Indented error

are larger coins with the indentation of a smaller planchet centered on one side. Indented error coins are a form of struck-through error (see later explanation).

Strike doubling

Machine, mechanical or strike doubling: A form of doubling, this is probably the most common type of Mint error. Some do not consider it an error, but believe it to be a form of Mint-caused damage. Most, however, believe it a true form of error coin. The cause is a looseness of the die or other parts in the press that causes the die to twist or bounce across the surface of the newly struck coin. In twisting or bouncing, the die shoves the metal of the raised designs to one side, creating the doubled image. The doubling is flat, like a shelf. Machine-doubled coins are often mistaken for doubled die coins. However, the two forms of doubling have different causes and are distinct in appearance. Machine-doubled coins rarely carry significant premiums.

Off-center coins: If a planchet lies partially outside of the dies during the striking, it receives an off-center strike. Each coin struck off

Off center

center is unique, but due to the large numbers available, examples are very inexpensive in the lower denominations. Off-center coins with dates are more valuable than coins without dates. Generally but not always, on dated coins, the greater the off-center strike, the more it is worth. Some collectors collect off-center coins by their "clock" positions. Hold the coin with portrait upright and look for the direction the strike lies. If it is at 90 degrees, the strike is at 3 o'clock; if it lies at 270 degrees, the strike is at 9 o'clock.

Partial collar: Often known as "railroad rim" errors, the edge, not the rim, is the portion of the coin affected. It occurs when the collar is pushed somewhat below the surface of the lower die, so that the upper portion of the coin is free to expand beyond the confines of the collar, while the lower portion is restrained. On coins struck from a reeded collar, partial reeding exists on the area restrained by the collar. The error gets the nickname "railroad rim" from its appearance — the coin, viewed edge-on, resembles the wheel from a railroad car.

Struck-through errors: Struck-through errors occur when foreign objects fall between die and planchet during striking. Pieces of cloth, metal fragments, wire, slivers of reeding, grease, oil, dirt, wire bristles (from wire brushes used to clean dies, resembling staples), die covers, a thin die cap, other coins,

Struck through

planchets and other objects may fall between the dies and the coin. The most collectible struck-through errors are those with the foreign object still embedded in the surface of the coin.

Weak strikes: Weak strikes often resemble coins struck from grease-filled dies, but can be identified. They occur either when the press has been turned off — it tends to cycle through several strikings, each with less pressure than the previous — or when the press is being set up by the operators who test the placement of the dies at lower coining pressures. On reeded coins, weak strikes generally have poorly formed reeding (it is strong on filled dies). Depending on the pressure used, the image may be only slightly weak, practically nonexistent or any stage in between.

How coins are made

The various coining facilities of the United States Mint are factories, whose products happen to be coinage of the realm. Like any other metalworking factory, the U.S. Mint has a variety of presses, engraving and reducing machines, and metalworking equipment.

Like any metal product, coins don't "just happen." A number of intricate steps must be taken, from the preparation of the raw metal used in the coins to the striking of the coins. And before the coins can be struck, dies must be produced.

The dies used for striking coins start out as an approved sketch in the Engraving Department at the Philadelphia Mint. Using the sketch, a sculptor-engraver makes a model that will be anywhere from three to 12 times as large as the finished coin. Next, a negative is cast from the model. The negative is touched up and details are added, including legends (think of the skill necessary to engrave the letters of the legends *backwards*). Then a plaster-of-paris positive is made. The positive is used as the model to be approved by the Mint director and the secretary of the Treasury if a new design is being created.

When final approval is received, another negative is made from which a hard epoxy positive model is prepared.

The completed epoxy model is then mounted on a Janvier transfer-engraving machine. This machine cuts the design into soft tool steel — tracing the exact details of the epoxy model — and produces a positive replica of the model called a "hub." The hub, which has the exact dimensions of the coin, is then heat treated to harden it and is placed in a hydraulic press. The hub is slowly pressed into a blank piece of soft die steel until a negative replica is made, called a master die.

Working hubs are made from the master die in the hydraulic press in the same way as the original, master hub. Working dies (those used to strike coins) are made from the working hubs in the same way.

The number of impressions of hub into die or die into hub to fully form a usable image depends on the equipment in use. Since 1997, most dies produced at the Philadelphia and Denver Mints have been produced on newer equipment that permits single-impression hubbing, with the complete image formed during one impression of die into hub.

Janvier reducing machine transfers image from large epoxy model at right to coin-sized steel hub at left

That technology was introduced when a new die shop went into operation at the Denver Mint (the first there) on May 13, 1996. Half dollar and other larger denomination dies continued to be produced throughout 1998 on older equipment requiring multiple impressions of die into hub to fully form the image. However, the two Mints began producing half dollar dies in a single hubbing operation in 1999.

Mint marks — found on many U.S. coins since 1838 and all U.S. coins since 1980 except for the Lincoln cent struck at the Philadelphia Mint — have been added at various stages of the die-production process. Traditionally, Mint engravers had placed the Mint mark by hand on each of the thousands of working dies. That is no longer the case. Beginning in 1990, the Mint began placing the Mint mark on the master die for the cent and 5-cent coin. The other denominations — dime, quarter dollar and half dollar — followed in 1991. Mint marks on commemorative coins and Proof coins are placed at the initial modeling stage and have been since the mid- to late 1980s. Later in the 1990s, the D Mint mark was added to the models for the Denver Mint cents, but not for other circulating coinage. All of these changes lessen the possibility of producing Mint mark errors and varieties (see the chapter on error coins for details on the types of errors once possible).

Blanks and planchets

Modern United States coins have their beginnings in the private sector, where a number of companies process the raw metals from which coins are made, and produce some coinage blanks and planchets and all coils of strip metal the Mint purchases.

In preparing the raw metals used in coining, the coinage metals are assayed, melted and formed into slabs that are then rolled to the proper thickness. For clad coinage, bonding operations are required to bond the two layers of copper-nickel to the core of pure copper. The strip is then coiled and shipped to the Mint for blanking. The Mint once did all of its own metal processing, including melting, assaying and mixing different metals together to create alloys. However, the Mint closed its refining operations several decades ago and now relies on private companies to do all of this initial work. The Mint produced its own strip metal as late as Fiscal Year 1982 at the Philadelphia Mint, but the operations were closed officially in Fiscal 1983.

Once coinage strip is rolled to the proper thickness, blanks are punched from it. Blanks and planchets are the unstruck, circular pieces of metal that become coins when struck between the dies. Blanks and planchets represent the same product at different stages of production, although sometimes the terms "blank" and "planchet" are used interchangeably. The U.S. Mint still produces some of its coin blanks and planchets, although briefly in 2000 it sought help from the Royal Canadian Mint in processing blanks. Blanks are unfinished planchets that haven't been through all of the processing steps necessary before they can be struck into coins. Once a blank has been through all of the processing steps, it becomes a planchet and is ready to be struck.

Blanks are produced on blanking presses, which are simply punch presses similar to those found in any machine shop. They have a bank of punches (or rams) that travel downward through the strip of coinage metal and into a steel bedplate that has holes corresponding to the punches. The presses punch out blanks each time the punches make their downward cycle. The blanks made at this stage are slightly larger than the finished coins. Because of the shearing action of the punches, the blanks have rough edges. Most of the rough edges (or burrs) are removed during succeeding operations.

The next step is to give each blank a slightly raised rim. This is done in an upsetting mill.

The upsetting mill consists of a rotating wheel with a groove on its edge. The grooved edge of the wheel fits into a curved section (or shoe) that has a corresponding groove. The distance between the wheel and the shoe gets progressively narrower so that, as the blank is rolled along the groove, a raised rim is formed on both sides of the blank. This raised rim serves several purposes. It sizes and shapes the blank for better feed at the press and it work-hardens the edge to prevent escape of metal between the obverse die and the collar. (The Mint no longer finds it necessary to upset the rims of 5-cent blanks at the Denver Mint.)

During the upsetting operation, the blanks have been "work-hardened" and must now be softened by being heated to controlled temperatures in a process called annealing. The blanks are heated to approximately 1,400 degrees Fahrenheit, changing their crystal structure to a softer state. Planchets are cooled slowly. The annealing process prolongs the life of the coining dies by ensuring well-struck coins with lower striking pressures.

Die being polished for a Proof coin

Despite a protective atmosphere, annealing causes some surface discoloration that must be removed from the blanks. The blanks pass through a chemical bath, are tumble dried and then burnished (these last steps clean the planchets and shine them to a high luster).

The blanks are next passed over sorting screens that are supposed to eliminate all of the defective pieces. Too-large, too-small and incomplete planchets will fall through the screens. Rejected blanks are remelted.

The blanks are now planchets and are ready to be struck into coins on the Mint's coining presses.

Coining presses are designed for any denomination of coin. Dies and collars are interchangeable and striking pressures are adjustable for the various denominations and metals. A circular piece of hardened steel forms the collar, which acts as the wall of the coining chamber. The dies impress the various designs and devices on the obverse and reverse for the coin while the collar forms the edge of the coin, flat and smooth on cents, 5-cent coins and Sacagawea dollars and reeded on the dime, quarter dollar, half dollar and other dollar coins. The collar, which is five-thousandths of an inch larger in diameter than the dies, is mounted on springs that allow slight vertical movement.

Generally, the reverse die is the lower (or anvil) die while the obverse die is the upper (or hammer) die; however, there are exceptions. The dies are mounted horizontally so that they move parallel to the floor on some presses. Still, the terms anvil die and hammer die are appropriate on these latter presses.

Planchets are fed by gravity from a basin attached to the press through a cylindrical tube. This tube stacks 20 or so planchets. From this stack, the bottom planchet is fed into the press by one of several feed devices.

One device is called the feed fingers: two parallel pieces of metal joined in such a way that they can open and close; on one end of the two pieces is a covered recessed slot and in the center is a hole. A second device is a dial feeder: a circular piece slotted with holes that transport the planchets to the coining chamber and then transport the newly struck coin from the dies.

No matter which feed device is used, the coining process is the same. The anvil die at this point is stationary. The hammer die moves toward the anvil die, the dies impress the designs of both sides into the planchet and then the hammer die completes its cycle by moving back to its original position. On presses using the dial feeder, the dial remains stationary so that the hole transporting the planchet remains centered over the anvil die, with the hammer die passing through the hole to strike the coin. Then, the anvil die moves above the collar, actuated by an eccentric cam, raising the struck coin out of the coining chamber. Depending on the feeder system used, one of two things happens.

As the anvil die moves, about the same time the feeder fingers, in a closed position, start to move forward with a planchet lying in the center hole. At this time the anvil die reaches the top of its cycle, the recessed slot (ejection slot) slides over the struck coin and pushes the coin away from the coining chamber. The feed fingers have completed their forward movement and now the center hole is moving toward the coining chamber. Having imparted movement to the struck coin, that coin continues onward until it hits a shield that deflects it into the struck coin hopper. The feed fingers open, allowing the planchet to fall into the coining chamber. Then the feed fingers reverse direction to return to their original position.

On presses using a dial feeder, the struck coin is pushed back up into the hole that had carried the planchet; the dial rotates, moving the coin away from the coining chamber while the next hole drops a new planchet onto the lower die. The cam action now causes the lower die to move to its stationary position.

Presses fed by dial feeders have sensors that automatically stop the press if a planchet is mispositioned, of the wrong size or incomplete, or is completely missing. The Mints have made good use of this feature to decrease production of many of the error coins that entice collectors.

Frequently, while a press is in operation, the press attendant may pick up a finished coin for inspection to catch some of the remaining varieties and errors that are still produced. The inspector examines the coin under a magnifier to search for any defects made in the die during operation. Another attempt is made to prevent improperly shaped coins from reaching circulation by passing them through a second device to remove improperly sized or shaped coins.

Throughout the minting process, computers track such statistics as the productivity of each press operator, any repairs to a coining press, quantities of coins struck per press, plus installation, movement and destruction of the dies.

After the coins have been struck, they are counted automatically by machines or weighed, and are bagged or placed into shipping bins. The coins now are ready for shipment from the Mint to the Federal Reserve Banks or private money-handling firms for distribution.

Proof and Uncirculated coins

The United States Mint has had a longstanding relationship with American coin collectors, though not always a problem-free one. Although the primary business of the Mint is to produce sufficient coinage for use in commerce, it has produced special collectors' products for much of its existence. The Mint's most popular collectors' products, no doubt, have been Proof coins and sets and Uncirculated Mint sets, including since 1994 some low-mintage coins with a special Matte Finish. Limited edition sets of commemorative coins and rolls and mini-bags of State quarter dollars are other popular programs.

Proof coins are produced using special minting and processing techniques, resulting in coins with special finishes. They have been sold separately in the past, and since 1950, have been offered only in sets although Proof versions of recent commemorative coins, the American Eagle bullion coins and the 1999 Anthony dollars have been offered individually.

Uncirculated Mint sets contain coins produced under more or less standard conditions (recent sets contain coins of higher quality than those struck for circulation; older sets contain coins of the same quality as intended to circulate), packaged as a set and sold for a fee over the coins' face value. The sets provide collectors with Uncirculated examples of each coin struck for circulation that year, and in some cases, examples of coins struck for the Uncirculated Mint sets only (the three 1981 Anthony dollars, for example, and the 1970-D Kennedy half dollar).

The first Uncirculated Mint sets, with coins dated 1947, were offered in 1948. After the 1947 sets sold out, 1948-dated sets were offered to the public. Sets were again offered in 1949, but none were offered in 1950 due to a Treasury decision to conserve appropriations and manpower during the Korean War, and because Uncirculated coins were available from banks. From 1951 through 1964, sets were offered every year. The numbers of coins offered fluctuated from year to year, depending upon what denominations were being struck for circulation.

Before 1959, Uncirculated Mint sets were individually packaged in cardboard folders; each set contained two specimens of each coin struck that year. Beginning in 1959, sets were packaged in polyethylene packets and contained just one example of each coin struck that year.

No Uncirculated Mint sets or Proof sets were offered from 1965 to 1967 because of a major coin shortage sweeping the country, which was blamed in part on coin collectors and speculators. However, Mint officials did offer Special Mint sets, featuring coins not the quality of Proofs but better than those found in the pre-1964 Uncirculated Mint sets.

Production and sales of Uncirculated Mint sets resumed in 1968. From 1973 to 1978, Philadelphia and Denver Mint specimens of the Eisenhower dollar were contained in the set. In 1979, the Eisenhower dollar was replaced by the Anthony dollar, and a San Francisco Assay Office specimen was added. No Uncirculated Mint sets were offered in 1982 and 1983, with Mint officials blaming budgetary cutbacks. Because of collector pressure, Congress passed a law in 1983 requiring annual sales of both Uncirculated Mint sets and Proof sets.

As noted earlier, some Uncirculated Mint sets contain coins not struck for circulation. This generally increases the value of the sets because collectors saving an example of each coin struck each year will be unable to find the needed coins in circulation. In 1970, no half dollars were struck for circulation; thus, the 1970-D Kennedy half dollar could only be found in the set. In 1973, no Eisenhower dollars were struck for circulation, but the dollars were included in the set. The only way to obtain the three 1981 Anthony dollars was to buy the Uncirculated Mint set of that year, and in 1987, no Kennedy half dollars were struck for circulation but they were included in the set. The 1996 Uncirculated sets include a 1996-W Roosevelt dime — available nowhere else — added at no charge to commemorate the 50th anniversary of the coin's introduction.

Proof coins and sets

While coins in Uncirculated Mint sets are little or no different from those struck for circulation, Proof coins are a special breed. A Proof coin is struck on specially prepared planchets, using special minting techniques, generally on a specialized coining press.

The term "Proof" means different things to many collectors, dealers and other hobbyists. Some believe Proof is the top level of preservation, or grade — it is not. Others believe Proof coins are particularly shiny coins destined for collectors rather than circulation — they are only partly correct.

"Proof" in numismatics refers to a special manufacturing process designed to result in coins of the highest quality produced especially for collectors. "Proof" is not a grade, as many beginning collectors think, although grading services, dealers and collectors may assign Proof coins numerical grades such as Proof 63 or Proof 65.

Proof coins result from the same basic processes used in producing the dies and planchets also required to make coins for circulation. However, Mint employees use special techniques in preparing the surfaces of the dies and planchets intended for Proof coins. Special presses and striking techniques are also used in the production of Proof coins.

Most of the Proof coins sold by the United States Mint today are Frosted Proofs. The flat fields are mirror-like, reflective and shiny. The frosting refers to the white, textured, nonreflective finish found on the raised devices, lettering and other points in relief. Both the frosted and mirror finishes are the results of the special techniques used in preparing the dies.

All dies are produced at the Philadelphia Mint and Denver Mint die shops, although the surfaces of Proof dies used at the San Francisco Mint are prepared in San Francisco. Remember that a die features a mirror-image, incused version of the finished coin's design. Points that are raised on the coin are incused on the die. Points incused on the coin are in relief on the die.

To prepare a Frosted Proof die, the die is first sandblasted with an aluminum oxide and glass bead compound. This imparts a rough, textured finish to the entire die. After the sandblasting is completed, cellophane tape is placed over the entire surface. The person preparing the die then removes the cellophane tape from around the incused areas in the die; in effect, the fields are uncovered and the cellophane protects the incused areas.

The uncovered surfaces are then polished to a high sheen while the textured finish on the incused areas is left intact. Once the polishing is completed, the die receives a light plating of chrome, two- to three-thousandths of an inch thick. The chrome is then buffed. The finished die now has mirror-like fields and textured relief, and will impart the same finishes to the coins it strikes.

The planchets used to strike the Proof coins also receive special treatment. The planchets are burnished in a process that tumbles them in a media of carbon steel balls, water and an alkaline soap. The process cleans and polishes the planchets. The burnished planchets are rinsed in clear water and towel-dried by hand, then go through another cleaning and hand-drying process. Compressed air is used to blow lint and dust from the planchets.

Proof coins are struck on special presses that operate at slower speeds than the high-speed presses used for striking circulating coinage. While the Proof coining presses, like all presses, impress the design from the dies onto the planchet, the production of a business strike is a much more rapid, violent event. Each Proof coin is struck two or more times, depending on the size of the coin, the design and the composition of the metal. The multiple striking ensures that the detail is brought up fully on each coin. Business strikes are struck only once (although some U.S. business strikes in the past have been struck more than once, most notably the 1907 Saint-Gaudens, High Relief double eagle).

Proof coins are then sealed into plastic capsules or plastic holders to give their surfaces some protection (though not total) from potentially damaging environmental factors.

Although most collectors of modern U.S. Proof coins are familiar with the Frosted Proofs in vogue today, there are many other types of Proof finishes. Some used by the U.S. Mint include the Matte Proof, first used in the early 20th century; a similar Matte Finish was used on several special coins issued in the 1990s. The entire surface of the coin is uniformly dull or granular; the surface of the original Matte Proof coins results from the struck coin being pickled in acid. A Satin Finish Proof coin has a matte, satiny surface; the finishing process, used in the early 20th century, is currently unknown. A Sandblast Proof is a type of Matte Proof in which the surface of the coin is sandblasted, not pickled in acid. A Roman Finish Proof was used on gold Proofs of 1909 and 1910 and is similar to the Satin Finish Proof. A Brilliant Proof is one in which the entire surface is mirror-like; any frosted devices are accidental, found generally only on the first few strikes of the die. Brilliant Proofs were produced by the U.S. Mint until the late 1970s and early 1980s, when Mint officials began taking care to produce the Frosted Proofs.

The Philadelphia Mint struck its first true Proof coins in 1817, not for collectors but as presentation pieces. From 1817 to 1859, Proof coins were made in small batches whenever a number of orders had accumulated.

Proof coins were first offered to the public at large in 1858, the result of a decision by Mint Director John Ross Snowden. It was not until 1860, however, that mintages jumped as collector interest caught hold and the Mint began anticipating demand rather than striking the Proof coins to order.

Coins were sold individually and in complete sets, the latter in limited quantities. Sets were sometimes sold as sets of minor coins and gold coins in addition to the complete sets.

From 1907 to 1916, the Mint began experimenting with various Proof finishes, including the aforementioned Matte Proof, Sandblast Proof and Roman Finish Proof finishes.

The Mint stopped offering Proof coins in 1916. Walter Breen in his *Encyclopedia of United States and Colonial Proof Coins: 1722-1977* notes: "At first ostensibly because of the war, later more likely because of administration changes (there being no coin collectors in high office until William H. Woodin became secretary of the Treasury), no Proofs were publicly sold. The few made went to VIPs and most are controversial."

Proof coinage resumed in 1936 with the production of Brilliant Proofs. Coins were sold by the piece with five denominations making a complete set. Mintages of the Proof "sets" from 1936 through 1942 are based on the coin with the largest mintage. Abandoned were the experiments with Matte Proofs and other experimental finishes. Proof production halted again at the end of 1942 because of World War II, and did not resume until 1950.

Beginning in 1950, customers could no longer purchase single coins. The five-coin sets were housed in individual cellophane envelopes, stapled together and placed into a cardboard box. The box and envelope combination was not meant to be a permanent holder for the coins, something collectors learned after the staple began to rust and threatened to damage the coins within the set. The Mint changed to new packaging in mid-1955 (the 1955 set is available each way): a plastic soft-pack inserted into an envelope. This packaging remained in use through 1964.

No Proof sets were struck in 1965 to 1967 because of the massive coin shortage haunting the nation. As noted earlier, Special Mint sets were sold in place of the Proof and Uncirculated Mint sets normally offered.

Proof set production resumed in 1968, but at a new location. Prior to 1968, most Proof coins were struck at the Philadelphia Mint. All earlier Branch Mint Proof coins were and are rare. Production was moved to the San Francisco Assay Office (the San Francisco Mint became an Assay Office in 1962, and a Mint again in 1988), and the S Mint mark was added to the coins. The coins were housed in a hard-plastic holder.

Proof sets have been struck every year since 1968, with a Proof version of the Eisenhower copper-nickel dollar first placed in the set in 1973. A 40 percent silver version of the Proof Eisenhower dollar was offered in a separate package from 1971 through 1974.

Special Proof and Uncirculated sets were offered in recognition of the 1976 Bicentennial of American Independence. The Bicentennial event was numismatically celebrated with changes in the reverse designs of the Washington quarter dollar, Kennedy half dollar and Eisenhower dollar. Copper-nickel versions of all three were issued for circulation and for the regular Proof set.

Collectors were offered two three-coin sets of the same coins struck in a 40 percent silver composition, in Proof and Uncirculated versions. The silver collectors' coins were first offered Nov. 15, 1974, at prices of $15 for the Proof set and $9 for the Uncirculated set. In the 12 years of sales for the two three-coin sets, from November 1974 to Dec. 31, 1986, prices for the three-coin sets were changed no less than five times due to rising and falling silver prices.

From 1976 to 1981, standard Proof sets were issued with either the Eisenhower dollar (through 1978) or Anthony dollar (beginning in 1979). With the resumption of commemorative coinage production in 1982, and the introduction of American Eagle bullion coins in 1986, Proof production was spread to all four coining facilities, in Philadelphia, Denver, San Francisco and West Point. The San Francisco Mint continues to strike the regular Proof set in addition to some Proof commemorative and bullion coins. Prestige Proof sets were offered beginning in 1983 in years when the Mint issued commemoratives. Prestige Proof sets contain the regular set and one or more Proof commemorative coins. The last Prestige Proof sets were produced in 1998.

Another change occurred in 1986 in the Proof die production process. Since Mint marks were first used in 1838, they had been punched into the individual working dies. However, the inadvertent release of a 1983 Proof dime with no "S" Mint mark prompted Mint officials to place the Mint mark on the master die in an attempt to prevent this type of error from occurring again. The same mistake also happened in 1968, 1970, 1971 and, according to some sources, 1975. In 1986, the Mint mark was included on the plasticene model stage for all Proof coins, including commemoratives; thus, the Mint mark appears at every stage of the modeling and die-making process of all collectors' coins.

Congress mandated annual sales of a Silver Proof set in 1990; it authorized a Proof set with 90 percent silver versions of the dime, quarter dollar and half dollar. The Mint did not issue the first Silver Proof sets until 1992, citing 1991 production difficulties. The Mint offered two packaging versions of the new Proof set: a set in the same kind of holder as the standard Proof set marked with the word "silver," and a Premier Silver Proof set containing the same coins in a higher quality package.

More wrinkles in Proof coin production occurred in 1999 and 2000 because of changes in coinage designs and the need to strike new denominations.

The State quarter dollars program, introduced in 1999, is reflected in the Proof sets since 1999. The traditional Proof set contains all five quarters for nine coins total (in 1999) or 10 coins (in 2000). A second Proof set containing only the five State quarters is also offered.

The siphoning of 1979 and 1980 Anthony dollars from Treasury vaults throughout the end of the 1990s and the delay in production of the new Sacagawea dollar (introduced in 2000) resulted in the need to strike 1999-dated Anthony dollars for circulation. Mint officials announced that they would offer Proof and Uncirculated versions of the Anthony dollar later in the year in single-coin packaging. The decision to strike the coins came after Proof set production had begun, making it difficult to include them with the other Proof coins.

The Proof sets sold since 2000 contain a Proof version of the Sacagawea golden dollar, increasing the number of coins to 10. The addition of that new coin caused problems its first year because of the the law requiring Silver Proof sets every year.

Mint officials delayed sales of the 2000 Silver Proof sets until Congress could amend the portion of the U.S. Code regulating their production. The law required the Mint to produce 90 percent silver versions of all coins struck for circulation from the dime through the dollar. However, Mint officials did not want to strike a silver version of the coin it was marketing as the "golden dollar." The coin's golden color and new alloy were in complete opposition to a silver composition (unlike the dime, quarter dollar and half dollar, which had been composed of silver for most of their existence as denominations). Once Congress passed the necessary legislation and President Clinton signed it into law, the Mint could begin delivering the sets for which it had already accepted orders.

A new offering by the Mint generated a good deal of collector hostility in mid-2002. The Mint briefly reopened sales of sets it had previously reported as closed or sold out by offering a package of 1999, 2000 and 2001 Proof sets at coin market prices, not at their original prices. A majority of collectors objected to the program, saying that once a program is closed or reported as sold out, it should remain closed. The Mint stopped offering the packaged sets after a few weeks of sales; officials claimed that storage problems resulted in damage to some of the coins in the 1999 sets and made them unsaleable.

Mint officials, in announcing the closing of sales, also reported that Mint inventories did not contain other unsold coins that it would be offering later.

Matte Finish coins

As the United States Mint began offering more collector coin products in the 1980s and 1990s, officials began experimenting with special finishes to enhance some of the Uncirculated commemorative coins. By the early 1990s, for example, commemorative silver dollars were given a matte surface similar in appearance to the Matte Proof coins of the early 20th century mentioned earlier. Collectors took little note of this special finish, however, because the Mint referred to it as their Uncirculated finish (although it differed considerably from the Uncirculated finish given to coins in the standard Uncirculated Mint sets). In 1994, however, the special Uncirculated finish was applied to a noncommemorative denomination placed in a special limited-edition set.

Congress authorized a commemorative silver dollar celebrating the 250th anniversary of Thomas Jefferson's birth for release in 1994. The Mint offered the 1994 Jefferson silver dollar in Proof and Uncirculated versions, the latter bearing the special matte surfaces developed over the years. Mint officials also offered the dollar in a variety of purchasing options.

Among the special options was a Jefferson Coin and Currency set, which contained three monetary instruments bearing Jefferson's portrait: a 1994-P Jefferson silver dollar, a $2 Federal Reserve note and a 1994-P Jefferson 5-cent coin. While Mint officials intended to limit this set to 50,000 pieces, they forgot to mention that fact on any sales literature. Thus the Mint produced the set to order, selling 167,703 sets.

Mint officials also forgot to tell collectors that the Jefferson 5-cent coin in the set was given the same matte surfaces that had been given to the Jefferson silver dollar in the set, to give the two coins uniform finishes. A collector, however, noted the special finish and informed *Coin World* of that fact. That suddenly made the Jefferson Coin and Currency set a hot property. Many collectors collect Jefferson 5-cent coins, and many seek to acquire Proof and traditional Uncirculated specimens of each date and Mint mark. As collectors and dealers began referring to the coin as having a Matte Finish, many sought specimens of the special 5-cent coin to complete their collections of the denomination. Many Matte Finish 5-cent coins were probably removed from their original holders for placement into whatever holders the collectors were using to store their Jefferson 5-cent sets. Prices for this special 5-cent coin remain high, as much as $100.

Three years later, Mint officials offered a second Matte Finish Jefferson 5-cent coin (although Mint officials were still not using this terminology), this one dated 1997-P and housed in the Botanic Garden Coin and Currency set (also containing a Botanic Garden silver dollar and $1 Federal Reserve note). Production of the set was limited to 25,000 sets, meaning just 25,000 Matte Finish 1997-P Jefferson 5-cent coins would be offered, making this set an even hotter property than the Jefferson sets of three years earlier. In what became one of the most criticized offerings by the U.S. Mint in recent years, the Botanic Garden Coin and Currency set sold out in about a week, before many collectors even received their order forms in the mail. Dozens of irate collectors called *Coin World* to complain about being shut out of the offering because other collectors living closer to where the order forms were placed into the mail had an advantage over those living farther away. Few if any of the callers (including those lucky ones receiving the sets) wanted the sets for the Botanic Garden dollar. Most wanted the extremely limited, 25,000-mintage Matte Finish 1997-P Jefferson 5-cent coin for their collections. Today, these coins sell for as much as $275.

Mint officials learned from this experience, so in 1998, when it offered a Kennedy Collectors set bearing a 1998-P Robert F. Kennedy silver dollar and 1998-P John F. Kennedy half dollar, it limited sales to a specific ordering period, not to a specific number of sets. Sales totaled more than 63,000 sets. By this time, Mint officials had also accepted the terminology that had caught on in hobby circles, and noted that the half dollar in the set had been given the special Matte Finish. The same literature also noted that the dollar in the set was an Uncirculated specimen. However, it was clear to collectors that the finish was the same on both coins (which had been the intention in 1994 when the first Matte Finish 5-cent coin was produced). *Coin World* began calling the RFK dollar a Matte Finish specimen, prompting a rival coin collector publication to contact Mint officials, who confirmed that the RFK had an Uncirculated surface, not a Matte Finish. *Coin World* persisted in calling both coins Matte Finish, and Mint officials eventually confirmed that yes, the finish on both coins is the identical Matte Finish. (As with the Botanic Garden set, many collectors bought the coin for the Matte Finish half dollar to keep their collections complete, not for the commemorative silver dollar.) The special 1998-P Kennedy half dollar today sells for $300 or more.

Will the popularity of the two Matte Finish 5-cent coins and half dollar prompt Mint officials to make similar offerings in the future? Stay tuned.

Proof sets

Year Minted	Sets Sold	Prestige Commemorative	Selling Price	Face Value
1950	51,386		2.10	0.91
1951	57,500		2.10	0.91
1952	81,980		2.10	0.91
1953	128,800		2.10	0.91
1954	233,300		2.10	0.91
1955	378,200		2.10	0.91
1956	669,384		2.10	0.91
1957	1,247,952		2.10	0.91
1958	875,652		2.10	0.91
1959	1,149,291		2.10	0.91
1960 ‹1›	1,691,602		2.10	0.91
1961	3,028,244		2.10	0.91
1962	3,218,019		2.10	0.91
1963	3,075,645		2.10	0.91
1964	3,950,762		2.10	0.91
Production suspended during 1965, 1966, 1967				
1968 ‹2›	3,041,506		5.00	0.91
1969	2,934,631		5.00	0.91
1970 ‹3›	2,632,810		5.00	0.91
1971 ‹4›	3,220,733		5.00	0.91
1972	3,260,996		5.00	0.91
1973	2,760,339		7.00	1.91
1974	2,612,568		7.00	1.91
1975 ‹5›	2,845,450		7.00	1.91
1976 ‹6›	4,123,056		7.00	1.91
1977	3,236,798		9.00	1.91
1978	3,120,285		9.00	1.91
1979 ‹6›	3,677,175		9.00	1.91
1980	3,554,806		10.00	1.91
1981	4,063,083		11.00	1.91
1982 ‹7›	3,857,479		11.00	0.91
1983 ‹8›	3,138,765		11.00	0.91
1983 Prestige	140,361	1983-S Olympic silver dollar	59.00	1.91
1984	2,748,430		11.00	0.91
1984 Prestige	316,680	1984-S Olympic silver dollar	59.00	1.91
1985	3,362,821		11.00	0.91
1986	2,411,180		11.00	0.91
1986 Prestige	599,317	1986-S Immigrant half dollar, 1986-S Ellis Island silver dollar	48.50	2.41
1987	3,356,738		11.00	0.91
1987 Prestige	435,495	1987-S Constitution silver dollar	45.00	1.91
1988	3,031,287		11.00	0.91
1988 Prestige	231,661	1988-S Olympic silver dollar	45.00	1.91
1989	3,009,107		11.00	0.91
1989 Prestige	211,807	1989-S Congress half dollar 1989-S Congress silver dollar	52.00	2.41
1990 ‹9›	2,793,433		11.00	0.91
1990 Prestige	506,126	1990-P Eisenhower silver dollar	46.00	1.91
1991	2,610,833		11.00	0.91

Year Minted	Sets Sold	Prestige Commemorative	Selling Price	Face Value
1991 Prestige	256,954	1991-S Mount Rushmore half dollar		
		1991-S Mount Rushmore silver dollar	55.00	2.41
1992 ‹10›	2,675,618		11.00/12.50	0.91
1992 Prestige ‹11›	183,285	1992-S Olympic half dollar		
		1992-S Olympic silver dollar	49.00/56.00	2.41
1992 Silver ‹11, 12›	1,009,586		18.00/21.00	0.91
1992 Premiere ‹11,12›	308,055		29.50/37.00	0.91
1993	2,337,819		12.50	0.91
1993 Prestige ‹11›	232,063	1993-S James Madison half dollar		
		1993-S James Madison silver dollar	51.00/57.00	2.41
1993 Silver ‹11, 12›	589,712		18.00/21.00	0.91
1993 Premiere ‹11,12›	201,282		29.00/37.00	0.91
1994	2,308,701		12.50	0.91
1994 Prestige ‹11›	175,893	1994-P World Cup half dollar		
		1994-S World Cup silver dollar	49.00/56.00	2.41
1994 Silver ‹11, 12›	636,009		18.00/21.00	0.91
1994 Premiere ‹11,12›	149,320		29.00/37.00	0.91
1995	2,018,945		12.50	0.91
1995 Prestige ‹11›	105,845	1995-S Civil War Battlefields half dollar		
		1995-S Civil War Battlefields dollar	55.00/61.00	2.41
1995 Silver ‹11, 12›	537,374		18.00/21.00	0.91
1995 Premiere ‹11,12›	128,903		29.00/37.00	0.91
1996	2,085,191		12.50	0.91
1996 Prestige ‹11›	59,886	1996-S Olympic Soccer half dollar		
		1996-P Olympic Rowing dollar	55.00/61.00	2.41
1996 Silver ‹11, 12›	623,264		18.00/21.00	0.91
1996 Premier ‹11,12›	151,817		29.00/37.00	0.91
1997	1,975,000		12.50	0.91
1997 Prestige	80,000	1997-S Botanic Garden dollar	44.00	1.9119
1997 Silver ‹11,12›	605,289		18.00/21.00	0.91
1997 Premier ‹11,12›	135,905		29.00/37.00	0.91
1998	2,086,507		12.50	0.91
1998 Silver ‹11,12›	878,996		18.00/21.00	0.91
1999 ‹19›	2,543,401‹25›		19.95	1.91
1999 State ‹20›	1,169,958		13.95	1.25
1999 Silver ‹12,19›	804,565		31.95	1.91
2000 ‹19›	3,082,483‹22›‹25›		19.95	2.91
2000 State ‹20›	995,803		13.95	1.25
2000 Silver ‹12,19›	965,421		31.95	2.91
2001 ‹19›	2,286,446‹25›		19.95	2.91
2001 State	799,736		13.95	1.25
2001 Silver ‹12,19›	317,142		19.95	2.91

40% silver clad dollars
Struck in San Francisco

Year Minted	Uncirculated	Proof
1971	6,868,530	4,265,234
1972	2,193,056	1,811,631
1973	1,883,140	1,013,646
1974	1,900,156	1,306,579

Special Mint Sets

Year Minted	Sets Sold	Selling Price	Face Value
1965	2,360,000	4.00	0.91
1966	2,261,583	4.00	0.91
1967	1,863,344	4.00	0.91

Uncirculated sets

Year Minted	Sets Sold	Selling Price	Face Value
1947	12,600	4.87	4.46
1948	17,000	4.92	4.46
1949	20,739	5.45	4.96
1951	8,654	6.75	5.46
1952	11,499	6.14	5.46
1953	15,538	6.14	5.46
1954	25,599	6.19	5.46
1955	49,656	3.57	2.86
1956	45,475	3.34	2.64
1957	34,324	4.40	3.64
1958	50,314	4.43	3.64
1959	187,000	2.40	1.82
1960	260,485	2.40	1.82
1961	223,704	2.40	1.82
1962	385,285	2.40	1.82
1963	606,612	2.40	1.82
1964	1,008,108	2.40	1.82
1965	2,360,000	4.00	0.91
1966	2,261,583	4.00	0.91
1967	1,863,344	4.00	0.91
1968	2,105,128	2.50	1.33
1969	1,817,392	2.50	1.33
1970	2,038,134	2.50	1.33
1971	2,193,396	3.50	1.83
1972	2,750,000	3.50	1.83
1973	1,767,691	6.00	3.83
1974	1,975,981	6.00	3.83
1975	1,921,488	6.00	3.82
1976	1,892,513	6.00	3.82
1977	2,006,869	7.00	3.82
1978	2,162,609	7.00	3.82
1979	2,526,000	8.00	3.8213
1980	2,815,066	9.00	4.8213
1981	2,908,145	11.00	4.8213
1984	1,832,857	7.00	1.82
1985	1,710,571	7.00	1.82
1986	1,153,536	7.00	1.82
1987	2,890,758	7.00	1.82
1988	1,447,100	7.00	1.82
1989	1,987,915	7.00	1.82
1990	1,809,184	7.00	1.82
1991	1,352,101	7.00	1.82
1992	1,500,098	7.00/8.00	1.82
1993	1,297,094	8.00	1.82
1994	1,234,813	8.00	1.82

Year Minted	Sets Sold	Selling Price	Face Value
1995	1,013,559	8.00	1.82
1995 Deluxe	24,166	12.00	1.82
1996	1,450,440	8.00	1.9214
1997	940,047	8.00	1.82
1998	1,188,487	8.00	1.82
1999 ‹21›	1,421,625	14.95	3.82
2000 ‹23›	1,490,160	14.95	4.82
2001 ‹24›	1,122,605 ‹22›	14.95	4.82

Proof American Eagle issue prices[15]

Year	Metal	1/10 oz	1/4 oz	1/2 oz	1 oz	Set
1986	Gold	——			550.	——
	Silver	——	——	——	21.00	——
1987	Gold	——	——	295.	585.	870.
	Silver	——	——		23.00	——
1988	Gold	65.00	150.	295.	585.	1065.
	Silver	——	——	——	23.00	——
1989	Gold	65.00	150.	295.	585.	1065.
	Silver	——	——	——	23.00	——
1990	Gold	70.00	150.	285.	570.	999.
	Silver	——	——	——	23.00	——
1991	Gold	70.00	150.	285.	570.	999.
	Silver	——	——	——	23.00	——
1992	Gold	70.00	150.	285.	570.	999.
	Silver	——	——	——	23.00	——
1993	Gold	70.00	150.	285.	570.	999.
	Silver				23.00	
1993 Philadelphia set[16]					499.	
1994	Gold	70.00	150.	285.	570.	999.
	Silver	——	——	——	23.00	——
1995	Gold	70.00	150.	285.	570.	999.
	Silver	——	——	——	23.00	——
1995 10th Anniversary set[17]					999.	
1996	Gold	70.00/75.00	150./159.	285./299.	570./589.	999./1025.
	Silver	——	——	——	23.00	——
1997	Gold	75.00	159.	299.	589.	1,025.
	Silver	——	——	——	23.00	——
	Platinum	99.00	199.	395.	695.	1,350.
1997 Impressions of Liberty set[18]					1,499.	
1998	Gold	70.00	150.	285.	570.	999.
	Silver	——	——	——	24.00	——
	Platinum	99.00	199.	395.	695.	1,350.
1999	Gold	70.00	150.	285.	570.	999.
	Silver	——	——	——	24.00	——
	Platinum	99.00	199.	395.	695.	1,350.
2000	Gold	70.00	150.	285.	570.	999.
	Silver	——	——	——	24.00	——
	Platinum	118.	227.	405.	740.	1,375.
2001	Gold	70.00	150.	285.	570.	999.
	Silver	——	——	——	24.00	——
	Platinum	118.	227.	405.	740.	1,375.
2001	Gold	70.00	150.	285.	570.	999.
	Silver	——	——	——	24.00	——
	Platinum	118.	227.	405.	740.	1,375.

Bicentennial sets

Final mintages are 3,998,621 for the Proof set, and 4,908,319 for the Uncirculated set.

Notes

1. Includes Large Date and Small Date cents. The Small Date is rarer.
2. Some Proof sets contain dimes struck from a Proof die missing the Mint mark, an engraver's oversight, not a filled die. Unofficially estimated that 20 specimens are known. Beware of sets opened and reclosed with "processed" P-Mint coins inserted. Check edge of case for signs of tampering.
3. An estimated 2,200 Proof sets contain dimes struck from Proof die missing the Mint mark, an engraver's oversight, not a filled die.
4. An estimated 1,655 Proof sets contain 5-cent coins struck from Proof die missing the Mint mark, an engraver's oversight, not a filled die.
5. Contains 1776-1976 dated Bicentennial quarter dollar, half dollar and dollar.
6. 1979 Proof set: The Anthony dollar replaced the Eisenhower dollar. During latter 1979, a new, clearer Mint mark punch was used on the dies. Sets with all six coins bearing the new Mint mark command a premium.
7. 1982 Proof set: A new Mint mark punch with serifs was introduced.
8. 1983 10-cent piece: Some 1983 sets were issued with dimes missing the S Mint mark, similar to errors on 1968, 1970, 1971 and 1975 Proof coins.
9. The Mint released an estimated 3,555 1990 Proof sets with a cent missing the S Mint mark. The die was for business strikes at Philadelphia, but was inadvertently sent to San Francisco, prepared as a Proof and placed into Proof production.
10. Price increased from $11 to $12.50 July 1, 1992.
11. Prices are pre-issue discount/regular price.
12. Beginning in 1992 a new type of Proof set was issued, consisting of a regular Proof cent and 5 cents, but with the dime, quarter dollar and half dollar struck on 90 percent silver planchets, rather than the copper-nickel clad planchets of the circulating and regular Proof coinage. A "Premiere" edition — essentially fancy packaging — was sold at an additional premium.
13. 1979-81 Uncirculated sets: It has been erroneously reported in previous editions of this book and elsewhere that the 1979 Uncirculated set has a face value of $4.82. In fact, it was a 12-coin set with a face value of $3.82. While Anthony dollars were struck for circulation at the San Francisco Assay Office, the Unc. S dollar was not included in sets until the 1980 and 1981 sets, which are 13-coin sets with a face value of $4.82.
14. 1996 Uncirculated set: A 1996-W Roosevelt dime, available only in these sets, was added at no additional cost to mark the 50th anniversary of the coin.
15. Prices are for single-coin or -set purchase only; bulk discounts may apply; in 1996, a pre-issue discount was offered on gold coins.
16. Includes tenth-, quarter-, half-ounce gold, 1-ounce silver coin and 1-ounce silver medal.
17. Includes four gold coins and one silver, all with West Point Mint mark.
18. Includes one each Proof 1-ounce platinum, gold and silver bullion coin.
19. Includes one each Delaware, Pennsylvania, New Jersey, Georgia and Connecticut quarter dollars, plus cent, 5-cent coin, dime and half dollar.
20. Includes one each Delaware, Pennsylvania, New Jersey, Georgia and Connecticut quarter dollars only.
21. Includes Philadelphia Mint and Denver Mint example of Delaware, Pennsylvania, New Jersey, Georgia and Connecticut quarter dollars.
22. Unofficial sales figures as of June 24, 2002.
23. Includes Philadelphia Mint and Denver Mint example of Massachusetts, Maryland, South Carolina, New Hampshire and Virginia quarter dollars.
24. Includes Philadelphia Mint and Denver Mint example of New York, North Carolina, Rhode Island, Vermont and Kentucky quarter dollars.
25. Mint officials reopened sales of 1999, 2000 and 2001 Proof sets on May 29, 2002, in an unprecedented and controversial offering. The 1999 and 2000 Proof set programs long had been closed, and sales of the 2001 sets had ended as 2002 sets went on sale. Officials halted sales June 25, 2002, citing damage to some of the coins in some of the 1999 sets. Sales figures for the three sets quoted here are preliminary (as of May 15, 2002) and subject to change.

Glossary

NUMISMATICS (pronounced nu-mis-mat'-iks), like any science, has a language of its own spoken by its practitioners and students. New collectors unfamiliar with terms like obverse, reverse, Mint mark and double eagle may feel confused by a bewildering lexicon. However, the language need not be confusing.

The terms defined here are those that may be commonly encountered during the normal course of coin collecting. A more in-depth glossary can be found online at **www.coinworld.com**.

Alloy: Mixture of more than one metal.

Altered coin: A coin that has been deliberately changed to make it resemble a rare or more valuable piece, or to change its appearance for any reason.

American Buffalo silver dollar: Commemorative silver dollar struck in 2001, bearing revised versions of James Earle Fraser's designs for the Indian Head 5-cent coin ("Buffalo nickel").

American Eagle: A legal tender bullion coin struck and issued by the United States Mint. The Mint strikes four .9995 fine platinum coins, four .9167 fine gold coins and a .999 fine silver coin. Refer to "Values" section for other specifications.

Bag marks: See Contact marks.

Bicentennial coins: Quarter dollar, half dollar and dollar struck in 1975 and 1976 with special reverse designs commemorating the 200th anniversary of the signing of the Declaration of Independence. Dated 1776-1976.

Bimetallic coins: See "ringed bimetallic coins."

Buffalo nickel: Nickname given the Indian Head 5-cent coin. Nickname is commonly though incorrectly used; most U.S. coins are named after their obverse design; the creature on the reverse is a bison, not a buffalo; and no U.S. coin denomination is legally called a "nickel." See "American Buffalo silver dollar."

Clad: Composite coinage metal strip composed of a core, usually of a base metal such as copper, and surface layers of more valuable metal like copper-nickel. The U.S. dimes, quarter dollars, half dollars and dollars struck for circulation since 1965 are a clad coinage, including the Sacagawea "golden" dollar.

Coin: Usually a piece of metal, marked with a device, issued by a governing authority and intended to be used as money. Coins may or may not be legal tender. All coins issued by the United States government are legal tender.

Colonial coins: Coins struck by one of the 13 British Colonies before the American Revolution. Few of the Colonial coins were struck with the authority of the British throne, which legally had all coinage rights in Great Britain and the Colonies.

Contact marks: Surface abrasions found on U.S. coins, because of coins striking the surfaces of other coins during bagging and shipping procedures. See chapter on "Grading," for details.

Coronet: A style of Liberty Head used on U.S. copper and gold coins for much of the 19th century. Liberty wears a coronet (usually marked with the word LIBERTY).

Denomination: The face value of a coin; the amount of money it is worth as legal tender.

Device: The principal design element, such as a portrait, shield or heraldic emblem, on the obverse or reverse of a coin.

Die: A hardened metal punch, the face of which carries an intaglio or incused mirror image to be impressed on one side of a planchet.

Disme: Original spelling of "dime." May have been pronounced "deem."

Double eagle: A $20 gold coin of the United States. Introduced into circulation in 1850; last struck in 1933.

Eagle: A $10 gold coin of the United States.

Edge: Often termed the third side of a coin, it is the surface perpendicular to the obverse and reverse. Not to be confused with the rim. Edges can be plain, reeded, lettered or carry other designs.

Fantasy piece: An object having the physical characteristics of a coin, issued by an agency other than a governing authority (or without official sanction) yet purporting to be issued by a real or imagined governing authority as a coin.

Field: The flat part of a surface of a coin surrounding and between the head, legend or other designs.

Flow lines: Microscopic striations in a coin's surface caused by the movement of metal under striking pressures. A coin's luster is caused by its flow lines; loss of luster is the result of wear to the flow lines.

Frost: Effect caused by striking a coin with sandblasted dies, often used in reference to Proof coins.

Half dimes, half dismes: A silver 5-cent coin of the United States. The Mint Act of April 2, 1792, authorized "half dismes," which was the standard spelling (rather than "half dime") until well into the 19th century. See disme.

Half eagle: A $5 gold coin of the United States.

Hub: A right-reading, positive punch used to impress incused, mirror-image dies.

Large cent: Refers to the U.S. cents of 1793 to 1857, with diameters between 26 and 29 millimeters, depending on the year each was struck.

Legal tender: Currency (coins or paper money) explicitly determined by a government to be acceptable in the discharge of debts.

Lettered edge: An incused or raised inscription on the edge of a coin.

Minor coin: A silver coin of less than crown weight or any coin struck in base metal.

Mint mark: A letter or other symbol indicating the Mint of origin. Also spelled Mintmark.

Money: A medium of exchange.

Mule: A coin struck from two designs not normally used together. Examples include a controversial 1959 Lincoln cent with 1958-style Wheat Ears reverse and three double-denomination mules (see the chapter on "error coins" for details on the latter).

Nickel: A silver-white metal widely used for coinage. It is factually incorrect to use "nickel" for the copper-nickel 5-cent coin. In the mid-19th century, copper-nickel cents and 3-cent coins were also nicknamed "nickel," like the modern 5-cent coin. The U.S. Mint has never struck a coin officially called a "nickel."

Numismatics: The science, study or collecting of coins, medals, paper money, tokens, orders and decorations and similar objects.

Numismatist: A person knowledgeable in numismatics, with greater knowledge than a novice collector.

Obverse: The side of a coin that bears the principal design or device, often as prescribed by the issuing authority. In informal English, the "heads."

Pattern: Coin-like pieces designed to test coin designs, mottoes or denominations proposed for adoption as a regular issue and struck in the metal to be issued for circulation, but that were not adopted, at least in year of pattern issue. The 1856 Flying Eagle cent is a pattern; the coin was not struck for circulation or authorized until 1857.

Penny: The nickname given the 1-cent coin. The United States Mint has never struck a penny for use in the United States. The nickname derives from the country's English origins; England still uses a denomination called a penny.

Pioneer gold coins: Gold coins, generally privately produced, struck in areas of the United States to meet the demands of a shortage of federally issued coins, generally in traditional U.S. coin denominations. Often called "private gold," which is correct for many but not all of the issues, and "territorial gold," which is incorrect since none of the coins were struck by a territorial government authority.

Planchet: The disc of metal that when placed between the dies and struck becomes a coin. Also called flan or blank.

Restrike: A numismatic item produced from original dies later. In the case of a coin, the restrike usually occurs to fulfill a collector demand and not a monetary requirement.

Reverse: The side opposite the obverse, usually but not always the side with the denomination (the denomination appears on the obverse of the State quarters, for example). The side opposite the side containing the principal design. Informally, the "tails."

Ringed bimetallic coin: A coin composed of two parts: a holed ring into which is inserted a core. The two parts are often different colors and compositions. The only U.S. ringed bimetallic coin is a 2000 commemorative $10 coin honoring the Library of Congress, composed of a platinum core and gold ring.

Slab: A rigid plastic, sonically sealed holder, usually rectangular, especially those used by third-party grading services.

Series: Related coinage of the same denomination, design and type, including modifications and varieties.

Subtype: A modification of a basic design type that leaves the basic theme intact without major revision. Examples include the Bison on Plain and Bison on Mound reverses for the Indian Head 5-cent coin and the three reverse subtypes used on the Capped Bust half dollar from 1836 to 1838 (the same Eagle design was used with and without E PLURIBUS UNUM; the denomination appears as 50 C., 50 CENTS and HALF DOL.).

Type: A basic coin design, regardless of minor modifications. The Indian Head and Jefferson 5-cent coins are different types.

Variety: As in die variety. The difference between individual dies of the same basic design or type. A minute change in the positioning of the numerals of the date from one die to another results in different die varieties.